経済サイクル投資法

Any Happy Returns

Structural Changes and
Super Cycles in Markets
by Peter C. Oppenheimer

気候と地政学と
新技術が導く
市場の構造変化と
長期トレンド

ピーター・C・オッペンハイマー[著]

長岡半太郎[監修]　藤原玄[訳]

Pan Rolling

監修者まえがき

　本書はゴールドマン・サックスのチーフ・グローバル・株式スト
ラテジストであるピーター・C・オッペンハイマーによる"Any
Happy Returns : Structural Changes and Super Cycles in
Markets"の邦訳で、マクロ分析のなかでも、国単位でのGDP（国
内総生産）やインフレ率や失業率や金利といった経済動向の分析を、
過去の歴史を振り返りながら行い、その構造変化やスーパーサイク
ルを理解しようとする解説書である。

　私はこの本を、投資家として大変興味深く読んだ。一般に投資家
にとって必要な分析は、経済環境のマクロ分析、投資対象のファン
ダメンタルズ分析、さらに市場参加者の行動や心理の分析の３つで
ある。そして、多くの人は各銘柄の良し悪しの分析やタイミングを
計るための時系列のテクニカル分析に興味があるようだ。

　しかし、投資や投機を専業にして生活している人は別として、ほ
とんどの個人投資家にとって重要なのはむしろマクロ分析である。
なぜなら、投資のリターンの大半は、個別銘柄の選択やタイミング
の巧拙ではなく、市場全体の動き（ベータ）で決まるからである。
ゆえに日本の確定拠出年金（iDeCoなど）や少額投資非課税制度
（NISA）のように家計の安定的な資産形成を目的とした投資におい
ても、多くの投資家にとって重要な課題はアセットクラスの選択と
配分（アセットアロケーション）にある。

　ところで、アセットアロケーションによるポートフォリオ運用の
最も簡便な方法は、いくつかの各アセットの配分を固定し、定期的
（３カ月ごとや１年ごと）に粛々とリバランスしていくというやり

方である。実際、そうした方法はほとんど手間がかからず迷いもない優れた投資戦略である。いわゆる「老後資金2000万円問題」の解決をはじめとして、将来の経済的な不安をなくし安心・安全を得るだけならそれで十分なのだ。

　だが、もしあなたがさらに少しだけ手を加えて、自身のポートフォリオ運用をより良いものにしたいと思うならば、まず最初に試みるべきは、個別銘柄の選定やトレードタイミングを計ることではなく、マクロ分析によって現在および近傍の未来の経済環境を理解・予想し、各アセットの配分を機動的に少しだけ変化させることだろう。そのためには、何も機関投資家が行っているような、ビルディングブロック法やインプライド法による将来の期待リターンの推計を伴う精緻な分析や未来予測はまったく必要がない。本書で解説されているような金利の変化やインフレ率といった事実を確認しながら後追いで各アセットのイクスポージャー調整をゆっくり行うだけでも、固定式の配分によるポートフォリオ運用を有意に凌駕することができことだろう。

　刊行にあたって以下の方々に感謝の意を表したい。藤原玄氏は正確な翻訳を行っていただいた。そして阿部達郎氏には丁寧な編集・校正を行っていただいた。また、本書が発行される機会を得たのは、パンローリング社の後藤康徳社長のおかげである。

2024年11月

長岡半太郎

第1部
構造的トレンドと市場のスーパーサイクル

第2部
戦後のスーパーサイクル分析

親愛なる父ネビルと母ディアナへ

まえがき

「私は自転車に乗りながらそれを考えた」——アルバート・アインシュタイン

　前著『ザ・ロング・グッド・バイ（The Long Good Buy）』は、景気循環と金融市場のサイクル、そしてそれに影響を与える要素を取り上げた。本書はそれを補うことを目的としている。過去と将来における経済・金融市場の長期的な構造変化と、サイクルが展開するさまざまな長期的トレンドに目を向ける。本書は学生や市場参加者、そして経済や金融市場の歴史や長期的パターンやトレンドの原動力となる要素に関心のある人々に向けたものだ。

　金融市場には、短期的なサイクルと長期的なスーパーサイクルや長期的なトレンドのパターンが存在し、その長期的なトレンドのなかで短期的なサイクルが見られる。短期のサイクルは景気循環と大いに関係する。1850年以降、全米経済研究所によると、アメリカ経済では景気後退が35回、主要な株価指数が20％以上下落する弱気相場が29回あった。第2次世界大戦終結以降で見ると、アメリカ経済の景気後退は13回、株式の弱気相場は12回である。

　株式市場は景気循環に先行する傾向がある。第2次世界大戦以降、株式市場は平均すると景気後退の7カ月ほど前に高値を付け、経済が回復を始める7カ月ほど前に底を打ってきた。

　景気循環や経済活動や金利といった経済的要素の変動だけでなく、その他さまざまな要素が市場に大きな影響を及ぼし、長期的なトレンドを左右する。その要素は地政学や技術的変化や制度変更から、

政策の変更や社会における流行やトレンドの変化まで多岐にわたる。これら要素の構造変化が長期にわたり継続する長期的なトレンドやスーパーサイクルを生み出し、その間に景気循環や市場のサイクルが展開する。例えば、低インフレが長期にわたり続けば、その間に数回の景気循環が起こることもある。同様に、強力な経済成長や経済の停滞が長きにわたり続くなかでも、短期的な景気後退に一時的ながら影響を受けることもある。このような長期的なトレンドには特定の市場状況や市場機会が付随することが多く、それこそが本書で深く掘り下げようとするものだ。

　第2次世界大戦以降、株式市場のスーパーサイクルは6回あった。これらスーパーサイクルの半分は長期にわたる強気相場、つまりリターンが極めて高く、バリュエーションが拡大する期間だった。残りの半分は「ファット・アンド・フラット」と説明できるかもしれない。つまり、値幅はそれなりにあるが、長期で見たリターンはあまりない期間である。

　導入部の第1章では、社会的見解、政治的意見、経済や金融市場のサイクルを巡る考え方の歴史、そして心理や人間の行動がそれらサイクルに与える影響に注目する。

　その後、本書は以下の3部に分かれている。

第1部　構造的トレンドと市場のスーパーサイクル　サイクルとスーパーサイクルの歴史に目を向ける。

第2部　戦後のスーパーサイクル分析　第2次世界大戦以降のスーパーサイクルとその原動力となった条件を議論する。

第3部　ポストモダンサイクル　次のサイクルはどのように展開するか、その主たる特徴はどのようなものか、そしてそれがAI（人

工知能）と脱炭素化という２つの要素からどのように影響を受け、規定されるかに目を向ける。前者はバーチャルな世界を規定し、後者は現実世界を多分に形づくることになる。

第１部　構造的トレンドと市場のスーパーサイクル

第２章では主に金融市場のサイクルと、それが、①失望、②期待、③成長、④楽観の４つパターンを繰り返す傾向にあること、そしてその要因について説明する。

第３章では、長期にわたる主要な経済変数のスーパーサイクルを説明する。つまり、GDP（国内総生産）、インフレ、金利、債務、格差、金融市場などだ。

第２部　戦後のスーパーサイクル分析

第４章では、1949～1968年のスーパーサイクルの原動力について議論する。国際的な取り決め、背景にある強力な経済成長、技術革新、低い実質金利、世界貿易や消費や信用の拡大、そして人口動態に目を向ける。

第５章では、インフレと低いリターンに見舞われた1968～1982年の期間に目を向け、高金利や低成長の影響、社会不安やストの頻発、世界貿易の崩壊、大きな政府債務と企業の利益率低下を取り上げる。

第６章では、私がモダンサイクルと呼ぶものを説明する。これは「大いなる安定（グレートモデレーション）」、ディスインフレ、資本コストの低下、そしてサプライサイドの改革の影響を特徴とする時期である。ソ連崩壊が地政学的リスクに与えた影響、グローバリ

ゼーションの出現と国際協力の高まり、そして中国とインドの急成長の影響について議論する。

　第7章では2000〜2009年を取り上げ、ハイテクバブルの崩壊から2008年のリーマンショックまで、新たな千年紀の最初の10年を特徴づけたバブルとトラブルに目を向ける。

　第8章では、2009〜2020年のリーマンショック後のサイクルに大きな影響を及ぼしたユニークな状況とゼロ金利政策が市場リターンに及ぼした影響を見ていく。

　第9章では、パンデミックがもたらした影響、具体的には政策に与えた影響と、経済的利益や市場リターンに関するデフレストーリーからリフレストーリーへの移行について議論する。

第3部　ポストモダンサイクル

　第10章では、私がポストモダンサイクルと呼ぶものが出現する様子を説明する。そして、資本コストの上昇、成長トレンドの鈍化、グローバリゼーションからリージョナリゼーションへの転換、人件費と原材料費の上昇、政府債務の増大、インフラ支出の増大、高齢化、そして地政学的緊張の高まりが示唆することについて説明する。

　第11章では、ポストモダンサイクルにおいてテクノロジーやAIが市場リターンをどのように形づくるかについて議論する。

　第12章では、旧来の業界と、ポストモダンサイクルにおける脱炭素化やインフラ支出の増大から生まれるチャンスに焦点を当てる。

　最後に、第13章で本書のまとめと結論を示す。

謝辞

本書執筆にあたり、ゴールドマン・サックス（GS）、とりわけチーフエコノミスト兼グローバル・インベストメント・リサーチ部門長のヤン・ハツィアスには執筆を支援し、励ましてくれたことに感謝する。本書の多くは、マクロ調査部門の私のチームの助力のおかげであり、GSの調査部門やその他の部門の同僚たちのアイデアや労力、支援なくして本書は完成しなかっただろう。また、株式戦略における20年来の同僚であるニューヨークのデビッド・コスティンとシンガポールのティム・モエにも感謝する。

本書執筆にあたり多大なる助力と絶え間ない支援を与えてくれたGSのギョーム・ジェイソンにはとりわけ感謝している。また、編集してくれたロレッタ・サナークスに感謝する。また、私のチームのほかのメンバーにも謝意を伝えたい。マーカス・フォン・シーレ、パーシビ・バンサル、ニコラ・リッチは図表を作成してくれた。また、リリア・ペイタビン、セシリア・マリオッティ、アンドレア・フェラリオ、そしてアシスタントのローレン・ハチソンに感謝する。表紙をデザインしてくれたニコラ・ドール、助言をくれたポール・スミスとブライアン・モロニーにも感謝する。

同僚のクリスチャン・ミューラー・グリスマンとシャロン・ベルには多大なる助力と貴重なアドバイスを与えてくれたことに感謝したい。彼らとはそれぞれ2009年と1996年から仕事をしている。グリスマンはさまざまなアセットクラスの市場に関する私の理解を高めてくれ、本書にも反映された多くの枠組みを構築してくれた。ベルは本書の構想だけでなく、市場全般に関する私の考え、そして過去

30年にわたりともに行ってきた仕事でも中心的な存在だった。多くのことを学ばせてもらった彼女には計り知れない恩義がある。

　原稿に目を通し、改善点を提言してくれた人々にも感謝する。元欧州委員会委員長のジョゼ・マニュエル・バローゾと元MI6長官のアレックス・ヤンガー卿から学び、その知恵に触れられたことは幸運だった。2人は地政学が持つ影響、そして世界的な緊張のなかでリスクとチャンスを評価する方法に関して有益な知見を授けてくれた。ノリーナ・ハーツ・ロンドン大学教授には本書のコメントを寄せてくれたこと、そして友人でHSBC時代の同僚でもあるスティーブ・キングには詳細なフィードバックをくれたこと、そして長年にわたり支援してくれたことに感謝する。また、激励を与えてくれた元アメリカ財務長官のローレンス・サマーズにも感謝する。ナラヤン・ナイク教授（ロンドン・ビジネス・スクール）、コフィ・アジェポンボーテンCBE（ケンブリッジ大学センター・フォア・ファイナンシャル・ヒストリー）、スシル・ワドフワニ博士（元イングランド銀行金融政策委員会委員）も貴重なフィードバックに感謝する。

　最後に、古くからの友人のアンソニー・ケセル教授には大学時代に統計学を理解する方法を根気強く教えてくれたことに感謝する。

　ジェンバ・バリー、ステイシー・リベラ、サラ・ルイス、そしてワイリーの皆さまには助力と励ましを与えてくれたことに感謝する。

　1985年に始まった私のキャリアを通じて、教え、支え、導いてくれた多くの同僚、顧客、そして友人たちに心からの感謝を伝えたい。最後に、素晴らしいパートナーであるジョにはその知恵と導きに深く感謝する。そして素晴らしい子供たち、ジェイクとミア。特別な存在であり、私の素晴らしい子供であることに感謝する。

第1章
サイクルと長期トレンドの概論
An Introduction to Cycles and Secular Trends

「過去をより遠くまで振り返ることができれば、未来もそれだけ遠くまで見渡せるだろう」——ウィンストン・チャーチル

　『ザ・ロング・グッド・バイ（The Long Good Buy : Analysing Cycles in Markets）』では、金融市場のサイクルは時がたつにつれて繰り返し発生する傾向にあることに注目した。その市場のサイクルのほとんどは景気循環に左右される。もしくは、少なくとも景気循環に応じて推移する。サイクルは重要だが、投資家にとっては自分たちがサイクルのどこに位置するか、そして次に何が起こるかを予想することが最も重要となる。つまり、金融のサイクルは景気循環を予測する一助になると言うこともできる。BIS（国際決済銀行）の金融局長であるクラウディオ・ボリオが述べているように、「金融サイクルのないマクロ経済学は王子のいないハムレットのようなものだ」（Borio, C. [2014]. The financial cycle and macroeconomics : What have we learnt? Journal of Banking & Finance, 45, pp. 182-198）。少なくともここ30年の環境では、第2次世界大戦以前の時期の環境と同じように、金融のサイクルを理解しなければ、景気変動

やそれに伴う政策課題を理解することは不可能である。

　金融のサイクルは経済や市場の変わらない特徴で、より長期のトレンドや「スーパーサイクル」のなかで出現することが多い。この長期的なサイクルを主導する要素がリターンの強力なパターンを生み出し、景気循環の短期的な影響を目立たなくする。短期的なサイクルも重要だが、長期的なより大きなトレンドを理解することで投資家は長期に見たリターンを大幅に高めることができる。例えば、低インフレ期が長く続けば、その間に景気循環は数回起こる。同様に、力強い経済成長や停滞期が長く続くこともある。その間も、短期的な景気後退に一時的な影響を受ける。このような長期的なトレンドには、特定の市場状況やチャンスが付随することが多い。ほとんどの投資家が時間と労力をかけて、サイクルの次なる展開や変曲点を理解しようとする。しかし、より長期の構造的な展開や変曲点のほうが重要であることが多いが、かなり安易に見過ごされてしまう。

　『ザ・ロング・グッド・バイ』は新型コロナウイルスのパンデミックの間、イギリスで最初のロックダウンが始まるときに出版した。新型コロナが出現するまでは、大多数の人々が世界的な成長は力強いものになると考えていた。当時、深刻な脅威としてサプライチェーンやインフレの再現に注目している者はほとんどいなかった。地政学的な緊張がヨーロッパでの戦争の引き金になるという考えは現実離れしたものと思われていただろう。そのような個々の出来事を予想するのは不可能だった。だが、社会的・政治的展開や政策策定を重ね合わせてみれば、自分たちが重要な変曲点の初期の段階にあることが分かる。つまり、金融市場のリターンを左右する要素の多くが変わっているのだ。

　導入部である本章が終わると、本書の主要部分は３つの部に分かれている。第１部では、サイクルと構造的トレンドとの違いについて議論する。第２部では、第２次世界大戦後のスーパーサイクルの歴史とそれを特徴づける原動力を示す。第３部では、スーパーサイクルの出現とその潜在的な特徴について議論する。この新時代をポストモダンサイクルと呼んでいる。それは第２次世界大戦後の期間の伝統的なサイクルの特徴のいくつかを示しているように思えるからだ。つまり、ボラティリティはより高く、リターンは低いが、1980年以降の期間に優勢となったボラティリティが低く、バリュエーションが拡大するモダンサイクルのいくつかの要素も見られる。

繰り返されるサイクル

　金融市場におけるサイクルの興味深い特徴の１つが、時がたつにつれて繰り返すように見えることである。経済的・政治的環境や政策環境が大きく異なるにもかかわらず、だ。最近の論文で、筆者のアンドリュー・フィラルド、マルコ・ロンバルディ、マレク・ラチェコは、過去120年間に、アメリカはインフレ率が低い金本位制の期間と、インフレ率が高く、変動が大きい1970年代を経験したと記している。同様に、この長い期間を通じて、物価を安定させるために中央銀行が取れる施策は移り変わり、財政政策や規制政策はかなり変化してきている（Filardo, A., Lombardi, M. and Raczko, M. [2019]. Measuring financial cycle time. Bank of England Staff Working Paper No. 776）。

　サイクルは、われわれが理解する物理科学や自然界の至るところで出現する。それは天文学、地質学、気象学のサイクルから生物学

や睡眠のサイクルまで多岐にわたる。ある様相が繰り返される傾向にあるというコンセプトは自然界だけでなく、人間の本質や社会でもはっきりと見て取れる。そのため、経済や金融市場においても明白である。社会的な優先事項や政治や国際関係や経済状況が複雑であること、そして相互に関連し合っているということは、これらのサイクルがそれぞれの時代に存在する、もしくは長期にわたり存在することを意味する。そして、そのサイクルは構造的トレンドに応じたものであり、金融市場に根本的に異なる結果をもたらすということだ。

　政治から社会的態度や流行や経済に至るまで人為的なシステムにおけるサイクルやトレンドは、長きにわたり認識されている（経済の発展や繁栄は長期的なサイクルまたは波のように展開するという考えは、19世紀のマルクス主義文学にも見られた。それらの書物では、経済におけるサイクルの主因として利益の変動に注目していた。以下を参照のこと。[Basu, D. [2016]. Long waves of capitalist development : An empirical investigation. University of Massachusetts Amherst, Department of Economics Working Paper No. 2016-15]）。古代のギリシャ人たちは政治的なサイクルに関心を持っていた。プラトンは『国家』でキクロス（またはサイクル）について語っており、第8巻と第9巻は政府のさまざまな体制とそれぞれの移行に関するものだ。アリストテレスも『政治学』の第5巻で政府のサイクルと、その変化を引き起こすために取るステップについて記している（Aristotle [1944]. Aristotle in 23 Volumes, Book V, section 1311b, translated by H. Rackham. London : Heinemann [Cambridge, MA : Harvard University Press]）。ポリュビオス（紀元前200〜118年）は、アナサイクロシ

スと呼ばれる国家のサイクルに関する理論を生み出したが、これは民主制、貴族制、君主制のライフサイクルとそれらが取る体制（衆愚制、寡頭制、独裁制）に関するものだ。このコンセプトはキケロやマキャベリの書物でも言及されている。

ローマ人は長期的な世代間のサイクルの重要性を理解しており、それをサエクレムという言葉で説明した。これは、一般に人間の寿命と定義される期間、または地球上の人類が完全に入れ替わる期間と考えられていた。例えば、戦争などの重大な出来事が発生した時点から、その出来事を直接経験したすべての人々が死亡するまでの期間と考えられた。中国人は易姓革命というコンセプトを生み出した。これは、歴史は強力な指導者が築き上げた帝国や王朝が次々に交代することで紡がれるというものである。強力な指導者の跡を襲った指導者たちは同程度の実効性を維持することができず、やがて王朝は衰退してしまうことになる。

社会的・政治的サイクル

金融市場のサイクルに影響を及ぼす要素はたくさんあり、金利や成長率といったマクロの要素が重要となる。さらに、財務収益の長期的なトレンドは社会的・政治的サイクルに影響される。これは景気循環や金融市場のリターンにまで波及する大きな構造的変化を示すことがある。

社会や経済・政治体制が持つ多面的な影響や、それらの要素が互いに影響し合う様子に対する関心は時間の経過とともに進化している。啓蒙時代には、学者たちは概して「自然の秩序」と認識されていたものに注目し、文化的進化や社会発展の段階を説明するカテゴ

リーを生み出した。19世紀になると、文化的進化や社会の進化に対する認識はチャールズ・ダーウィンが『種の起源』（1859年）で展開した生物学的進化論に大いに影響を受けるようになった。社会的進化に関する理論が生まれたが、そこでは社会は有機体のようなものと考えられていた。この生物学的類推は、社会発展を理解する方法として人類学者や社会学者たちの間で人気となった。

　社会学の分野における社会循環理論が、発展は恒常的なものだとする一方的な世界観に異議を唱えたことで、社会の発展はシクリカルな現象だという認識が注目された。シクリカルだとする考え方では、社会の発展をパターンがサイクルのように繰り返される傾向だととらえる。文化的進化は多重線形だとする理論も人類学の分野で展開された。これらの理論では、人類の文化や社会は、ちょうど政治的なサイクルや経済と同じように、そのときどきの環境に適応することで独自に進化すると仮定していた。フランツ・ボアズ、アルフレッド・クローバー、ルース・ベネディクト、マーガレット・ミードなどの人類学者は、文化に関する一般化に背を向け、さまざまな社会における文化的なプロセスを理解することに研究の焦点を当てた。この多重線形の次元で見ると、社会の発展は状況に応じたものであり、時間の経過とともに変化するものとなる。そのため、経済や金融市場と同じように、まるで同じような状況が展開しているかのように繰り返される。例えば、経済が低迷している時期には、長い目で見れば、環境はまったく異なっても社会不安や政治的な変革が付随することが多い。

　20世紀に入ると、歴史家たちのサイクルに対する関心は高まった。オズワルド・シュペングラーは『西洋の没落』（1918〜1922年）で、生物学になぞらえて、個々の文明はライフサイクルを経験し、1000

年ほどの長い期間を通じて、誕生から衰退または崩壊へと推移するとした。イギリスの歴史家で、経済学者であり、社会改革主義者でもあったアーノルド・J・トインビーも同様の結論に至り、1934年に12巻からなる『歴史の研究』の第1巻を出版し、循環理論を取り入れた。

　政治学における長期サイクル理論の権威であるジョージ・モデルスキーは『世界システムの動態　世界政治の長期サイクル』（晃洋書房）で経済のサイクルや戦争のサイクルと世界の指導国の政治的側面との関係を説明した（政治学の分野にも似たようなコンセプトはある。アメリカ政治に関する研究でシュレシンジャーはリベラルと保守のサイクルの移り変わりを説明し、サイクルの原動力は「自己生成」し、やがて繰り返されるとした。一方で、ハンチントンの研究では政治プロセスと政策へのアプローチの変化を引き起こす定期的に発露される「信条的な情熱」を見いだした。政治的な成功は経済的サイクルや社会的サイクルと密接に関連するようになっている。一定の環境下では概してある種の政党が政権を握るが、その環境が変化すれば政権も交代する。どの政党が政権を握るかは好況期または景気後退と関連しているのかもしれない。その政党の成功は広範な経済的変化や社会的変化を反映していることが多いのだ。以下参照。Rose, R. and Urwin, D. W. [1970]. Persistence and change in Western party systems since 1945. Political Studies, 18[3], pp. 287-319）。彼の研究は、1500年代以降、コンドラチェフの波で説明される経済的なサイクルとおおよそ連動した政治における長期的サイクルが5回発生していることを示している。このような非常に長期にわたる政治的サイクルは、覇権国の支配が及ぶ期間におおよそ基づいている。最初が16世紀のポルトガルで、その次が17世紀のオ

ランダ、そしてイギリス（18世紀と19世紀）が続き、第2次世界大戦後にアメリカがその任を引き継いだ（Thompson, K. W., Modelski, G. and Thompson, W. R. [1990]. Long cycles in world politics. The American Historical Review, 95[2], pp. 456-457）。このように期間が長くなれば、その影響は経済活動、ひいては金融市場にも及ぶ。これらの研究のほとんどはヨーロッパ基準もしくは「西洋基準」と言うべきもので、世界の他地域における発展期のほとんどを無視していた。例えば、紀元前2世紀から紀元15世紀まで経済成長を拡大し、文化的・宗教的な交流を後押しした6400キロの交易路である「シルクロード」を通じた交易は初期のサイクル分析では見落とされることが多く、それは7世紀のアラブのイスラム教徒の影響力や13世紀のモンゴル人たちの影響力も同様である。

　国際舞台における権力闘争もサイクル、または長期的なトレンドの原因となる。これは地政学や外交政策に対するアプローチの変化にも影響を受ける。アーサー・M・シュレシンジャー（父子）はサイクル理論のなかで、アメリカの歴史に照らすと、アメリカはリベラルな態度が広がり民主主義が進展することで、社会が問題とその解決に目を向ける時期と、保守派が大勢を占め、個人の権利を重視する時期とが交互に出現し、それぞれの段階が次なる段階の原因になっていると主張した（Schlesinger, A. M. [1999]. The Cycles of American History. Boston, MA : Houghton Mifflin）。彼らは、リベラルな局面では積極行動主義が疲れ果て、一方で保守的な局面では問題が解決しない期間が長く続いたあとにリベラルな風潮が高まると主張した。クリングベルグも外交政策の領域におけるサイクルを、アメリカの影響力が拡大する「外向き」の時期と、政策が孤立主義的になる「内向き」の時期とが交互に訪れると説明した。彼は1952

年の論文で、平均すると21年間の「内向き」の時期が４回あり、同じく27年間の「外向き」の時期が３回あると述べた（Klingberg, F. J. [1952]. The historical alternation of moods in American foreign policy. World Politics, 4[2], pp. 239-273）。

　社会的態度は経済状況に影響を及ぼし、またそれを反映するが、社会における文化的な表現も同様である。オスカー・ワイルドが「芸術が人生を模倣する以上に、人生は芸術を模倣する」と述べたことは有名で、芸術的な運動に反映される社会的態度は政治的展開や経済的展開を反映するとともに、その要因となることが多い（Wilde, O. [1889]. The Decay of Lying : A Dialogue. London : Kegan Paul, Trench & Co）。例えば、1991年にハロルド・ズロウは1955～1989年までにアメリカで人気となった上位40曲の歌詞を調査し、「反芻思考」と「悲観的説明スタイル」の兆候を探そうとした。彼は同じ期間のタイム誌の巻頭記事を調査し、同様の兆候を探したが、ポピュラー音楽に悲観的な反芻思考が増えると、１～２年遅れて世界的な出来事に対するメディアの見方に変化が訪れることを発見した。彼はまた、ポピュラー音楽と世論調査に見られる消費者の楽観論、さらには消費者の支出パターンや経済成長（GNP）の間には統計的に妥当な関係があることを示した。ポピュラー音楽やニュース雑誌の悲観的な反芻思考は消費者の楽観論や支出の低下を通した景気後退の予兆となる傾向にある（Zullow, H. M. [1991]. Pessimistic ruminations in popular songs and news magazines predict economic recession via decreased consumer optimism and spending. Journal of Economic Psychology, 12[3], pp. 501-526）。

景気循環

　景気循環とそれが金融市場や株価に及ぼす影響に対する関心が高まったのは主に19世紀だった。キッチンサイクルは40カ月ごとに発生し、コモディティや在庫状況がその要因となる。資本投資を予想するために生み出されたジャグラーサイクルは7〜11年周期で、収入を予想するクズネッツサイクルは15〜25年の周期だ。サイクルに関する画期的な理論は1920年代にニコライ・コンドラチェフが生み出した。彼の研究は1790〜1920年までのアメリカ、イギリス、フランス、ドイツの景気動向に注目した。彼は、工業生産、コモディティ価格、金利を反映して50〜60年続く長期の成長サイクルを見いだし、これらはテクノロジーのサイクルが原動力になっていると主張した。

　サイクルやトレンドに対する関心は大恐慌を受けて高まった。ケインズが『雇用・利子および貨幣の一般理論』（1936年）を出版したすぐあとに、ヨーゼフ・シュンペーターは『景気循環論　資本主義過程の理論的・歴史的・統計的分析』（有斐閣。1939年）で自らの理論を展開した。ケインズは政府の政策に注目し、シュンペーターは企業や起業家の影響に着目した。彼は、およそ50年周期のコンドラチェフサイクルは、キッチンサイクル（3年ほど）やジャグラーサイクル（9年ほど）など、互いに重なり合う短期のサイクルから構成されると主張した。彼は、超長期のコンドラチェフサイクルは創造的破壊の結果だと考えた。これは、新しい技術が投資と経済成長を生み出し、一方で古い技術が廃れていくプロセスである。このような技術的なイノベーションが成長と繁栄期を呼び起こし、やがてその技術が経済のさまざまなセクターで広範に用いられるよう

になるにつれ、経済は低迷期に入る。

　シュンペーターは長期のコンドラチェフサイクルを3つ見いだした。1つ目は1780年代から1842年までで、イギリスの第1次産業革命が関係した。2つ目は1842〜1897年で、これは鉄道というイノベーションに後押しされ、蒸気船や鉄道などの新しい技術を用いる工業国が鉄や石炭や織物などの経済機会から利益を獲得した結果だった。3つ目は電動化が推進力となった1898〜1930年代までで、電力や化学や自動車産業の発展や商業化が関係するが、彼は論文を記した時点ではサイクルは完了していないと考えていた。

　サイクルを局面やトレンドに分割するこの方法論は、経済や金融市場ではより短期的な変動があるかもしれないが、その一方で大きなイノベーション、さらには社会的態度や政治や地政学に後押しされるより長期のトレンドも存在することを示している。

金融市場におけるスーパーサイクル

　金融市場では、短期的なサイクルとより長期のサイクルはともに、経済、政治、地政学、そして社会的な進展を反映する傾向がある。アービング・フィッシャー（Fisher, I. [1933]. The debt-deflation theory of great depressions. Econometrica, 1[4], pp. 337-357）とジョン・メイナード・ケインズ（Keynes, J. M. [1936]. The General Theory of Employment, Interest, and Money. London : Palgrave Macmillan）は、大恐慌期における実体経済と金融セクターとの相互作用を分析した。アーサー・F・バーンズとウェスリー・ミッチェル（Shaw, E. S. [1947]. Burns and Mitchell on business cycles. Journal of Political Economy, 55[4], pp. 281-298）は景気循環の証拠

を発見したが、後に学者たちは金融のサイクルは景気循環の一部であり、金融情勢と民間部門のバランスシートの健全性の双方がサイクルの重要な引き金となり、サイクルを増幅させる要素であると主張した（Eckstein, O. and Sinai, A. [1986]. The mechanisms of the business cycle in the postwar era. In R. J. Gordon [ed.], The American Business Cycle : Continuity and Change. Chicago, IL : University of Chicago Press, pp. 39-122.）。世界的な流動性の波が国内の金融サイクルと相互に作用し合い、それによって極端な金融情勢が生み出される場合もあることを実証した研究もあった（Bruno, V. and Shin, H. S. [2015]. Cross-border banking and global liquidity. Review of Economic Studies, 82[2], pp. 535-564）。

　最近の研究によると、景気後退の指標（産出量ギャップ——経済の実際の産出量が潜在的産出量を下回る価額）は、経済産出量や潜在的成長率の変化を説明するうえで大きな役割を果たす金融的な要素で、一部を説明できるので、金融のサイクルと景気循環には密接な関係、またはフィードバック・ループが存在することが示唆される（Borio, C., Disyatat, P. and Juselius, M. [2013]. Rethinking potential output : Embedding information about the financial cycle. BIS Working Paper No. 404）。だが、これら長期のサイクルや政治体制に関するより広範な分析は、それらが数多くの要素に影響されることを示している。政治のサイクル、社会的態度や優先事項の変化、人口動態、技術や地政学のすべてが互いに影響し合っている。これら要素の複雑な相互作用、そして社会的態度の変化こそが、長期にわたる経済や金融のリターンに影響を及ぼしていることが多く、市場における長期の構造的トレンド、つまりスーパーサイクルを説明するうえで役に立つ。

　もちろん、以上のことは、金融市場のリターンは予想できるのかどうかという重要な問題を提起する。効率的市場仮説（EMH）によれば、市場における価値はある時点における株式や市場に関するすべての入手可能な情報を反映している。つまり、市場は効率的な価格を付けているので、何かが変わらないかぎり常に価格は正確なのだ（Fama, E. F. [1970]. Efficient capital markets : A review of theory and empirical work. The Journal of Finance, 25[2], pp. 383-417)。このように、金融市場のリターンが長期の経済的・政治的トレンドに左右されるとしても、それらはすでに価格に反映されているので、これらのトレンドを予想することはできない。ノーベル経済学賞を受賞したロバート・シラーなど、株価は短期的には非常に大きく変動し、株価のバリュエーションやPER（株価収益率）は長期的にはある程度の予想を可能にする情報をもたらすことを示した者もいるが、これは少なくともバリュエーションは将来のリターンに関する何らかの指針となることを示している（Shiller, R. J. [1981]. Do stock prices move too much to be justified by subsequent changes in dividends? The American Economic Review, 71[3], pp. 421-436.)。

心理学と金融市場のスーパーサイクル

　金融のサイクルと景気循環の間に存在する関係に加え、債券はインフレ予想に影響を受け、株式はGDP（国内総生産）の成長に影響される。一方で、予想される経済情勢を反映し、時にはそれを増幅させることもある人間の行動にもなんらかのパターンが存在する。このような関係において投資家が経済やファンダメンタルズを認識

する方法は極めて重要である。リスク選好が、景気支援策（つまり、低金利）がサイクルに影響を与える重要な経路であることを示す学術研究が増えている（Borio, C. [2013]. On time, stocks and flows : Understanding the global macroeconomic challenges. National Institute Economic Review, 225[1], pp. 3-13）。リスク選好と過度な警戒（リターンが低い時期のあとが多い）は、経済のファンダメンタルズが金融市場に与える影響を増幅し、サイクルや繰り返されるパターンの一因となる傾向にある要素である。経済予想のモデルが人間のセンチメントを理解したり、考慮したりするのが苦手であること、とりわけ過度な楽観や悲観が広まった時期には役に立たないことは何も新しい発見ではない。1841年の著書『**狂気とバブル　なぜ人は集団になると愚行に走るのか**』（パンローリング）でチャールズ・マッケイは、「人間は……（中略）……群れで考える。彼らは群衆のなかで狂い、そして1人ずつ、ゆっくりと正気を取り戻すのだ」と述べている。

　個々人は合理的で、常に入手可能な情報を効率的に活用するという考えが、経済学の共通認識であるとは限らない。ケインズは金融市場の不安定さは、不確実な時期に優勢となりかねない心理的な力が作用していると主張した。ケインズによれば、楽観論と悲観論の波が市場に影響を及ぼし、アニマルスピリットがリスクをとろうとする欲求を駆り立てる。マービン・ミンスキーなどの経済学者たちもこれらの影響を分析している（Minsky, H. P. [1975]. John Maynard Keynes. New York : Columbia University Press）。

　同様にロバート・シラーは著書『投機バブル根拠なき熱狂　アメリカ株式市場、暴落の必然』（ダイヤモンド社）で大衆に広がる伝染、特に強力なストーリーと結びついた場合に大衆に広がる伝染に注目

した（Shiller, R. J. [2000]. Irrational Exuberance. Princeton, NJ : Princeton University Press）。長期にわたり楽観論が広まると、心理や大衆の行動に及ぼす影響が大きくなり、バブル（必然的に崩壊する）につながることが多い。シラーはバブルを次のように説明した。「株価上昇のニュースが投資家の熱狂に拍車をかけ、それが心理的な伝染を通じて人々に広まっていく状況で、株価上昇を正当化する可能性があり、次々に投資家を引きつけていくストーリーが増幅されるプロセス。投資家は投資対象の本当の価値に疑いを抱くにもかかわらず、1つには他者の成功に対する羨望を通じて、1つにはギャンブラーの興奮を通して引き寄せられてしまう」。歴史を通じて、市場のサイクルには群衆行動と社会的な影響の効果が見てとれる。1840年代のイギリスの鉄道バブルでは多くの有名人や政治家が投資家になった。ブロンテ姉妹も投資家になり、ジョン・スチュワート・ミルやチャールズ・ダーウィン、ベンジャミン・ディズレーリなど複数の一流思想家や政治家たちも同様だった（Odlyzko, A. [2010]. Collective hallucinations and inefficient markets : The British Railway Mania of the 1840s. Available at SSRN : https://ssrn.com/abstract=1537338 or http://dx.doi.org/10.2139/ssrn.1537338）。彼らはまともな企業に投資していたが、国王ジョージ1世は南海バブルに投資していた。アイザック・ニュートンも同様で、彼は市場が崩壊すると2万ポンド（今日の価値でおよそ300万ポンドに相当する）を失ったと伝えられている（Evans, R. [2014, May 23]. How [not] to invest like Sir Isaac Newton. The Telegraph）。

　この予想に関する「人類」の合併症はチャールズ・P・キンドルバーガーのサイクルに関する研究でも取り上げられていた。彼は、

市場には群れをなす傾向があり、投資家は通常ならば買うことが合理的でないときに一体となって資産を買うので、最終的に金融バブルが発生するリスクがあると主張した（Kindleberger, C. P. [1996]. Manias, Panics and Crashes, 3rd ed. New York : Basic Books）。彼や他の経済学者たちは考えをさらに推し進め、心理的・社会学的行動がにわか景気時に大衆に広がる感情的な伝染や高揚感を引き起こし、一方で悲観論や極端なリスク回避を引き起こすことでバブルを崩壊させ、さらには増幅させかねないとした（Baddeley, M. [2010]. Herding, social influence and economic decision-making : Socio-psychological and neuroscientific analyses. Philosophical Transactions of the Royal Society, Series B, 365, pp. 281-290）。

　バブル期以外でも、危機の最中であっても、個々人は伝統的な経済理論が示すように、合理的で予見可能な行動を取るとは限らない。著名な経済学者であり心理学者でもあるジョージ・ローウェンスタインが指摘しているように、「心理学者は、人間は誤りやすく、時には自己破壊的ですらあると考えるが、経済学者は、人々は自らの利益を効率的に最大化すると考え、彼らが誤りを犯すのは自らの行動の結果について不十分な情報しか得られていない場合だけであると考える傾向がある」。人間がどのように情報を処理し、リスクや機会に対応するかを理解すれば、金融市場のサイクルの存在を説明することがいくらか可能になる（Loewenstein, G., Scott, R. and Cohen, J. D. [2008]. Neuroeconomics. Annual Review of Psychology, 59, pp. 647-672）。

　市場のターニングポイントでは、短期的なセンチメントの変化でも金融市場に大きな影響を及ぼす。このような態度の変化が長く続くこともあり、また政府の政策に影響を受けることも多い。

　業界の構造変化や、インフレや資本コストといった経済的要素の構造的な変化が経時的に変数の関係を変化させることがあるが、このような構造的変化が、われわれが次なるサイクルの条件（第10章で議論する）だと考える主たる要素の１つを構成する。例えば、インフレ率や金利が高い時期の株式市場のサイクルの動きやパフォーマンスは、インフレ率や金利が低い時期のサイクルとはかなり異なったものとなる可能性が高い。そして、何らかの衝動に対する企業や投資家や政府の対応は、彼らが過去の経験に適応するに従い、長期的には変化するかもしれない。

　例えば、高い税率と経済的な不確実性が長く続いた結果、1970年代のリスク許容度は低く、1980年代半ばから1990年代にかけては反対のことがおおよそ当てはまった。これらの時期については第５章と第６章で議論する。リーマンショック後の時期はこの危機から投資家たちが得た経験だけでなく、危機に対する極端な政策対応にも大いに影響を受けた。大恐慌を経験した世代は、いわゆる第２次世界大戦後のベビーブーマーよりも概して用心深く、「サイレントジェネレーション」と呼ばれることも多かった。同様に、1980年代後半の日本のバブルを経験した投資家たちはデフレの恐怖を振り払うまでに長い時間がかかった。本書執筆時点で、日本の株式市場は1989年に付けた高値の水準から20％ほど低いままである。

　ダニエル・カーネマンとエイモス・トベルスキーのプロスペクト理論（1979年に初めて提起され、1992年に彼らが発展させた）は社会科学において心理学がどのように作用するかを理解するうえで大きな影響を及ぼした。この理論は、投資家が確率がかかわる選択に直面した場合にどのように行動するかを説明している。彼らは、個人は自らの現在の立場から見て利益となるか損となるかに基づいて

判断を下すと主張した。そのため、確率が等しい選択肢を与えられると、ほとんどの投資家はリスクをとって、富を増やす選択をするのではなく、いま手にしている富を守る選択をするのだ（Kahneman, D. and Tversky, A. [1979]. Prospect theory : An analysis of decision under risk. Econometrica, 47[2], pp. 263-292)。だが、将来の利益のために手にしているものを失うリスクをとるのではなく、それを守ろうとする傾向は市場が高騰している極端な状況では消え失せてしまうようで、取り残される恐怖（FOMO［Fear Of Missing Out］と呼ばれるもの）が行動の主たる原動力となる。これは2000年のハイテクバブルの前段階や2008年のリーマンショックで見られたことだ。

　リーマンショックとそれが原因となった景気後退がおおよそ予想できないことだったとすれば、金融市場における行動面の要因に対する関心が高まったのも当然である。ハイマン・P・ミンスキーの不安定性に関する研究は危機をきっかけに関心を集めている（Minsky, H. P. [1975]. John Maynard Keynes. New York : Columbia University Press. Minsky, H. P. [1986]. Stabilizing an Unstable Economy : A Twentieth Century Fund Report. New Haven, CT : Yale University Press. Minsky, H. P. [1992]. The Financial Instability Hypothesis. Jerome Levy Economics Institute Working Paper No. 74. Available at SSRN : https://ssrn.com/abstract=161024 or http://dx.doi.org/10.2139/ssrn.161024)。金融の不安定性に関する彼の仮説は、経済はバブルとその崩壊を引き起こすという考えに基づいている。経済が安定している時期に、投資家がさらに多くのリスクをとるよう促されることで次なるバブルの種がまかれる。最終的に、そのリスクをとる行動が金融の不安定性

とパニックを生み出すバブルを引き起こす。このようにして、「安定が不安定性を生み出す」と彼は主張した。例えば、第6章で1998年のアジア通貨危機後に取られた政策措置について議論するが、金利が急激に引き下げられたことがハイテクバブルにつながる条件を生み出した。状況は異なるが、最近では新型コロナのパンデミック時に巨額の金融支援と財政支援をしたことが、2020年と2021年のハイテク株のバブルに一役買ったのだ。

　リーマンショック以降、行動面からの説明と市場の心理に対する関心は高まり、金融のサイクルが、なぜ、どのようにして展開するのか、そしてサイクルがその要因となる経済的・金融的な変数の変化を大幅に増幅させてしまう様子をよりよく理解できるようになった。ノーベル賞受賞者のジョージ・A・アカロフとロバート・J・シラーは次のように記している。「危機は予見できず、また一般的な経済理論にはアニマルスピリットに関する原理がないので、十分に理解されないままとなっている」（Akerlof, G. A. and Shiller, R. J. [2010]. Animal Spirits : How Human Psychology Drives the Economy, and Why it Matters for Global Capitalism. Princeton, NJ : Princeton University Press）。人間の行動がもたらす影響と、人間が情報を処理する方法が及ぼす影響こそが、市場の予測を天候などの物理系の予想よりもはるかに難しくしている。

　経済や金融市場の場合、強力なフィードバックループ、もしくはジョージ・ソロスが言うところの「再帰性」が存在する。これは社会科学を起源とし、金融市場でもはっきりと見てとれるコンセプトだ（Soros, G. [2014]. Fallibility, reflexivity, and the human uncertainty principle. Journal of Economic Methodology, 20[4], pp. 309-329）。例えば、景気後退を予想して株式市場が下落すると、そ

れ自体が景況感の低下につながり、企業の投資判断を変えてしまう。それによって、景気後退のリスクがさらに高くなる。もちろん、市場が下落すれば資本コストも上昇し、それが将来の成長率を引き下げる。こうして幾分、シクリカルになる。

　金利の変化などの情報に対する個人の反応が、条件は同じ場合でさえ時間の経過とともに変化することが事態をさらに複雑にしている。ウルリク・マルメンディアとステファン・ナーゲルは2016年の研究で、投資家たちは長期的な予想に関する判断を下すときに自らの個人的な経験を過度に重視すると主張している（Malmendier, U. and Nagel, S. [2016]. Learning from inflation experiences. The Quarterly Journal of Economics, 131[1], pp. 53-87）。例えば、インフレに関する認識は過去に経験した状況に応じて変わる可能性があり、これが過去の長期的な関係性に基づくことで示唆されること以上に、将来に関する判断に影響を及ぼすかもしれない。これが年齢層によって、インフレ期待が異なる理由を説明することになるかもしれない。つまり、投資家は、一貫した予見可能な方法で、特定の政策やきっかけに理性を働かせて対応するのではなく、自らの経験や心理に基づいてまったく異なる行動をとる可能性があるのだ（Filardo et al., 2019）。

　比較的新しい分野である神経経済学はこの手の異なる反応の証拠を提示している。この方法論は脳のなかでどのように意思決定が行われるかに注目し、個人がリスクを伴う選択肢にどのように向き合うかを理解する手がかりを与えてくれる。ジョージ・ローウェンスタイン、スコット・リック、ジョナサン・D・コーエンは、人々はリスクに対して2通りの反応をすると主張している。つまり、冷静な反応と感情的な反応だ。この方法論は、われわれは発生する確率

が低くても新しいリスクには過剰反応し、発生する確率がはるかに高いにもかかわらず、既知のリスクにはあまり反応しないと主張している。例えば、株式が暴落すると、新たな弱気相場に突入する可能性が低いにもかかわらず、人々は新しいリスクに直面したので投資に用心深くなるかもしれない。同時に、投資家は、いつものようにバリュエーションが拡大していることを警告されても、直近の株価上昇を目にし、リスクをとることに強気になっているので、市場の高値付近で喜んで株式を買うかもしれない。

　これは、リーマンショックの前後だけでなく、過去の数え切れないほどのにわか景気と不景気で一貫して見られた投資家の行動のように思える。金融市場のリターンが上昇を続けると、そのトレンドは継続するという楽観論と信念が生まれる。求められるリスクプレミアムが低下し、リスクは低く、期待されるリターンはこれまで同様に高いままだと考える投資家たちが市場に引き込まれる。対照的に、リーマンショック後の巨額の損失を目の当たりにすると要求するリスクプレミアムが上昇した。これは投資家がリスクをとるにあたって求める将来の期待リターンである。結果として、リーマンショック後の時期の急激な金利の引き下げに対する企業や市場の反応は、それ以前とは異なるものとなった。リーマンショックとその後の景気後退を経験したことで、総じて人々は以前よりも注意深く反応するようになった。ひとつに直近の過去に基づいたこのようなセンチメントと信頼感の変動も金融市場のサイクルの要因となる。

　最近のある研究で述べられているように、「金融情勢において心理が大きな役割を果たしていることを示す証拠が増えている。経済は人間の心理に大きく左右されることを研究結果が示しており、これはケインズやアカロフとシラーの予言と軌を一にしている」(Dhaoui,

A., Bourouis, S. and Boyacioglu, M. A. [2013]. The impact of investor psychology on stock markets : Evidence from France. Journal of Academic Research in Economics, 5[1], pp. 35-59）。公共政策の分野でも、意思決定を巡る反応や行動を理解するうえで心理学が改めて注目されるようになっている。2008年、リチャード・セイラーとキャス・R・サンスティーンは『NUDGE　実践　行動経済学　完全版』（日経BP社）を出版した。これは行動経済学に焦点を当てたものである。この本はベストセラーとなり、政策にも広範な影響を及ぼしている。セイラーはその後、この分野の研究で2017年にノーベル経済学賞を受賞した。

さて、過去数十年にわたり、政治、経済、社会が変化しているにもかかわらず、経済や金融市場には繰り返されるパターンが存在する。また、投資家たちが依拠する方法論を決める長期的リターンの重要な要因も存在する。例えば、市場はバリュエーションの拡大や縮小に左右されるか、利益成長率に左右されるか、または株式のリスクプレミアムの上昇や低下に左右されるか、といった具合だ。

第1部では、サイクルと構造的トレンドの違いについて議論する。

第1部
構造的トレンドと市場のスーパーサイクル

STRUCTURAL TRENDS AND MARKET SUPER CYCLES

第2章
株式のサイクルとその原動力
Equity Cycles and Their Drivers

「実業界のマインドは楽観の誤りと悲観の誤りの間で波のように揺れ動く」——アーサー・セシル・ピグー

　歴史的に、金融市場には短期のサイクルと長期のサイクル、またはスーパーサイクルが存在する。そして、長期のサイクルのなかで短期のサイクルが展開する。支配的なマクロ経済の状況（特に、成長率と金利とのトレードオフ）に左右される株式のリターン特性は長期的に推移し、ほとんどの株式市場はそのときどきの景気循環をある程度反映し、サイクルのように動く傾向を示す。株式市場は将来のファンダメンタルズを見越して変動するので、予想される成長見通しとインフレ率は現在の株価に反映される。このような市場の変動はバリュエーションにも影響を及ぼす。例えば、投資家が景気後退から将来利益が回復すると期待し始めると、実際に回復が始まる前に株式市場のバリュエーションは拡大する。

　通常、１つの投資サイクルのなかで弱気相場（株価が下落する期間）と強気相場（株価があまねく上昇するか、プライスリターンが比較的安定している期間）が発生する。つまり、サイクルも長期的

なスーパーサイクルも同じものはまったくない。はるかに長いサイクルもあれば、途中で何らかのショックやイベントで中断され、サイクルが完了することなく、指数が変曲点まで戻ることもある。それでも、歴史に目を向けると、「平均的な」サイクルはどのようなものか、そしてどのように展開するかを少なくとも感じ取ることはできる。

1970年代初頭以降のデータを見ると、強度や期間も違い、毎回多少の違いはあるにせよ、そのようなシクリカルなパターンは繰り返すように思える。過去50年にわたるサイクルのほとんどが通常は4つの明確な局面に分けられ、それぞれが特有の要素に左右される。また、これらサイクルのほとんどが長期のスーパーサイクルや構造的トレンドのなかで展開する。

株式のサイクルの4つの局面

サイクルの局面を**図表2.1**で簡潔に図示した。これは現実をかなり型にはめて表現しているが、市場がサイクルで動く傾向は描き出せている。また、個々の局面において、指数のパフォーマンスが実際の利益成長や将来の利益成長の予想に左右される度合いを映し出している。利益成長の予想はPER（株価収益率）などのバリュエーションの変化で測ることができ、これは利益成長率が将来改善すると投資家が予想すれば上昇し、成長率が弱まると予想すれば低下する。

1.失望
市場が高値から下落する期間は弱気相場とも呼ばれる。市場がマ

図表2.1　株式のサイクルの４つ局面

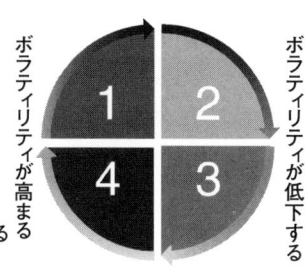

1. 失望
弱気相場→株価は高値から下落する
- ●期待は満たされない
- ●リターンは最悪の時期
- ●利益成長は乏しい

2. 期待
PERが上昇する
- ●より良い将来が期待できる
- ●リターンが最も高い時期
- ●利益成長は乏しい

4. 楽観
PERが利益より早く上昇する
- ●期待は外挿される
- ●リターンは2番目に高い
- ●利益成長は弱い

3. 成長
利益がPERよりも早く増大する
- ●現実が期待に追いつく
- ●リターンは2番目に低い
- ●利益成長は最も大きい

出所＝ゴールドマン・サックス・グローバル・インベストメント・リサーチ

クロ経済環境の悪化と、それが示唆する期待利益の低下を見込み、反応するにつれ、主にバリュエーションの縮小（PERの下落）が要因となってこの調整が発生する。たいていこの時点では、経済は景気後退には陥っていないので、利益はまだ減少していない。

2．期待

　通常、この期間は短く、市場はバリュエーションの底値から回復（PERの上昇）する。これは景気循環の底打ちと将来の利益成長を見越して生じ、バリュエーションマルチプルの上昇につながる。たいていの場合、この局面はPERが高値を付ける（将来の成長に対する前向きなセンチメントが最大となる）と終焉を迎える。この局面はサイクルで最も高いリターンが獲得できるので、投資家にとっては極めて重要である。だがこの局面は、実際のマクロデータや企業部門の業績がいまだ振るわない時期に始まる傾向にある。重要な

ことだが、ここでの主たる要因は期待である。つまり、この局面では経済データが低調なことが多く、経済データの2次導関数（変化率）が改善し始めるときに始まる。そのため、株式市場に買いを入れる最良のタイミングは、経済状況が弱く、株式市場は下落したが、経済状況がもはやこれまで以上のペースで悪化することはない最初の兆候が現れ始めるときである。

3．成長

通常、この期間が最も長く（アメリカでは平均すると45カ月間）、利益成長が生まれ、リターンを後押しする。

4．楽観

これはサイクルの最終局面である。投資家は自己満足とも言えるほどますます自信を深め、バリュエーションが改めて拡大し、利益成長を追い越す傾向にあり、そのために、次なる市場の調整の舞台が整うことになる。これは取り残される恐怖（FOMO）が特徴となる典型的な期間で、投資家たちは損をすることよりも取り残されることを恐れる。概してこの局面は、実際のファンダメンタルズだけでなく、センチメントや心理に左右され、投資家が自信を深めることで株式市場のバリュエーションの拡大を伴うことが多い。

4つの局面の原動力

この枠組みは、サイクルを通じて利益成長と株価のパフォーマンスの関係が体系的に変化することを実証している。利益成長は長期的に株式市場のパフォーマンスを後押しする。だが、利益成長が報

図表2.2　アメリカ株の各局面におけるリターンを分解する——1973
年以降のS&P500の各局面における累積名目リターン（年
率）

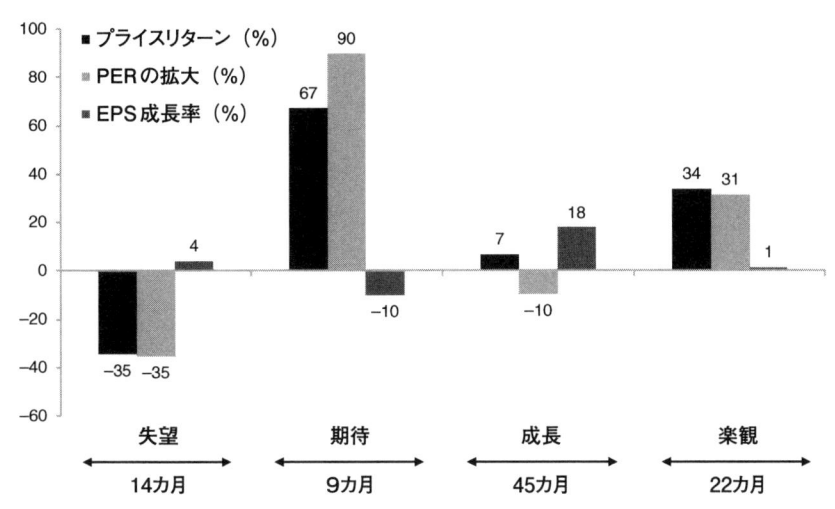

出所=ゴールドマン・サックス・グローバル・インベストメント・リサーチ

われるのは、それが発生したときではなく、むしろ期待の局面で投
資家が利益成長を正確に予想したときだ。そして、楽観の局面で投
資家が将来の成長の可能性について過度に楽観的になるときである。

　図表2.2は、アメリカにおけるこの様子を1973年以降のデータを
使って描き出している。それぞれの局面について、平均的な期間、
プライスリターンの平均、リターンがマルチプルの拡大から利益成
長までどのように配分されるかを示している。利益成長のほとんど
は成長の局面で見られ、プライスリターンは主に期待と楽観の局面
でもたらされる。

　個々の局面が経済と関係していることは明らかである。これによ
って局面をより正確に解釈することができ、またいつ１つの局面か
ら次の局面に移るかどうかを認識する一助ともなる。GDP（国内
総生産）や経済活動は失望から期待の局面にかけて縮小する傾向に

ある。これは生産量が潜在産出量に届かないからだ。経済の谷は、期待の局面の中盤から終わりの間に訪れる。成長の局面では、経済活動は拡大し、最終的に生産量の伸びが潜在的な成長率を上回る。

　このシンプルな枠組みを用いると、局面ごとに投資家が求める将来のリターンは次のように展開する。

●失望の局面では、投資家は将来のリターンの見通しをますます懸念するようになる。そのため、株式保有に求める将来の期待リターンがますます高くなる。この反応は、ボラティリティの上昇、余剰生産力（産出量ギャップとして説明されることが多い［産出量ギャップとは経済の実際の産出量が潜在産出量を下回る額のこと］）の拡大、そして通常はこの局面で発生する景気後退の始まりを背景に起こる。これは、株式のリスクプレミアム（ERP = Equity Risk Premium）の拡大とともに、株式のバリュエーション（PER）の低下と市場の下落につながる。1973年以降のデータを見ると、この局面はアメリカでは平均で14カ月続いた。この局面では、利益はまだ多少増えているが、株価は急落する。平均すると、30％以上の下落で、バリュエーションも同程度縮小する。

●期待の局面では、投資家はデータの悪化が収まる（事態はまだ良くないが、悪化はしてない）につれ、景気後退や危機の終焉を予想し始める。それが確認されれば、潜在的なダウンサイドリスクが制限される。投資家は、将来の期待リターンの低下（バリュエーションの拡大）を受け入れるようになることでテールリスクの低下に対応する。つまり、「取り残される恐怖」が投資家のセンチメントを突き動かすことが多いので、株式のリスクプレミアムは縮小し、バリュエーションが拡大する。通常、この段階では、

しばしば金利切り下げという形を取る政策支援によって、投資家は将来の回復を織り込み始めるよう後押しされるようになる。ボラティリティはいまだ高いが、実際のデータが安定し始めるので、期待の局面が終わりに近づくにつれボラティリティはかなり低下する傾向にある。**図表2.2**が示しているように、この局面では、本質的に投資家は成長の局面で見られる利益の回復に前もって資金を投じていることになり、バリュエーションは拡大する。通常、期待の局面は最も短い（平均すると10カ月ほど）が、年率リターンを基準にすると、サイクルのなかで最も強力となる傾向があり、平均リターンはおよそ50％（年率で70％ほど）で、バリュエーションは70％ほど（年率で90％ほど）拡大する。

●投資家は期待の局面で将来に期待される利益成長にすでに資金を投じているが、成長の局面の当初では成長はまだ具現化していない。通常、産出量ギャップは期待の局面のどこかで失業率とともにピークを打ち、成長の局面の当初はかなり高いままである。投資家は立ち止まり、「様子見」の姿勢を取り、長期的な成長予測に疑問を抱くことが多い。その結果、成長の局面では利益成長がリターンを上回り、ボラティリティが低下するに従い、将来の期待リターンという観点から株価が見直される。平均すると、サイクルのこの局面はアメリカでは4年（45カ月）ほど続き、年に1桁台中盤のリターンを生み出すが、これはすべて利益が年に20％ほど増えるという事実に裏付けられている。結果として、この期間を通じて、PERは10％ほど縮小する傾向にある。

●最後に、楽観の局面では、取り残されることを恐れたより多くの投資家を引きつけるに十分なほどに株価が上昇する。リターンは利益を上回り、結果として将来の期待リターンは低下する。この

局面の終わりに近づくにつれ、高いリターンが持続するかどうかが市場で試されることになるので、ボラティリティは上昇する。この局面は平均で21カ月続き、利益が停滞するなかでももっぱらバリュエーションの拡大に後押しされ、株価は年率で30％ほどの力強い上昇を示す。

結論として、実際の利益成長とプライスリターンは驚くほどバラバラに発生する。サイクル全体を通して、利益成長のほぼ100％が成長の局面で発生する。だが、株価のパフォーマンスはまったく振るわない。反対に、サイクルでパフォーマンスが最も高くなるのは期待の局面だが、利益は縮小を続けている。これは、投資家はバリュエーションが低い時点で、将来の期待成長に前もって資金を投じる傾向があるという重要な点を浮き彫りにしている。楽観の局面はサイクルのなかで２番目に強い局面である。**図表2.3**はアメリカの株式市場におけるこれらの結果を示している。

もちろん、これまでの議論は数十年にわたる期間の平均について語っているので、有益な枠組みをもたらす。だが、サイクルはそれぞれ少しずつ異なっている。インフレのダイナミズムが局面ごとに変わるかもしれない。また、過去よりも強力な経済成長が見られることもあるだろう。

サイクルと弱気相場

前述のサイクルの枠組みでは、失望の局面は株価が下落する弱気相場の期間となる。しかし、弱気相場からの当初の回復（期待の局面）は弱気相場の規模とは関係なく、似たようなものになる一方で、

図表2.3　バリュエーションは期待と楽観の局面で最も拡大する──1973年以降のS&P500のサイクル（データは名目値）

	S&P500			
	失望	期待	成長	楽観
期間（月）	14	9	45	22
累積リターンの平均				
トータルリターン（%）	−36	54	44	80
プライスリターン（%）	−38	50	28	70
EPS成長率（%）	5	−8	84	3
PERの拡大（%）	−39	66	−31	64
累積リターンの平均　年率				
トータルリターン（%）	−32	73	10	38
プライスリターン（%）	−35	67	7	34
EPS成長率（%）	4	−10	18	1
PERの拡大（%）	−35	90	−10	31

出所＝ゴールドマン・サックス・グローバル・インベストメント・リサーチ

失望の局面はその要因によって期間も程度も異なる。そのため、弱気相場で投資を続けるリスクはどのような場合でも同じではない。

　私は弱気相場を3つのカテゴリーに分類しているが、それぞれに独自の特徴がある。

　1．**構造的な弱気相場**は、構造的不均衡と金融バブルによって引き起こされる。デフレなどの「価格」ショックと、その後の銀行危機が起こることが非常に多い。構造的な弱気相場は平均すると50％ほど下落し、3.5年以上続き、完全に回復し、実質値で当初の水準を上回るまでに10年近くかかる。

　2．**シクリカルな弱気相場**は、金利の上昇と、差し迫った景気後退や利益の減少がきっかけとなる。これらは景気循環に応じたものである。シクリカルな弱気相場は、平均すると30％ほど下落し、2

年超続き、指数が名目値で当初の水準を回復するまで4年（実質値では61カ月）ほどかかる。

　3. **イベントドリブンの弱気相場**は、国内の景気後退につながったり、一時的にサイクルを逸脱させたりすることのない1回限りの「ショック」によって引き起こされる。戦争や原油価格のショック、途上国市場の危機やテクニカルな市場の混乱が一般的なきっかけだ。弱気相場の主たる要因は、当初の金利上昇ではなく、リスクプレミアムの拡大である。イベントドリブンの弱気相場では、平均すると株価はシクリカルな弱気相場とおおよそ等しい30％下落し、8カ月ほど続き、名目値で見ると1年超（実質値で55カ月）で回復する。

　ほとんどの構造的弱気相場には金融バブルが付随し、バブルが崩壊すると民間部門がレバレッジを解消するので、広く問題を引き起こす。たいていの場合、そのストレスは銀行セクターに波及し、景気をさらに悪化させる。

　構造的弱気相場につながる金融バブルにはいくつか一貫した特徴がある。

1. 過剰な株価の上昇と極端なバリュエーション
2. 新しいバリュエーション方法が正当化される
3. 市場集中度が高まる
4. 狂気じみた投機と投資家の流入
5. 金融緩和と低金利とレバレッジの拡大
6. 金融市場での企業活動の活発化
7. 「新時代」のストーリーと技術的なイノベーション
8. サイクル後半の好景気

9．会計スキャンダルや不正の発覚

　構造的弱気相場の好例が1929年の暴落がきっかけとなった市場の崩壊や、1989〜1990年の日本のバブル崩壊、そして最近のリーマンショックである。そのすべてが、広範にわたる資産バブルや根拠なき高揚感や民間部門のレバレッジや銀行危機と似たような状況を示した。一方、イベントドリブンの下落の例が新型コロナのパンデミック期の弱気相場である。当初は、経済は比較的安定し、インフレ率は低く、経済成長も低いながらも安定していた。確かに、イベントそのものは類のないもので、当初経済成長に与えたショックは非常に大きかった。だが、政策支援の規模も範囲も大きかったので、過去のイベントドリブンの弱気相場と同じように、市場の下落は短期間に収まり、回復も早かった。

　だが、これらは数十年の平均値である。第2次世界大戦以降の弱気相場だけを取り上げると、弱気相場の度合いという点では似たような特徴が見られ、概して期間は短くなっている。これは、回復が期待されるときに投資をしても、もはやかつてほどの利益は得られないことを示唆しているので、重要な所見である。

弱気相場から強気相場への移行を見定める

　期待の局面（新たな強気相場の始まり）はたいていの場合、経済は弱く、悪いニュースが多い景気後退の最中に始まる。期待の局面は最も強力な（だが最も短い）局面である。投資家は見逃さないようにすることが肝要だ。だが、どうすれば弱気相場からの当初の回復が、継続する下落のなかでの単なる戻りでないことが分かるのだ

ろうか。バリュエーション、成長率、金利のすべてが鍵となる。これらの要素の組み合わせもターニングポイントを見定める役に立つ。

バリュエーションと市場の変曲点

バリュエーションは、投資家が景気後退を予想するにつれて低下する。しかし、低いバリュエーションは市場の回復の必要条件かもしれないが、それだけでは不十分である。**図表2.4**は世界の株式市場のいくつかのバリュエーション指標の平均をパーセンタイルで示している。これは、12カ月の予想PER、12カ月の実績PER、12カ月の実績PBR（株価純資産倍率）、12カ月の実績PDR（配当利回りの逆数）などの指標を総計したものだ。概して、バリュエーションが過去の平均の30パーセンタイルを下回ると、プラスのリターンが得られ、バリュエーションが極端に高くなると、その後、市場は下落する。

これは重要な情報である。市場が現時点よりもさらに下落したり、経済がさらに悪化するリスクがあるとしても、極めて低いバリュエーションは投資家、特に6カ月以上の時間軸で投資をしている投資家にとっては良い仕掛けポイントとなるからだ。だが、これが単独で信頼できる指針となるのは、バリュエーションが極端な水準まで低下している場合だけである。成長率や政策といったその他のファンダメンタルの要素も重要である。

成長率と市場の変曲点

株式市場は、成長の度合いは強いが鈍化している場合よりも、む

図表2.4　バリュエーションが過去の平均の30パーセンタイルを下回ると予想リターンはプラスとなる（1973年以降のデータ、世界の株式）

バリュエーションの パーセンタイル		平均予想リターン		ヒット率	
以上	以下	12カ月	24カ月	12カ月	24カ月
0%	10%	14%	21%	81%	90%
10%	20%	11%	30%	92%	98%
20%	30%	12%	38%	82%	95%
30%	40%	9%	15%	69%	82%
40%	50%	6%	16%	67%	73%
50%	60%	9%	17%	66%	73%
60%	70%	7%	13%	62%	76%
70%	80%	10%	16%	82%	79%
80%	90%	5%	16%	66%	71%
90%	100%	−2%	−2%	46%	50%
無条件平均		**8%**	**18%**	**73%**	**82%**

注＝向こう12カ月のPER、過去12カ月のPER、過去12カ月のPBR、過去12カ月のPDRのパーセンタイル。ヒット率はプラスのリターンが得られる確率（％）に等しい
出所＝ゴールドマン・サックス・グローバル・インベストメント・リサーチ

しろ成長は弱いが改善している場合のほうが好調な傾向にある。経済成長の改善は前年からのリターンと良好な関係にある（市場がそれを予想するので）が、必ずしも将来のリターンの優れた予兆となるわけではない。全米経済研究所の定義に基づけば、通常アメリカの株式市場は平均すると、景気後退入りが公式に認められる７カ月前に景気後退を織り込み始め、景気後退が終わる前に底を打つ（**図表2.5**）。2001年の景気後退はこのパターンから外れた唯一の例である。このときは、景気後退が終焉したあとも、市場は大幅な下落を続け、景気後退が終わった８カ月後、景気後退以前に高値を付けたときから30カ月後に底を打った。だが、これはそれまでにバリュエーションがあまりに過大になっていたことを反映したものだった。

　この意味で、市場リターンはカウンターシクリカルである。例え

図表2.5　アメリカ株式市場は平均すると、景気後退入りが公式に認められる7カ月前に景気後退を織り込み始める

高値	市場と景気後退の変曲点のズレ（月）		
	高値から景気後退入りまで	景気後退入りから底まで	高値から底まで
1948年6月	6	6	12
1953年1月	7	1	8
1956年8月	13	2	15
1959年8月	9	6	15
1968年11月	13	5	18
1973年1月	11	10	21
1980年2月	0	2	1
1980年11月	8	12	20
1990年7月	1	2	3
2000年3月	12	18	30
2007年10月	3	14	17
2020年2月	0	1	1
平均	7	7	13
中央値	8	6	15
最大値	13	18	30
最小値	0	1	1

出所＝ゴールドマン・サックス・グローバル・インベストメント・リサーチ

ば、底値からの上昇期、上昇期から高値まで推移するときのサイクルの幅を見ると、通常最も高い平均月次リターンを生み出すのは底値から改善している（だが、いまだ弱い）期間となる（**図表2.6**の「底から50」）。反対に、リターンが最も低いのは経済が高値からゆっくりと縮小していくときである（**図表2.6**の「高値から50」）。**図表2.6**は、S&P500の平均月次リターンを用いて、ISM購買担当者景気指数で測定した上昇期の様子を示したものだ。ISM指数はアメリカの購買担当者を対象とした全国調査に基づいており、製造業界と非製造業界の景況感の変化を追跡している。ISMが50を超えると景気拡大を意味し、50を下回ると景気低迷を意味し、50であれば変化

図表2.6　最大のリターンは経済が弱いが改善しているときに発生する

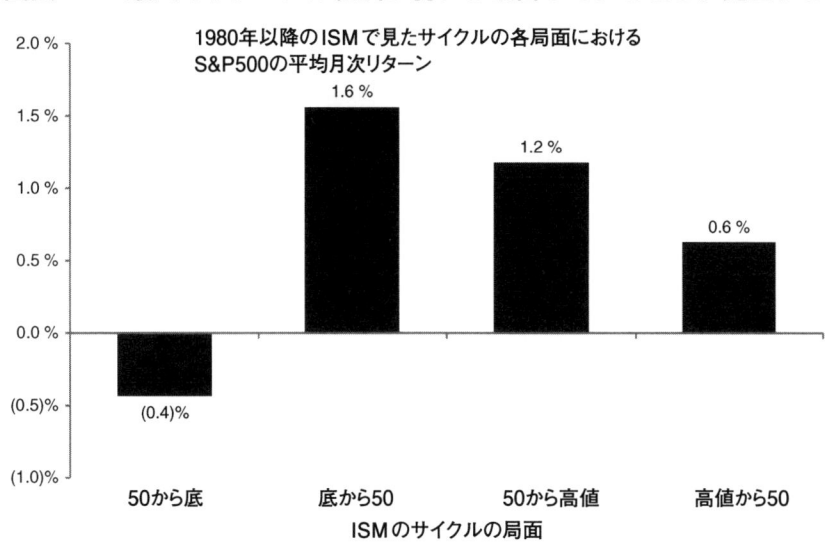

出所=ゴールドマン・サックス・グローバル・インベストメント・リサーチ

がないことになる。数値が50から離れれば離れるほど、変化の割合が大きくなる。

　企業利益がいまだ悪化していても、たいていの場合、株式市場はこのパターンに合わせて次なる強気相場の期待の局面に突入する。

　ほとんどの弱気相場は、企業のEPS（１株当たり利益）が改善する６〜９カ月ほど前（**図表2.7**）、そして、成長のモメンタムの谷の３〜６カ月ほど前に底を打つ（ISMの変化率をベンチマークとした。**図表2.8**。Oppenheimer, P., Jaisson, G., Bell, S. and Peytavin, L. [2022]. Bear repair : The bumpy road to recovery. Goldman Sachs Global Investment Research, Global Strategy Paper. Available at : https://publishing.gs.com/content/research/en/reports/2022/09/07/8ebbd20c-9099-4940-bff2-ed9c31aebfd9.html）。そのため、期待の局面にはバリュエーションの拡大が付随する。つ

図表2.7　平均的な弱気相場は企業のEPSが改善を示す９カ月ほど前に底を打つアメリカ——S&P500の実績利益

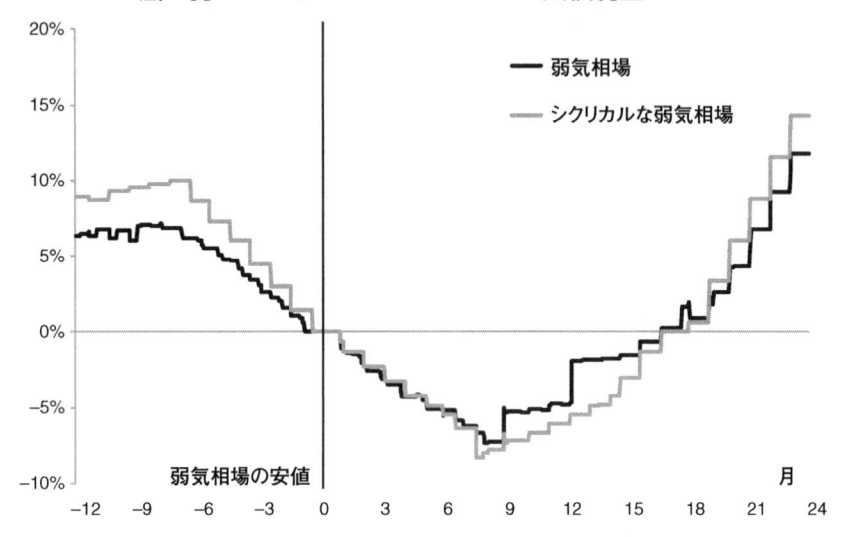

出所＝ゴールドマン・サックス・グローバル・インベストメント・リサーチ

図表2.8　平均的な弱気相場は成長のモメンタムが底を打つ３～６カ月ほど前に底を打つ（ISMのモメンタムは弱気相場の底値から遅れて回復する）

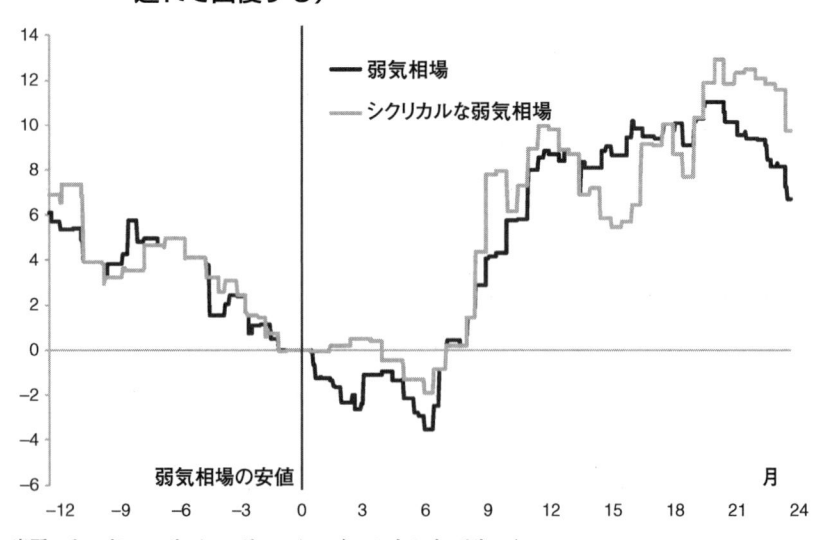

出所＝ゴールドマン・サックス・グローバル・インベストメント・リサーチ

まり、株価の回復は利益の回復を予想して起こるのだ。だが、経済活動の悪化が十分に価格に織り込まれ、投資家が悪化の速度がまもなく遅くなると考え始めるかどうかを確信をもって知ることは極めて難しい。

これは、弱気相場が変曲点を迎えるかもしれないことを示すものとして投資家が考慮すべき具体的な水準や成長率があるということだろうか。答えはイエスだが、それは成長率が極端な値（バリュエーションで見た場合と同程度に）になった場合だけである。

現在の経済状況の調査として広く注目されているもう1つの指標がPMI（購買担当者景気指数）である。これは成長のペースの指針となり、GDPよりも頻繁かつタイムリーに発表されるという利点がある。ISMと同じように、50を下回ると経済が縮小していると考えられ、50を上回ると拡大を意味する。通常、高いリターン後に有意な低下が起こり、低いリターン後に有意な上昇が起こる。つまり、極めて低いデータは株式にはプラスであり（投資家が回復を予想し始めるので）、極めて高いデータはマイナスであることが多い（通常、サイクルのピークは近いと考えられるので）。

しかし、注意すべきことが1つある。経済のモメンタムが弱いと経済がさらに弱くなるサインだと考えられることが多い。そのため、PMIそれ自体が指針として役に立つのは極端な値（高い値でも低い値でも。**図表2.9**）となった場合だけである。

成長率とバリュエーションをシグナルとして結びつける

バリュエーションも成長率も弱気相場からの回復の過程に関係し、通常それぞれが単独で役に立つのは、極端な値を付けた場合だけで

図表2.9　PMIそれ自体が指針として役に立つのは高い低いに関係なく極端な値を付けた場合──S&P500の向こう12カ月の予想リターン（プラスのリターンとISMの水準）

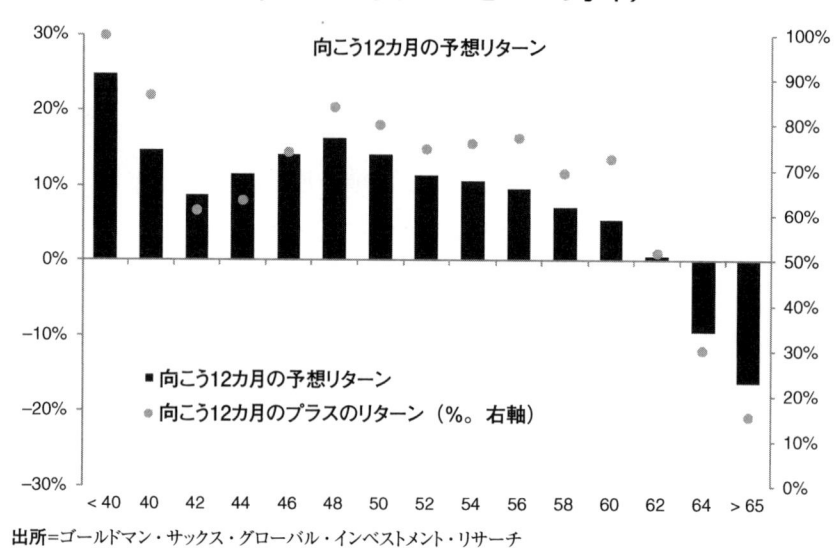

出所＝ゴールドマン・サックス・グローバル・インベストメント・リサーチ

図表2.10　バリュエーションが50パーセンタイルを下回り、ISMが50を下回って低下すると、予想リターンは上昇する（ISM、S&P500のバリュエーションのパーセンタイル、向こう12カ月の予想リターン）

バリュエーション		ISM								
		<40	38−42	42−46	46−50	50−54	54−58	58−62	62−66	>65
0%	20%	28%	30%	15%	24%	15%	7%	12%	1%	1%
20%	40%	22%	18%	10%	12%	15%	11%	0%	−12%	
40%	60%		7%	17%	13%	9%	10%	15%	−24%	−29%
60%	80%		47%	23%	17%	8%	9%	9%	−33%	−17%
80%	100%		−18%	−16%	14%	10%	11%	2%	7%	

出所＝ゴールドマン・サックス・グローバル・インベストメント・リサーチ

ある。では、バリュエーションと成長率の組み合わせからシグナルを得られるだろうか。

　図表2.10はISMと前述のバリュエーションのパーセンタイル

（PER、PBR、PDRの組み合わせ）を組み合わせたものである。概して、平均以下のバリュエーションと50を下回るISMは向こう6カ月のシグナルとしてはまあまあ良いものとなる。これらの指標の組み合わせは向こう12カ月の予想リターンに注目する場合にさらに価値が高まる。

　楽観の局面では、サイクルのピークが近づくと高い成長率が高いバリュエーションを凌駕し、市場は上昇する傾向にある。失望の局面では、バリュエーションが50パーセンタイルを下回り、ISMが低下する（50を下回る）と、向こう12カ月の予想リターンは上昇する傾向にある。

インフレ、金利、そして市場の変曲点

　低いバリュエーションに加え、通常、インフレ懸念の低下と金利の組み合わせも回復期に役立つ傾向にある。

　図表2.11が示すとおり、消費者物価指数が急上昇すると、金利上昇の影響に対する懸念が高まるので、たいていの場合市場は下落する。つまり、ほかの条件次第で多少の違いは生まれるが、ピークを付けたあとは、平均すると、市場は向こう6〜12カ月で回復する。また、投資家がハードランディングではなくソフトランディングを予想していれば、そうなる可能性は高くなる。

　金利も関係する。平均すると、市場はFF（フェデラルファンド）金利がピークを付け、米国債の金利が低下を始めるちょうど2年前に回復し始める（**図表2.12**）。そして、成長率が急速に悪化している場合、当初金利が引き下げられたあとも市場は低下を続けることが多い。

図表2.11　インフレ懸念の低下と金利は回復期に役立つ傾向にある（アメリカ、1940年代以降のCPI）

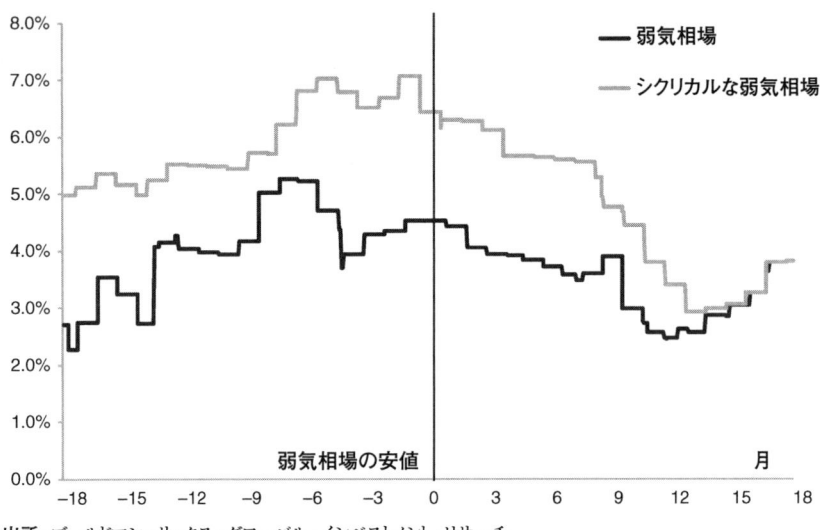

出所=ゴールドマン・サックス・グローバル・インベストメント・リサーチ

図表2.12　平均すると、市場はFF金利がピークを付けるまで回復しない（1950年代以降のFF実効金利）

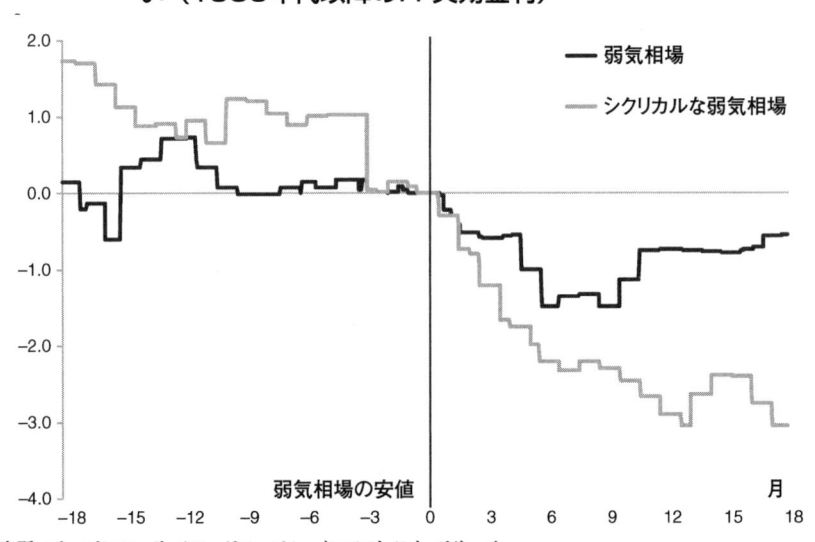

出所=ゴールドマン・サックス・グローバル・インベストメント・リサーチ

図表2.13　実質GDPが増大すると実質金利の方向性に関係なくプラスのリターンが付随するが、成長の停滞が実質金利の上昇と組み合わさると実に最悪なシナリオとなる（1970年代半ば以降のアメリカの実質GDP成長と10年物国債の実質利回り）

		10年物国債の実質利回り			
		低下	安定	上昇	全体
アメリカの実質GDP成長	増大	19%	16%	19%	18%
	安定	14%	15%	12%	13%
	低下	8%	0%	−4%	4%
	全体	12%	11%	11%	11%

注＝GDP（ゴールドマンサックスの米現況指数）の3カ月平均の前年同期比──1%超が増大、1%～−1%が安定、−1%を下回ると低下
実際の10年間の変化の前年同期比──25ベーシスポイント超は上昇、25～−25ベーシスポイントは安定、−25ベーシスポイントを下回ると低下
出所＝ゴールドマン・サックス・グローバル・インベストメント・リサーチ

成長率と金利を組み合わせる

　バリュエーションと成長のモメンタムの組み合わせで見てきたとおり、投資家が市場の底を見定める、または少なくとも弱気相場での買いでプラスのリターンを獲得する可能性を判断するうえで最も役に立つのは個々の要素ではなく、それらの組み合わせである。成長のモメンタムと実質金利の変化の組み合わせも有効な指針となる。**図表2.13**が示すとおり、実質GDPが増大すると、実質金利の方向性に関係なくプラスのリターンが付随するが、成長の停滞が実質金利の上昇と組み合わさると、実に最悪なシナリオとなる。

　次の第3章では、長期的なトレンド、またはスーパーサイクルを左右する条件や要素に目を向ける。

第**3**章

スーパーサイクルとその原動力

Super Cycles and Their Drivers

「パターンが崩れると、新しい世界が姿を現す」——トゥーリ・クップファーバーグ

　経済活動でも金融市場でも、サイクルはパターンを繰り返し、極めて長期間にわたって継続する構造的トレンドの範囲のなかで展開する。歴史を見ると、何十年にもわたって経済活動と実質所得の変化が比較的少ないか、減少することもあるが、成長や繁栄が一貫して続く時期もあることが分かる。同様に、金融市場では、長きにわたって全体のリターンが低下する期間、もしくはスーパーサイクルは存在するが、リターンが上昇する力強いトレンドを示す時期もある。このような長期的なトレンドや状況が変化すると、投資家はその準備ができていないことが多く、その影響は計り知れないものとなる。つまり、先入観に凝り固まってしまい、新たな現実にすぐに対応できないのだ。

　私は長期にわたる低成長期を「ファット・アンド・フラット」市場と説明しているが、これはある時点からある時点までの間の実質リターンが低く、大きなスイングや値幅が存在する期間だ。これら

は、私がスーパーサイクルと表現する長く続く上昇期とは異なる。そのようなスーパーサイクルの原動力となる要素や条件は本書の次の第2部で議論するが、章ごとに第2次世界大戦後のさまざまなスーパーサイクルを取り上げる。

　第2次世界大戦後のスーパーサイクルと金融市場について議論する前に、最近の情勢を長期的な文脈でとらえてみよう。研究者たちが長期にわたるデータ系列を集計してくれたおかげで、歴史を通じて、いくつかの重要な経済的・政治的・社会的トレンドに構造的変化があったことが分かる。長期的なリターンや金融市場のサイクルを主導する銘柄の特徴の変化の一因となっているのはこのような長期にわたる構造的条件である。

経済活動のスーパーサイクル

　経済活動の長期にわたるデータ系列で最も有名で、最も広く用いられているのはイギリスの経済学者アンガス・マディソン（1926〜2010年）の先駆的な研究に基づくものである。マディソンの研究は、彼が勤務していたグローニンゲン・グロース・アンド・ディベロップメント・センターがマディソン・プロジェクト・データベースと呼ばれるプロジェクトで引き継いでいる。さらに、彼の最初の研究以来、その他にも数多くの長期的なデータセットが作成されてきた。それらは後に過去の資料（教区のデータ、登記簿、人頭税の納税申告書、学校や病院の記録、その他数多くの情報を含む）を用いて彼の分析を再編成したもので、さまざまなデータセットを組み合わせることで、過去の経済・社会的トレンドやスーパーサイクルに対する理解を深めようとしている（Broadberry, S. [2013]. Accounting for the Great Divergence : Recent findings from historical national accounting. London School of Economics and CAGE, Economic History Working Paper No. 184. Broadberry, S., Campbell, B., Klein, A., Overton, M. and van Leeuwen, B. [2011]. British Economic Growth, 1270-1870 : An Output-Based Approach. Cambridge : Cambridge University Press. Malanima, P. [2011]. The long decline of a leading economy : GDP in central and northern Italy, 1300-1913. European Review of Economic History, 15[2], pp. 169-219. van Zanden, J. L. and van Leeuwen, B. [2012]. Persistent but not consistent : The growth of national income in Holland 1347-1807. Explorations in Economic History, 49[2], pp. 119-130. Schön, L. and Krantz, O. [2012]. The Swedish economy in the early modern period : Constructing historical national accounts. European Review of Economic History, 16[4], pp. 529-549. Álvarez-Nogal, C. and De La Escosura, L. P. [2013]. The rise and fall of Spain [1270-1850]. The Economic History Review, 66[1], pp. 1-37. Costa, L. F., Palma, N. and Reis, J. [2013]. The great escape? The contribution of the empire to Portugal's economic growth, 1500-1800. European Review of Economic History, 19[1], pp. 1-22）。イングランド銀行やほかの中央銀行が行った研究がこれらデータセットを補完し、また分かりやすくもしている。

　ほとんどの推定が、2000年前から1000年前の期間に、人口は合計で15％ほど増大しながらも、世界のGDP（国内総生産）は減少したことを示している。だが、過去1000年にわたって、経済活動と生活水準は驚くほど変化している。この間、世界の人口は約30倍の80億人まで増え、平均寿命も3倍近くなっている。世界のGDPと1

図表3.1　世界の実質GDPは1600年以降100倍以上増大している
**　　　　──世界の実質GDPと人口（1600年を100として指数化、**
**　　　　対数スケール）**

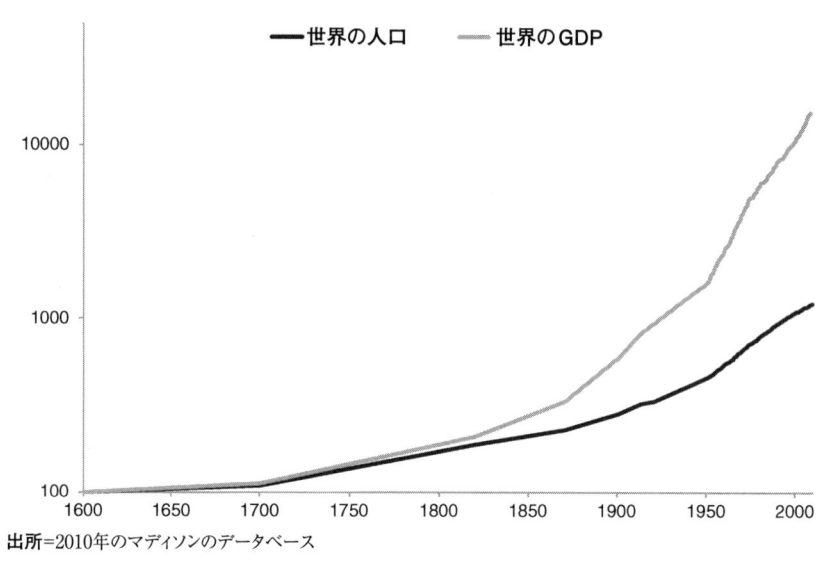

出所＝2010年のマディソンのデータベース

人当たりGDPはそれぞれ100倍と50倍に増大している（**図表3.1**と
図表3.2。Maddison, A. [2010]. The World Economy : A Millennial
Perspective. Paris : OECD）。この驚くべき変化の多くは連続して
起こっているのではなく、局面ごとやスーパーサイクルごとに発生
している。

　マディソンの当初の研究では経済活動の改善や平均寿命の伸びの
大部分は1820年から始まったものとされていたが、最近になって改
訂された研究では、19世紀初頭に成長が加速する前にも、経済成長
の長期的なトレンドまたはスーパーサイクルが存在しており、それ
らは数十年続くことが多かったことが示された。また長期にわたる
停滞や構造的な衰退もあった（Bolt, J. and van Zanden, J. L. [2020].
The Maddison Project. Maddison-Project Working Paper No. WP-

図表3.2　1人当たりGDPは19世紀から急激に増大——1人当たり実質GDP（2011年のドル価、対数スケール）

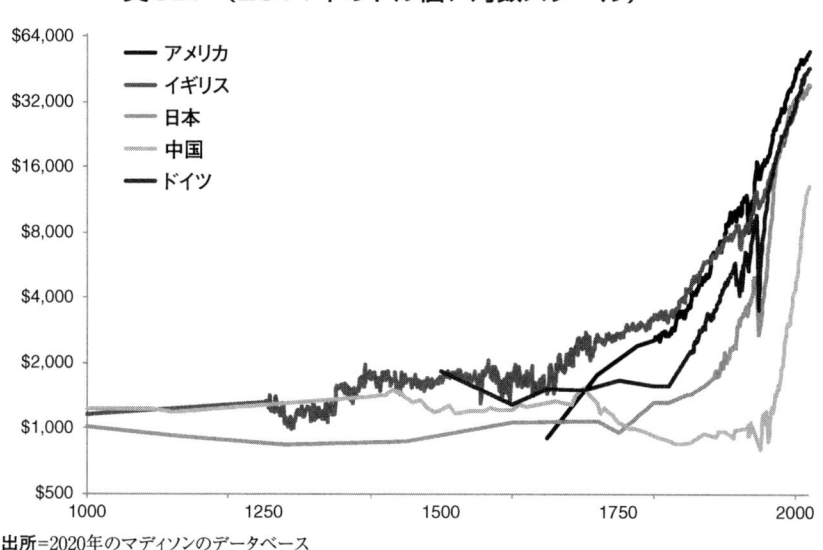

出所=2020年のマディソンのデータベース

15.）。

　これら初期の成長の波は主に11世紀ごろにヨーロッパで姿を現し始め、その後、アジアでさらに強力な成長期が訪れた。14世紀までに、ヨーロッパは中国とほかのアジアの国々を追い越した。その後、アジアは長きにわたり比較的停滞した期間に突入し、20世紀後半まで1人当たりの所得は横ばいのままだった。

　このような成長期や停滞期を説明する要素は近年まで展開してきた世界的なスーパーサイクルの解明に役立つ。歴史的に、長期にわたる経済の繁栄期は、技術進歩や金融市場のイノベーションや移民や貿易の増大といった要素の組み合わせが段階的に大きく変化することで後押しされていた。本書の次の第2部で議論するとおり、これらすべては20世紀の成長や金融市場のスーパーサイクルを説明す

るうえでも重要な要素であることは変わらない。

　具体例をいくつか挙げよう。

1．1305〜1420年のイタリアでは1人当たりの所得は40%増大

　イタリアの都市国家はヨーロッパからアジアにかけて巨大な交易路を確立、拡大させた（Fouquet, R. and Broadberry, S. [2015]. Seven centuries of European economic growth and decline. Journal of Economic Perspectives, 29[4], pp. 227-244）。ベネチアはフランドル、フランス、ドイツ、そしてバルカン半島までヨーロッパをまたぐ交易路を開いたが、中国は黒海の港まで交易路を開いた。歴史上のほかのスーパーサイクルや最近のスーパーサイクルと同じように、技術的なイノベーションが重要な役割を果たした。ベネチアは高度な造船技術と、コンパスの利用を含む航海技術の飛躍的な進歩に大いに依存していた。金融制度の発展進化と債券市場の開設は、しっかりした行政制度とともに重要な要素だった（Maddison, A. [2001]. The World Economy : A Millennial Perspective. Paris : OECD）。ベネチアはまた、出版やいくつかの分野のイノベーションを先導したガリレオ・ガリレイなどの有名な学者たちを抱える学習や教育の中心地となった。例えば、吹きガラスの分野で優勢を誇ったベネチアはメガネ製造のリーダーとなった（1301年、ベネチア芸術の管理者であるギスティチエリ・ベッキはすべての職人に「ビトレイ・アボクリ・サド・リゲンドム［読書用の眼鏡レンズ］」の制作を許可した）。

　ポルトガルとスペインもいわゆる大航海時代（1400年代〜1600年代）に急速に発展した。ほかの経済的な拡張期と同様に、探検が中心的な役割を果たし、移民の受け入れも同様だった。例えば、イス

ラム教徒が人口の大部分を占め続けたが、14世紀前半、ポルトガルには20万人を超えるユダヤ人が暮らし、全人口の20％ほどを占めていた（マヌエル1世がスペインのイザベル王女と結婚した1497年、ユダヤ人たちはポルトガルを追放された。彼女はユダヤ人を追放することを条件に彼と結婚したのだ）。ユダヤ人の多くが貿易や科学の発展に重要な役割を果たした。例えば、アブラハム・ザクートは、バスコ・ダ・ガマによるインド航海を含むポルトガルの海洋探検の基礎となった天文表を開発した。16世紀までに、ポルトガルはヨーロッパの交易のリーダーとなり、大西洋の島々を経由した航路やアフリカ航路を開くうえで重要な役割を果たした。ヨーロッパの南大西洋岸に位置するポルトガルには戦略的優位性があった。同国の遠洋漁業の成功も、航海の面で競合国に対する優位性を高める一因となった。

2．1505〜1595年のオランダでは1人当たりの所得は70％増大

オランダでも主たる要因は貿易の急速な拡大と、農産物からより価値の高いコモディティへ経済生産を転換させたことだった。造船技術の進歩と製造能力の拡大も成功の重要な要素だった。1570年までに、オランダの商船隊はドイツとイギリスとフランスを合わせただけの造船能力を持っていた。また、高度な運河建設の技術を有しており、風車による動力の増加から利益を得ていた。その後、17世紀のオランダの黄金時代には、オランダの貿易や科学や芸術がヨーロッパで最も秀でた存在となった。この間、世界初の公開企業であるオランダ東インド会社（VOC）やオランダ西インド会社（GWC）の傘下にいたオランダ人商人や開拓者たちは、強力なオランダ海軍の保護の下、アメリカやアフリカやアジアに交易所や植民地を建設

した。

3．1600〜1650年のスウェーデンでは1人当たりの所得は40％増大　スウェーデンはバルト海を通じた交易路の拡大に後押しされて成功した（Schön, L. and Krantz, O. [2015]. New Swedish historical national accounts since the 16th century in constant and current prices. Department of Economic History, Lund University, Lund Papers in Economic History No. 140）。

4．1650〜1700年のイギリスでは1人当たりの所得は50％超増大　イギリスはイングランド内戦の終結、1688年の名誉革命、立憲君主制の確立、法の支配が成長の支えとなる制度的枠組みを作り出し、人口の増大と1人当たりGDPの成長を同時に達成した。1720〜1820年までに、イギリスの輸出額は7倍以上になり、1人当たりの所得はヨーロッパのどの国よりも大きく増大した（McCombie, J. S. L. and Maddison, A. [1983]. Phases of capitalist development. The Economic Journal, 93[370], pp. 428-429）。

近代——1820年代以降の成長

11世紀から1820年までヨーロッパが成長したスーパーサイクルの期間に、実質所得はおよそ3倍に増えた（Roser, M. [2013]. Economic growth. Available at https://ourworldindata.org/economic-growth）。だが、1820年以降、世界経済は驚くほどの発展を示した（**図表3.3**）。1人当たりの所得は人口よりも早く増え、1998年には1820年の8.5倍となったが、人口は5.6倍だった（Maddison,

図表3.3 1人当たりGDPは1820年以降の西洋資本主義の時代に急激に増大（2011年のドル価）

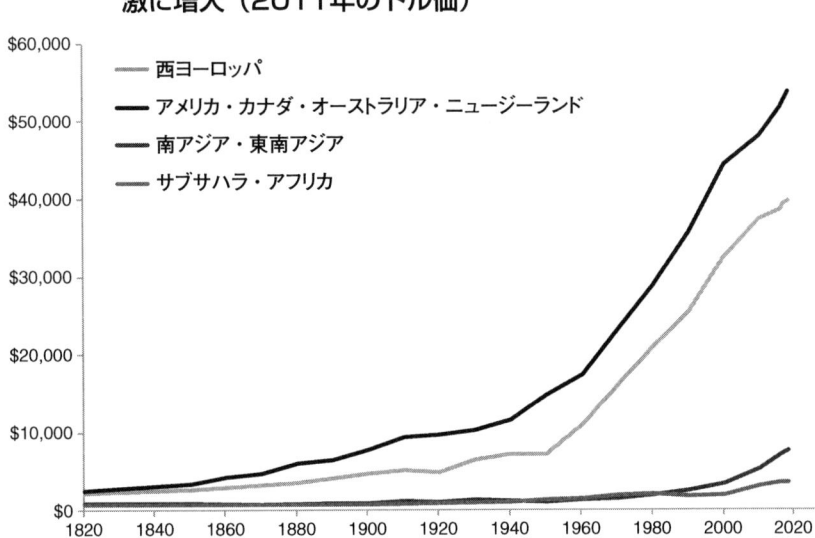

出所＝2010年のマディソンのデータベース

A. [2001]. The World Economy : A Millennial Perspective. Paris : OECD）。

19世紀までは、人口が減少すれば扶養家族が少なくなるので、1人当たりの所得の増大につながることが多かった。通常、人口の減少（たいていの場合、気候変動や飢饉や疾病が関係する）は生き残った者たちの繁栄を後押しした。成長していない経済では、全体の「パイ」の大きさは変わらないので、1人（または1国）がより豊かになる唯一の方法はほかのだれかが貧しくなることだった。例えば、黒死病で知られる時期には、ペストによってイギリスの人口は半減した（1348年からの3年間で人口は800万人超から400万人に減少）。生き残った者たちは豊かになった。農夫たちは最も生産性の高い土地だけを利用（かつてのように増える人口を養うために生産

性の低い土地を利用するのではなく）できたからだ。成長と人口の関係を説いたのはトーマス・マルサスで、これはマルサスの人口原理とかマルサス主義として知られるようになった。この理論は、人口は指数関数的に増える一方で、食糧を含む資源は線形に増えると仮定している。そのため、人口が増えすぎれば、生活水準の崩壊のきっかけとなり、最終的には壊滅的な状況に至ることになるとした。だが、19世紀初頭にテクノロジーと資本主義が結びつき、はるかに高い成長を生み出すようになると、このすべては変わった。

　マディソンによれば、19世紀からの資本主義による成長の時代は、具体的な「システムショック」の結果として明確に5つの局面に分けられる（Maddison, A. [2001]. The World Economy : A Millennial Perspective. Paris : OECD）。

1．1820〜1870年の資本主義発展の時代
2．1870〜1913年の古きリベラルな秩序
3．1913〜1950年の戦争の時代（近隣窮乏化政策の局面）
4．1950〜1973年の最盛期
5．1973〜1998年の新自由主義の時代

　これらのうち、最盛期には少なくとも西ヨーロッパとアメリカで最も大きな成長が見られた（**図表3.4**）。2番目に大きな成長が生み出されたのが1973年以降の時代である（1973〜1983年の期間は石油危機に邪魔されたが、これについては第5章で詳細に議論する）。1870〜1913年の古きリベラルな秩序の時期は3番目に大きな成長を示した。戦争の時代は貿易と移民が壊滅したことで妨げられ、1820〜1870年の資本主義の最初の局面の成長が最も低かった。これは主

図表3.4 最盛期には西側で最も高い実質成長が生み出された——世界の1人当たり実質GDP（年率成長率）

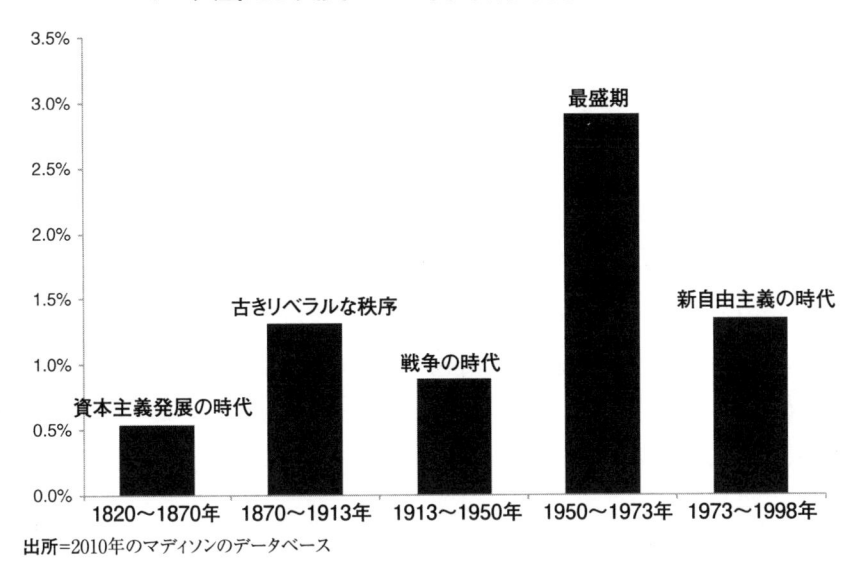

出所＝2010年のマディソンのデータベース

図表3.5 年間のGDP成長率が＋1.5%を超えた年と−1.5%を下回った年（イギリス、イタリア、オランダ、スウェーデン、スペイン、ポルトガルが検証対象）

	年間成長率が4年連続で1.5%を上回った回数	年間成長率が4年連続で1.5%を上回った期間が占める割合（%）	年間成長率が3年連続で−1.5%を下回った回数	年間成長率が3年連続で−1.5%を下回った期間が占める割合（%）
1300年代	1	1.1%	2	1.6%
1400年代	1	1.0%	10	8.0%
1500年代	3	2.3%	14	8.7%
1600年代	2	1.3%	9	4.3%
1700年代	2	1.3%	12	5.8%
1800年代	8	5.3%	4	2.0%
1900年代	38	40.0%	4	3.2%

出所＝McCombie and Maddison (1983)

にグローバル化する以前の世界では力強い成長はヨーロッパの国々に限られたものだったことが要因である。1900年代は総じて他の世紀よりも高い成長を示す年が大幅に増加した（**図表3.5**）。

　同様の長期的なサイクルのパターン、もしくはスーパーサイクルを明らかにしている学術研究はほかにもある。例えば、ディーパンカール・バスーは1949〜1982年までの上げ潮と1968〜1982年までの下げ潮を見いだしている（Basu, D. [2016]. Long waves of capitalist development : An empirical investigation. University of Massachusetts Amherst, Department of Economics Working Paper No. 2016-15）。1983〜2008年までの直近のスーパーサイクルは1983〜2007年までの上昇と2008年以降の下落から成る。興味深いことに、これらは本書の第2部で議論する金融市場のスーパーサイクルと密接に対応しているのだ。

　金融市場を理解するためには、第2次世界大戦後の時期の爆発的な成長はとりわけ印象的である（**図表3.5**）。ここでもいくつかの景気後退やサイクルはあり、全体のトレンドは過去の長きにわたる経験に照らしてもとりわけ強力である。1950年以降の50年間で、世界の人口は150％増え、GDPは600％増えた。次の第2部でより詳細に分析するのが、この第2次世界大戦後の驚くべき時期である。

インフレのスーパーサイクル

　金融市場の観点からすると、2つの主要な変数が最も重要となる。つまり、成長率とインフレである。経済の成長と縮小には長い波があることははっきりしており、インフレもシクリカルである。経済成長と同じように、インフレも一本調子で上昇することはなく、時

間の経過とともにさまざまな構造的なエピソードを経験している。もっと詳細な議論を求めるならば、ステファン・キングの最近の著書がこの問題について素晴らしい議論をしている（King, S. D. [2023]. We Need to Talk About Inflation : 14 Urgent Lessons From the Last 2,000 Years. New Haven, CT : Yale University Press）。

　われわれがインフレとみなすものの多くは20世紀以降の現象であるが、歴史を通じて明確なインフレ期とデフレ期があり、それら局面の多くは長く続いた。実際に、インフレは西暦2世紀半ばから3世紀末まで、すでにローマ帝国で問題となっていた。この長い期間を通じて、小麦の価格は200倍に上昇した。価格上昇の主たる原因の1つは、硬貨の品位の低下で、文字どおり、硬貨に含まれる貴金属の含有量の減少だった。一般の市民たちは硬貨の端に切り込みを入れることでこの慣行に対応した（MacFarlane, H. and Mortimer-Lee, P. [1994]. Inflation over 300 years. Bank of England）。この行為は、ヘンリー8世の命令の下、1544〜1551年にイギリスで行われた大悪改鋳（ザ・グレート・デベースメント）の時期にも行われた（Owen, J. [2012]. Old Coppernose - quantitative easing, the medieval way. Royal Mint）。改鋳の結果、金貨や銀貨に用いられる貴金属の量は少なくされるか、銅などの安価な金属に完全に置き換えられた。修道院の解散や増税ですでに多額の資金を調達していたにもかかわらず、国王個人の過剰な浪費の影響を相殺し、フランスとスコットランドとの戦費を賄うために改鋳が行われた。1世紀後、QE（量的緩和）とゴールドに対するポンド切り下げの結果として起こった問題が重要なイノベーションにつながった。王立造幣局長に就任したアイザック・ニュートン卿が1717年に導入した最初

の金本位制である（Shirras, G. F. and Craig, J. H. [1945]. Sir Isaac Newton and the currency. The Economic Journal, 55[218/219], pp. 217-241）。

イギリスの長期データを見ると、インフレ期とデフレ期はかなり一般的だったことが分かる。３つの必需品の価格に注目したイングランド銀行の研究によると、1694年のロンドンのパンの平均価格は４ポンド当たり5.6ペンス（およそ現2.3ペンス）だった（MacFarlane, H. and Mortimer-Lee, P. [1994]. Inflation over 300 years. Bank of England）。1894年、価格はちょうど5.5ペンスだったが、ナポレオン戦争の時期には１シリング５ペンス（およそ現７ペンス）まで上昇していた。1970年代に最後の大きなインフレの波が起こると、物価は急騰した。パンの価格は1974〜1984年までに３倍になり、1993年までにさらに60％上昇した（Thomas, R. and Dimsdale, N. [2017]. A Millennium of UK Macroeconomic Data. Bank of England OBRA Dataset）。

ロンドンにおける石炭１トン当たりの小売価格は1700〜1830年の期間におよそ70％も急騰して20シリングとなり、1900年までの70年間はおおよそ変わらなかった。その後、第１次世界大戦の時期に３分の１上昇して30シリングとなり、その後再び20シリングまで下落している。

インフレは20世紀後半の明確な経済的特徴の１つだった（**図表3.6**）。その間、インフレを後押しした要因はたくさんあったが、政策の失敗もその１つだった。1964年、インフレは年１％を少し上回っていたが、これはそれまでの６年間とおおよそ同じ水準だった。だが、1960年代半ばになると、インフレは徐々に上昇し始め、1980年には14％を超える水準まで達した。やがて1980年代後半には平均

図表3.6　インフレは20世紀後半の明確な経済的特徴の１つ——イギリスの消費者物価指数（1694年を100として指数化、対数スケール）

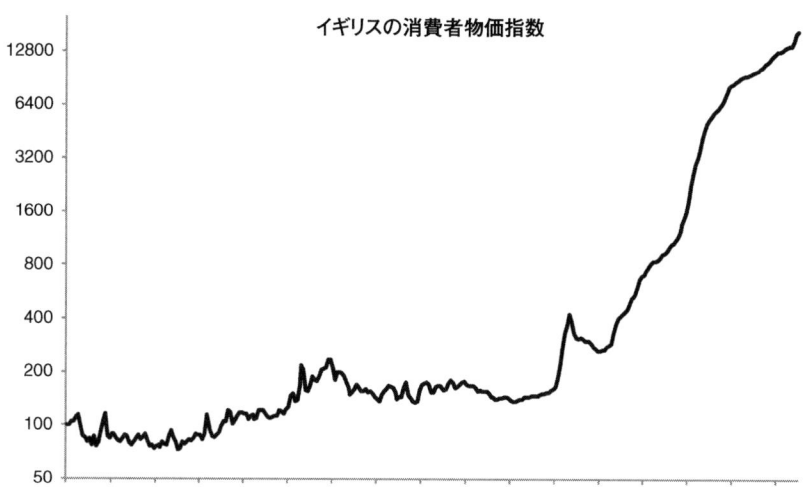

イギリスの消費者物価指数

出所＝Bank of England Millennium Dataset

で3.5％まで低下した（**図表3.7**。Bryan, M. [2013]. The Great Inflation. Available at https://www.federalreservehistory.org/essays/great-inflation）。この期間については第6章で詳細に取り上げる。

金利のスーパーサイクル

金利の歴史は成長の歴史に劣らず驚くべきもので、この2つは関連している。イングランド銀行のデータを見ると、14世紀以降、世界の債券利回りは概して下落傾向にあることが分かる。その他の主要なマクロ変数や金融資産の要素と同じように、金利の傾向も一直線ではない。もちろん、金利が上昇する時期もあるが、長期的には

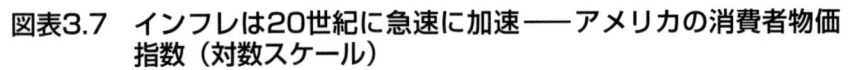

図表3.7　インフレは20世紀に急速に加速──アメリカの消費者物価指数（対数スケール）

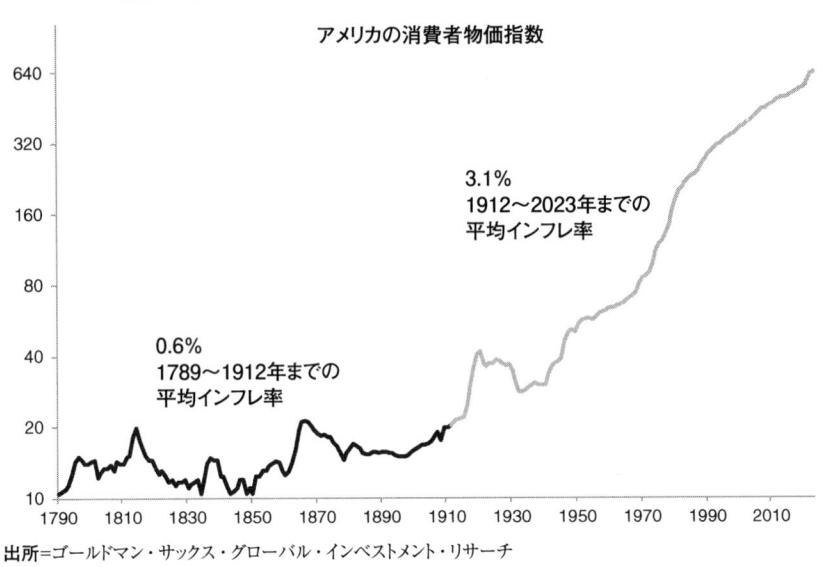

出所＝ゴールドマン・サックス・グローバル・インベストメント・リサーチ

金利は劇的なまでに下向きの軌道を示している。第２次世界大戦後、1970年代のインフレ期の債券利回りの上昇は特に顕著で、それ以降ははっきりと下落している。

　この1970年代からの長期的な下落傾向にはたくさんの説明がある。長期的な下落を「コンビニエンスイールド」の上昇と関連付ける者もいる（Bernanke, B., Bertaut, C. C., DeMarco, L. P. and Kamin, S. [2011]. International capital flows and the returns to safe assets in the United States, 2003-2007. International Finance Discussion Paper No. 1014）。これは、安全性と流動性に対する世界的な需要と、供給可能量との不均衡の拡大を指摘したコンセプトである（Bernanke, B. S. [2005]. The global saving glut and the U.S. current account deficit. Speech at the Sandridge Lecture, Virginia

Association of Economics, Richmond, VA, March 10)。過剰貯蓄仮説が理由だとする者もいれば、リーマンショックとその後の回復の遅れが「常態化した景気停滞」の理由であることを示しているとする者もいる（Summers, L. H. [2014]. U.S. economic prospects : Secular stagnation, hysteresis, and the zero lower bound. Business Economics, 49[2], pp. 65-73)。この現象の多くは人口動態に起因するとする者もいる（Lunsford, K. G. and West, K. [2017]. Some evidence on secular drivers of US safe real rates. Federal Reserve Bank of Cleveland Working Paper No. 17-23)。

例えば、1990年代半ば以降の一連の危機は安全資産の需要を増大させた。1997年のアジア通貨危機、1998年のロシア国債のデフォルトとLTCM（ロング・ターム・キャピタル・マネジメント）の破綻が当初の誘因だったかもしれない。ハイテクバブルの崩壊と2008年のリーマンショックの影響がこの動きをさらに後押しした。きっかけとなるほかの要因としてしばしば指摘されるのが、高齢化に関連して１人当たりの消費率が変化していることである。

2008年のリーマンショックと2020年のパンデミック後、金利がさらに下落したことで史上最も低い水準に達した（**図表3.8**）。これは２回の長期的な強気相場を説明する重要な要因である。つまり、①1982年（インフレで金利が高値を付けた）から2000年（ハイテクバブルの高値）までの期間、②QEが大きな影響を及ぼした2009〜2020年のリーマンショック後の期間――である（Schmelzing, P. [2020]. Eight centuries of global real interest rates, R-G, and the 'suprasecular' decline, 1311-2018. Bank of England Staff Working Paper No. 845)。これらの時期については第８章で重点的に取り上げる。

図表3.8　名目金利は記録的な低水準から上昇（債券の名目利回り、GDP加重、1315〜2023年）

出所＝イングランド銀行

スーパーサイクルと政府債務

　成長率やインフレや金利と並んで、政府債務にもスーパーサイクルが明らかに存在する。ここでも経済状況が債務に影響を及ぼし、債務水準の長期的な波は経済活動やインフレや政府の政策の間に重要な相互作用があることを示している。ポグホスヤンは1960〜2014年までの政府債務のデータを分析し、57カ国で209回の債務の増大と207回の債務の減少があったことを見いだした。このうち、途上国経済では増大が120回、減少が118回で、先進国経済では増大が89回、減少が89回だった。ここでもまた、シクリカルなパターンが見てとれる。債務の増大は平均すると７年続き、減少は６年だった。規模の点では、増大の中央値はGDPの14.5％、減少の中央値は10.7

％だった（Poghosyan, T. [2015]. How do public debt cycles interact with financial cycles? IMF Working Paper No. 15[248]）。

　アメリカの長期のデータを用いたエンゲルベルト・ストックハンマーとイヨルゴス・ゴゾウリスによる債務のサイクルの研究によると、アメリカでは過去125年に、GDPに占める企業債務の割合は平均11〜12年のサイクルを示したが、これは通常の景気循環よりも長いものだった（Stockhammer, E. and Gouzoulis, G. [2022]. Debt-GDP cycles in historical perspective : The case of the USA [1889-2014]. Industrial and Corporate Change, 32[2], pp. 317-335）。これらの結果は主に第2次世界大戦以前の時期と1973年以降の時期に影響を受けている。だが、その影響は第2次世界大戦後の時期には小さくなっている。つまり、近年は政府が債務水準を大幅に増大させているわけだ。2007〜2008年のリーマンショックと2020〜2021年のパンデミックの時期の財政支援によって、多くの国々でGDPに占める政府債務の割合は第2次世界大戦後のいかなる時期よりもはるかに高い水準に達している。ヨーロッパでも、ロシアによるウクライナ侵攻によってエネルギー価格が高騰した時期に企業や家計を支援すべく政府が介入したことで、債務は増大した。また、国防費の増大と、脱炭素化を加速させるための財政援助はさらなる増大につながる。この問題は第12章で詳細に議論する。

格差のスーパーサイクル

　前述のほかのマクロ経済の要因と同じように、格差もまたシクリカルであることは歴史が示しており、これはゆっくりと変化し、長期的なトレンドを示す（Szreter, S. [2021]. The history of inequality : The deep-acting ideological and institutional influences. IFS Deaton Review of Inequalities)。

　これまで研究者たちは、土地と税金の記録を用いることでヨーロッパの長期的な富の格差を分析できた。グイド・アルファニの調査は、黒死病が蔓延したあとの1340〜1440年の間に、富の格差が大幅に縮小したことを示している。だが、1440〜1540年までに格差は再び拡大した。イギリスでは1524〜1525年までに格差が1327〜1332年と同じ水準まで戻ってしまったと推定されているが、富の64％が上位10％の富裕層によって占められており、これはジニ係数では0.76に相当する（Alfani, G. [2021]. Economic inequality in preindustrial times : Europe and beyond. Journal of Economic Literature, 59[1], pp. 3-44)。リンダードの調査では、1670年のイギリスの人口の上位10％の富裕者が富のおよそ83％を保有していたと推定していたが、これは1525年ごろから格差がさらに大きく拡大したことを示している（Lindert, P. H. [1986]. Unequal English wealth since 1670. Journal of Political Economy, 94[6], pp. 1127-1162)。ピケティは、1800年までに格差は1740年の水準を下回るまで縮小したと推定している（Piketty, T. [2020]. Capital and Ideology. Translated by A. Goldhammer. Cambridge, MA : Harvard University Press)。

　その後、1800年以降の時期には格差は急激に拡大し、富の集中は20世紀初頭までに過去のピークを上回った。1900〜1910年までに、上位10％の不動産所有者が保有する富は全体の94％超に達し、上位1％がイギリスの不動産の70％を保有していた（**図表3.9**)。富の格差は1910〜1990年までに縮小した。第1次世界大戦後に大きく反転し、その後、福祉国家が誕生すると、第2次世界大戦後に大幅に縮小した（**図表3.10**)。1990年までに、上位1％が保有する富の割

**図表3.9 イギリスの不動産所有の集中度は20世紀に大幅に低下——
上位1％、上位10％、中間の40％、下位50％が所有する
イギリスの不動産の割合**

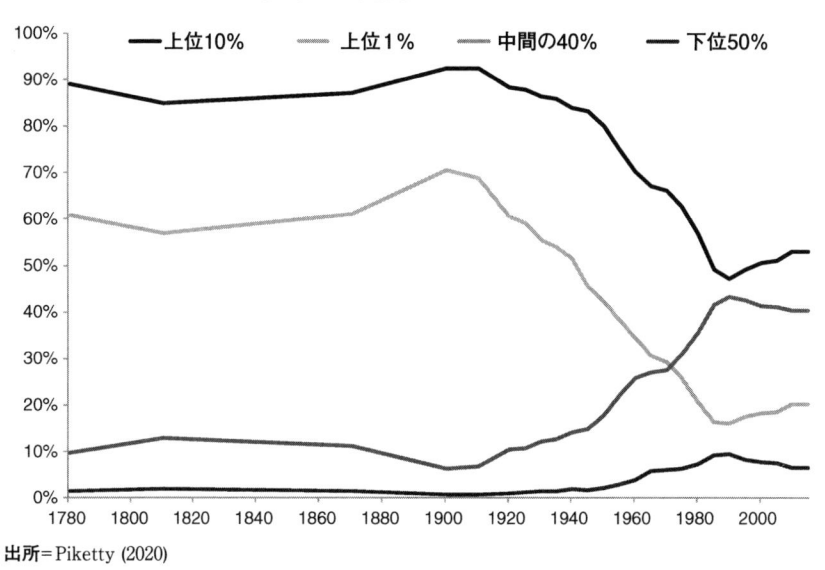

出所＝Piketty (2020)

合は18％まで縮小し、下位50％が保有する富が国全体に占める割合
は10％となった。だが、富の格差は縮小しているが、収入の格差は
1980年以降拡大している（**図表3.11**）。これは1970年代の経済危機
後に実施されたサプライサイド改革と税制改革の結果である（第5
章参照）。最近になると、格差はほとんどの国で再び拡大した。こ
れは資産価値を高める一因となったQEの導入を含め、リーマンシ
ョックを解消するために導入された政策の意図しない結果を一部反
映している（Piketty, T. [2014]. Capital in the Twenty-First
Century. Translated by A. Goldhammer. Cambridge, MA : The
Belknap Press of Harvard University Press）。

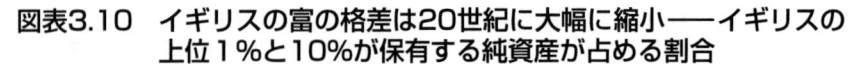

図表3.10　イギリスの富の格差は20世紀に大幅に縮小——イギリスの
　　　　　上位1％と10％が保有する純資産が占める割合

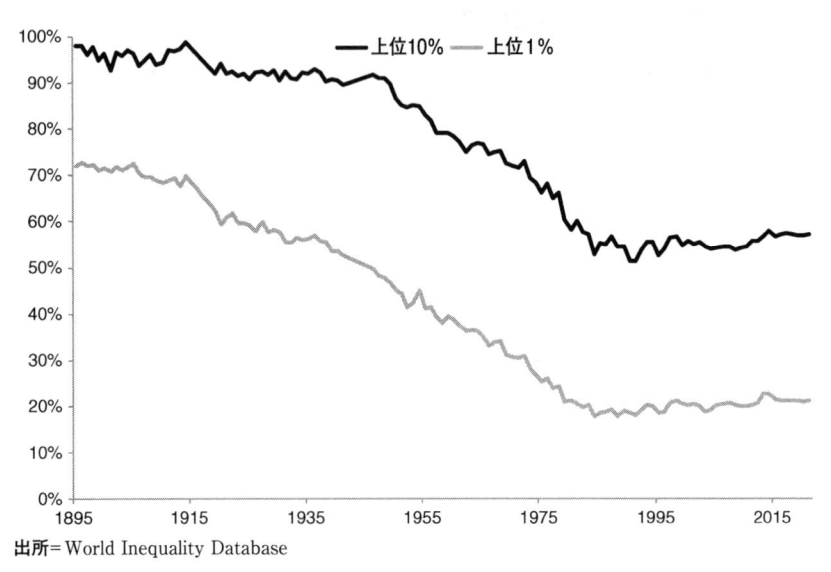

出所＝World Inequality Database

金融市場のスーパーサイクル

　「景気循環」と「インフレと金利と格差と政府の政策」のトレンドとの相互関係を考えると、金融資産にも長期のトレンドがあるのは当然である。金融のサイクルを、信用のサイクルと不動産価格との連動と定義する研究者もいる。ちなみに彼らは、金融のサイクルは1960年代以降で平均で16年続き、景気循環（8年を超えない傾向にある）よりも長く、ボラティリティもはるかに高いことを見いだしている（Drehmann, M., Borio, C. and Tsatsaronis, K. [2012]. Characterising the financial cycle : Don't lose sight of the medium term! BIS Working Paper No. 380)。

　株式も債券も長期にわたってリターンの高い局面や低い局面があ

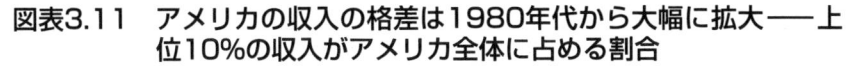

図表3.11　アメリカの収入の格差は1980年代から大幅に拡大——上位10%の収入がアメリカ全体に占める割合

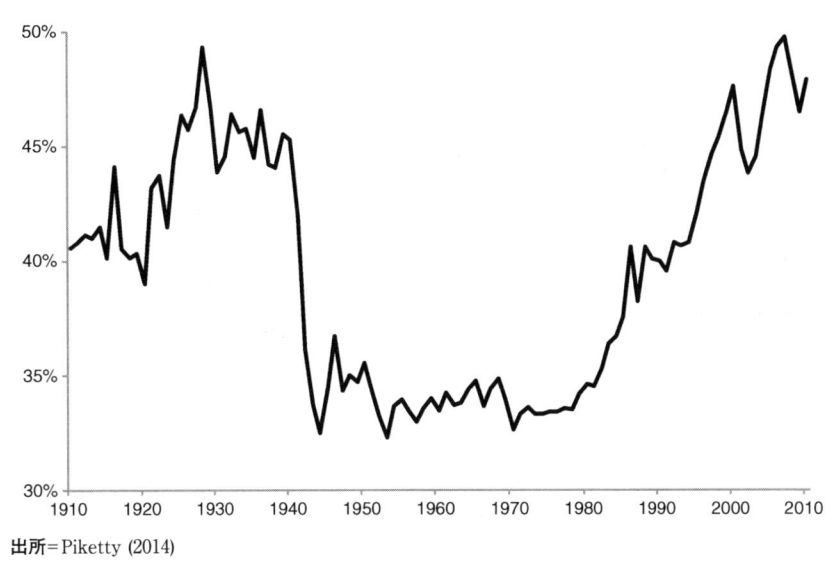

出所＝Piketty (2014)

る。これはそのときの経済的状況や政治的状況が関係する。資産を保有する者たちからすると、概して長期的な強気相場では自分たちの富が相対的に増大するので、これらの時期は同時に富の格差が増大したり、縮小したりすることが多い。これはまさにリーマンショック以降の時期に当てはまる。ゼロ金利政策が資産価格の上昇を助長した時期で、この話題は第8章で取り組んでいる。

　特定の保有期間のリターンに目を向けることが、リターンの長期的なパターンや、それが時間の経過とともにどのように変化するかを知る有益な指針となる。例えば、**図表3.12**は保有期間を10年とした場合のアメリカの株式市場のリターンを棒グラフで示したものだ（棒は表示された年から10年間の株式のインフレ調整後年率リターンを示している）。

図表3.12　実質値（インフレ調整後）で見た10年ごとのトータルリターンに大きな違い――10年間の実質年率トータルリターン

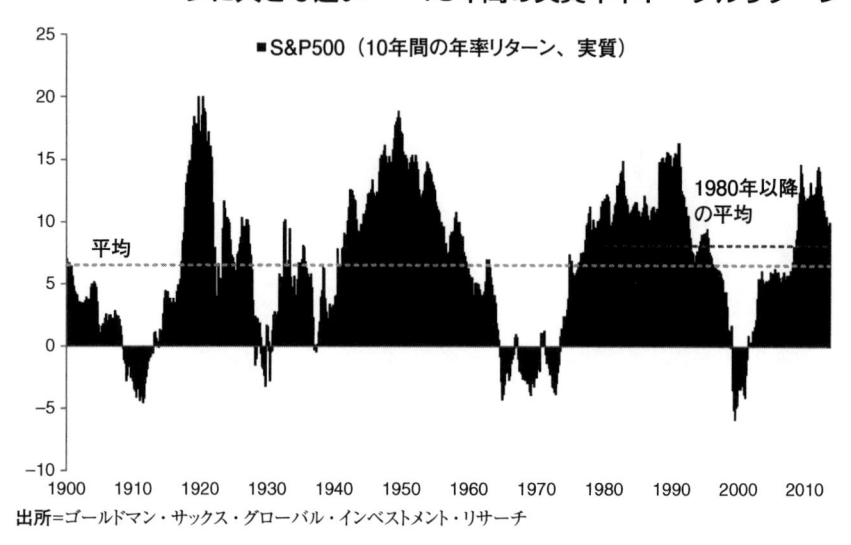

出所＝ゴールドマン・サックス・グローバル・インベストメント・リサーチ

　長期的には、実質値（インフレ調整後）で見た10年ごとのトータルリターンには大きな違いがあり、これは長期間のリターンの総計に目を向けていたら分からなかった。投資家は、中期的に株式を保有していれば、手にするリターンは同じ長さのほかの期間のリターンと似たようなものになると予想していたかもしれない。だが、実際にはそれは必ずしも正しくない。例えば、大きな紛争（例えば、第1次世界大戦や第2次世界大戦）が始まったときに買った株式のリターンは、当初の下落分を回復するにはとても長い時間がかかるので、長期間マイナスとなった。同様に、バリュエーションが高く、世界的にインフレが高騰する以前の1960年代後半の強気相場のピークに買った株式もリターンはマイナスとなった。

　同様に、インフレが高い時期の実質リターンは、インフレが低い

時期よりも低くなる。

　歴史的に見ると、1990年代末のハイテクバブルとその崩壊の時期は特に印象深い。2000年のハイテクバブルの高値（それが2003年になっていたとしても）で買った株式がその後の10年間にもたらしたリターンは（1970年代とともに）、過去100年にアメリカ株がもたらした実質リターンのなかでも最も低い水準となった。その後の期間に買った株式ははるかに高いリターンをもたらし、これは長期的な平均と一致する。一方で、リーマンショック後に株式市場に参入した投資家は素晴らしいリターンを享受した。

　通常、10年の保有期間でリターンが最も高くなるのは強力な経済成長の時期である。1920年代の好況期や第２次世界大戦後の再建の時期に当たる1950年代が好例である。1980年代や1990年代のような金利が低い時期や金利が低下する時期、バリュエーションが低い水準に達する大規模な弱気相場後の時期もリターンは高くなる。

　つまり、株式は保有期間が長くなれば、それだけパフォーマンスは高くなり、とりわけリーマンショック後には優れたパフォーマンスを示した。だが、過去のほとんどの時期に比べて本当に注目すべきは1980年代以降の債券市場がもたらした実質リターンである（**図表3.13**）。インフレのサイクルのピークである1980年代初頭に買った米国債の実質リターンは10年間で年率10％を超えた（20年間で７％を超えた）。つまり、投資家が1980年にアメリカ国債に1000ドル投資していたら、本書執筆時点で投資資金の価値は実質値で6000ドル（インフレ調整後）ほどになるということである。

　1990年代初頭に買った債券でさえ、実質の年率リターンは20年間で５％ほどになった。これは投資家が株式に求めるような実質リターンである。このような並外れたリターンは、インフレや金利が低

図表3.13　過去のほとんどの時期に比べて本当に注目すべきは1980年代以降の債券市場がもたらした実質リターン（10年間の実質年率トータルリターン）

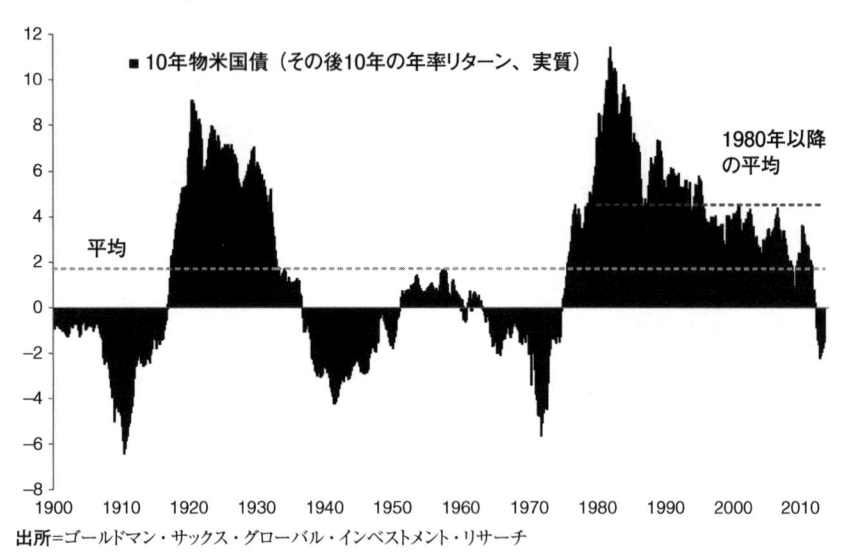

出所＝ゴールドマン・サックス・グローバル・インベストメント・リサーチ

下し始めるときに投資家がそれを十分に価格に織り込んでいなかったことを示しており、期待の変化が最終的にもたらされるリターンに及ぼす重大な影響を浮き彫りにしている。

　株式と債券を比べると、興味深い長期的なトレンドが存在する。通常、景気後退期には債券のリターンは株式よりも高くなる（金利は切り下げられるが、株式は成長期待の低下にマイナスの影響を受けることが多い）。だが、より長期で見ると、1950〜1968年まで株式市場が債券をアウトパフォームする明確な長期的トレンドが見てとれる（**図表3.14**）。1982〜1994年まではその反対だった。概して金融資産にとっては前向きな時期で、債券はインフレ期待の急速な低下に恩恵を受けたので、株式市場のほうが劣っていた。

　1990〜2000年は力強い成長とグローバリゼーションの影響で株式

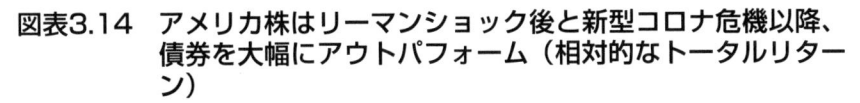

図表3.14　アメリカ株はリーマンショック後と新型コロナ危機以降、債券を大幅にアウトパフォーム（相対的なトータルリターン）

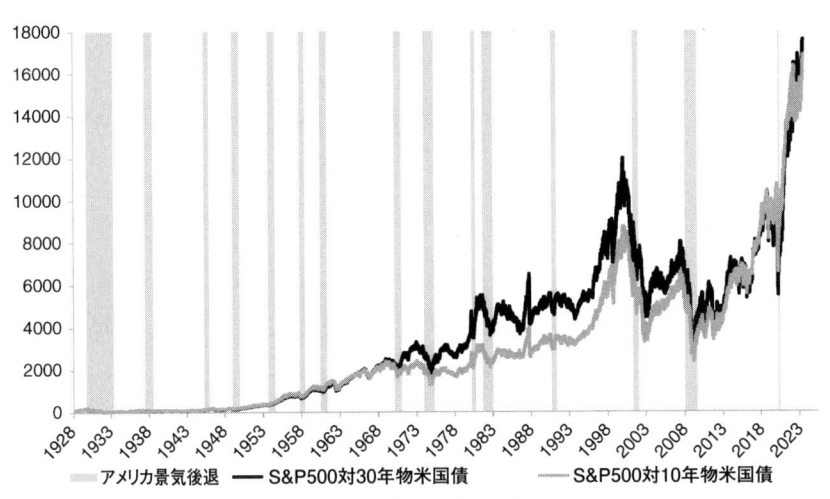

出所＝ゴールドマン・サックス・グローバル・インベストメント・リサーチ

が大きくアウトパフォームし、2000〜2010年までのディスインフレ期には再び債券が株式をアウトパフォームした。リーマンショックは債券にも株式にも効果があった。それは超が付くほどの低金利が後押ししたからで、株式により大きな利益をもたらした。特にアメリカでは新たに生まれたデジタル革命と高い利益成長が反映された。

　つまり、金融市場に影響を及ぼす重大な要素のほとんどは短期的な景気変動だけでなく、長期のスーパーサイクルや長期的なトレンドを経験するようだ。金融市場は経済的な変数やリスクの評価や政策へのアプローチの変化に左右されるので、そのようなほかの要素次第でリターンが高くなったり、低くなったりする長期的なトレンドを示すのも驚くに値しない。次の項では、第2次世界大戦以降の株式市場のスーパーサイクルに目を向け、その主たる要素と影響を

詳しく説明する。

株式のスーパーサイクル

　株式のサイクルのほとんどは景気循環を中心に展開するが、一度の景気循環を超えて長く続く強力かつ永続的な長期のトレンドを示すこともある。概して、それらはマクロ経済と政治状況の構造的な変化が関係している。リターンが変化し、異なる要素に左右される明確な局面にサイクルが分割される傾向があるように、市場全体のリターンやどのセクターや要素が指数を牽引するか、足を引っ張るかは長期的なトレンドで決まる。

　S&P500の実質値での推移を対数スケール（長期的な株価の比較が容易になる）で表示した**図表3.15**を見ると、株価は長期的には上昇傾向にある一方で、大きな上昇は特定の時期に集中していることが分かる。簡略化すると、1900年以降4つのスーパーサイクルまたは長期の強気相場と、4つの「ファット・アンド・フラット期」（そのうち3つは第2次世界大戦後に発生した。**図表3.16**参照）があったと言える。スーパーサイクルの強気相場のいずれもが時折発生する急激なドローダウンと「ミニ」弱気相場（急落することが多い）によって中断されている。

　例えば、1982〜2000年の長期的な強気相場は、1987年のブラックマンデー、1980年代後半のS&L危機、1994年の債券危機（30年物米国債の利回りがたった9カ月で200ベーシスポイントも上昇した）、そして1998年のアジア通貨危機で中断された。だが、これらの期間も長期的なスーパーサイクルの一部であり、調整の時期があっても、いくつかの好ましい構造的な要素に後押しされた強力な構造的強気

図表3.15　1900年以降、4つの長期の強気相場と4つの「ファット・アンド・フラット」期があった（S&P500実質リターン）

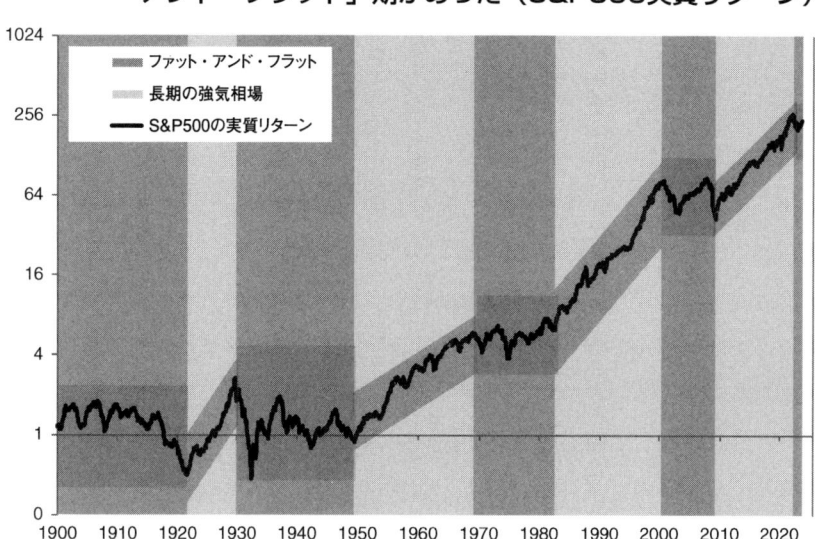

出所=ゴールドマン・サックス・グローバル・インベストメント・リサーチ

相場は長期にわたって途切れることはなかった。第2次世界大戦後の3つの構造的な上昇は次のとおりである。

1．1949〜1968年——第2次世界大戦後の好景気

これは第2次世界大戦後の強力な好景気に包まれた時期で、資本主義の黄金期と呼ばれることも多い。マーシャルプランを通じてヨーロッパを経済的に援助しようとするアメリカの戦略に支えられたもので、これが成長を促し、失業率を引き下げる一助となった。特に、ヨーロッパと東アジアの生産性が力強く向上し、第2次世界大戦後の「ベビーブーム」がさらに需要を拡大した。

図表3.16　第２次世界大戦以降、３つの長期の強気相場と３つの「ファット・アンド・フラット」期があった

始点	終点	年数	局面	プライスリターン（名目）		トータルリターン（実質）	
				トータル	年率	トータル	年率
1949年6月	1968年11月	19	長期の強気相場	700%	11%	1109%	14%
1968年11月	1982年8月	14	ファット・アンド・フラット	−5%	0%	−39%	−4%
1982年8月	2000年3月	18	長期の強気相場	1391%	17%	1356%	16%
2000年3月	2009年3月	9	ファット・アンド・フラット	−56%	−9%	−58%	−9%
2009年3月	2020年2月	11	長期の強気相場	401%	16%	417%	16%
2020年2月	2023年1月	3	ファット・アンド・フラット	31%	8%	18%	5%

出所＝ゴールドマン・サックス・グローバル・インベストメント・リサーチ

2．1982～2000年——モダンサイクル

インフレへの対応が、この1982年以降の長期の強気相場の主たる要因の１つだった。金融市場に大きなダメージを与えていたインフレ期は、10％程度だったアメリカのFF（フェデラルファンド）金利（政策金利）を20％近くまで引き上げた、いわゆるボルガーショック（1977年にFRB［米連邦準備制度理事会］が始めた引き締めが原因となった景気後退で知られる時期）が一因となって終焉した。このときから、インフレは世界的に低下し始めた。また、経済活動が深刻な景気後退から力強く回復したことや1989年のベルリンの壁の崩壊も相まって、信頼感と資産のバリュエーションは上昇し始めた。1982年８月～1999年12月までの期間で、ダウ平均の実質複利リターンは長期的な平均リターンを大幅に上回る年15％となり、その期間を通じて利益も簿価も増大した（Ritter, J. R. and Warr, R. S. [2002]. The decline of inflation and the bull market of 1982-1999. The Journal of Financial and Quantitative Analysis, 37[1], pp. 29-61）。つまり、この長期的な強気相場は株式と債券のリターンを同時に押し上げたバリュエーションの拡大を大きく反映している。

3．2009～2020年——リーマンショック後のサイクルとゼロ金利

1990年代後半のハイテクバブルの崩壊以降、リスク資産の長期的な要素は大きく変化した。21世紀が始まって以来、インフレ期待と金利の低下が金融資産の構造的要因として優勢になっており、これらは株式と債券のバリュエーションを押し上げた。

株式市場の命運はリーマンショック後、QEやゼロ金利政策が始まると変わった。2007年の高値から57％の下落後、S&P500は歴史上最も長い強気相場の１つとなる力強い回復を示し始めた。1990年

代初頭の強気相場と同じように、回復の強さは、それまでの経済の低迷や市場の下落の度合いとも関係していた。特に、アメリカでは住宅市場が崩壊した結果、家計の富は大きく失われた。サブプライムの住宅ローンの残高が1兆ドルを超えていたので、経済や金融機関全体に巨額の損失が広まった。同時に、当時FRB議長だったベン・バーナンキによれば、「大きすぎて潰せない」金融機関は危機の源（けっして単なる源というだけではないが）でもあり、危機を抑えようとする政策立案者の努力の大きな障害の1つでもあった（Bernanke, B. S. [2010]. Causes of the recent financial and economic crisis. Testimony before the Financial Crisis Inquiry Commission, Washington, D.C.)。2007〜2010年までに、アメリカの家計の富の中央値は44%縮小し、1969年の水準を下回った。株価も急落したことで、割安となり、金融状況の崩壊とQEの開始を考えれば、バリュエーションが大幅に拡大する可能性が生まれた。

　これらのスーパーサイクルに共通するのは、当初のバリュエーションが低いこと、資本コストが低いか低下していること、そして当初の利益率が低いことである。概して、力強い経済成長と規制改革が株式市場のリスクプレミアムの低減に一役買っていた。1980年以降の数十年は、サプライサイドの改革、技術的な変化、グローバリゼーションが利益率を押し上げた。リーマンショック後のサイクルではこれらのトレンドが拡大した。

　これらスーパーサイクルの強気相場に加え、「ファット・アンド・フラット」のスーパーサイクルと呼べる時期が2回あった。これらのサイクルでは概して株価指数は停滞するが、値幅は広くなる。

図表3.17　日経平均はファット・アンド・フラットな値幅にはまった
　　　　　——S&P500と日経平均のパフォーマンス（自国通貨建て）

出所＝ゴールドマン・サックス・グローバル・インベストメント・リサーチ

1．1968〜1982年——インフレと低いリターン

　ブレトンウッズ協定に基づいた外国為替制度の崩壊は、1960年代
後半のポリシーミックスとともに、この時期を通じたインフレの高
進の大きな原因となった。２回の石油危機と関連する景気後退の原
因となった地政学的な緊張は利益成長の低迷につながった。規制の
強化や労働争議や増税も重要な要因だった。その結果、この時期の
S&P500の名目プライスリターンは全体でマイナス５％となり、年
率にすると株価は0.4％下落した。この10余年にわたるお粗末なリ
ターンはほかの資産市場にも広がった。債券市場のリターンは株式
よりもさらに低く、プラスのリターンとなったのは「実物資産」（イ
ンフレに対するいくばくかの防衛策となった）だけだった。

2．2000～2009年——バブルとトラブル

多くの点で、これは典型的な「ファット・アンド・フラット」サイクルだった。投資家が手にしたリターンは総じてお粗末なもので、結果の幅はとても広かった。この期間はハイテクバブルの突然の崩壊で始まった。新たなミレニアムの幕開けでの崩壊だった。株式の弱気相場は深刻だったが、シクリカルでもあった。株価は、深刻かつ長く続く景気後退よりも、株式のバリュエーションの再調整に影響を受けた。底を打った市場も、9.11のテロ攻撃と不確実な地政学的環境を反映して投資家が求めるリスクプレミアムが増大したことで再び打ちのめされた。だが、最終的に経済は回復し、低金利の影響で民間部門の借り入れが増大し、アメリカでは住宅ブームが巻き起こった。最終的に2007年にこの住宅ブームが崩壊すると、その衝撃波が金融制度を襲った。そして銀行危機がこれを増幅し、2009年に底を打つことになるさらなる厳しい弱気相場のきっかけとなった。

金融市場、そして経済のスーパーサイクルについてもう1つ指摘すべきことは、時間の経過のみならず、地域によっても大きく変化するということである。リーマンショック後の10年間、アメリカの株式市場が他国の市場を長期にわたってアウトパフォームしたことが好例で、これについては第8章で議論する。もう1つ見落とされがちなのが、1980年代末の金融バブルの崩壊後に日本が経験した長期の「ファット・アンド・フラット」サイクルである。ほかの主要先進国の株式市場が1982～2000年のスーパーサイクルの強気相場に突入した一方で、日本株は成長の停滞とデフレリスクの影響でもがき苦しんだことで値幅は狭いままだった。本書執筆時点で、アメリカの株式市場の2023年上半期の上昇は20％と力強いものだったが、

日経平均は1989年の高値の水準をおよそ20％も下回ったままである（**図表3.17**）。

　本書の第2部では、これらスーパーサイクルを順番に説明し、株式市場の状況とその要因を解き明かしていく。

第2部
戦後のスーパーサイクル分析

ANALYSING POST-WAR SUPER CYCLES

第4章
1949～1968年　第2次世界大戦後の好景気

1949-1968 : Post-World War II Boom

「将来への希望に満たされた新たな楽観論が行き渡った」──メトロポリタン美術館

　第2次世界大戦後は強力な好景気に恵まれた時期で、資本主義の黄金期と呼ばれることも多い。マーシャルプラン（欧州復興計画）を通じてヨーロッパを経済的に援助しようとするアメリカの戦略に支えられ、これが成長を促し、失業率を引き下げる一助となった。特にヨーロッパと東アジアの生産性が力強く向上し、第2次世界大戦後の「ベビーブーム」がさらに需要を拡大した。

　この時期の株式市場の力強いリターンは経済環境によるもので、バリュエーションもまた第2次世界大戦直後からは回復した。これはグローバルシステムのリスクの多くが低下したことで株式のリスクプレミアムが長期的に低下したことに支えられていた。

　ほとんどの構造的な強気相場と同じように、この時期は力強い成長と低インフレを反映していた。また、そもそもバリュエーションが低かった。新たな国際機関とルールに基づく世界的な貿易体制が姿を現すにつれ、S&P500のPER（株価収益率）は1949年の9倍か

図表4.1　スーパーサイクルを通じてS&P500の配当も含めた実質リターンはおよそ1100%に達し、年率にすると14%

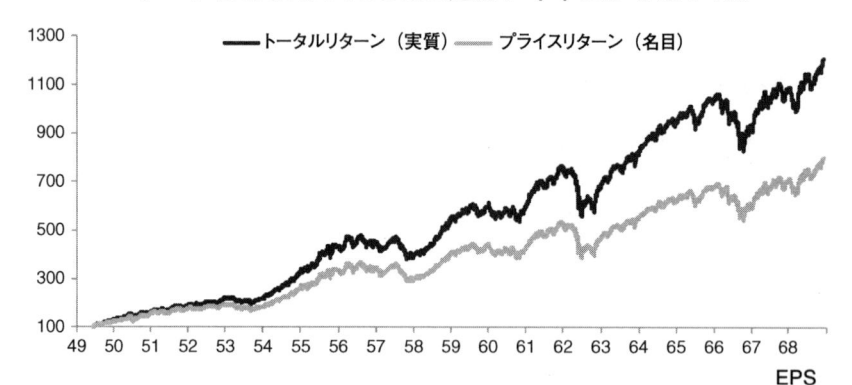

期間		プライスリターン（名目）		トータルリターン（実質）		シラーPER		EPS成長率
始点	終点	リターン	年率	トータル	年率	始点	終点	年率
1949/06	1968/11	700%	11%	1109%	14%	9.1倍	22.2倍	7%

注=シラーPERはバリュエーション指標で、これは指数の価格水準をインフレ調整後のEPSの10年分の平均で割り算出
出所=ゴールドマン・サックス・グローバル・インベストメント・リサーチ

ら1968年には22倍まで回復した。

　スーパーサイクルを通じたS&P500の配当も含めた実質リターンは約1100％に達し、年率にすると14％という計算になる（**図表4.1**）。

　具体的には、この好景気の間に次のことが発生していた。

1．国際的な取り決めとリスクプレミアムの低下
2．力強い経済成長
3．技術的なイノベーション
4．低く、安定した実質金利
5．国際貿易の活況
6．ベビーブーム
7．消費と信用の拡大

国際的な取り決めとリスクプレミアムの低下

　大恐慌と第2次世界大戦による経済状況の悪化を受けて、新たな
ルールに基づいた経済運営と国際貿易のシステムを構築すべく協調
した取り組みが行われた。大恐慌の記憶は政策立案者にとって大き
な不安の種だったが、彼らは戦前の資本主義の過ちを回避し、共産
主義の蔓延を防ぐことを心に決めていた。新たな取り組みとしてイ
ンフラの再建が講じられ、景気後退や不況を乗り越え、失業率が高
まるリスクを最小化できる経済システムの構築にも取り組んだ。

　1944年、連合国はニューハンプシャー州ブレトンウッズで会議を
開き、大恐慌を引き起こす要因の1つだった国際貿易の崩壊を回避
することを目的とした新たな金融秩序を構築することで合意した。
第2次世界大戦後の新しい国際システムの構築が目的で、これが戦
後の再建を支えることになる。かつての金本位制を反映させたもの
で、大恐慌につながった問題は考慮されていた。具体的には古典的
な金本位制の融通のなさだが、これによって第1次世界大戦後に金
本位制は破綻し、通貨の切り下げ競争と貿易を制限する政策が取ら
れる結果となった。会議の結果、IMF（国際通貨基金）と世界銀行
の設立が決まった。これらは1945年に誕生し、国際収支で赤字を抱
える国々に準備通貨を貸し出すことができるようになる。このシス
テムはジョン・メイナード・ケインズ（英財務省顧問）と米財務省
主席エコノミストのハリー・デクスター・ホワイトが主導して設計
された。

　ブレトンウッズは成功したが、意見の食い違いもあった。ケイン
ズは「バンコール」と呼ばれる新たな国際通貨を発行し、危機に介
入できる清算同盟の構築を求めた。この通貨を用いることで国際収

支が黒字の国から赤字の国へ資金を移すことができ、赤字を抱えていても自国通貨を切り下げることなく貿易が可能となる。だが、議論の結果、ホワイトが提唱する案が採用された。これは一定額の各国通貨とゴールド（金）のプールを基礎とする安定化基金の創設を主眼とするものだった。最終的にホワイトの案が通ったが、黒字国からの輸入規模を制限するために、その国が保有する外貨準備や通貨の一部を、IMFを通じて国際的に分配する方法が盛り込まれた。

　当初29カ国がこの新体制に署名し、各国通貨を対ドルで1％の範囲内に固定することを目指して1958年に全面的に動き出した。米ドルは1オンス35ドルでゴールドと紐づけられていた。米財務省は金価格を維持し、金兌換の信頼性を維持するためにドルの供給量を調整しなければならなかった。この体制は、アメリカの経常収支赤字が続き、外国が保有するドルがアメリカの金準備高を超え、ゴールドとドルを固定価格で交換することができなくなり、1971年に崩壊した。この失敗は1968〜1982年のボラティリティや経済的圧力の一因となった要素の1つで、これについては第5章で議論する。

力強い経済成長

　ブレトンウッズでの取り組みに加え、第2次世界大戦が終わると成長刺激策が講じられ、経済と企業部門の成長見通しが改善した。世界的な取り組みで最も重要だったのが、マーシャルプランである。1948年から4年間しか実施されなかったが、アメリカの援助——日本に対する同様の援助とともに——は1946〜1949年のアメリカの輸出額の40.5％に上り、アメリカはヨーロッパの再建に130億ドル超を費やした。

　マーシャルプランは、アメリカの成長を刺激し、共産主義の拡がりを止めることを目的としたほかの政策で補完された。1946年の雇用法で政府は「雇用、生産、購買力の最大化を推進する」ことに責任を持つとともに、金融政策と財政政策との調整を進めた。この法律はFRB（米連邦準備制度理事会）が担う2つの負託の柱となった。FRBは事実上雇用の最大化と物価の安定という2つの経済目的に焦点を当てていた。ちなみに、これは最近の政策綱領にも記されている目標である。例えば、2020年、ジェローム・H・パウェルFRB議長は次のように述べた。「金融政策を講じるにあたり、われわれはすべてのアメリカ人のために、できるかぎり強力な労働市場を育むことに注力している。そして、長期的には2％のインフレ率を達成することを断固として追及していくつもりだ」（Powell, J. H. [2020]. New economic challenges and the Fed's monetary policy review. Speech [via webcast] at Navigating the Decade Ahead : Implications for Monetary Policy, an economic policy symposium sponsored by the Federal Reserve Bank of Kansas City, Jackson Hole, WY, 27th August）。

　これらの取り組みの結果として、アメリカや主要な経済大国は第2次世界大戦後に力強く成長した。1948～1952年までに、西ヨーロッパの国々は生産と輸出能力を高めるべく多額の援助を受けた。これはアメリカ製品の市場を拡大することが目的だった。結果的に、アメリカとヨーロッパ諸国の双方がより大きな成長を享受した。これを支えるように、ヨーロッパ支払同盟が設立され、多国間貿易を推進し、効率性と資源配分を高めた（United Nations [2017]. Post-war reconstruction and development in the Golden Age of Capitalism. World Economic and Social Survey 2017, pp. 23-48）。

**図表4.2　アメリカでは１人当たりGDPが第２次世界大戦後に拡大
（1920～1976年の１人当たりGDPはインフレと各国の
生活費の差異で調整）**

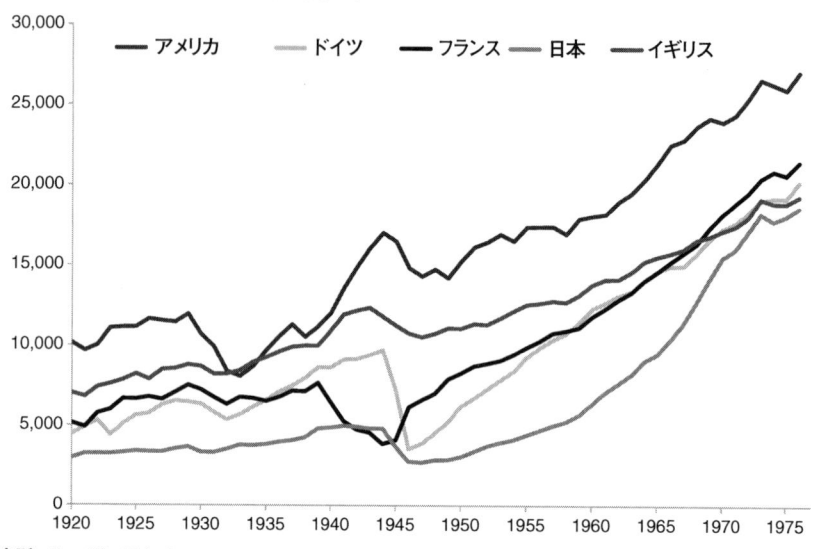

出所＝Our World in Data

　アメリカでは、GDP（国内総生産）が1945年の2280億ドルから1975年には１兆7000億ドルまで増大した（**図表4.2**）。1975年になると、アメリカ経済は世界の工業生産高の35％を占めるようになった。これは第２位の経済大国であった日本の３倍を上回る規模だった（https://countryeconomy.com/ Gross Domestic Product）。だが、ほかのすべてのスーパーサイクルと同じように、長期的な上昇トレンドのなかでも短期的なサイクルが発生した。例えば、アメリカでは、1945～1970年までに景気後退が５回（1948～49年、1953～54年、1957～58年、1960～61年、1969～70年）あった。

　ヨーロッパも利益を得て、1950～1969年まで世界の１地域としては最も早い成長を享受したが、国として最も大きな成長を示したの

図表4.3　戦後の10年間に経済環境はかなり安定し、アメリカの失業率は低下（1948～1970年）

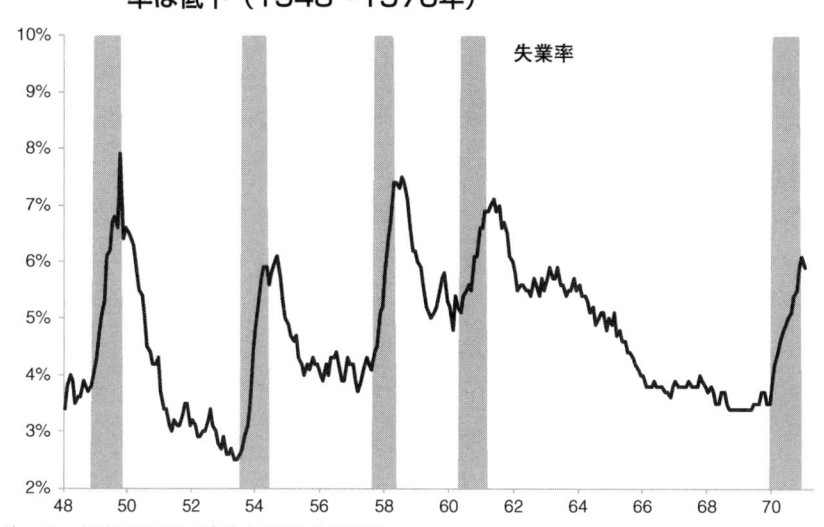

注=アミの部分はNBERが定義する景気後退時期
出所=ゴールドマン・サックス・グローバル・インベストメント・リサーチ

が日本だった（Statista [2023]. Average annual growth in the economic output of Western European countries during the Golden Age from 1950 to 1970. Available at https://www.statista.com/statistics/730758/western-europe-economic-manufacturing-output-growth-golden-age/）。ヨーロッパでは1951年にECSC（欧州石炭鉄鋼共同体。フランス、西ドイツ、イタリア、ベネルクス3国）が設立され、1957年には、ローマ条約に基づき、より緊密な協力を推進すべくEEC（欧州経済共同体）が設立された。どちらも地域の成長をさらに高めることになった。この間に、ドイツ連邦共和国は年6％を超える経済成長を達成した。

　また1949～1968年の時期は経済環境がはるかに安定し（**図表4.3**）、失業率は1870～1913年までの時期と比べて3分の1ほど低

下した（Glyn, A., Hughes, A., Lipietz, A. and Singh, A. [1988]. The rise and fall of the golden age. United Nations University WIDER Working Paper 43/1988.）。

技術的なイノベーション

　第2次世界大戦後の時期は技術面でも社会面でも大きな変化が見られ、多くのイノベーションがライフスタイルの変化や経済成長に寄与した。テレビは一般的になり、1953年にはアメリカでカラーテレビが登場した。テレビ業界の成長は社会に革命をもたらし、社会的影響力や広告の新たな源泉となるとともに、さまざまな出来事をリアルタイムで視聴できるようになった。トランジスタばかりか、光ファイバーや録画装置も開発され、これがコンピューターの小型化につながった。一方で、磁気コアメモリが導入されたことでコンピューターの記憶容量はおよそ8倍に増大した。電池式の電話機（携帯電話の前身）やワープロも登場した。

　医学も大きく進歩した。ペニシリンは1928年にスコットランド人科学者のアレクサンダー・フレミングが初めて開発したもので、大量生産されるようになるのは第2次世界大戦の時期だった。戦争には重要だと考えられていたので、アメリカはノルマンディー上陸作戦にあたり連合軍向けに230万ドーズを準備した（The National WWII Museum [2013]. Thanks to Penicillin...He Will Come Home! The Challenge of Mass Production [Lesson Plan from the Education Department]）。第2次世界大戦以降、ペニシリンやほかの抗生物質がヘルスケアの姿を変えた。やがて、ポリオや麻疹や風疹などいくつかの病気に対応したワクチンが開発された。1950年

5月、経口避妊薬が開発されると、社会を変え、女性がより計画的に出産できるようにする大きな要素となった。

通信業界も急速に発展した。大西洋横断海底ケーブルのTAT-1の敷設が1955年に始まり、1956年9月に稼働し、東西双方向の通信が可能となった。1956年になると、アメリカ人とヨーロッパ人はこのシステムを利用して互いに電話をかけることができるようになった（だが、費用は高かった。日中の通話は3分当たり12ドルだった）。

1961年4月、ロシアの宇宙飛行士ユーリ・ガガーリンが初めて宇宙飛行を行い、1カ月もしないうちに、宇宙飛行士のアラン・B・シェパードがアメリカ人初の宇宙飛行を行った。1969年7月、アポロ11号が史上初めて月に降り立ち、これがメモリーフォームやコードレス掃除機やフリーズドライ食品などの栄養技術といった一連の新しい技術的イノベーションの引き金となった。

経済的にはそれほど大きな変革をもたらさなかったが、社会的な観点からは重大なもう1つのイノベーションが音楽産業で起こった。1948年まで、音楽は直径10インチまたは12インチのディスク（1分間に78回転するので「78s」とも呼ばれた）に記録されていた。だが、このディスクは極めて脆かった。コロムビア・レコードが、もう少し頑丈で33.33回転で再生するレコード盤を導入した。その結果、容量が大幅に増大した。古い78sは片面につき4分ほどしか収録できず、新しい33sは片面で25分収録できた。1949年、RCAビクターが新しいフォーマットの45REMレコードを投入した。このフォーマットで発売された最初のレコードが童話のピーウィー・ザ・ピッコロだった。だが、やがてこの新しいフォーマットはポップ音楽業界の大きなカタリストとなった。1954年、エルビス・プレスリーの最初のレコード「ザッツ・オール・ライト」が発売されると、1955

年に彼はRCAレコードと契約した。その年、「ハートブレイク・ホテル」で初めて世界的なヒットを飛ばし、4カ国でランキング1位となり、その他多くの国々でもトップテン入りした。同年、ビル・ヘイリー・アンド・ヒズ・コメッツがリリースした「ロック・アラウンド・ザ・クロック」は300万枚も売れた。この音楽視聴の新しいフォーマットは、その後数十年にわたり社会を劇的に変化させた新たな「ティーンエイジ」の文化的革命という社会的発展の中心的な役割を担った。

低く、安定した実質金利

第2次世界大戦後の再建は経済成長に拍車をかけたが、もう1つ重要な要因となったのが労働力の増加である。長期にわたり金利が低く安定したことも役に立った（Rose, J. [2021]. Yield curve control in the United States, 1942 to 1951. Available at https://www.chicagofed.org/publications/economic-perspectives/2021/2）。

全体として見れば、インフレも金利も上昇し、ある程度の金融抑圧もあった。アメリカでは第2次世界大戦に至るまでに膨大な債務が積み上がり、結果としてFRBはイールドカーブに沿って金利に上限を設けるイールドカーブコントロールを採用することで財務省を支えた（Miller, A., Berlo, J. C., Wolf, B. J. and Roberts, J. L. [2018]. American Encounters : Art, History, and Cultural Identity. Washington, D.C. : Washington University Libraries）。Tビルは3.8％、より長期の国債は2.5％が上限となった。1947年になると、アメリカのインフレは急騰し、17％（CPI［消費者物価指数］）を超えた。そして、1951年には20％を超えるまで高進した。結果とし

図表4.4　Ｔビルと10年物国債の実質金利は大幅にマイナスだった
──10年物の名目金利から10年間の平均インフレ率を差し
引いた値

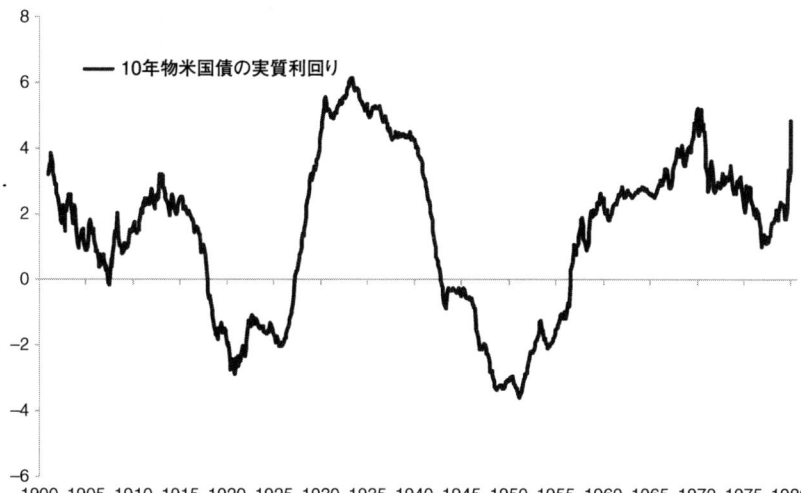

出所＝ゴールドマン・サックス・グローバル・インベストメント・リサーチ

て、1951年のFRB協約によって、インフレ圧力がさらに高まるのを防ぐべく、短期金利のペッグが外された。イールドカーブコントロールは1950年代前半までに終了していたが、ある種の金融抑圧は続いていた（Reinhart, C. M., Kirkegaard, J. F. and Sbrancia, M. B. [2011]. Financial repression redux. Available at https://www.imf.org/external/pubs/ft/fandd/2011/06/pdf/reinhart.pdf）。インフレは高進したが、名目金利は低かった。実質金利（名目金利−インフレ率）はさらに低く、マイナスにすらなった。そして、第2次世界大戦後、数十年にわたり低いままだった（**図表4.4**）。アメリカは何とか長期債の実質金利を1％以下に維持した。

　カーメン・ラインハートによれば、預金金利に上限を設けたことで、結果的に貯蓄預金の実質金利が国債の実質利回りよりもさらに

低くなり、貯蓄者たちが国債を保有する動機づけとなった。当時、これは多くの先進国経済で起こっていたことで、資本移動規制の助けもあり、より高い利回りを求める投資家による資本流出を遅らせる一助となった。

異常なまでに低い実質金利は政府が第2次世界大戦を通して積み上げていた膨大な債務の返済にも役立った。例えば、イギリスでは政府債務がGDPに占める割合は1945年の216％から1955年には138％まで低下した。

ほかの政策的な取り組みは成長の促進に向けられた。その1つとして税制改革が行われた。1950年代、アメリカの所得税の最高税率は90％を超え、法人税の最高税率も50％を超えていた。1960年代、ジョン・F・ケネディ大統領は税率を劇的に引き下げ、個人消費の拡大と株価の急騰に貢献した。

国際貿易の活況

第2次世界大戦が始まると、主要経済大国の製品輸出は非常に低い水準に落ち込み、戦争が終結すると、貿易は大幅に拡大した。

IMFや世界銀行やブレトンウッズ体制が出来上がったことで、世界経済の不確実性やボラティリティが減少した。これらを補完したのが、世界貿易の推進を目的に設立された新たな組織だった。つまり、1948年に締結されたGATT（関税貿易一般協定）や1964年に設置されたUNCTAD（国連貿易開発会議）などだ。その年、GATTの6回目の交渉が始まり、一般に多国間貿易交渉のケネディラウンドと呼ばれている。このような交渉の結果、1967年までに多くの品目に対する貿易関税は平均で35〜40％引き下げられ、当時

図表4.5　第2次世界大戦後に出生率が著しく増大した（人口1000人当たりのアメリカの出生者数）

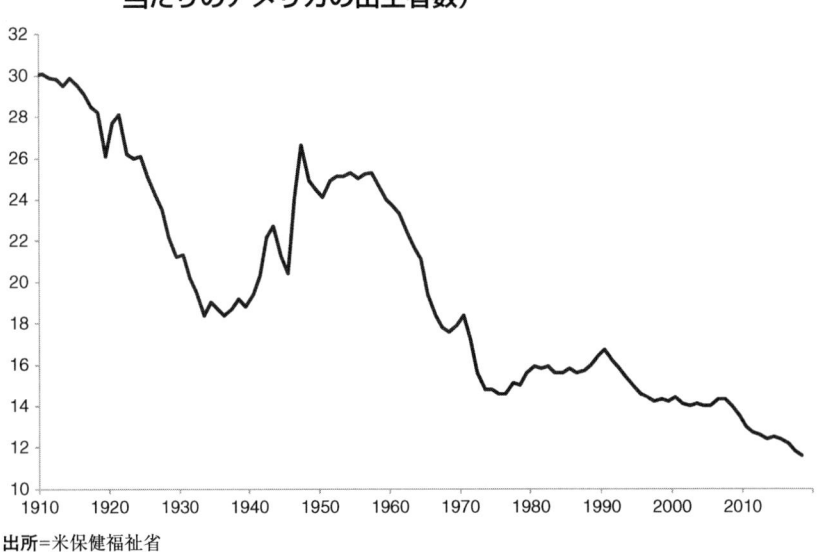

出所＝米保健福祉省

は史上最も重要な貿易関税交渉と広く考えられていた。

　大西洋を越えた貿易は増大し、アジアとの貿易も拡大した。例えば、日本からアメリカへの輸出額は1950年代、1960年代を通じて毎年20％近く増え、1950〜1975年までの取引高は1913〜1950年までの期間の8倍以上となった（Glyn, A., Hughes, A., Lipietz, A. and Singh, A. [1988]. The rise and fall of the golden age. United Nations University WIDER Working Paper 43/1988）。

ベビーブーム

　第2次世界大戦後の期間はほとんどの先進国経済で人口が大幅に増える結果となった（**図表4.5**）。この「ベビーブーム」によって

需要が大きく拡大した（Anstey, V. [1943]. World Economic Survey, 1941-42 [Book Review]. Economica, 10[38], pp. 212-214)。婚姻率と出産率が上昇し、出生者数は著しく増大した。

ダイアン・J・マクノビッチは、西欧世界で同時に発生したこのブームを「バースクエイク（birth quake)」と呼んだ。年間の新生児の数が数年以内に2倍になることが多かった。これはまるで予期しないことで、人口統計学者も社会科学者もブームの到来を予想していなかった。1944年にヨーロッパで行われた長期的な人口予測では、ヨーロッパの都市部のライフスタイルに対する憧れはより貧しい地域にも広がり、結果として出生率には下向きの圧力がかかると仮定していた。

ベビーブームは大きな社会的変化ももたらした。映画や絵画や音楽や衣服から家具のデザインまで、あらゆる面で創造性が爆発した。住宅建設が加速されたことで、よりモダンかつ安価な家具が人気となった。新しい素材の登場で、創造産業全般に新たな取り組みが広がった。ニューヨークのメトロポリタン美術館は「将来への希望に満たされた新たな楽観論が行き渡った」と表現した。この楽観論は消費者の需要と株式のリターンにも波及した（Goss, J. [2022]. Design, 1950-75. Essay - The Metropolitan Museum of Art)。

消費と信用の拡大

第2次世界大戦が終わり数年が経過すると失業率は劇的に低下し、消費者の信頼感は上昇した。イギリスの福祉やその他の社会的なセーフティーネットの創設が楽観論を後押しし、消費者の借り入れを促した（Vonyó, T. [2008]. Post-war reconstruction and the Golden

Age of economic growth. European Review of Economic History, 12[2], pp. 221-241)。例えば、イギリスでは、第2次世界大戦後に社会保障に関するベバレッジ報告書が公開され、1948年にはNHS（国民保健サービス）が設立された。福祉に関する政府支出は、1939年の対GDP比4.9％から1974年には8.3％まで増大した。GDPに占める税収の割合も1937年の21.6％から1951年には33.5％まで増大し、1940年代後半までに、高収入家計が被る税負担は全体で80％近くになった（Crafts, N. [2020]. Rebuilding after the Second World War : What lessons for today? Warwick Economics Department, CAGE Research Centre）。だが、これに対して、消費者の借り入れ能力が増大した。

　このブームの結果が消費者債務の増大だった。アメリカの家計の債務は、1950年代初頭の家計所得の40％未満から、2000年代になると家計所得の140％近くまで増大した。

　家計債務の増大を後押ししたのが信用市場におけるイノベーションである。消費者信用という考えは新しいものではなかった。粘土板に記された史料を見ると、5000年以上前の古代メソポタミアでも、メソポタミアの商人と周辺地域のハラッパーの商人との間で行われた取引で信用が用いられていたことが分かる（Frankel, R. S. [2021]. When were credit cards invented : The history of credit cards. Available at https://www.forbes.com/advisor/credit-cards/history-of-credit-cards/）。

　1950年代、信用市場で急速なイノベーションが起こった。アメリカでは第2次世界大戦後に、さまざまな無担保債やリボルビングローン、さらには学生ローンが人気となった。このような消費者ローンを提供したのが政府（学生ローンや公庫による住宅ローン）と、

小売業者や銀行やクレジットカード会社などの民間企業、そして非営利の信用組合だった。

　だが、重大なイノベーションをもたらしたのはクレジットカードの登場である。当時、百貨店の決済に用いるカードの人気が高まり、1950年、一般的な決済に用いられるカードとして最初に普及したのがダイナースクラブのカードだった。これはフランク・マクナマラとラルフ・シュナイダーが立ち上げたもので、マクナマラがレストランで料金を支払おうとしたときに財布を自宅に忘れてきたときに着想を得たのだ。

　アメリカン・エキスプレスが最初のクレジットカードを発行したのが1958年で、消費者は年会費を支払うことで毎月決済することができた。社会におけるその他の変化とともに、信用の拡大は成長と楽観の好循環を生み出した。特にアメリカでは、郊外が発展したことで、人々は職場までの移動でますます自動車に頼るようになり、自動車の需要が拡大した。1955年には、ゼネラルモーターズはアメリカ企業として初めて年間収益が10億ドルを超えた企業となり、販売台数は主要な競合他社全体の生産台数よりも多かった。同社は収益で見ると最大の企業だったが、2008年、同社の株式の価値は1954年の水準まで下落した（The Economic Times [2008, July 1]. General Motors's stock skids to 1950s level）。

　自動車販売が増大するにつれ、道路敷設の要求も高まった。1956年、アメリカ議会は州間高速道路の建設を承認した。1960年までに、およそ１万6000キロの州間高速道路が建設され、それが高速道路沿いに新しいビジネスチャンスを生み出した（レストランやモーテル、ガソリンスタンドや映画館など。**図表4.6**）。アメリカでは郊外のショッピングモールが登場し始め、1964年までに全米でショッピン

図表4.6　1950年代、自動車がドライブインシアターを埋め尽くし、スクリーンの人々は新車のそばに立っている

出所＝Photo by New York Times Co./Hulton Archive/Getty Images. https://www.gettyimages. com/detail/news-photo/vehicles-fill-a-drive-in-theater-while-people-on-the-screen-news-photo/3076062

グモールの数は7600を超え、その多くが成長著しい郊外の住宅地のそばに作られた。

夢中になる消費主義

消費主義はライフスタイルになった。企業は「計画的陳腐化」を推進した。つまり、消費者がもっと買い物をしたくなるように、毎年衣服や自動車を変えることを促した（Whiteley, N. [1987]. Toward a throw-away culture. Consumerism, 'style obsolescence' and cultural theory in the 1950s and 1960s. Oxford Art Journal, 10[2], pp. 3-27)。このトレンドはやがて環境に劇的なまでの影響を

及ぼすが、それに目が向けられるようになるのは数十年後のことである。それらの製品は人々の生活をより快適にする物品として売られ、売上高や利益増大の原動力となっていた。素晴らしい製品デザインや美しさに対する考えを問われたある有名な工業デザイナーは当意即妙に「最も美しい曲線は上昇する売上高のカーブだ。企業が感じる消費主義の魅力が描き出されている」と答えた（Raymond Loewy Quotes - The Official Licensing Website of Raymond Loewy）。失業率の低さも、消費者が自らの膨らむ願望を満たすために借金をする後押しをした。

　ライフスタイル広告は1950年代のテレビの発展でますます活気づき、テレビによって広告主たちはさらに広範な視聴者に訴えかけるチャンスを得た。テレビのマス広告の誕生は小売業の売り上げにプラスの影響をもたらした。これに関して、カリフォルニア大学バークレー校のウージン・キムは、アメリカでホームコメディーが増えたことが理想的な郊外生活や消費者のライフスタイルを奨励したと主張している（Kim, W. [2022]. Television and American consumerism. Journal of Public Economics, 208, art. 104609）。

　1950年代と1960年代には消費者文化とイメージ広告が劇的な高まりを見せた。アンディ・ウォーホールの象徴とも言える作品のコカ・コーラはこの大衆文化の段階的な変化を表している（Whiteley, N. [1987]. Toward a throw-away culture. Consumerism, 'style obsolescence' and cultural theory in the 1950s and 1960s. Oxford Art Journal, 10[2], pp. 3-27）。

　アメリカが最も顕著で、消費の活況はほとんどの先進工業国経済に反映されるようになった。1957年、ハロルド・マクシミリアン（1957〜1963年までイギリス保守党首相）はベッドフォード・タウンのサ

ッカー場でスピーチを行い、そのなかで次のように述べた。「ざっくばらんに言わせていただきたい。わが国の人々のほとんどがこれほど裕福だったことはなかった。国中を回ってみてごらんなさい。工業都市や農村に行ってみたらよい。私の人生で見たこともなかったくらい繁栄しているのが分かるでしょう。いや、この国の歴史上なかったほどなのだ」

　消費者の買い物方法に起きたイノベーションはモダニズムの感覚や高揚感を生み出し、さらに消費者文化の高まりを揺るぎないものとした。アメリカで一般的となったイノベーションがタッパーウェアの発明だ。タッパーウェアパーティーの出現が第2次世界大戦後の消費財への欲求をかき立てる一助となった。パーティーのホストが欲しがる消費財を見いだし、彼らが望んだ商品を手に入れるために何回パーティーを開く必要があるかを計算することが同社の戦略だった。同社は、さまざまな昇進制度や大きな売り上げを上げた賞品としてキッチン用品を提供することで消費者の購買欲を高めた。この消費者への販売や交渉をアウトソーシングするトレンドが消費財メーカーの収益や利益率を高める役に立った。イギリスにおいては、企業の利益を高める一因となった消費財セクターでの重要なイノベーションがセフルサービスの店舗の進化だった。そこでは買い物客は自ら欲しいものを選び、レジに持っていくことができた。このシステムは戦時中に販売員が不足したことで始まった。1947年、イギリスにはセルフサービスの店舗は10件しかなかったが、1962年までに1万2000店舗、1967年には2万4000店舗まで増えた。1952年には、テスコの店舗の半分がセルフサービスだった（Eduqas [2018]. Austerity, Affluence and Discontent : Britain, 1951-1979 [GCSE History Resource]）。

　この将来の成長と消費者ブランドに関する楽観論は株式市場にも波及した。1960年代を通して、成長著しい世界的な企業が姿を現したことが株式市場、とりわけアメリカの「ニフティ・フィフティ」銘柄に対する信頼に拍車をかけた。これらの銘柄への投資の背景にはバリュエーションを心配する必要などまったくないという考えがあった。それらの企業は利益が力強く増えているか、将来力強く成長することが大いに期待され、またその多くが強力なブランドを有していることが理由とされた。

　アメリカの消費支出、そして公共支出の拡大は世界的な不均衡にマイナスの影響を及ぼした。1960年代が進むにつれ、ブレトンウッズ体制の下、金と固定価格で結びつけられていた米ドルの価値は過大となってしまった（Federal Reserve Bank of Boston [1984]. The International Monetary System : Forty Years After Bretton Woods. Boston, MA : Federal Reserve Bank of Boston）。リンドン・ジョンソン大統領の偉大な社会政策やベトナム戦争の戦費を賄うための軍事支出の増大でアメリカの公共支出が大幅に拡大したことがシステムにさらなる圧力をかけた。1960年代後半になると、金本位制に大きな圧力がかかった。そして、最終的に1971年、リチャード・ニクソン大統領がドルと金の交換を「一時的に」停止すると発表したことで終わりを迎えた（International Monetary Fund [2020]. The end of the Bretton Woods System [1972-81]. Available at https://www.imf.org/external/about/histend.htm）。「ニフティ・フィフティ」銘柄のバブルは崩壊した。金利負担と失業率の高まりで、高い水準にあった消費者債務は好循環から悪循環に変わってしまった。

　それまでの15年に驚くほどの上昇を示していたほとんどの株式市

場は、1966年ごろにはすでにかなりの高値に達していた（Crafts, N. F. R. [1995]. The golden age of economic growth in Western Europe, 1950-1973. The Economic History Review, 48[3], pp. 429-447）（United Nations [2017]. Post-war reconstruction and development in the Golden Age of Capitalism. World Economic and Social Survey 2017, pp. 23-48）。その後の弱気相場は本質的には構造的なものだった。そして、インフレ率と金利の急騰がきっかけとなり、アメリカ市場は1966～1982年までに実質値で75％も下落してしまった。これは次の第5章で議論する構造的なサイクルである。

第5章
1968〜1982年　インフレと低リターン

1968-1982 : Inflation and Low Returns

「ある時点でこのダムは決壊し、人々の心理は変わる」──ポール・ボルガー

　1970年代初頭から1980年代初めまでの期間は投資家にとって史上最悪と言える時期だった（**図表5.1**）。インフレと金利の高騰は、2回にわたる深刻な景気後退とただでさえ停滞していた成長とともに、スタグフレーションと呼ばれるようになる環境下にあった株式市場と債券市場の双方に重くのしかかった。この組み合わせは、10年にわたりボラティリティが高く、リターンが低い、永続的な「ファット・アンド・フラット」な環境を生み出した。主な要因は次のとおりだ。

●低成長と高金利
●社会不安とストライキ
●貿易の崩壊、保護主義の高まり、規制の強化
●膨大な政府債務と企業の利益率の低下

図表5.1　1970年代初頭から1980年代初めまでは投資家にとって史上最悪と言える時期だった

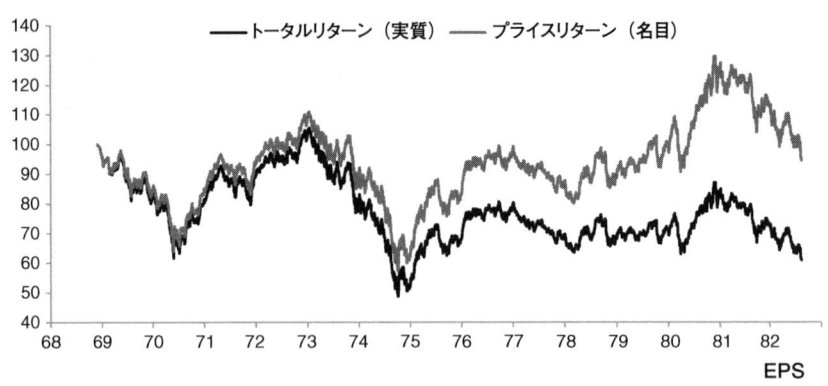

	期間		プライスリターン（名目）		トータルリターン（実質）		シラーPER		EPS成長率
始点	終点		リターン	年率	トータル	年率	始点	終点	年率
1968/11	1982/08		−5%	0%	−39%	−4%	22.2倍	6.6倍	10%

注＝シラーPERはバリュエーション指標で、これは指数の価格水準をインフレ調整後のEPSの10年分の平均で割り算出
出所＝ゴールドマン・サックス・グローバル・インベストメント・リサーチ

　それまでの15年にわたる驚くべき上昇で、1966年には主要な株式市場のほとんどが高値にたどり着き、アメリカでは1968年に市場が天井を付けた。その後の弱気相場は本質的に構造的なものだった。つまり、インフレ率と金利が急騰した結果、アメリカ市場は1968〜1982年までの期間に名目値で見ると5％下落し、実質値での年率リターンはゼロだった。だが、1930年代や1940年代の弱気相場のケースと同じように、スーパーサイクル全体のなかで、少なくとも2回、弱気相場が発生していた。

投資家にとっては失われた10年

　1970年代は投資家にとってはボラティリティが高くても、全体としてのリターンは低下する時期だった。そのため、長期的な「ファ

ット・アンド・フラット」サイクルと説明することもできる。名目値で見ると、株価指数は上昇を見せたものの、インフレ率がとても高かったので、実質値（インフレ調整後）で見ると、全体のリターンははるかに低かった。**図表5.1**が示すとおり、株式市場の投資家にとっては、インフレに遅れずについていった配当が重要なリターン源泉となり、物価の高騰に対するいくばくかの防御となった。

　高いインフレと高金利が組み合わさったことで経済は深刻な景気後退に陥り、結果として、企業部門の利益率が低下し、家計部門の純資産も縮小することになった。

崩壊前のバブル

　ほとんどの株式市場は1960年代後半に高値を付け、「ニフティ・フィフティ」と呼ばれる一部の大企業は1960年代後半から1970年代初頭にかけて力強くアウトパフォームした。これら企業の多くはROC（資本利益率）が驚くほど高く（1990年代後半のハイテクバブルの時期とは異なる。当時、市場ではROCの低い新興企業が優勢だった）、そのようなリターンは将来も長きにわたり持続するとの考えから恩恵を受けていた。そのため、これらの企業は「ワンディシジョン」銘柄と呼ばれることが多かった。投資家は株価に関係なくこれらの銘柄を喜んで買い、保有するのが通例だった。「バリュー」投資から「グロース」投資へと人気が移り変わったのだ。

　これら大型の多国籍企業を代表する公式の指数は存在しなかったが、金利が低く、世界的な成長率が高まる環境で繁栄していた。だが、それらの銘柄も割高となってしまった。1972年には、S&P500のPER（株価収益率）が18倍だったのに対し、ニフティ・フィフ

図表5.2　バランス型ポートフォリオは過去に大きなドローダウンを経験——60/40（株式/債券）のポートフォリオの1年間のドローダウン（月次リバランスを行った日次リターン）

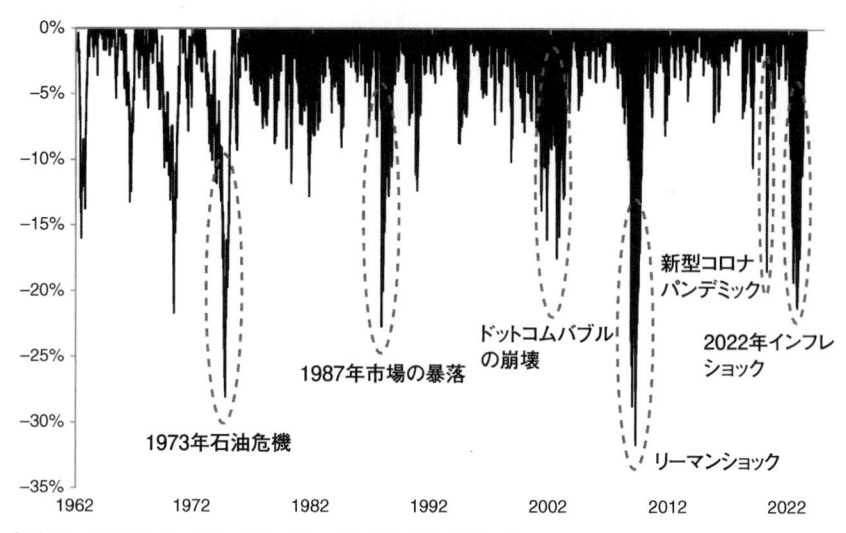

出所=ゴールドマン・サックス・グローバル・インベストメント・リサーチ

ティの平均はその2倍を超えていた。ポラロイドのPERは90倍で、ウォルト・ディズニーとマクドナルドは予想利益の80倍を超えていた。このような異常に高いバリュエーションにもかかわらず、ジェレミー・シーゲル教授は、これら銘柄のほとんどはバリュエーションを正当化するまで成長し、大きなリターンをもたらすと主張した（Siegel, J. J. [2014]. Stocks for the Long Run : The Definitive Guide to Financial Market Returns & Long-Term Investment Strategies. New York : McGraw-Hill Education）。

　後に同様のストーリーが1990年代後半の「ニューエコノミー」の議論やリーマンショック後でも展開された。これらの時期は、1960年代と同じようにバリュー株、もしくは「オールドエコノミー」銘柄が不人気となった。

図表5.3　1970年代、家計の富は大幅に蝕まれた —— 家計の不動産、企業の株式、純資産がGDPに占める割合

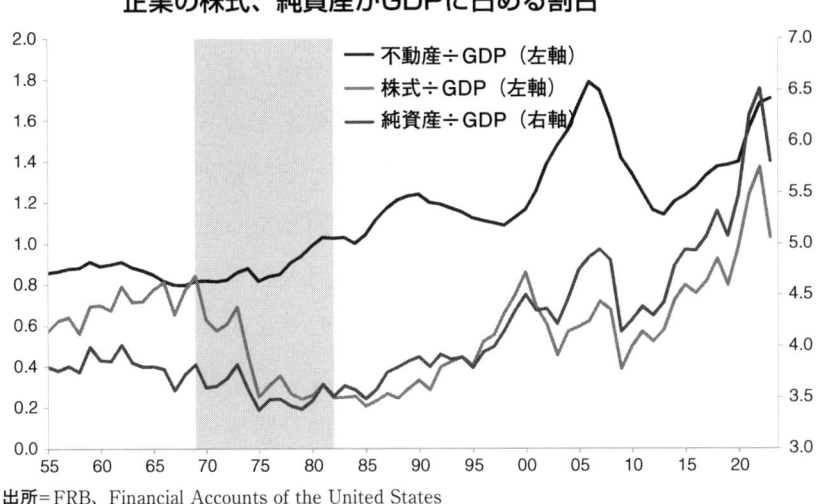

出所＝FRB、Financial Accounts of the United States

　金利上昇の圧力に屈した金融資産のバリュエーションは劇的なまでの速度で縮小した。株式を60％、債券を40％とした典型的なバランス型ポートフォリオのマキシマムドローダウン、もしくは価値の低下は、2008～2009年のリーマンショックの時期（詳細は第7章を参照）を除けば、第2次世界大戦後の期間（**図表5.2**）で最も著しかった。

　富の縮小もはなはだしかった（**図表5.3**）。アメリカでは、インフレが多くの金融資産の実質価値を蝕み、GDP（国内総生産）に占める家計の富の割合は25％低下し、株式の価値も低下した一方で、実物資産や不動産の価値は上昇した。

高金利と低成長

1970年代の「ファット・アンド・フラット」の長期的なトレンド

はマクロ、ミクロ、そして地政学的な要因によるものだった。マクロの面では、インフレと金利の上昇が2回の景気後退を引き起こし、その間も低成長期が長く続いた。ミクロの面では、規制の強化、不安定な労働市場、利益率の低下が重要な要素となった。政治的な次元で見ると、冷戦の緊張、中東での戦争とその結果である石油ショックが投資家のリターンを低下させる要因となった。

経済政策も一役買っていた。第2次世界大戦後の政策を巡る共通認識は、大恐慌とケインズによる安定化政策によって引き起こされた荒廃を経験したことに大いに影響されていた。概して、これは財政政策（政府支出と課税）を通じた補完的な需要の管理と、安定成長と完全雇用を目指した金融政策（金利）につながった。

1950年代から1960年代を通じて、失業とインフレには安定した関係が存在し（フィリップス曲線）、失業率の低下とインフレの上昇にはトレードオフの関係があるという前提が広く受け入れられていた。つまり、この2つのバランスを見ることが政策の主眼だった。

高い失業率と社会不安、そして戦争が1970年代を通じて政策アジェンダの指針であり続けた。だが、ブレトンウッズ体制崩壊後、経済的圧力が高まり続けるにつれ、第2次世界大戦後の政策を巡る共通認識はもはや適切ではなく、新しいアプローチが必要であることがますます明確になってきた。

ブレトンウッズ体制の崩壊

ブレトンウッズ協定の下、運営されてきた世界的な為替相場制の崩壊と1960年代の政策ミックスはこの時期を通じてインフレの高進をもたらした。1960年代初頭、ジョン・F・ケネディ大統領は「経

済再生」を公約に掲げた。大統領に選出されると、彼の政権は財政政策を強化し、一連の減税策を導入するとともに、投資に対する税額控除や減価償却期間の短縮を行った。

　1960年代が進むにつれ、ブレトンウッズ体制で固定価格でゴールド（金）と結びつけられていた米ドルは過大評価となってしまった。日本とドイツに対するアメリカの貿易赤字は拡大していた。アメリカの多国籍企業の多くは生産性に勝るヨーロッパの工場に投資したが、アメリカ国内の工場は老朽化し、そのため革新的な技術を取り込むのがますます難しくなった。ユーロダラー市場が登場したことで、新たにこれら投資の安価な資金源が生まれた。ベトナムでの戦費を賄うための巨額の財政赤字とともに、貿易不均衡によって、ただでさえ金準備が不足するなか、対外債務が増大した（Meltzer, A. H. [1991]. US policy in the Bretton Woods era. Federal Reserve Bank of St. Louis Review, 73[3], pp. 54-83）。

　1966年、FRB（連邦準備制度理事会）は政策金利を年初の1.5％から9月までに6％超まで急激に引き上げた。しかし、1968年、ベトナムへの派兵を増やそうとするリンドン・ジョンソン大統領の計画が経済とブレトンウッズ体制にさらなる圧力をもたらした。その年の3月、アメリカはドルの金兌換を維持するため1日に100トンもの金を売却せざるを得なかった（Bryan, M. [2013]. The Great Inflation. Available at https://www.federalreservehistory.org/essays/great-inflation）。

　資本流出を食い止めるために、米財務省はFRBと協力して補完的な政策対応をとった。「イールドカーブコントロール」のため、短期のTビルを通じた資本調達を増やし、同時に長期の国債を買い入れて長期金利を抑えようとした。アメリカ政府は減税分とベトナ

ム戦争関連の増大する費用を賄うために借り入れを増やした。金利を低く抑えることで政府支出の増大を「アコモデーションする」政策によってマネーサプライが増大し、物価の上昇（インフレ）を引き起こし、失業率は高いままだった。

1970年代の第4次中東戦争は、OPEC（石油輸出国機構）による石油禁輸と併せ、インフレをさらに高進させた。経済学者たちは「デマンドプル」インフレと「サプライプッシュ」インフレを区別するようになり、政策立案者たちはジレンマに直面していた。中央銀行は金利を引き上げることで過剰な需要を抑えることはできたが、これでは石油価格の上昇とインフレの高進の要因となっていた原油市場における供給側の問題を和らげる役には立たなかった。

有名なマネタリストの経済学者たち（1967年のエドムンド・フェルプスや1968年のミルトン・フリードマン）は、第2次世界大戦後の経済の共通認識の基礎となっていたフィリップス曲線はもはや意味がなく、安定もしていないと指摘した。彼らは、インフレ率が上昇するにつれ、労働者たちはインフレのさらなる高進を期待して需要を調整するので、曲線は上方に推移すると主張した。言い換えれば、雇用水準にかかわらずインフレは上昇を続け、低い失業率を維持するためにはインフレがさらに上昇する必要があるということだ。

国際市場のストレスも高まり続けた。アメリカの金利水準はイギリスやフランスなどに比べて低く、これが金価格の高騰と相まり、広範な投機とアメリカからの資本流出を引き起こした。1971年半ばまでに、金価格は1オンス40ドル超まで上昇し、世界中の多くの国々が手持ちのドルを売却して金を買い始めた。1971年8月、アメリカがドルと金の兌換を停止し、輸入関税に10%の一時的な課徴金を課したことでシステムは崩壊した。1971年12月のスミソニアン協定で

システムの立て直しが図られたが、最終的に効果はなかった。ブレトンウッズ体制崩壊後、さまざまな為替管理策が講じられ、最終的にほとんどの通貨が自由に変動するようになり、結果的に市場のボラティリティの水準は上昇した。

　経済的な問題と金融市場のストレスは、第4次中東戦争の緊張が表面化した1973年後半、さらに高まった。OPEC加盟のアラブ諸国は、イスラエルへの武器供与を決定したアメリカに対して石油の禁輸を講じた。その結果、原油価格は急騰し、1974年初頭までに燃料価格は2倍になった。

　原油価格の上昇は必然的に生産コストを上昇させ、供給面の大きな問題と、最近われわれが新型コロナパンデミック後に経験したような食糧価格の急騰を引き起こした。世界的なインフレ率は1971年の5％超から1975年には10％を超えるまで上昇した。さらなる物価上昇に見舞われた国もあった。アメリカのインフレ率は1971年の3.3％から1975年には12.3％まで上昇したが、同じ期間に日本のインフレ率は4.5％から24％超まで急騰した。

　1973年の石油ショック以前、世界の年間GDPは5.3％成長していたが、その後1970年代を通じて、たった2.8％まで半減し、1980年代初頭にはさらに1.4％まで落ち込んだ（United Nations Department of Economic and Social Affairs [2017]. World Economic and Social Survey 2017 : Reflecting on Seventy Years of Development Policy Analysis. New York : United Nations）。

　先進国経済の経済的困難は多くの途上国で増幅された。それらの国々では政府の債務が増大したことで債務水準がさらに大きく上昇した。その一部は膨大なペトロダラーを還流させることで賄われていた。

図表5.4　1970年代に実質金利は急騰 ——米10年物国債の実質金利 （アミ部分は景気後退時期 ［NBER全米経済研究所］）

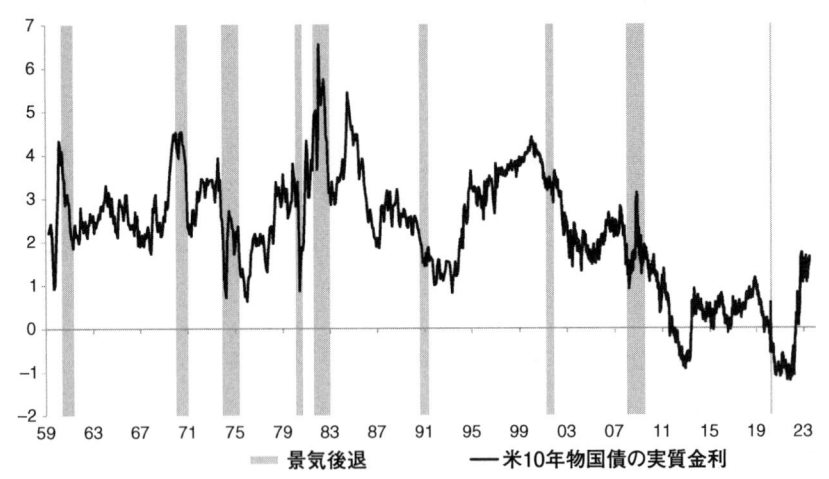

出所=ゴールドマン・サックス・グローバル・インベストメント・リサーチ

　高い失業率やインフレ圧力という経済的な危機が深まったことが、政策を巡る共通認識の急激な反転につながった。1979年10月、ポール・ボルガーFRB議長はインフレを確実に抑え込むべく、金融政策の劇的な引き締めに乗り出した。世界中の中央銀行が積極的に金利を引き上げざるを得なくなり、そのインパクトは劇的なものとなった。実質金利は急騰（**図表5.4**）し、1950〜1973年の長期的な強気相場で確立したトレンドを反転させた。

　アメリカとその他多くの主要国経済が10年のうちに2回の景気後退に陥った。途上国経済では、金利コストが増大したことが重荷となり、資金調達がますます難しくなった。1981〜1982年、グローバルに活動する大手銀行は、対外債務の利払いが続けられない途上国があるかもしれないと判断すると、突如、短期債務のロールオーバーをやめ、世界的な債務危機が発生した。1982年8月のメキシコ国債のデフォルトを皮切りに、危機はあっという間に広がり、世界中

の途上国経済が債務不履行に陥った。世界的な銀行の貸し出しも急激に縮小した。数年のうちに、ヨーロッパ、アフリカ、ラテンアメリカの20カ国ほどが何回も債務危機を経験し、IMF（国際通貨基金）やその他国際機関の介入を求めた（Boughton, J. M. [2002]. Globalization and the silent revolution of the 1980s. Finance & Development, 39[1], pp. 40-43)。

社会不安とストライキ

この10年を通じた経済的圧力の高まりに、企業は労働者を解雇することで対応した。失業率は上昇し、需要はさらに減退した。失業率が高まりだした当初から、労働者のストライキはすでに広がりを見せていた。例えば、1970年、およそ21万人の米郵便公社の職員がストライキを起こした。政府はこのストライキを非合法とみなしたので、これはアメリカ史上最大の「ワイルドキャット」ストライキとなった。リチャード・ニクソン大統領は陸軍と州兵にストライキを止めるよう求めた。1970年代だけでも争議に関与した労働者の数は1952年以降で最大の水準に達し、1969年よりも33％も多かった（Hodgson, J. D. and Moore, G. H. [1972]. Analysis of Work Stoppages, 1970. U.S. Department of Labor, Bulletin 1727)。

アメリカの4つの鉄道労働者の組合も1970年にストライキを行い、1971年にはアメリカ大陸の両岸でストライキが起こった結果、東岸と西岸、そして湾岸部の多くが閉鎖されることになった。1975年、ペンシルベニア州の公務員8万人が公務員による初の合法的なストライキを敢行した。1977〜1978年にかけて石炭産業にもストライキが飛び火した。生活費が上昇を続けるにつれ、ストライキの数も増

図表5.5　1968年5月のパリの学生暴動で警官に石を投げる学生たち

出所＝Gamma-Keystone. https://www.gettyimages.co.uk/detail/news-photo/un-%C3%A9tudiant-lance-des-pav%C3%A9s-sur-le-service-dordre-au-news-photo/1264479225

大した。1979年、アメリカの鉄道とトラック運転手の組合に属する20万人超の労働者が10日間のストライキを断行した（Schwenk, A. E. [2003]. Compensation in the 1970s. Compensation and Working Conditions, 6[3], pp. 29-32）。

　大西洋の反対側でも、ストライキと社会不安が広がっていた。フランスでは、1968年5月の学生デモが目玉となった（**図表5.5**）。これは7週間続き、1100万人が参加した。

　イギリスでも同じようなことが起こった。1970年にはストライキ

図表5.6　公務員のデモ —— 1979年1月22日、政府が賃上げに5％
　　　　の制限を課したことに抗議する24時間のストライキでハイ
　　　　ドパークに公務員が集まり、集会後、庶民院まで行進し、約
　　　　150万人の公務員がストライキに参加し、病院や救急車のス
　　　　タッフも含まれていた

出所＝Photo by Steve Burton/Keystone/Hulton Archive/Getty Images. https://www.gettyimages.
com/detail/news-photo/public-sector-workers-at-a-rally-in-hyde-park-during-a-24-news-
photo/1477508105

で1000万時間を超える就業時間が失われ、それには看護師や電力会
社の労働者たちも含まれていた。これらストライキの多くは非公式
のものであり、組合も支持していなかった。この10年が終わりを迎
えるころには、イギリス経済は1978〜1979年の「不満の冬」（ウィ
リアム・シェイクスピアの『リチャード3世』の冒頭のセリフに由
来する言葉）として知られるようになる一連のストライキ（**図表
5.6**）で停滞した。これが首相ジェームズ・キャラハンの不信任投
票につながり、選挙の結果、4カ月後にマーガレット・サッチャー

が政府を率いることになった。

　政情不安も高まっていた。1973年アメリカのウォーターゲート事件や中東の地政学的リスクの高まりも、市場の懸念を高める一因となった。投資家のリターンは台無しになり、無リスクの国債と比較した株式のバリュエーションは低下し、株式のリスクプレミアム（安全な債券に対してリスクの高い株式に求められる将来のリターン）は増大した。憂鬱な雰囲気と落胆が蔓延していた。事業の崩壊、特にエネルギー集約型の製造業の崩壊が社会不安に発展した。

　その文化的な発露が1970年代後半に登場したパンクシーンだが、これは仕事を見つけられないとか、就職の見通しがほとんどない若者の幻滅を反映していた（Fletcher, N. [2018]. "If only I could get a job somewhere": The emergence of British punk. Young Historians Conference, 19. Available at https://pdxscholar.library.pdx.edu/younghistorians/2018/oralpres/19）。1976年のタイムのインタビューでザ・クラッシュが述べているように、「職があったら、われわれは恋愛について歌っていただろう」（Church, M. [1976, November 29]. Catching up with punk. The Times）。当時の歌詞は、1970年代初頭の多くの楽曲に見られた希望や理想主義ではなく、喪失感や自暴自棄を反映していた。セックス・ピストルズのゴッド・セイブ・ザ・クイーンやゼア・イズ・ノー・フューチャーは当時の怒りや見捨てられた感覚を反映していた（Lydon, J., Matlock, G., Cook, P. T. and Jones, S. P. [1976]. No Future [God Save the Queen]）。人気バンドのUB40は政府の失業給付金の申請書類からその名をとったが、1980年のデビューアルバム「サイニング・オフ」のジャケットも申請書類の複製だった。フランスでもシンガーソングライターのレオ・フェレによるレテ68を含め、当時の出来事に触

発されたポピュラー音楽が人気を集めた。暴動や混乱のイメージは広範かつ永続的な影響を及ぼした。ローリング・ストーンズの「ストリート・ファイティング・マン」はフランスの暴動に触発されたものだった。さらには、ストーン・ローゼズのアルバムには事件を取り上げた「バイ・バイ・バッドマン」という楽曲が含まれていた。映画の世界でも、時代の影響は大きく、フランソワ・トリュフォーの「夜霧の恋人たち」など、暴動の時期に撮影された多くの作品で当時の出来事が描き出された。もちろん、これらの波はアートシーンも呑み込んだと言っても過言ではない。当時、他の主流の音楽も人気だったが、それほど議論を呼ぶことはなかった。例えば、セックス・ピストルズの「ゴッド・セイブ・ザ・クイーン」が女王の即位25周年と時を同じくしてリリースされたが、BBCでは放映禁止になったという事実も、文化的には意義深いことだった（リリースから45年が経過した2022年6月4日、週末に行われた女王の即位70周年の式典に合わせて再発売され、初めて全英チャートで第1位となった）。

貿易の崩壊、保護主義の高まりと規制の強化

高いインフレと失業率は、低成長もあいまってアメリカやイギリスなどいくつかの国で歴史的な貿易不均衡を生み出したが、一方で日本（**図表5.7**）やヨーロッパのいくつかの国のように歴史的な黒字を享受した国もあった。政策立案者たちは輸入を削減し、赤字国への多額の資本移動を促す方策に力を入れた。後者は広範な資本規制があったため実現が困難だった。

その結果、保護主義が高まりを見せた。GATT（関税貿易一般協

図表5.7 日本の貿易黒字が拡大 ── 日本の輸入と輸出と貿易黒字（1960～1990年）

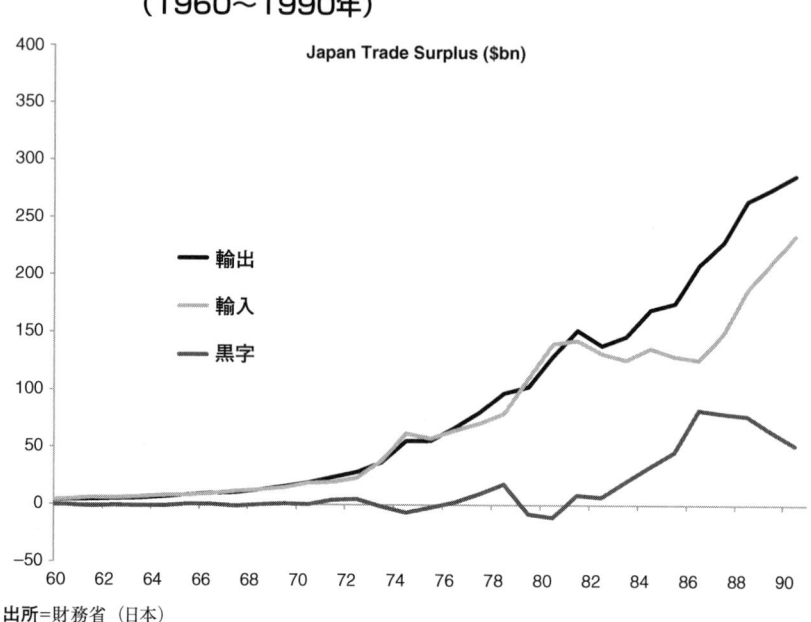

出所＝財務省（日本）

定）の東京ラウンドでは関税引き下げの議論が継続していたが、日本の貿易収支黒字が増大していたことで、アメリカやヨーロッパと日本との間の緊張関係が悪化した。ある意味、これらの懸案は2000年代の中国の増大する黒字という懸念と似ていなくもなかった。

　GATTが明確に対象としていない分野でいわゆる「自主的な」貿易制限を課すことでGATTの合意を回避する方策がとられた（Irwin, D. A. [1994]. The new protectionism in industrial countries : Beyond the Uruguay Round. IMF Policy Discussion Paper No. 1994/005）。

　アメリカとヨーロッパは、自動車や鉄鋼の分野で自主的に貿易制限を課すよう圧力をかけた。アメリカは数多くのアンチダンピング訴訟を主導したが、途上国ではより多くの保護主義的な措置が講じ

られた。1974年、MFA（多角的繊維取極）が導入された。これは途上国が先進国に輸出できる衣料や生地の総量に割り当てを課すもので、1994年まで続いた。自由貿易の流れが一変したことで、コストは増大し、企業の利益率は縮小した。

公共支出の増加と利益率の低下

この時期、アメリカやその他の国々では公共支出が劇的に増大した。アメリカでは、リンドン・ジョンソン大統領の「偉大な社会政策」と増大するベトナム戦争の戦費によって赤字額が増大した。戦争や宇宙開発競争などその他の緊張関係もあいまって、ソ連では財政支出が増大し、それが軍事的な覇権を巡る争いを過熱させた。ソ連では1970～1980年にかけて、軍事と宇宙開発にGDPの15％もの金額が投じられ、これはアメリカの３倍、ヨーロッパの５倍に相当した（マジソンのデータベース、2010年。Maddison Database [2010]. https://www.rug.nl/ggdc/historicaldevelopment/maddison/releases/maddison-database-2010?lang=en）。

一方、ヨーロッパの各国は福祉の予算を賄うために支出を増やし、公有化や国有化を増やした。例えば、イギリスでは1970年代を通じて、広範な業界が公的支配のもとに置かれた（多くの国々ではすでに国有化されていた）。例を挙げれば、1969年のナショナル・バス・カンパニーやポストオフィス、1971年のロールスロイス、1973年の地域の水道局やブリティッシュ・ガス、1975年のブリティッシュ・ペトロリアム、1976年のナショナル・エンタープライズ・ボード（事業会社の一部または全部を所有する国営の持ち株会社）、ブリティッシュ・レイランド（ジャガーやランドローバーなどの企業を含む）、

**図表5.8　GDPに占める利益の割合は1970年代と1980年代に減少
（アミ部分は1968〜1982年と2022〜2023年のインフ
レ期）**

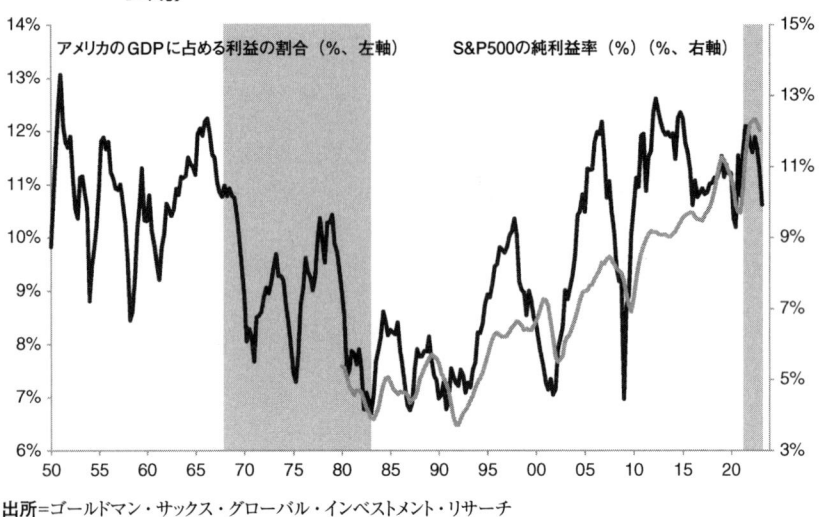

出所＝ゴールドマン・サックス・グローバル・インベストメント・リサーチ

1977年のブリティッシュ・エアロスペースなどである。

　公共支出と賃金が増大したことで、GDPに占める利益の割合は
一貫して減少した。実際に企業部門は、規制の強化、高い金利コス
トや課税、高まる不確実性や高いエネルギー費用や賃金に絞り上げ
られていた。**図表5.8**が示すように、アメリカではGDPに占める
企業の税引き後利益は急速に減少した。

下降の終焉

　1970年代の終わりを迎えるまでに、株式市場は何回か上昇してい
た。アメリカでは、1980年11月にロナルド・レーガンがジミー・カー
ターを破り、共和党が上院を支配したことが市場には好ましいと
考えられた。1976年以降初めて、ダウ平均は1000ドルを回復した。

だが、熱狂は長く続かなかった。さらなる金利の引き上げ（FRB
は政策金利を過去最大の14％まで引き上げた）で、株式市場は暴落
を強いられ、世界中のほとんどの経済が再び景気後退に陥った。
1981年、インフレと高い失業率と景気低迷で世界中の株式はさらに
下落した。だが、バリュエーションの縮小によって、後に史上最も
強力かつ長く続く強気相場の種が播かれていた。

第6章

1982〜2000年　モダンサイクル

1982-2000 : The Modern Cycle

「ゴルバチョフ大統領、この門を開けてください。ゴルバチョフ大統領、この壁を壊してください」——ロナルド・レーガン米大統領

　1982〜2000年までの長期的な強気相場は、総じて金融市場のリターンが高く、ボラティリティが低い期間だった（**図表6.1**）。すなわち、ほとんどの長期的な強気相場と同じように、そこにはいくつかのサイクルが含まれていた。1968〜1982年までの時期とおおよそ同じように、2回の景気後退があった（1980年代と1990年代の景気後退は深刻かつ痛ましいものだった）。しかし、1970年代の「ファット・アンド・フラット」なトレンドとは異なり、1980年代の景気後退にはインフレと金利は下落し、それが市場に高いリターンをもたらすことを可能にした。

　スーパーサイクル全体を通じて、アメリカ株の配当を含めたインフレ調整後の実質トータルリターンは1300%を超え、年率16%になった。インフレ分を補ったのが、配当の増大である（**図表6.1**）。

　リターンの上昇には以下の多くの複雑な要素が作用していた。

図表6.1　1982〜2000年の長期的な強気相場は金融市場のリターンが高く、ボラティリティが低い期間

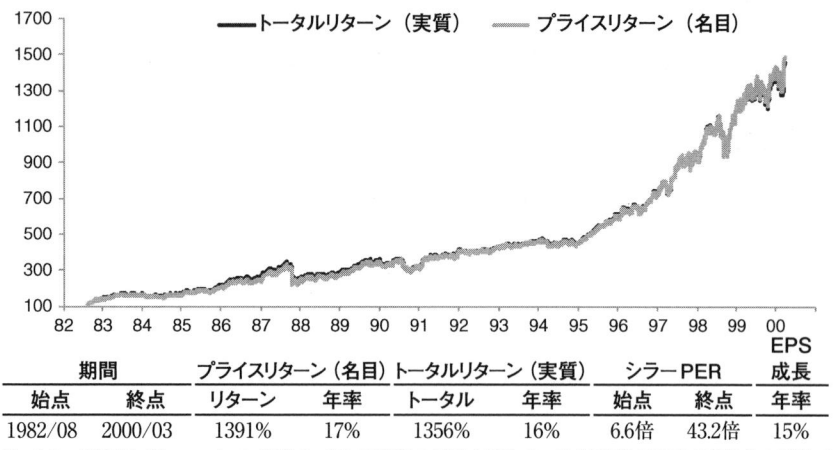

	期間	プライスリターン（名目）		トータルリターン（実質）		シラーPER		EPS成長
始点	終点	リターン	年率	トータル	年率	始点	終点	年率
1982/08	2000/03	1391%	17%	1356%	16%	6.6倍	43.2倍	15%

注＝シラーPERはバリュエーション指標で、これは指数の価格水準をインフレ調整後のEPSの10年分の平均で割り算出
出所＝ゴールドマン・サックス・グローバル・インベストメント・リサーチ

1．グレートモデレーション

2．ディスインフレと資本コストの低下

3．サプライサイドの改革（規制緩和と民営化を含む）

4．ソ連の崩壊（地政学的リスクの低下）

5．グローバリゼーションと国際協力

6．中国とインドの影響

7．バブルと金融のイノベーション

1．グレートモデレーション

　モダンサイクルは経済変数の「グレートモデレーション」に起因することが多い（**図表6.2**）。ジェームズ・ストックとマーク・ウィルソンが生み出したこの言葉は、インフレ率や金利やGDP（国

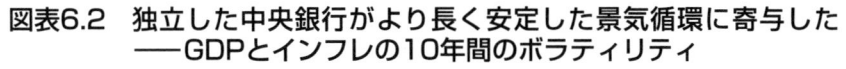

図表6.2 独立した中央銀行がより長く安定した景気循環に寄与した ——GDPとインフレの10年間のボラティリティ

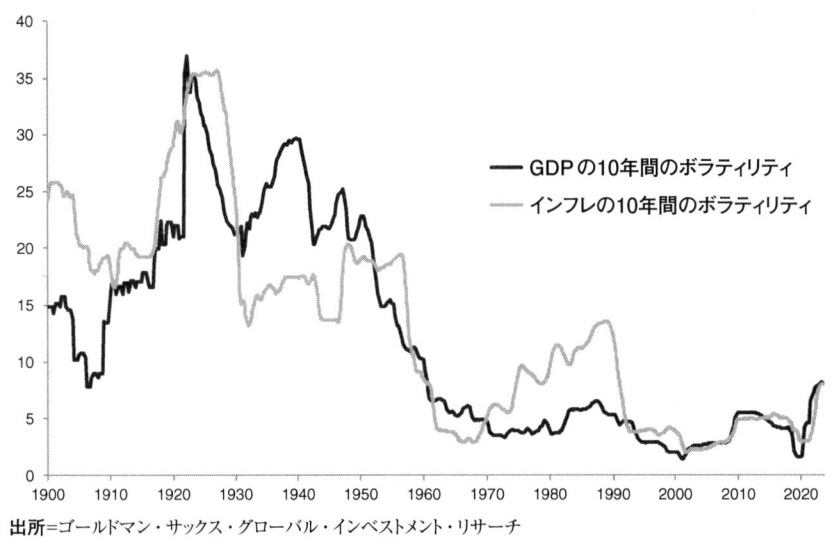

GDPの10年間のボラティリティ
インフレの10年間のボラティリティ

出所=ゴールドマン・サックス・グローバル・インベストメント・リサーチ

内総生産）や失業率など主要なマクロ経済の変数のボラティリティの大幅な低下を指している（Stock, J. H. and Watson, M. W. [2002]. Has the business cycle changed and why? NBER Macroeconomics Annual, 17, pp. 159-218）。オリビエ・ブランチャードとジョン・サイモン（2001年）によれば、1980年代初頭からの20年で、実質生産量の四半期成長率のばらつき（標準偏差で測定）は半減し、四半期のインフレ率のばらつきも3分の2ほど低下した（Brookings [2001]. The long and large decline in U.S. output volatility. Available at : https://www.brookings.edu/articles/the-long-and-large-decline-in-u-s-output-volatility/）。

　このような改善は金融市場の投資家に多くのプラスの副次的効果をもたらした。ボラティリティが低下すると、企業はより容易に、コストをかけずに将来の計画を立てることができる（Bernanke, B.

[2004]. The Great Moderation : Remarks before the Meetings of the Eastern Economic Association, Washington, D.C.)。また、生産量のボラティリティが下がれば、雇用の波を抑えることができ、ひいては企業や家計や投資家が直面する不確実性を低下させることになる。不確実性が低下すれば、リスクプレミアム（将来の結果に伴う不確実性を反映させるために投資家が求めるより高いリターン）が縮小するので、資本コストが下がる。この期間の多くで、家計の純資産は増大し、収入も改善し始めた。これと同時に、企業の利益率は拡大し、ROC（資本利益率）が改善した。つまり、ボラティリティは低いままだったが、投資家がより多くのリスクをとるようになり、将来のボラティリティが高まる。このいわゆるボラティリティパラドックスが、ハイテクバブルとリーマンショックに先立って、リスクが上昇した要因とされた（Danielsson, J., Valenzuela, M. and Zer, I. [2016]. Learning from history : Volatility and financial crises. FEDS Working Paper No. 2016-93)。

2．ディスインフレと資本コストの低下

　1950年代後半から1960年代初頭にかけて、インフレ率は低く、安定しており、アメリカでは1％程度で推移した。1960年代半ばになるとインフレ率は上昇を始め、1980年には14％超に達した。その後、1980年代後半までに、3.5％ほどにまで低下し、同時に金利も大幅に低下した。概してこの時期を通じて金利が低下傾向にあったのは、インフレ率が大きく下方に修正されたことを反映していた。

　1982年8月〜1999年12月までで、ダウ平均の実質複利リターンは長期的な平均リターンを大幅に上回る年13％となり、利益や簿価も

図表6.3 モダンサイクルは企業のEPSの力強い増大が特徴 ── S&P500の株価とEPS

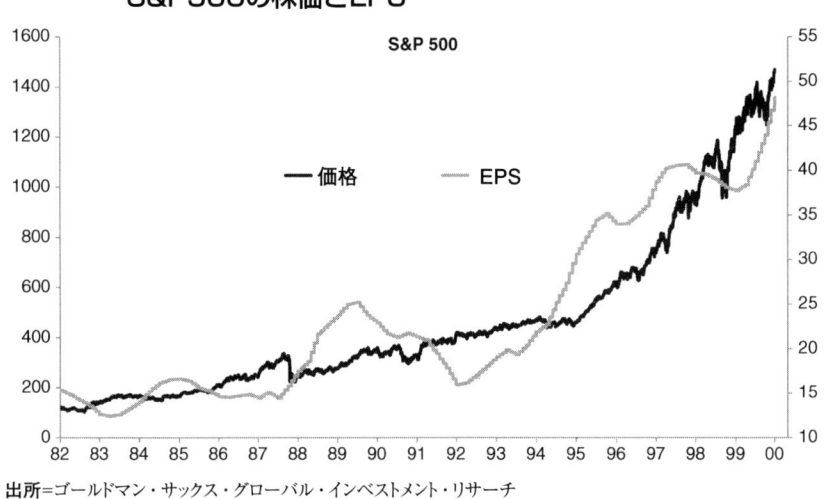

出所=ゴールドマン・サックス・グローバル・インベストメント・リサーチ

増大した（Ritter, J. R. and Warr, R. S. [2002]. The decline of inflation and the bull market of 1982-1999. The Journal of Financial and Quantitative Analysis, 37[1], pp. 29-61）。そのため、この長期的な強気相場はバリュエーションの拡大を反映したものだった。これは政策金利が低下するにつれて、株式と債券のリターンを押し上げたからである。だが、この時期の最も大きな原動力となったのは、企業のEPS（1株当たり利益）の力強い増大（**図表6.3**）と金利とインフレ率の低下（**図表6.4**）である。

ヨーロッパの金利が収束する

世界的に金利を低下させたもう1つの要因が、1990年代半ばのヨーロッパの統一通貨導入に向けた収斂基準である（Côté, D. and Graham, C. [2004]. Convergence of government bond yields in the

図表6.4　モダンサイクルはインフレと金利の低下が特徴──10年物国債の利回り（％）とCPI前年比（％）

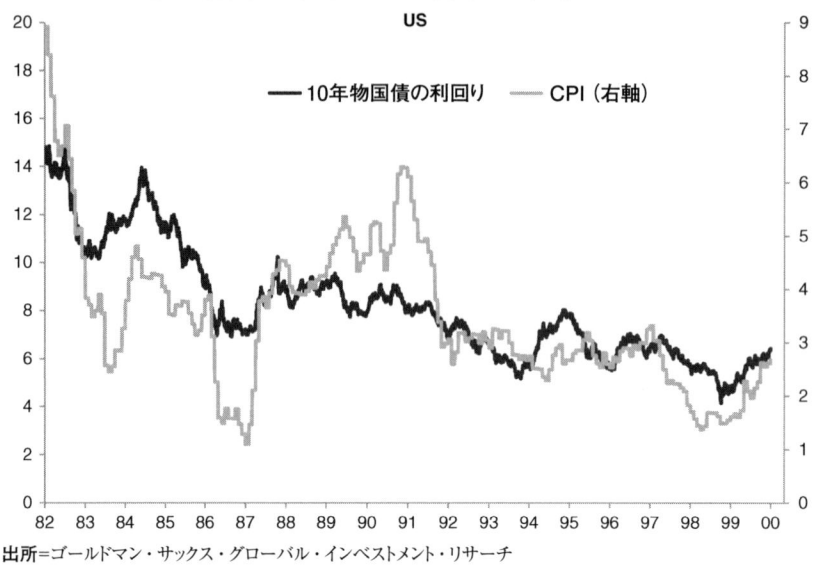

出所＝ゴールドマン・サックス・グローバル・インベストメント・リサーチ

euro zone : The role of policy harmonization. Bank of Canada Working Paper No. 2004-23）。誤解なきように記すと、これに先立つ10年、ヨーロッパはドイツ統一をきっかけに大きな圧力にさらされていたが、これは単一通貨の前身となるERM（欧州為替相場メカニズム）からイタリアとイギリスを排除したことで最高潮に達した。どちらの国もそれまで深刻な景気後退に苦しみ、金利を引き上げて自国通貨を守ることが難しくなっていた。財政収支も経常収支も大幅な赤字となり、ドル安の影響でますます脆弱になっていた。

　1992年にデンマークがマーストリヒト条約の批准を拒否し、来るフランスでの国民投票の結果も懸念されており、ヨーロッパ中でストレスがたまっていた。投機家たちはスターリングポンドやリラにますます圧力をかけるようになり、中央銀行は自国通貨を買いに入

図表6.5　ヨーロッパでは10年物国債の利回りが収斂

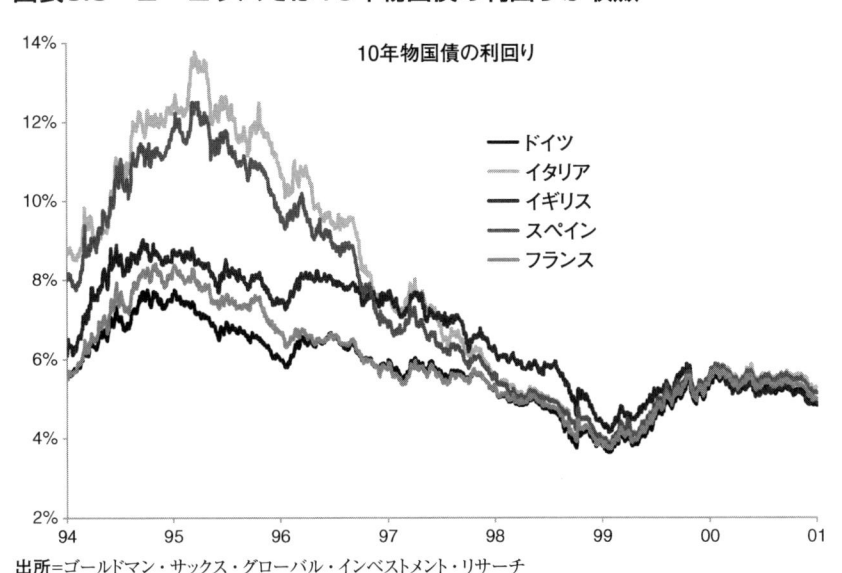

出所=ゴールドマン・サックス・グローバル・インベストメント・リサーチ

らざるを得なくなった。1992年9月16日、イギリスは海外投資家に
スターリングポンドを買わせようと金利を10％から12％に引き上げ
た。通貨は引き続き下落し、ノーマン・ラモント財務大臣は金利を
15％まで引き上げることを約束したが、金融市場が深刻な景気後退
の引き金になることを考えれば、そのような金利引き上げは持続不
可能だとみていた。そして、その日のうちに、政府はERMを脱退
すると発表した。この出来事は「暗黒の水曜日」として記憶されて
いるが、翌日、イングランド銀行は金利を10％まで引き下げた。

　ERMの危機にもかかわらず、1990年代半ばまでに、金融市場で
はヨーロッパ内でのコンバージェンストレードが大勢を占め、イン
フレ率の高い国の債券利回りはドイツ国債の水準に収束したことで
急落してしまった（**図表6.5**）。

　株式市場は優れたパフォーマンスを上げた（**図表6.6**）が、いわ

図表6.6　債券利回りが低下するにつれ、株式指数のトータルリターンは急騰

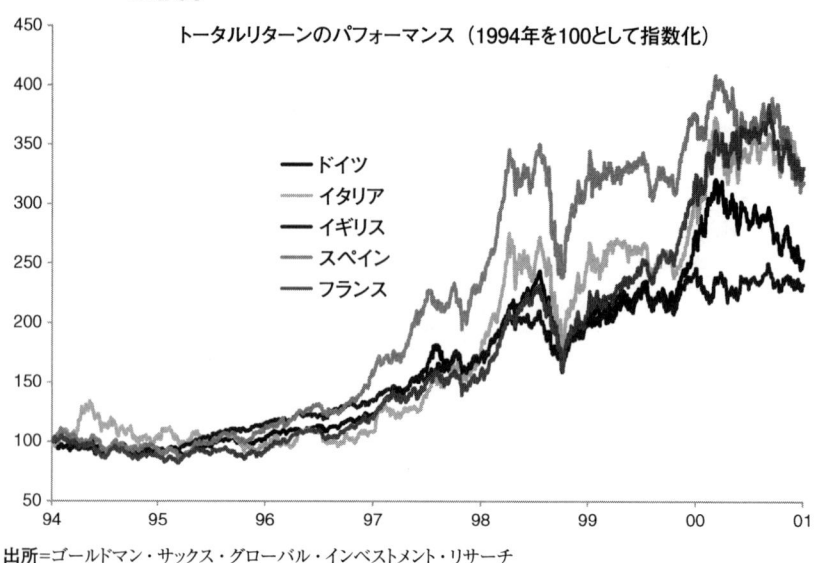

出所=ゴールドマン・サックス・グローバル・インベストメント・リサーチ

ゆる辺境国（特にイタリアとスペイン）の株式市場がアウトパフォームした。

金融政策と「FRBプット」

　1982～2000年の長期的な強気相場は力強いものだったが、金融危機もあった。その主な例がラテンアメリカの債務危機（1982年と1994年）、1984年のコンチネンタル・イリノイ銀行の倒産、1980年代に始まったアメリカのS&L危機、1997年のアジア通貨危機、1998年のLTCM（ロング・ターム・キャピタル・マネジメント）の倒産と、2000年のドットコムバブルの崩壊である。

　いずれのケースでも、金利は比較的低い水準に切り下げられた。

中央銀行、特にFRB（連邦準備制度理事会）が市場の下落に直面したときに金利を引き下げる傾向がこの長きにわたる強気相場を支える中心的な役割を果たしたが、これは「FRBプット」として広く知られるようになった。

このサイクルで市場の下落を防ぐための金利切り下げが最初に用いられたのは、1987年の「暗黒の月曜日」がきっかけで、その反応は素早いものだった（Miller, M., Weller, P. and Zhang, L. [2002]. Moral hazard and the US stock market : Analysing the 'Greenspan Put'. The Economic Journal, 112[478], pp. C171-C186）。10月20日（暴落の翌日）、株式市場が開く前に、FRBは次のような声明を発表した。「FRBは、わが国の中央銀行としての責任を果たすべく、金融および経済制度を支える流動性を進んで供給することを確認した」（Parry, T. R. [1997]. The October '87 crash ten years later. FRBSF Economic Letter, Federal Reserve Bank of San Francisco）。

中央銀行が最後の貸し手としての役割を全うすると約束したのは危機の心理を反転させ、銀行システムの安全性と健全さを保証しようとしてのことだった。声明に併せ、FRBはFFレートを1％（7.5％から6.5％へ）切り下げ、流動性を高め、債券市場に危機が波及するのを防ごうとした。

この積極的な介入はアラン・グリーンスパンがFRB議長の任にある間（1986〜2006年まで5期）、いくつかの場面で用いられ、それにはS&L危機（1986〜1995年）、湾岸戦争（1991年）、メキシコの国債危機（1994年）、そして1998年の主に海外で発生した一連の危機が含まれる。

これら危機の最後の例は1997年のタイで発生し、瞬く間にアジア

やラテンアメリカに波及した。1998年後半にはロシアまで広がり、その後の混乱で高いレバレッジを利用していた大手ヘッジファンドのLTCMが崩壊するに至った。失業率は4.5％と低く、アメリカではインフレの懸念が広まっていたにもかかわらず、FRBは1998年秋に3回にわたり、0.25％ずつ金利を切り下げた。9月の切り下げのときに発表された声明では、アメリカの成長率に対するリスクに重きが置かれ、次のように述べた。「外国経済の低迷やそれほど緩和的ではない金融情勢がアメリカの経済成長の見通しに与える影響を緩和するために行動を起こした」（Wessel, D. [2018]. For the Fed, is it 1998 all over again? Available at https://www.brookings.edu/articles/for-the-fed-is-it-1998-all-over-again/）。

　中央銀行がこれらの危機で経済活動が混乱するのを回避することに力を入れたことが投資家たちを鼓舞することになった。彼らは中央銀行による素早い介入と支援によってダウンサイドのリスクは限定されているとの自信を深めることになる。

　刺激策の規模は大きなものだったので、急激な経済の拡大につながり、1998〜2000年のハイテクバブルを引き起こす一因となった。この2年間に、S&P500は51％（年率23％）上昇した。FRBが刺激策としてモーゲージ債を購入するようになったのはこのバブル後だが、これが2007〜2008年の住宅バブルとリーマンショックにつながった（第7章参照）（Corsetti, G., Pesenti, P. and Roubini, N. [1998a]. What caused the Asian currency and financial crisis? Part I: A macroeconomic overview. NBER Working Paper No. 6833. Corsetti, G., Pesenti, P. and Roubini, N. [1998b]. What caused the Asian currency and financial crisis? Part II: The policy debate. NBER Working paper No. 6834）。

3．サプライサイドの改革（規制緩和と民営化を含む）

　1970年代の経済的な問題は労働争議やコモディティ価格の高騰と
あいまって、変化の機運を高めることになった。1980年代、ほとん
どの先進国の経済政策の立案者たちは、自由主義的な方策で問題に
取り組もうとする政治指導者たちや規制や政策にリバタリアン的な
対応をとろうとする指導者たちに後押しされ、政治的なスペクトラ
ムを右へと移動した。経済運営にサプライサイドの改革を持ち込ん
だこの時代を先導したのがアメリカのロナルド・レーガンとイギリ
スのマーガレット・サッチャーだった。ドイツのヘルムト・コール
と日本の大平正芳も経済改革を進めた。各国の政策改革では公共事
業の民営化（特にイギリス）、競争を促すことを目的とした規制緩和、
労働組合の弱体化、税制改革などが盛り込まれた（Boughton, J.M.
[2002]. Globalization and the silent revolution of the 1980s. Finance
& Development, 39[1], pp. 40-43）。

　サプライサイドの主題はラッファー曲線にあった。これは税収と
成長率のトレードオフを図式化したものである。ラッファーの理論
によれば、税率が高すぎる場合、税率を引き下げればより多くの支
出が生まれ、それによって成長率が高まるので税収は増えるはずで
ある（Feldstein, M. [1994]. American economic policy in the 1980s
: A personal view. In M. Feldstein [ed.], American Economic
Policy in the 1980s. Chicago, IL : University of Chicago Press, pp.
1-80）。

図表6.7 アメリカの失業率は改善し始めた

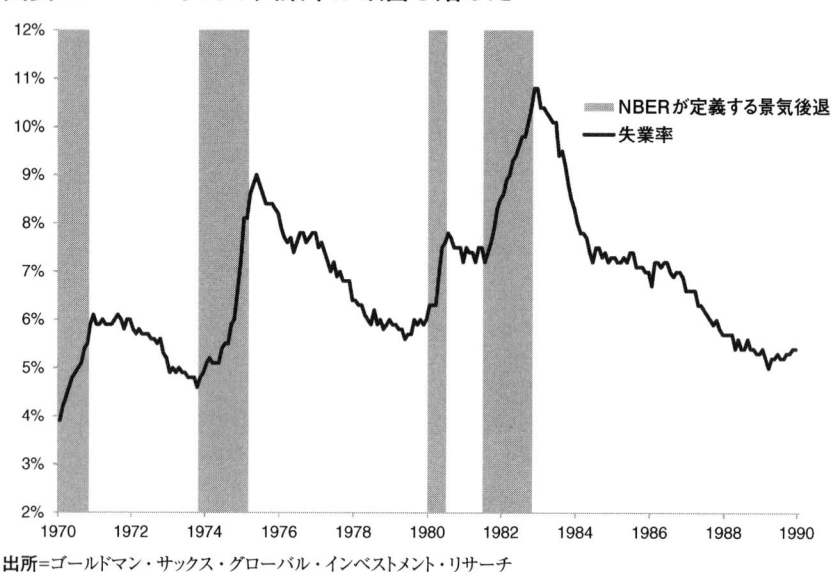

出所=ゴールドマン・サックス・グローバル・インベストメント・リサーチ

税制改革

税制改革、そして各国の税率引き下げ競争はますます広まってい
た。例えば、アメリカでは1980年代初頭の税制改革は第2次世界大
戦中の所得税の引き上げ以来、最も劇的なものとなった。2つの主
要な減税が行われた。つまり、1981年の経済再建税法と1986年の税
制改革法である。個人の最高税率は1981年の70%から当初は50%に、
最終的には28%まで引き下げられた（Laffer, A. [2004]. The Laffer
Curve : Past, present, and future. Available at https://www.
heritage.org/taxes/report/the-laffer-curve-past-present-and-
future)。

低所得家計は税制から度外視され、中間層の家計は限界税率が3
分の1ほど下がり、失業率は劇的に低下した（**図表6.7**）。しかし、

1980年代初頭にレーガン政権が主導した当初の税制改革の多くは後に反故にされた（Fox, J. [2017]. The mostly forgotten tax increases of 1982-1993. Available at https://www.bloomberg.com/view/articles/2017-12-15/the-mostly-forgotten-tax-increases-of-1982-1993）。イギリスでは、サッチャー政権が所得税の最高税率を1979年の83％から1988年には40％まで引き下げ、同じ期間に基本税率も33％から25％に引き下げた。この減税分の一部は消費税の増税で賄われた。つまり、1979年にはVAT（付加価値税）が８％から15％に引き上げられた。

　政府は失業率の低下と成長率の上昇を達成できたが、債務も増えた。レーガン政権では、連邦債務がほぼ３倍の２兆ドル超まで増大し、アメリカは世界最大の債権国から世界最大の債務国に転落した。

　アメリカとイギリスは国防費以外の予算を積極的に切り詰めることで債務の増大に対応した。しかし、公的資金の削減は広く批判され、社会的な軋轢を生んだ。イギリスでは、社会の権力者層が改革に反対した。オックスフォード大学は、マーガレット・サッチャーが教育予算を削減したことに反対して、彼女に名誉博士号を授与することを拒んだ。これは第２次世界大戦以来、イギリスの首相が名誉博士号を得られなかった最初の例となった。1981年３月、有名経済学者364人が連名でザ・タイムズに書簡を投稿し、政府の財政金融政策を批判した。まさにこの時期は失業率が高く、かつては業界に依存していた地域で製造業が崩壊するなかで、社会不安が高まっていたのだ。産業は民営化され、サービスの規制が撤廃されるにつれて格差は大幅に広がり、これが社会的な緊張を高め、結束を弱めることにつながった（**図表6.8**）。イギリスでは1986年の「ビッグバン」で金融サービスの規制が緩和されたが、それに先立つ1984年

図表6.8　アメリカとイギリスでは1970年代以降、上位10％の所得者の収入が全体に占める割合が急増（第１十分位が所得全体に占める割合）

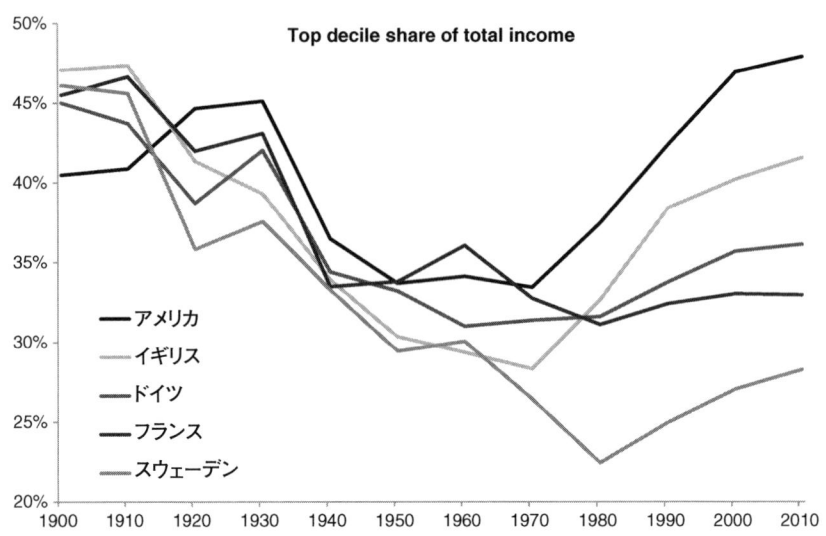

出所＝Piketty, T. (2014). Capital in the Twenty-First Century. Translated by A. Goldhammer. Cambridge, MA: The Belknap Press of Harvard University Press

には石炭業界でストライキが発生した。20カ所の鉱区の閉鎖が提案され、２万人の鉱業労働者の雇用が脅かされたことに対して鉱業労働者がストライキを断行した。1984年６月18日、ストライキは「オルグリーブの戦い」で暴徒化し、多数の鉱山労働者が逮捕された。1985年３月、ストライキは鉱山労働者の敗北で幕を閉じた。

規制緩和と民営化

多くの政府が規制緩和と民営化を推し進めた。アメリカでは、航空輸送や金融セクターなど、いくつかの業界で規制が緩和された。後者のケースでは、1933年のグラス・スティーガル法の一部が改正

され、金融業界の銀行業務と証券業務と保険業務を分離していた垣根が取り払われた。

　主要産業の多くが国営だったイギリスでは、電力業界などいくつかのセクターで民営化が行われた。これは国営ゆえの非効率さから企業を解放することが目的とされ、同時に国民の株式保有を増やし、「財産所有民主主義」を促進しようとしたものでもあった。

　BT（ブリティッシュ・テレコム）やブリティッシュ・ガス、BPやブリティッシュ・エアウエーズなどの企業が売りに出された。概して、株価は市場価格よりも低く、購買熱は高まった。最初の売り出しとなった1984年11月のBTの申し込みの倍率は3倍にもなった。取引初日が終わるまでに、株価は33％上昇した。1987年に売り出されたブリティッシュ・エアウエーズは取引初日に35％上昇した。

　その効果は広範囲に及んだ。イギリスの国有企業がGDPに占める割合は1979年には12％だったが、1997年には2％ほどになった（The Economist [2002, June 27]. Coming home to roost）。1990年代半ばまでに、民営化の流れはヨーロッパ各国にも波及し、フランスのリオネル・ジョスパンのような社会主義者が率いる政権にまで広がった。フランスではジャック・シラク大統領との保革共存政権の間、1997年に71億ドルに及ぶフランス・テレコムの新規株式公開を行い、1年後には104億ドルに及ぶ2回目の売り出しを行った（ハイテクバブルが拡大するなかで通信会社の人気が高まった）。

　同時に、グローバリゼーションの高まりと資本市場の開放によって外国投資家はそれら業界に直接投資を行うことが可能となった。1980年代初頭からOECD（経済協力開発機構）に加盟するすべての国で改革が行われた。

　例えば、通信業界の規制緩和が行われる以前、ほとんどのサービ

スは長距離通話から補助金を受けているような状態だった。長距離通話の料金は市内通話のサービスを賄うために必要な限界費用の5〜6倍もしたのだ（Pera, A [1989]. Deregulation and privatisation in an economy-wide context. OECD Journal : Economic Studies, 12, pp. 159-204.）。規制緩和によって、とりわけ長距離通話の価格が大幅に見直された。

　このような改革が各国にもたらした影響は似たようなものであったことが研究で分かった。例えば、1985年に日本電信電話公社が民営化されて以来、電電公社の消滅で失われた雇用と同程度の雇用を新規参入業者が生み出した。同様に、フィンランドでは国営のPTOテレコムズが民営化された結果、業界内では失われた雇用を上回る雇用が創出された（運輸通信省、1995年）（Hoj, J., Kato, T. and Pilat, D. [1995]. Deregulation and privatisation in the service sector. OECD Economic Studies No. 25）。

　アメリカでは航空業界の自由化が価格の低下につながった。エコノミスト誌によると、低価格の新会社が市場に参入し、小さな都市へのフライトが増大したことで、1980年代末までに航空券の価格は33％低下し、航空交通量は100％増大した（The Economist [1997, April 3]. Freedom in the air）。だが、すべてがうまくいったわけではなかった。小さな都市へのフライトでは競争が増え、長距離市場では競争が減少した。エコノミスト誌は、アメリカの航空大手3社は、長距離フライトの収益性を確保するために必要となる規模の経済性を有しているがために、1978〜1990年代末までの間に市場シェアを60％まで倍増させたと伝えている。

　建築規制も緩和された。イギリスでは1984年建築法によって規制の数は306ページ分から24ページ分に減少した（Hodkinson, S.

[2019]. Safe as Houses : Private Greed, Political Negligence and Housing Policy After Grenfell. Manchester : Manchester University Press)。新たに設けられた強制競争入札の制度によって、地方当局はサービスを提供するとき民間部門と競争することが求められるようになった。その他さまざまな地方当局のサービスが民営化され、それにはロンドン・バス・サービスや地方のバスや鉄道のサービス（1993年鉄道法）なども含まれる。

　このように国内の改革が本格化した一方で、グローバリゼーションの高まりと資本市場の開放によって、外国投資家はこれら新たに民営化され、規制が緩和された業界に直接投資を行うことが可能となった。

４．ソ連の崩壊（地政学的リスクの低下）

　1987年6月12日、西ベルリンを訪問したロナルド・レーガンは「この壁を取り壊せ」とミハイル・ゴルバチョフに呼びかけた（Encyclopaedia Britannica [1987]. President Ronald Reagan speaking at the Berlin Wall, 1987）。ほんの数年後の1989年11月9日、ベルリンの壁が崩壊し、その後、1年以内に東西ドイツが統一されるなど彼は知りもしなかっただろう。ポーランドやチェコスロバキアやルーマニアやブルガリアなど、かつての東側に広がった抗議の波がソ連崩壊の道を開いた。1990年夏までに、かつての社会主義の東側のすべての体制が民主的に選出された政府に置き換えられた。1992年春から1993年までに、かつてソ連を構成していた12のソビエト社会主義共和国（1940年にソ連に併合されていたバルト3国とともに）がIMF（国際通貨基金）に加盟した（Boughton, J. M.

[2012]. Tearing Down Walls : The International Monetary Fund, 1990-1999. Washington, D.C. : International Monetary Fund)。

　これら政府の多くがすぐに市場の自由化や民営化を含む制度変更に取り組んだ。楽観は金融市場に波及し、最も大きな進歩を遂げた国に資本が流入した。だが、債務が増大し、効果を享受するまでに時間がかかった国もあった。例えば、ポーランドでは1990年にGDPに占める債務の総額が80％にもなったが、一方でチェコ共和国やハンガリーのようにデフォルトのリスクは低いと認識されたことで利益を得た国もあった（Lankes, H., Stern, N., Blumenthal, M. and Weigl, J. [1999]. Capital flows to Eastern Europe. In M. Feldstein [ed.], International Capital Flows. Chicago, IL : University of Chicago Press, pp. 57-110)。

　多くの国々で当初の経済調整は痛ましいものであり、1990年代に何年にもわたる景気後退を経験した国がいくつかあった（Dabrowski, M. [2022]. Thirty years of economic transition in the former Soviet Union : Macroeconomic dimension. Russian Journal of Economics, 8[2], pp. 95-121)。地政学的には、ソ連の崩壊は極めて重要だった。冷戦が終わり、競争相手国の脅威に制限されることのないアメリカの長期にわたる政治的・経済的覇権が始まった。これによってアメリカは報復を受けるリスクなしに諸外国に介入できるようになり、自由民主主義と資本主義の拡大の基礎を作った。

　まとめると、これらの出来事は株式のリスクプレミアムを引き下げる一助となり、株式市場は急騰した（地政学的なリスクプレミアムの低下は、大規模な戦争のリスクが下がったと認識されたことと関係する。だが、1989〜2000年までに400万人以上が紛争で亡くなったとIMFが報告していることは特筆すべきだ。国際的なテロ攻

撃も、1995〜1999年は年に342件だったが、2000〜2001年は387件まで増加した。アメリカの軍事的覇権は先進国同士での大きな対立が起こるリスクを引き下げたが、大きな紛争の70％が低中所得国で発生し、1996〜2000年までにテロ攻撃も20％増加した）。ドイツの主要株価指数のDAXは1989年10月〜1990年7月に22％も上昇した。

5．グローバリゼーションと国際協力

ブレトンウッズ体制崩壊後、通貨を安定させるべく、協力を促す新しい取り決めを見いだそうと、いくつかの試みが行われた。1980年代初頭は債務危機のリスクが繰り返し発生し、通貨の変動も同様だった。もはやゴールド（金）と紐づけられていない通貨市場の激しい動きを抑制する解決策を見いだす必要があった。1980年代半ばにはアジア、ヨーロッパ、アメリカで通貨のボラティリティが注目されるようになり、プラザ合意（1985年、ニューヨークのプラザホテルでの会合で合意に至った一連の為替管理政策）が結ばれた。この合意で、フランス、ドイツ、日本、イギリスの中央銀行が協調してドルを売り、米ドルの価値を50％ほど引き下げた。その2年後、ドルを安定させることを目的にルーブル合意が結ばれた。

これらの合意によって通貨は安定したが、債務を安定させるべく別の試みも行われた。そのような試みの1つが、ジェームズ・ベーカー米財務長官が1985年に提案したベーカープランである（International Monetary Fund. Money Matters : An IMF Exhibit - The Importance of Global Cooperation. Debt and Transition [1981-1989], Part 4 of 7. Available at https://www.imf.org/external/np/exr/center/mm/eng/dt_sub_3.htm）。これは、中国

の貿易黒字の一部を活用して重債務国の経済を援助することをもくろんだものだった。計画では、アメリカと世界銀行やIMFなどの国際機関、債権者である民間銀行が協力して、構造的な変革に取り組む途上国の債務を再編することに主眼が置かれていた。これは部分的にしか成功しなかった。当初は債務の帳消しではなく債務の繰り延べを重視したことが原因で、1989年になるとベーカーはいくつか問題のある債務の帳消しを提案した。同じ年、IMF専務理事のミカエル・カムドシュは、経済成長を強化すべく改革に取り組んでいる多くの国の変革を「静かなる革命」と呼んだ。アフリカの途上国でこの変革の多くが行われたが、中国、韓国、メキシコ、ポーランドでは国家に縛られることのない民間の起業家精神を育む取り組みが講じられた。先進工業国では、インフレを抑え、民間部門の規制を緩和すべく長期的なマクロ経済管理に焦点が当てられるようになった。

　世界的な企業、特にアメリカの多国籍企業は解放された新しい市場に入ろうと急速に拡大した。国際関係が友好的になるにつれ、貿易制限も緩和され、途上国の消費者たちは初めて西洋の商品を手にした。タバコやジーンズやファストフードが西洋のライフスタイルやアメリカ文化の象徴となり、西洋の商品は人気を博した。

　象徴的な出来事として、1990年1月31日、ソ連にマクドナルド1号店がオープンし（**図表6.9**）、初日には3万人を超える来客があり（ブダペスト店が記録した初日の来客者数の3倍）、モスクワ中心部のプーシキン広場に数キロにわたる行列ができた。

　新たな市場の開放は、新しいチャンスに付け入る最良の立場にあり、多くの人々を引きつける世界的なブランドを有する多国籍企業の価値を増大させた。2000年になると、アメリカは世界のGDPの

図表6.9　ソ連でマクドナルドが開店——1990年１月31日、モスクワのプーシキン広場にできたばかりのマクドナルドのソ連１号店の外に大行列を作る客たち

出所＝Photo by VITALY ARMAND/AFP via Getty Images. https://www.gettyimages.com/detail/news-photo/soviet-customers-stand-in-line-outside-the-just-opened-news-photo/1239070707

28％しか占めていなかったが、世界で最も価値のあるブランド100のうち62がアメリカ企業となった（インターブランドのブランド価値評価手法による）。

　1994年、IMFの暫定委員会が「マドリッド宣言」を発し、すべての国に堅実な国内政策を採用し、国際協力と統合を受け入れるように求めた。この宣言は世界各国の財務大臣に支持された。その後、IMFはデータの配布や財政の透明化に関する新しい基準を採用する責任を負った。また、バーゼル銀行監督委員会の「実効的な銀行監督のためのコアとなる諸原則」が公表され、これは国際的な銀行監視の基盤となった。

　1990年代半ば、ロシアのボリス・エリツィン大統領とアメリカの

ジョージ・H・W・ブッシュ大統領は、アメリカ市民がロシアで事業を行うことを容易にすることを目的とした貿易協定に署名した。1997年、ロシアはコロラド州デンバーで開催されたG7サミットの経済討議に初めて参加し、1998年にはロシアが正式な構成国となり、G7からG8となった。2000年代初頭には、ロシアのウラジミール・プーチン大統領がロシアに自由貿易地域を設けるべく働きかけていたが、最終的に2012年にWTO（世界貿易機関）に加盟した。

　突如、統合とグローバリゼーションへの動きが始まった。世界の製品輸出がGDPに占める割合は1990年の12.7％から2000年には18.8％まで増大し、世界全体の取引高も1980〜2000年の間に3倍ほどになった。FDI（海外直接投資）も爆発的に増えた。特に、途上国ではFDIが1970年の22億ドルから1997年には1540億ドルまで増えた（Williamson, J. [1998]. Globalization : The concept, causes, and consequences. Keynote address to the Congress of the Sri Lankan Association for the Advancement of Science, Colombo, Sri Lanka, 15th December）。

　世界的な資本移動も急速に加速した。GDPに占める外国人が所有する資産の割合は1980年の25％から1990年には49％ほどまで、そして2000年には92％まで急増し、20世紀初頭のピーク時の水準の5倍になった（Crafts, F. R. N. [2004]. The world economy in the 1990s : A long run perspective. Department of Economic History, London School of Economics, Working Paper No. 87/04）。

テクノロジーと労働市場

1980年代末までに、かつてのソ連の衛星国は国民が国を離れる権

利の制限を撤廃し、国に残った人々も事実上世界的な資本主義貿易体制に組み込まれた。同時に、EU（欧州連合）は域内での人々の移動の制限を撤廃し、アメリカとカナダは移民政策を緩和し始めた。

　この統合の原動力となったのが政策とテクノロジーである。1990年ごろから、パソコンがグローバリゼーションのトレンドに大きな影響をもたらした。先進国の労働者は、世界的な貿易体制の一部となり、先進国の企業が提供する新しいテクノロジーを利用できるようになった途上国の低賃金労働者と競争せざるを得なくなった。

　このような変化の結果として、労働力の効率的な供給が大幅に増大した。今日、中国、インド、かつてのソ連の衛星国の労働力人口は全体で13億人ほどになっている（世界全体の40％）。これら労働者の多くは、1990年代から世界経済に統合されたことで、経済的に活動が可能となったのだ。

６．中国とインドの影響

　中国が世界の各地域に影響を及ぼすようになったのは、1980年に中国東岸に沿って「経済特区」が設けられるようになってからである。これによって、地方政府は課税や現代的なインフラの建設に関して裁量権を持つ一方で、事業に関する規制を緩和した。経済特区は海外の投資家から巨額の投資を引きつけ、やがてそれがほかの地域にも波及していった。

　1990年代半ばの改革で国営企業が社会的責任から解放され、新技術に自由に投資できるようになり、成長がさらに刺激された。中国は日本や韓国をまねたモデルを採用し、自国の安価かつ過剰な労働供給を世界市場と結び付けることで輸出主導の市場を発展させた。

　世界の製造業生産高に占める中国の割合は、1990年の2.7％から2000年には 7 ％まで増大したが、一方で製品輸出に占める割合は2000年に 2 倍以上の4.7％となった。

　インドの改革は1991年に始まった。もともと所有権が認められていたので、改革は当初から製造業や貿易の制限を緩和することに向けられた。1991年以前は、一連の許認可要件によって外国との競争が厳しく制限され、政府が産業に関与していたことで、イノベーションや投資が限定されていた。改革によってこれらの要件が撤廃され、関税も引き下げられ、金融市場は世界経済に開放された。インドは巨大な人口を有することや企業部門では英語が用いられていることなど、資本流入を後押しするいくつかの優位性から利益を得た。当初、外国投資は、新しく安価な通信やコンピューターの利用によって支えられる顧客サービスをアウトソーシングすることで、これらの条件を利用しようとするものだった。だが、これはすぐにエンジニアリングやテクノロジーの高い教育を受けた労働力に支えられたソフトウェアや金融や法律や医療や製薬などの業界にも拡大した。インドは1995年に世界貿易機関に加盟し、中国も2001年末に加盟した（Syed, M. and Walsh, J.P. [2012]. The tiger and the dragon. Finance & Development, 49[3], pp. 36-39）。

7．バブルと金融のイノベーション

　経済成長と安定がこれほど長く続いたことにあわせ、金利が低下し、「FRBプット」に対する確信が広まった結果、当然ながら金融の投機は拡大した。過去のバブルと同じように、今回も金融のイノベーション、特にデリバティブスがバブルを後押しした。

　1970年代、ブレトンウッズ体制の崩壊によって、抑えが利かなくなったボラティリティや不確実性、そして1973年と74年の石油危機に対処する解決策を求める声が大きくなり、デリバティブス市場は拡大し始めた。金融のイノベーションを主導したのがミルトン・フリードマン教授で、彼はCME（シカゴ・マーカンタイル取引所）の求めに応じて大きな影響を及ぼした論文を記し、外国為替の先物市場の開設を求めた。米財務省はCMEに国際通貨市場（IMM）を創設する許可を与え、1972年に開設された。インフレ率と金利が高かったことがいくつかの取引市場の開設につながった。1975年には金先物とジニーメイ（連邦政府抵当金庫）先物、1976年には国債先物、そして1978年には原油先物の市場が開設された。

　これがイノベーションたるゆえんは、コモディティの買い手と売り手が納会時に現物をやり取りする必要がなくなったことにある。さらに重要なイノベーションは、1976年、CMEにユーロダラーの金利先物取引が導入されたことである。後に、規制当局は現物決済の必要はなく、差金決済を認めた。これによって、株式の指数先物取引が爆発的に増大することになり、CMEにS&P500指数先物の市場が開設されたのが1982年である。さらなる金融商品が考案されるようになった。例えば、金融商品をインカムとキャピタルに分割する「証券化（セキュリタイゼーション）」が人気となった。

日本のバブルとハイテクバブル

　1982〜2000年までの長期的な強気相場を有名にしたのが、2つの目を見張るような金融バブルである。

　1980年代、日本の伝説的なバブルは株価と土地価格をいかなる基

準に照らしても異常なまでに上昇させた。金利の低下（日本銀行は1987年初頭までに金利を5％から2.5％まで引き下げた）と1985年のプラザ合意（これをきっかけにドルは対円で切り下げられ、輸出品価格の引き下げはアメリカの経常収支赤字を削減することが目的だった）に支えられ、資産価格は長期にわたり安定的に上昇した。日本企業は上昇する自国通貨を用いて海外での買収に乗り出した。それにはニューヨークのロックフェラーセンターやハワイやカリフォルニアのゴルフ場の買収などが含まれる。

　この熱狂が蔓延したのが不動産市場だった。皇居の価値は、フランスやカリフォルニア全体よりも高いと報じられた。理論上、1988年の日本の土地の価値は面積で25倍の規模のアメリカ全体の4倍となった（Cutts, R. L. [1990]. Power from the ground up : Japan's land bubble. Harvard Business Review, May/Jun. https://hbr.org/1990/05/power-from-the-ground-up-japans-land-bubble）。銀座では、落とした1万円が覆ったその土地の価値は1万円よりも高いと言われた（Johnston, E. [2009, January 6]. Lessons from when the bubble burst. The Japan Times）。バブルは大きくなりすぎたため、1986〜1989年、株式と土地のキャピタルゲインを併せると名目GDPの452％にもなり、その後1990〜1993年には損失分が名目GDPの159％にもなった（Okina, K., Shirakawa, M. and Shiratsuka, S. [2001]. The asset price bubble and monetary policy : Experience of Japan's economy in the late 1980s and its lessons. Monetary and Economic Studies, 19[S1], pp. 395-450）。株価が大幅に上昇したことで、日本企業は世界最大の規模を誇った。三井物産、住友商事、三菱商事、伊藤忠商事の売上高はアメリカ最大企業のゼネラルモーターズよりも多かった（Turner, G. [2003]. Solutions to a Liquidity

Trap : Japan's Bear Market and What it Means for the West. London : GFC Economics）。

　近年、これほどの自信とその結果としての過大なバリュエーショ ンが見られたのは1990年代後半のハイテクバブルの崩壊に先立つ時 期である。このバブルが崩壊するまで、新しい企業の株価は指数関 数的に上昇していた。この時期については次の第7章で取り上げる。

第7章
2000〜2009年　バブルとトラブル

2000-2009 : Bubbles and Troubles

「**2008年9月と10月は、大恐慌を含めても史上最悪の金融危機だった**」——ベン・バーナンキFRB議長

　2000〜2009年までのサイクルは、1970年代のサイクルと同じように、「ファット・アンド・フラット」と表現できる。つまり、時折急激な下落と力強い上昇を示す時期があり、リターンは低かった。インフレ調整後の実質値で見ると、その変動はさらに大きくなる。だが、全体として見れば、地政学的な不確実性の高まりを背景としたバブルと市場の暴落の10年だった。市場の変動に影響を与えた大きな出来事として、2000〜2002年のハイテクバブルの崩壊、2001年の9.11のテロ攻撃、2003年のイラク戦争、2007〜2009年のリーマンショックがある。これらのうち、最も甚大な影響を及ぼしたのがハイテクバブルの崩壊とリーマンショックだった。

　スーパーサイクルを通じたトータルリターンはインフレと配当調整後でマイナス58％となり、年率にすれば9％の下落となった（図表7.1）。

　図表7.1のとおり、ハイテクバブルの崩壊でS&P500などの株価

図表7.1　2000〜2009年までのサイクルを通じたトータルリターンはインフレと配当を調整後で−58%、年率で9％の下落

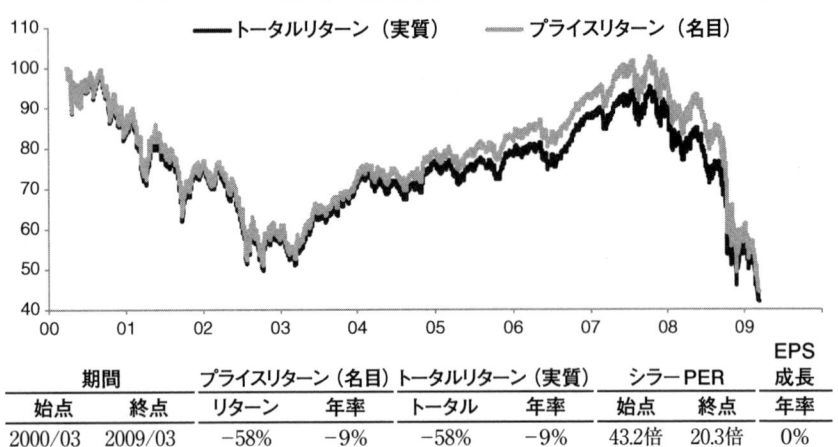

	期間	プライスリターン（名目）		トータルリターン（実質）		シラーPER		EPS 成長
始点	終点	リターン	年率	トータル	年率	始点	終点	年率
2000/03	2009/03	−58%	−9%	−58%	−9%	43.2倍	20.3倍	0%

注＝シラーPERはバリュエーション指標で、これは指数の価格水準をインフレ調整後のEPSの10年分の平均で割り算出

出所＝ゴールドマン・サックス・グローバル・インベストメント・リサーチ

指数は2000年3月〜2002年3月にかけて50％ほど下落した。その後、株式市場は急速に回復し、2002年の底値から2007年10月の高値まで100％近く上昇した（年率リターンは平均で15％ほど）。つまり、市場は2000年の高値から2007年の高値までたった2.5％のリターンを生み出しただけだった。期間全体で見ると、市場は55％下落し、年率では9％、インフレと配当調整後でも9％の下落だった。

　リーマンショックによって10年間で2回目の強烈な弱気相場に突入し、2007年から2009年3月までにS&P500は57％下落（年率で44％の下落）した。S&P500指数は2009年9月3日に676で引けた。

　これらのバブルと危機の組み合わせが意味するところは次のとおりである。

1．成長期待が低下

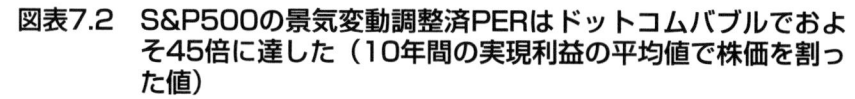

図表7.2　S&P500の景気変動調整済PERはドットコムバブルでおよそ45倍に達した（10年間の実現利益の平均値で株価を割った値）

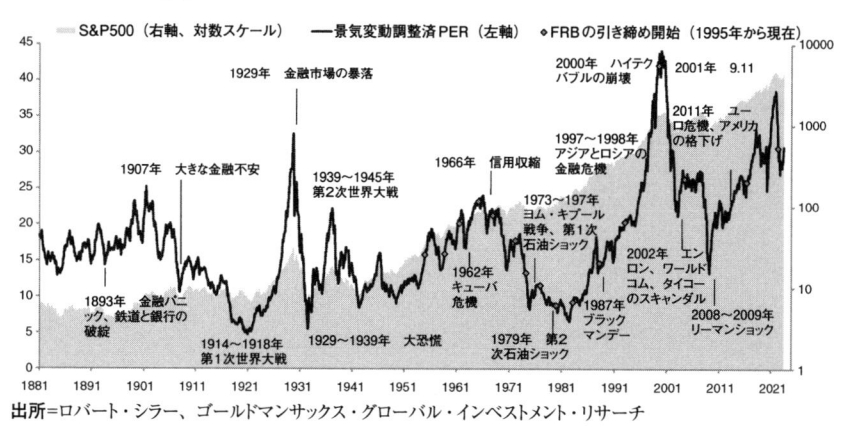

出所＝ロバート・シラー、ゴールドマンサックス・グローバル・インベストメント・リサーチ

2．不確実性が高まったことで、株式のリスクプレミアムが増大

3．株式と債券の相関がマイナスとなり、金利の低下はデフレ懸念を反映しているので、株式にはマイナスに働いた

ハイテクバブルの崩壊

　20世紀末に発生したハイテクバブルの規模は驚くほどで、バリュエーションは記録的な水準に達した（**図表7.2**）。低金利（1998年のアジア通貨危機に続く金利の切り下げが一因）と力強いストーリーに後押しされて株価は急上昇した。

　投資家たちが高成長企業の株式を手に入れようとしたことで、新たに登場したハイテク企業への資金流入が大幅に増大した。1999年までに、すべてのベンチャーキャピタル投資のうち39％がインターネット企業に投じられた。ポール・ゴンパーズとジョッシュ・ラー

ナーによると、ベンチャーキャピタルの資金はブームの頂点ではアメリカのGDP（国内総生産）の1％ほどに上り、そのうち85〜90％がハイテクセクターに投じられた（Gompers, P. A. and Lerner, J. [2004]. The Venture Capital Cycle, 2nd ed. Cambridge, MA : MIT Press）。ハイテクセクターは公開市場でも急騰し、2000年には35％を占めるに至った。そして、インターネットのセクターだけでもアメリカの時価総額の10％ほどを占め、多くの国でも新興企業のグロース指数が同じように急騰した。

　歴史上の金融バブルと同じように、力強いストーリーが生み出された——「インターネットのような技術的なイノベーションが世界を変える」と（Oppenheimer, P. C. [2020]. The Long Good Buy. Chichester : Wiley）。今となれば分かることだが、このような予想に何ら根拠がなかったわけではない。

　1999年、その年にIPO（新規株式公開）した457銘柄のうち、295銘柄がインターネット関連で、その後2000年第1四半期には91銘柄が上場した（Hayes, A. [2023]. Dotcom bubble definition. Available at https://www.investopedia.com/terms/d/dotcom-bubble.asp）。インターネット企業のヤフーは1996年4月に株式を公開し、同社の株価は1日で13ドルから33ドル（その日の高値は40ドルを超えた）まで上昇し、企業価値をおよそ3倍にした。その後、このパターンが繰り返された。例えば、1999年、クアルコムの時価総額は2619％も増大した。この規模の株価上昇が一般的になった。13の大型株のすべての時価総額が1000％以上増大し、その他7銘柄も900％以上増大した（Norris, F. [2000, January 3]. The year in the markets; 1999 : Extraordinary winners and more losers. New York Times）。

　金融のイノベーション（2008年のリーマンショックに先立つバブ

ルでは中心的な役割を果たしていた）がもう1つの重要な要素で、デリバティブ市場の成長は重要な要因だった。1994〜2000年までに、金利と通貨のデリバティブの想定元本は457％増大した。これは2001〜2007年までの452％に匹敵する（Perez, C. [2009]. The double bubble at the turn of the century : Technological roots and structural implications. Cambridge Journal of Economics, 33[4], pp. 779-805)。ウォーレン・バフェットはデリバティブを「大量破壊兵器」と呼んだ（Berkshire Hathaway [2022]. Annual Report)。

1997年にはナスダックに過去最大の資金が流入した。ナスダック指数は1995〜2000年までに5倍に上昇し、やがてPER（株価収益率）は200倍に達した。これは日本の株式バブルの時期の日経平均のPERである70倍をはるかに上回る。高値を付けてからちょうど1カ月後の2000年4月、ナスダックは34％下落し、その後1年半で時価総額が80％以上失われた企業が何百とあった。例えば、プライスラインは94％下落した。最終的に、2009年10月に底を打つまでに、ナスダックは80％近く下落した。過大なバリュエーションは典型的な投機バブルに見られる特徴をすべてはらんでいた（McCullough, B. [2018]. A revealing look at the dot-com bubble of 2000 —and how it shapes our lives today. Available at https://ideas.ted.com/an-eye-opening-look-at-the-dot-com-bubble-of-2000-and-how-it-shapes-our-lives-today/)。

2002年に株価の下落が止まるまでに、株式市場の時価総額はその高値から5兆ドルも減少していた。2002年10月9日に底を打つ時点で、過去数年は大幅にアウトパフォームしていたハイテク株中心のナスダック100は1114を付け、高値から78％下落していた。

1982〜2000年までのデフレ期の構造的な強気相場に終止符を打っ

た株式市場のバブルの崩壊は金融市場の大きなリセットの引き金となり、金利を押し下げた。しかし、まもなく大きな出来事が市場を打ちのめし、世界中に衝撃を与える。つまり、ニューヨークのワールドトレードセンターへの9.11テロ攻撃が国際政治の不確実性をもたらし、その後イラク戦争を引き起こした。

　株式市場の崩壊ですでに自信は揺らいでいたが、2001年夏の経済データは総じて弱いままだった。業績は引き続き振るわず、サン・マイクロシステムズ（ハイテクバブルが崩壊するまでは市場のリーダーの1社だった）の業績下方修正がきっかけで、さらに売り込まれた。ダウ平均はその年の4月以来初めて1万ドルを下回った。アメリカの労働市場のデータは夏の間も悪化し、7月に工業生産高が減少したことを受けて、投資家はヨーロッパ全体の成長見通しにさらに弱気になった。世界経済はさらに落ち込むとの懸念から、世界各国の株式市場が下落した。2001年5月下旬から9月10日までに、S&P500は17％下落した。一方で、ドイツや日本などのよりシクリカルな市場は25％ほど下落し、ほとんどの銘柄が1998年のアジア通貨危機以来、最低の水準となった（Cohen, B. H. and Remolona, E. M. [2001]. Overview : Financial markets prove resilient. BIS Quarterly Review, Dec, pp. 1-12）。

　9月11日に発生したワールドトレードセンターへのテロ攻撃の影響は劇的なものだった。アメリカの株式市場は閉鎖され、その後、4日間再開されなかった（長期にわたり閉鎖された例は第1次世界大戦と大恐慌だけだった）。アメリカの債券取引も停止され——国債の大手ブローカーであるカンター・フィッツジェラルドはワールドトレードセンターを拠点としていた——、NYMEX（ニューヨーク・マーカンタイル取引所）のコモディティ先物市場も停止した

図表7.3　待望のアップルiPhoneが発売——2007年6月27日、ニューヨーク市の五番街にあるアップルの旗艦店にiPhoneを求める人々が列をなした

（Makinen, G. [2002]. The Economic Effects of 9/11 : A Retrospective Assessment. Congressional Research Service Report RL31617）。当初、その他の取引所は営業していたが、大きく下落した。MSCIワールド・エクイティ・インデックスは9月10日から26日までに12％下落し、およそ3兆ドルの時価総額が失われた。

　だが、政治の介入は早かった。FRB（米連邦準備制度理事会）は9月17日に金利を50ベーシスポイント引き下げ、その他多くの中央銀行がそれに続いた。

　ハイテクバブルの崩壊は厳しいものだったが、ハイテクセクター

はその後回復し、再びアウトパフォームし始めた。低い経済成長と低金利がより成長の早い企業に対する関心を刺激したからだった。2007年、iPhoneの第1号が発売され（**図表7.3**）、新世代の企業やアプリが生まれることになる。

2007～2009年のリーマンショック

　1998年のアジア通貨危機に続く金利の低下は、間接的ではあるが、1990年代末の巨大なハイテクバブルを後押しする金融緩和につながった。同様に、9.11テロ攻撃に続く急速な金利引き下げは新たな投機の波にとって肥沃な環境を生み出した。当時、リスク選好の高まりと金融のイノベーションが結びついたことで、リターンを求める投資家たちは2000年代半ばのアメリカの住宅ブームの基礎を築いた。いずれの危機も、ショックの結果として生み出された低金利が要因となっていた。カロータ・ペレツはこれをジャーナル・オブ・エコノミクス（2009年）の学術論文で見事に表現した。「世紀の変わり目に発生した2つのにわか景気と不景気のエピソード——1990年代のインターネット騒ぎと暴落、2000年代の金融緩和によるにわか景気と暴落——は1つの構造的な現象に見られた2つの異なる要素である。これらは本質的に1929年を2つの舞台で展開したに等しい。1つは技術的なイノベーション、もう1つは金融のイノベーションである」（Perez, C. [2009]. The double bubble at the turn of the century : Technological roots and structural implications. Cambridge Journal of Economics, 33[4], pp. 779-805）

　だが、彼女は、当初のハイテクバブルはストーリーとその魅力が低金利よりも重要だったが、「2004～2007年のにわか景気は低金利

と豊富な流動性が原動力だった」と主張している。低金利は住宅価格の高騰につながった。アメリカの平均的な住宅価格は1998〜2006年までに2倍以上となり、歴史上最も急激な上昇を示したが、アメリカにおける住宅所有は1994年の64％から2005年には69％まで増大した（Weinberg, J. [2013]. The Great Recession and its aftermath. Available at https://www.federalreservehistory.org/essays/great-recession-and-its-aftermath）。住宅価格の急騰と低い資金調達コストは住宅建設を増大させ、その間、アメリカの住宅投資がGDPに占める割合は4.5％から6.5％まで増大した。FRBは、2001〜2005年までの民間部門の雇用創出は住宅関連セクターが40％ほどを占めていると伝えた。低金利と価格の上昇に後押しされて、アメリカの家計の住宅担保ローン残高は対GDP比で1998年の61％から、2006年には97％まで増大した。

レバレッジと金融のイノベーション

　不動産担保証券のブームが到来したのがこのときである。低金利と金融のイノベーションが結び付き、銀行は進んで多額の新規貸し付けを不動産担保証券に証券化した。この結果、住宅融資が急速に拡大し、それが住宅価格のさらなる上昇圧力につながり、需要の拡大を後押しした。しかし、低金利と住宅市場の高騰の結果、住宅の融資比率が上昇し、そして、銀行が負うリスクが増大したことで、リスクの高い貸し付けを売却するのが難しくなった。結果として、銀行はリスクの高い住宅ローンとリスクの低い住宅ローンをまとめてパッケージ化するようになった。これがCDO（債務担保証券）と呼ばれるものである（Weinberg, J. [2013]. The Great Recession and its aftermath. Available at https://www. federalreservehistory.org/essays/great-recession-and-its-aftermath）。貸し付けが不履行に陥ったら、資産が担保になるというわけである。CDOは基礎となる資産のリスクに応じたさまざまなリスク水準のトランシェに分けて販売された（The Financial Crisis Inquiry Commission [2011]. The CDO machine. Financial Crisis Inquiry Commission Report, Chapter 8. Stanford, CA : Financial Crisis Enquiry Commission at Stanford Law）。

オリジネーターは、リスクの低いBBB格の債権をひとまとめにすれば、分散効果が生まれ、リスクが下がると主張し、格付け機関もおおむね同意見だった。基礎となる債権の1つが破綻したとしても、その他多くの債権で相殺され、投資家への支払いに問題は起こらないとされた。

ペレッツが述べているように、「2000年代中盤の終わりなき繁栄を生み出したとされた金融の天才たちを指してしばしば引用される［マスターズ・オブ・ザ・ユニバース（masters of the universe）］という言葉は、彼らが力強い革新者とされ、金融の星雲というとてつもない複雑さのなかでリスクを分散し、不思議にもどうにかそれを霧消させてしまう様子を表現している」（金融との関連で用いられる「マスターズ・オブ・ザ・ユニバース」という言葉はトム・ウルフが1987年に出版した著書『虚栄の篝火』［文芸春秋］で広めたものである）。

為替や金利の市場におけるデリバティブスのイクスポージャーは急増した（**図表7.4**）。BIS（国際決済銀行）の推定では、2007年のデリバティブのイクスポージャーは432兆ドルで、世界の年間GDP（2007年は54兆ドル）のおよそ8倍に匹敵した。同様にクレジット・

デフォルト・スワップと株式スワップはさらに68兆ドルにもなったという（Perez, C. [2009]. The double bubble at the turn of the century : Technological roots and structural implications. Cambridge Journal of Economics, 33[4], pp. 779-805）。

　ファイナンシャル・クライシス・インクワイヤリー・コミッションのリポートで筆者たちは、基礎となるモーゲージが借り入れで支えられていただけでなく——当時、資産価値に対する借り入れの割合は上昇していた——、不動産担保証券やCDOも借り入れで賄われており、さらなるレバレッジを生み出したと説明している。CDOは、別のCDOを組成した者たちによって担保として取得されることが多く、そこでもさらなる借り入れが用いられた。クレジット・デフォルト・スワップを内包したシンセティックCDOがレバレッジを増幅させた。つまり、CDOを買った投資家でさえレバレッジを利用できた。SIV（ストラクチャード・インベストメント・ビークル）——もっぱらトリプルA格の有価証券に投資するための一種のコマーシャルペーパープログラム——は平均すると14対1をわずかに下回るレバレッジをかけていた。言い換えれば、SIVは資本1ドルにつき14ドルの資産を保有していたことになる。資産は負債で賄われていた。さらに続きがある。このような金融商品の投資家の多く、特にヘッジファンドはかなりのレバレッジをかけていた（The Financial Crisis Inquiry Commission [2011]. The CDO machine. Financial Crisis Inquiry Commission Report, Chapter 8. Stanford, CA : Financial Crisis Enquiry Commission at Stanford Law）。これらの投資ビークルの規制はほかの投資ストラクチャーよりも緩く、通常は巨大な金融機関がオフバランスで保有し、発行銀行の資産や負債に与える影響を低減させていたので、問題は増幅

された。

そのため、巨額のレバレッジは不動産価格が引き続き上昇を続ける（1980年代後半、バブルが弾ける前の日本のケースと同様）ことにかかっていた。表面上の好循環が民間部門の債務水準を押し上げ、銀行や銀行以外の金融機関（ヘッジファンドなど）、企業や家計のすべてがレバレッジを大幅に拡大させた。唯一、これを相殺したのが政府で、債務水準は今日の基準で見れば比較的低位で安定していた。1980年代後半の日本のバブル後と同じように、やがてパーティーが終了すると、システミックな下落が金融市場や経済に大損害をもたらした。巨額の負債を抱え込んだ民間部門がレバレッジを解消し、貯蓄を増やさざるを得なくなったことで、政府が介入した。今回は、金利の引き下げだけでは十分に需要を刺激することができず、政府は支出を増やさざるを得なかった。この結果、債務は民間部門から公的部門に移るが（**図表7.5**）、この問題は第10章で取り上げる。

2007年8月、金融市場の圧力は高まり始め、投資家が最もリスクの高い住宅ローンを抱える銀行へのイクスポージャーを引き下げようとしたことで、資産担保コマーシャルペーパーの市場はストレスにさらされた。モーゲージへのイクスポージャーが最も高く、レバレッジも高かった銀行の1つがベア・スターンズだった。

2007年、ベア・スターンズが抱えるデリバティブ取引の「想定」元本（もしくは額面）は13兆4000億ドルに上った。自己資本は純額で111億ドルで、支えとなる資産が3950億ドルだったので、結果としてレバレッジ比率はおよそ36対1だった。バランスシートには流動性の乏しい資産が多く、その価値も疑わしいものが多かった（Weinberg, J. [2013]. The Great Recession and its aftermath. Available at https://www.federalreservehistory.org/essays/great-

図表7.4 為替や金利の市場におけるデリバティブのイクスポージャーは急増——金利デリバティブの店頭取引の名目想定元本（兆ドル）

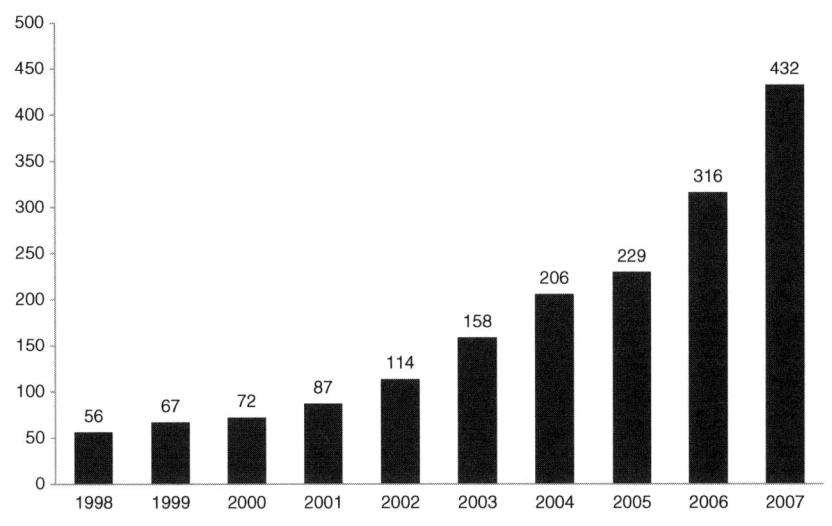

出所＝BIS（国際決済銀行）

recession-and-its-aftermath）。

　ベア・スターンズはCDOに多額の投資をしていた自社のファンドの１つを救済せざるを得ず、その直後、サブプライムのモーゲージ債に大きなイクスポージャーを抱えていた自社の２つのヘッジファンドがその価値の半分ほどを失った。パニックが拡大したことで、ニューヨーク連邦準備銀行が介入した。当初、ベア・スターンズに250億ドルが融資されたが、すぐに取引内容を変更し、新会社を設立してベア・スターンズの資産を300億ドル分買い付けた。ちなみに、この会社自体は２日前にJPモルガン・チェースが市場価値の７％を下回る価格で買収していた（Torres, C., Ivry, B. and Lanman, S. [2010]. Fed reveals Bear Stearns assets it swallowed in firm's rescue. Available at https://www.bloomberg.com/news/articles/2010-04-01/fed-reveals-bear-stearns-assets-swallowed-to-get-jpmorgan-to-rescue-firm）。

　夏を通じて懸念は高まり続け、注目はリーマン・ブラザーズに移った。しばらくの間、クレジット・デフォルト・スプレッド（CDS。これは投資家がクレジットリスクを他の投資家とスワップすることを可能にする金融デリバティブ）は比較的安定していた。投資家は、当局は6カ月前にベア・スターンズを救済するために介入したので、はるかに規模の大きい銀行であるリーマンのケースでも同様の行動を取るだろうと考えていたようだ（Skeel, D. [2018]. History credits Lehman Brothers' collapse for the 2008 financial crisis. Here's why that narrative is wrong. Available at https://www.brookings.edu/articles/history-credits-lehman-brothers-collapse-for-the-2008-financial-crisis-heres-why-that-narrative-is-wrong/）。

　だが、投資家には意外なことに、規制当局はリーマンに対する政府の保証を延長せず、救済しないことを決めた。そのかわり、銀行を救うべく別の方策が講じられた。議論に参加していた1社であるバンク・オブ・アメリカは買収しないことにした。もう1つの救済措置が講じられ、リーマンの「優良な」資産（ブローカレッジ部門とその他資産）をバークレイズ・バンクに売却し、問題を抱えていた不動産関連の「不良資産」はシステム上、重要な銀行からなるコンソーシアムが資金を手当てするようにした。

　この解決策も、売却手続き中にイギリスの証券当局（金融サービス機構）がバークレイズがリーマンの事業に保証を与えることを認めようとしなかったことで、失敗に終わった。リーマンを救うための選択肢がなくなり、同行は2008年9月15日に破産を申請した。体

系的な下落は続き、リーマンのコマーシャルペーパーに多額のイクスポージャーをとっていたリザーブ・プライマリー・ファンドという巨大なマネー・マーケット・ファンドは「額面割れになる」と発表した。これはファンドが投資家に投資資金を満額で支払えなくなることを説明するために用いられる表現で、資金を引き出そうとする投資家が増えるにつれ、さらなるパニックが巻き起こった。

リーマンが破綻した日、S&P500は5％近く下落し、短期金融市場とコマーシャルペーパー市場がさらなる圧力にさらされたことで、当局はリーマン破綻の翌日に保険会社のAIGを救済すべく介入した。その直後、アメリカ議会は金融システムを安定させることを目的に、7000億ドルのTARP（不良資産買取プログラム）を可決した。

20年前に日本で発生したように、住宅市場が下落を始めると悪循環に陥ったことが問題だった。銀行が破綻すると、世界中の金融機関に広がっていたクレジットリスクは資産市場のシステミックな下落につながった。CDOの多くは「時価」で評価されていたので、価格が下落すると、その波及効果で信用市場の崩壊を引き起こした。銀行は資産の評価額を劇的なまでに切り下げることを迫られた（Pezzuto, I. [2012]. Miraculous financial engineering or toxic finance? The genesis of the U.S. subprime mortgage loans crisis and its consequences on the global financial markets and real economy. Journal of Governance and Regulation, 1[3], pp. 113-124)。

2007～2009年のリーマンショックとその余波は、リスク資産の価値の崩壊と世界経済の低迷という点で大きなトラウマとなった。アメリカの住宅価格は2007年第1四半期から2011年第2四半期までに20％以上下落した。住宅価格の下落と、住宅投資に用いられていたレバレッジの結果、2007年の夏までに歪みは目に見え始めていた。

投資家やマネー・マーケット・ファンドがサブプライムの住宅ローンへのイクスポージャーを引き下げようとしたことで、資産担保コマーシャルペーパーの需要は激減した。

　リーマンショックが世界経済にもたらした影響は10兆ドルを上回ると推定されているが、これは2010年の世界経済の6分の1を上回る規模である。金融機関の評価損は2兆ドルを超えた。当初、経済活動全般の低迷は穏やかだったが、2008年秋、金融市場のストレスが頂点に達すると、急激に悪化した。アメリカのGDPは4.3％減少し、第2次世界大戦以降最も深刻な景気後退に陥った。また、18カ月続いた最長の景気後退でもあった。失業率は2倍以上となり、5％弱から10％に上昇した（Weinberg, J. [2013]. The Great Recession and its aftermath. Available at https://www.federalreservehistory.org/essays/great-recession-and-its-aftermath）。

　その影響はもっと大きなものだったとするアナリストもいる。ある研究では、リーマンショックはアメリカの工業生産高を持続的に7パーセントポイント低下させたと推定されているが、これはアメリカ市民1人当たりの生涯賃金が現在価値で7万ドルほど失われたことを意味する（Romer, C. and Romer, D. [2017]. New evidence on the aftermath of financial crises in advanced countries. American Economic Review, 107[10], pp. 3072-3118）。当時のイングランド銀行総裁のマービン・キング卿は次のように述べた。「これは史上最大とは言わないが、少なくとも1930年代以降で最も深刻な金融危機である」（Mason, P. [2011, October 7]. Thinking outside the 1930s box. BBC News）

　経済的な影響を考えれば当然だが、株式市場の暴落も相当なもの

図表7.5　不均衡は民間部門から公的部門や中央銀行に移った

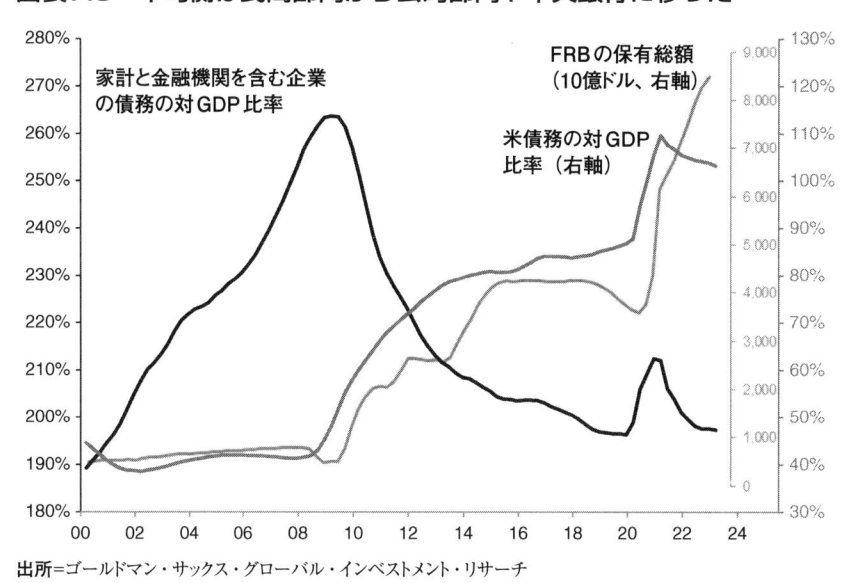

出所＝ゴールドマン・サックス・グローバル・インベストメント・リサーチ

だった。アメリカの株式市場は57％下落し、世界の株式市場（MSCI ワールド）も59％下落した。つまり、第2章で紹介した定義に基づけば、この期間は間違いなく、滅多にない「構造的な」弱気相場に分類される。下落があまりに急激だったので、公的部門が介入し、債務は民間部門から公的部門に事実上移し替えられた（**図表7.5**）。最終的にさらなるレバレッジの解消のリスクは抑えられたが、政府が巨額の債務を抱え込むことになり、とりわけ南欧では政府のバランスシートが持ち応えられるかどうか疑問視されるようになった。

　危機に突入したとき、そして弱気相場の当初の市場の動きを見ると、当初のパターンは暴落後、リバウンドして期待の局面を迎える「典型的」な道筋を辿った。だが、底を打ったあとの回復は過去の

パターンに反するものだった。つまり、危機の二次的影響が世界中を駆け巡ったことで、典型的なサイクルのパターンから外れてしまった。震源地は、サブプライムの住宅ローンの崩壊とそれに付随する信用不安や銀行の問題を抱えていたアメリカの住宅市場だが、そのストレスはヨーロッパの銀行（当時レバレッジがとても高く、南欧の不動産に多額のイクスポージャーを抱え、巨額の損失に苦しんでいた）にまで及んだ。結果として、これはヨーロッパのソブリン危機（2010〜2012年）という形で表面化した。第３の波は主にアジアを襲い、2015年８月、成長の鈍化を受けて中国は米ドルに対して自国通貨を切り下げた。コモディティ価格も暴落した。ブレントオイルの価格は50％以上下落し、2014年夏の100ドルほどから、2016年１月には46ドルまで下落した。

　リーマンショック後のスーパーサイクルについては次章で取り上げる。

長期的な成長期待の低下

　このようなリーマンショックの余波、その引き金となった民間部門のレバレッジの解消、そしてインフレの低下のすべてが長期的な経済の実質成長率予想のコンセンサスを低下させる要因となった。株式市場は将来の成長を織り込むので、経済活動の低下に関する懸念は利益成長の予測や株式市場のリターンに波及した（**図表7.6**）。

株式のリスクプレミアムの増大

　成長予想の急激な低下とともに、不確実性も大幅に増大した。こ

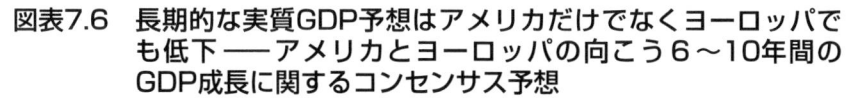

図表7.6 長期的な実質GDP予想はアメリカだけでなくヨーロッパで も低下 —— アメリカとヨーロッパの向こう6～10年間の GDP成長に関するコンセンサス予想

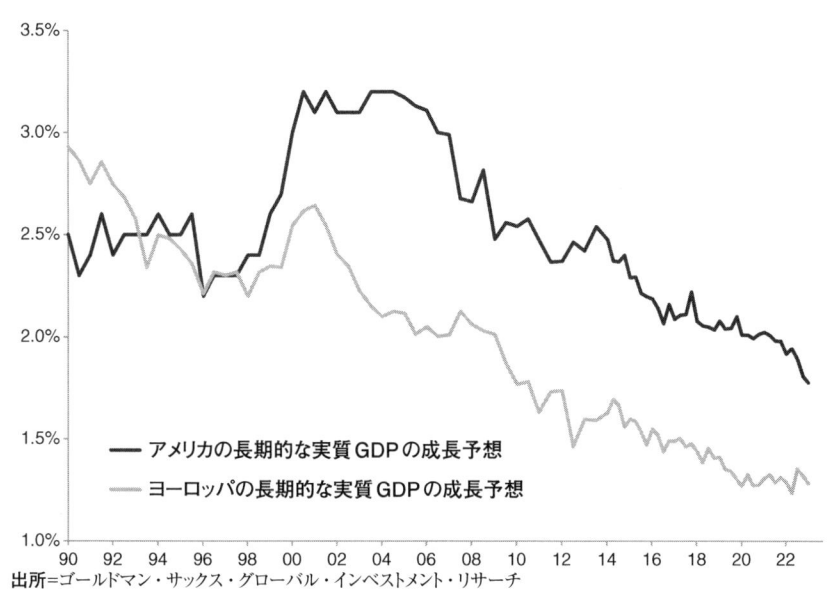

出所=ゴールドマン・サックス・グローバル・インベストメント・リサーチ

れは将来の経済成長に対する高まる懸念や、1990年代後半のハイテクバブルを招来した技術的なイノベーションがその潜在的な力を発揮するというストーリーが信用されなくなったことを反映していた。1990年代後半のハイテクに対する関心の高まりは新世代の一般投資家たちを刺激した。これは、それまで株式投資にそれほどイクスポージャーをとっていなかったヨーロッパにも当てはまった。

　例えば、1996年にドイチェ・テレコムが民営化された。これは株式の投資カルチャーを広めることがその動機の1つだった。国内外同時売り出しだったが、株式の3分の2はドイツ人投資家に割り当てられ、そのうち40%ほどが個人投資家の手に渡った。売り出しに申し込んだドイツの個人投資家は300万人を超え、応募超過は売り

出しの7倍にも上った（Gordon, J. N. [1999]. Deutsche Telekom, German corporate governance, and the transition costs of capitalism. Columbia Law School, Center for Law and Economic Studies, Working Paper No. 140）。バブルが崩壊すると、その驚くほどの下落が問題となった。高値では100ユーロ近くなったが、2002年までに8ユーロまで下落した。株価の暴落が引き起こした信頼の喪失は広範囲に及んだ。2014年、ドイツの最高裁（BGH）は、ドイチェ・テレコムは投資家が2000年のIPO時に株式を取得するときにそのリスクを適切に知らせていなかったと述べた。これは、ハイテクバブルの崩壊が投資家の不安と、投資に求める期待リターンの上昇にいかに影響を与えたかを示す数多くある例の1つである。

　これが株式のリスクプレミアムの拡大に反映された（ERPとは、投資家が株式などのリスク資産に投資するにあたり求める国債などのリスクフリーレートを上回る超過リターンのことで、これは投資家が株式を購入するというより高いリスクをとることに対する補償となる。**図表7.7**。1期間の配当割引モデル［DDM］を用いることで将来［エクス・アンテ］のERPを推定できる。用いる公式は次のとおりだ。ERP＝配当利回り＋配当の予想名目成長率－リスクフリーレート。一般に、配当利回りは現在の実績値とし、配当はGDPの実質成長率のトレンドに沿うと前提される。また期待インフレ率は直近5年間の平均インフレ率に等しく、リスクフリーレートには10年物国債の利回りを用いることができる）。リーマンショックの結果、デフレリスクが高まり、ヨーロッパでは公的債務の不履行が懸念されるようになったことで、ERPは大幅に拡大した。

　株式に求められる収益率が上昇する──リスクの増大は投資家の求める期待リターンが上昇することを意味する──一方で、株式の

図表7.7　不確実性の高まりは株式のリスクプレミアムの拡大に反映
――コンセンサス・エコノミクスによる長期成長予想を用い
て算出したアメリカの株式リスクプレミアム

注＝ゴールドマンサックス・マルチステージ・エクイティ・リスクプレミアム
出所＝ゴールドマン・サックス・グローバル・インベストメント・リサーチ

実際のリターンは国債に比べて悪化した。この実現（エクスポスト）リスクプレミアムとして知られる指標は、この間、過去のサイクルにおける実際のリターンと比較すると総じて比較的お粗末なリターンしか生み出さなかったことを示している（**図表7.8**）。リターンが低下すればするほど、株式などのリスク資産への投資に対する投資家の懸念は大きくなった。

債券と株式の逆相関

さまざまなスーパーサイクルを通じた債券と株式の関係の変化は、これらのサイクルにおける株価と債券利回り（または金利）の相関

図表7.8　この期間の実現リスクプレミアムはリターンが振るわなかった──保有期間10年のトータルリターンに基づいたヨーロッパ株のブンズに対する年率超過リターン

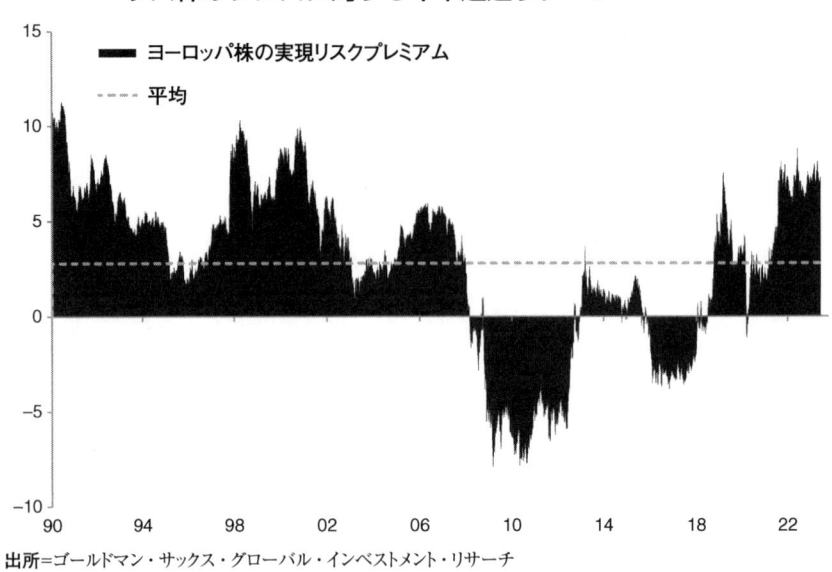

出所＝ゴールドマン・サックス・グローバル・インベストメント・リサーチ

にも見て取れる。通常、株式と債券の価格には正の相関関係がある。つまり、金利の低下（債券価格を押し上げる）は株式市場にとってもプラスである。

　2000年にハイテクバブルが終焉すると、株式と債券の逆相関（つまり、利回りが低下するか債券価格が上昇すると、株価は下落する）が広く見られるパターンとなった（**図表7.9**）。過去に株式と債券の相関がマイナスとなったのは、概してインフレ率が非常に低かった1920年代や1950〜1960年代だけである。これらの期間、超低金利（債券価格は上昇）は景気後退のリスクを示すことが多く、結果として株価は下落した。これが特に当てはまったのがリーマンショック後の10年間で、インフレと成長率が極めて低かったことが景気の

図表7.9　2000年にハイテクバブル崩壊以来、株式と債券の負の相関は広く見られるパターンとなった――S&P500と米10年物国債の相関（データがあるものは日次リターン、データがない場合は月次リターン）

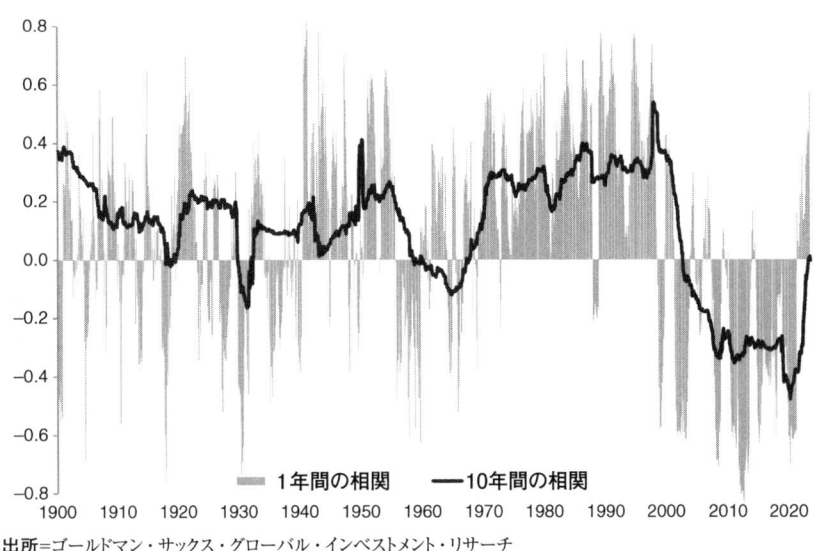

出所＝ゴールドマン・サックス・グローバル・インベストメント・リサーチ

低迷やさらなるデフレのリスクを増大させた。これは株式（将来の成長を織り込む）にとっては悪い結果となる。この間、株式のリスクプレミアムが増大したことも理解できる。なぜなら、デフレのリスクを補うためには、株式の配当利回りは債券の利回りに比べて高くなければならないからだ。

　新型コロナによる制限が解除されて、やっと12カ月ごとの相関が再びプラスに戻ったが、これは経済成長の拡大やインフレ率の上昇が債券よりも株式市場におおよそプラスに働くからである。

第8章

2009〜2020年　リーマンショック後のサイクルとゼロ金利

2009-2020 : The Post-Financial-Crisis Cycle and Zero Interest Rates

「問題を作り出したときと同じ考え方でその問題を解決することはできない」──アルバート・アインシュタイン

　2009〜2020年の期間は、第２次世界大戦以降で３つ目の長期的な強気相場となる。

　この12年間の配当を含めたインフレ調整後のトータルリターンは417％で、年率にすると16％となった。金利の低下がバリュエーションの急激な拡大につながった。2009年時点ですでに20倍の高さにあったシラーPER（株価を10年間の実績利益で割ったもの）は2020年には31倍まで上昇し、年率で10％を超えた力強い利益成長と併せて、素晴らしいリターンの原動力となった。

　この時期の主な特徴は次のとおりである。

１．低成長だが、株式のリターンは高い
２．フリーマネーの終焉
３．低ボラティリティ
４．株式のバリュエーションの拡大

図表8.1　2009～2020年までのサイクルを通じて、配当を含めたインフレ調整後のトータルリターンは417%、年率で16%

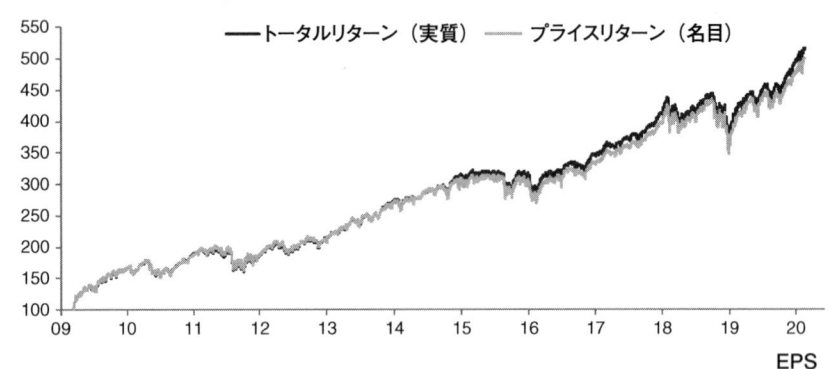

期間		プライスリターン（名目）		トータルリターン（実質）		シラーPER		EPS成長
始点	終点	リターン	年率	トータル	年率	始点	終点	年率
2009/03	2020/02	401%	16%	417%	16%	20.3倍	30.7倍	13%

注＝シラーPERはバリュエーション指標で、これは指数の価格水準をインフレ調整後のEPSの10年分の平均で割り算出
出所＝ゴールドマン・サックス・グローバル・インベストメント・リサーチ

5．ハイテク株やグロース株がバリュー株をアウトパフォーム

6．アメリカが世界各国をアウトパフォーム

1．低成長だが、株式のリターンは高い

　過去70年における長期的な強気相場とは異なり、リーマンショック後の時期は経済の回復が比較的弱いという点が独特だった。

　図表8.2が示すとおり、例えばアメリカの実質GDP（国内総生産）は、1950年代以降の景気後退期よりも回復のペースは遅かった。

　リーマンショック後の経済回復に対する落胆は、経済と企業利益の将来の成長予測の低下に反映された。**図表8.3**は、ヨーロッパ、日本、アメリカの株式市場に上場する企業、世界全体の企業の10年ごとの売上高成長率の平均を示している。インフレが低下し、経済

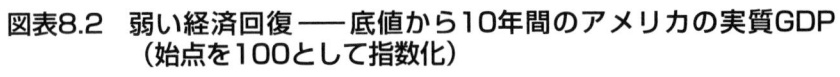

図表8.2　弱い経済回復 ―― 底値から10年間のアメリカの実質GDP（始点を100として指数化）

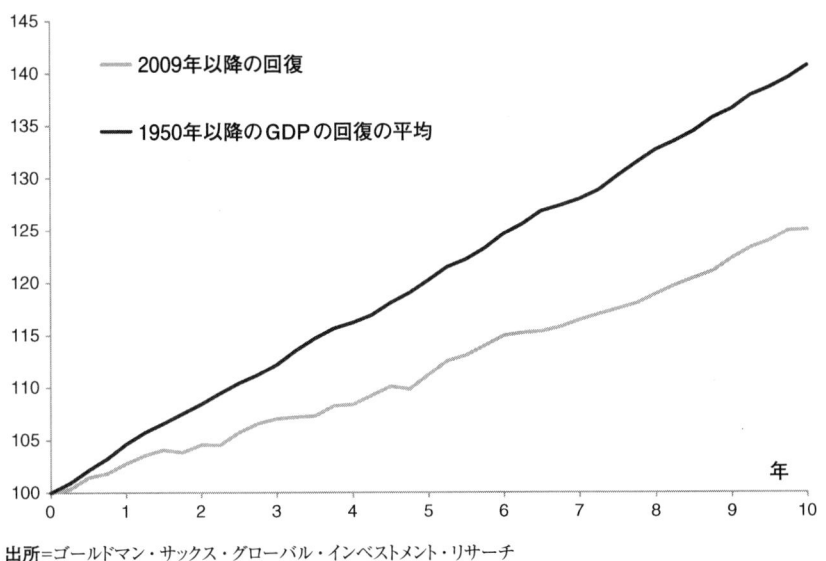

出所=ゴールドマン・サックス・グローバル・インベストメント・リサーチ

活動の回復が遅かったため、概して企業の売り上げは低迷した。先進国全体の収益の10年間の年率成長率は、日本が1980年代後半の資産バブルの崩壊後に経験した水準に収束している。

　経済成長と利益成長が弱かったにもかかわらず、株式市場の回復は1960年代以降の期間の「平均」よりもはるかに強力で、その様子を示しているのが**図表8.4**である。

　経済の回復と株式市場のギャップは、ゼロ金利政策とQE（量的緩和）の影響でおおよそ説明できる。

リーマンショックの余波

リーマンショックによる弱気相場は2010年に強力な政策支援を受

図表8.3 売上高の成長率は名目GDPの減少とともに低下 ── 売上高の年間成長率（10年ごとの平均。金融機関除く）

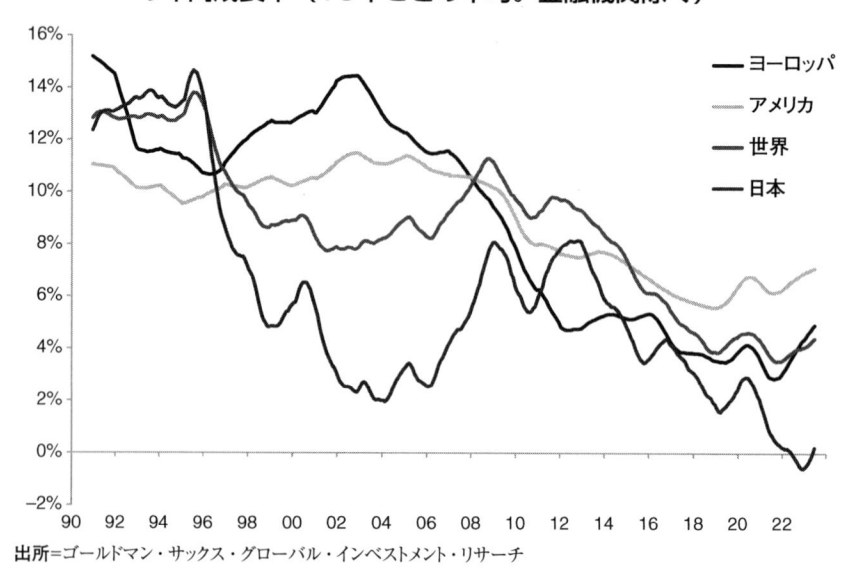

出所＝ゴールドマン・サックス・グローバル・インベストメント・リサーチ

図表8.4 異常に強い金融の回復（2009年3月9日を100としてS&P500を指数化）

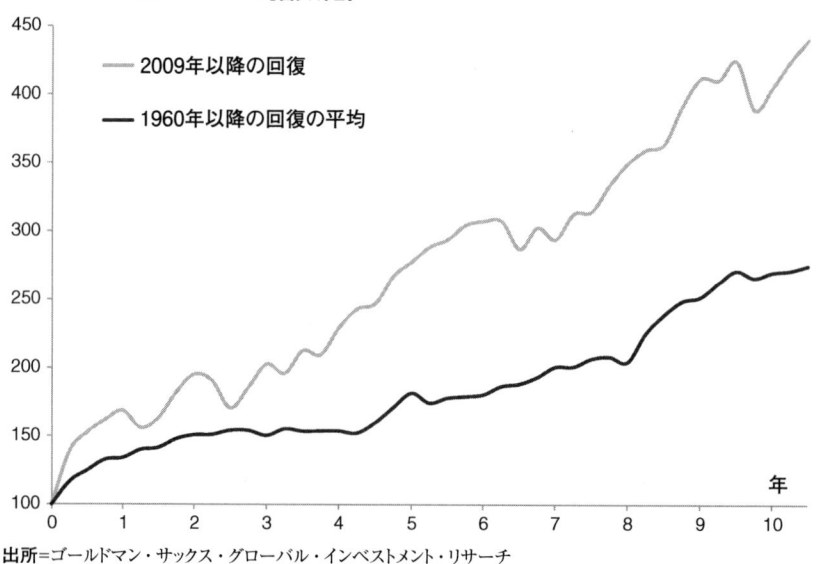

出所＝ゴールドマン・サックス・グローバル・インベストメント・リサーチ

けて反転したが、リーマンショック後のサイクルは当初の危機の後遺症で歪んでしまった。その結果、ヨーロッパ、そして遅れて途上国市場がアメリカから切り離された。その余波は、地域ごとに明らかとなったストレスの原因で特徴づけることができる。

　1つ目の波は、アメリカの住宅市場の崩壊から始まり、リーマン・ブラザーズが破産を申請したときに、広範な信用収縮として広がった。それが最終的に、TARP（不良資産買取プログラム。TARPは、「不良資産の買い取り」を含む一連の施策を通じて金融システムを安定させようとするアメリカ政府のプログラムで、銀行やAIGや自動車会社を救済するために7000億ドルの利用が承認された。また信用市場や住宅所有者への救済資金も提供された）とQE（巨額の資産取得を目的として中央銀行が通貨を発行する金融政策を指す言葉で、その資金は経済に流動性を注入することを目的に、あらかじめ決められた額の国債やその他金融機関の資産を取得するために用いられる）につながった。

　2つ目の波は、レバレッジが大きな損失につながったアメリカの銀行にイクスポージャーをとっていたヨーロッパで発生し、ユーロ圏に債務を共有するメカニズムがないことから、ソブリン危機へと広がった。ギリシャの債務危機で頂点に達し、個人投資家は損が出た場合には「ベイルイン（損失を負担）」するよう迫られた。それがやがて、OMT（国債購入プログラム）の導入につながり、ECB（欧州中央銀行）は「何でも買う」ことを約束し、最終的にQEが導入されることになった（OMTは、欧州中央銀行のプログラムで、銀行は一定の条件の下、ユ

ーロ圏の国家が発行した債券を国債の流通市場で取得［アウトライト取引］する）。

第3の波は、コモディティ価格の暴落と時を同じくして途上国市場（EM）で発生し、途上国株に大きな打撃を与えた。具体的には2013〜2016年初頭の時期に当たる。

つまり、すべての主要な株式市場は2009年に底を打ち、同じように急激に回復したが、それ以降の長期的な強気相場は、当初の波が起こした衝撃が世界に波及するにつれ、それぞれの地域でまったく異なるパフォーマンスを示し、これまでとは異なるものとなった。この危機が波及するという文脈で考えると、2016年がターニングポイントで、一様に成長率が高く、政治的リスクやシステマチックリスクが後退したことを受けて、世界中の株式市場が上昇した（**図表8.5**）。成長率や利益が改善したということは、このサイクルで初めて、株式市場のリターンの多くがバリュエーションの拡大ではなく、利益成長からもたらされたということである。

3つの波がアメリカ、ヨーロッパ、途上国の株式市場に与えた影響は**図表8.5**を見れば、よく分かる。アメリカの波は、世界中の信用市場と銀行のバランスシートが傷ついたことで、あっという間に世界的なショックとなった。世界の株式市場は一様に下落し、途上国市場（ベータが高く、世界貿易の成長が止まったことに最も影響を受ける）が最大の下落に見舞われた。ゼロ金利政策とアメリカのQEの開始が引き金となったリバウンドも世界中に影響を及ぼし、当初最も大きな被害を受けた途上国の株式は力強くリバウンドした。

だが、危機がヨーロッパに波及すると、回復は中断した。レバレッジの高い銀行と、ユーロ圏の財政が持つ制度的な弱点が組み合わ

図表8.5　2016年に途上国市場の景気が回復すると、世界の株式市場は上昇（ドル建ての株価のパフォーマンス）

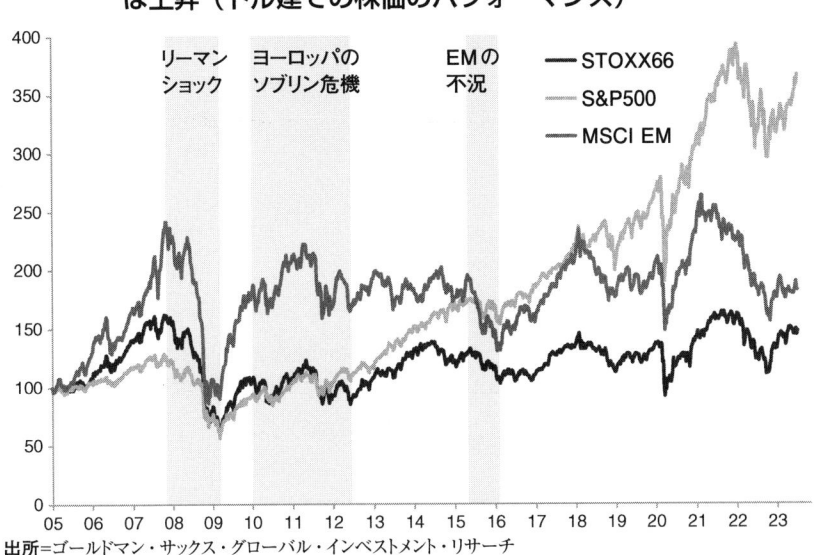

出所＝ゴールドマン・サックス・グローバル・インベストメント・リサーチ

さりソブリン危機につながり、また大きく下落した。だが、この期間の多くで、アメリカ経済とアメリカの株式市場はうまく世界から切り離され、急速な進展を続けた。

　ギリシャにとって、その影響は強烈だった。債券のイールドスプレッドは急速に拡大し、政府は2010～2016年までに12回に及ぶ増税と歳出の削減を実行した。さらに、2010年、2012年、2016年とIMF（国際通貨基金）、ユーログループ、ECBによる一連の金融援助が行われただけでなく、2011年には民間銀行が保有する債券で50％の「ヘアカット」を行う交渉まで持たれた（総額1000億ユーロの債務免除）。2012年7月には、ユーロ圏の金融セクターが重大な危機に陥った。ギリシャではすでに、市場が同国のユーロ離脱を懸念したことで、国債の利回りが50％まで急騰していた。スペインの10年物国債の利回りは7.5％を超える水準に達し、2年物の金利は7

％近くになっていた。財政やマクロ経済の持続可能性とは相いれない水準でスペイン国債のイールドカーブが平坦化したことで、国債市場が機能停止に陥るのではないかと懸念された。また、スペインの金融制度を機能させるうえで国債市場が中心的な役割を果たしていること（また銀行と国債の深い結びつき）から、スペインの銀行セクターは脅威にさらされた。イタリアの国債の利回りも７％近くまで上昇すると、一気に南欧諸国にも波及し、ユーロやユーロ圏の存続にかかわるリスクは高いと広く考えられるようになった。

　やがて、ECBによる積極的な政策介入や、ECBはユーロを守るためなら「何でも買う」との口頭での保証を受けて、リスクプレミアムが縮小し、株式市場は2012年半ばに世界中でリバウンドし、ここでもまた市場の期待を変化させる中央銀行の力が実証された。2012年９月の記者会見でECB総裁のマリオ・ドラギはECBによるOMTプログラムを発表した。ESM（欧州安定メカニズム）の条件を受け入れ、同時に市場へのアクセスを維持しているユーロ圏の国々に対して、ECBは短期の国債を事実上無制限に買い入れる準備をしていた。

　事態は落ち着きそうに見えたが、コモディティ市場と途上国市場の暴落が第３の下落の波を引き起こした。その震源地は中国だった。途上国市場への大きなイクスポージャーからヨーロッパが再び打撃を受ける一方、アメリカの株式市場は比較的穏やかで短期的な調整が見られただけで、ここでも比較的安全な場所と考えられた。

　2016年半ば以降、株式と債券市場はともに上昇したが、相対リターンには大きな違いが見られた。積極的な金融緩和とQEは金融市場のバリュエーションの拡大に強力な影響を与えた。QEプログラムの公表を受けて、さまざまな学術論文が、QEが債券価格に与え

る影響を検証している。株式市場にも大きな影響をもたらしたことを示す論文もあるが、ある推定では、イギリスのFTSEオールシェア指数とアメリカのS&P500については、「採用された異例の政策措置によって、少なくとも30％上昇した」とされた（Balatti, M., Brooks, C., Clements, M. P. and Kappou, K. [2016]. Did quantitative easing only inflate stock prices? Macroeconomic evidence from the US and UK. Available at SSRN : https://ssrn.com/abstract=2838128 or http://dx.doi.org/10.2139/ssrn.2838128 この論文で、筆者たちは24カ月後時点の株式に与えた影響が最大で、FTSEオールシェア指数が30％ほど、S&P500が50％ほどであることを中位推定値が示していると主張している）。

2．フリーマネーの終焉

だが、この異常なリターンのパターンの主な理由は、煎じ詰めればリーマンショック後のインフレ率と金利の動きにあり、これが資本コストを引き下げ、バリュエーションを拡大させる一助となった。

金利の低下（名目、実質ともに）は1982年以降のサイクルに一貫して見られた特徴である。2000年代に入ると、中央銀行による効果的なフォワードガイダンスと新しいテクノロジーやグローバリゼーションの影響からインフレは低位で安定するようになり、フィリップス曲線（失業率とインフレの関係）がより平坦になったことも手伝って、インフレ期待ははるかに安定した（Cunliffe, J. [2017]. The Phillips curve : Lower, flatter or in hiding? Speech given at the Oxford Economics Society. Available at https://www. bankofengland.co.uk/speech/2017/jon-cunliffe-speech-at-oxford-economics-society）。

　金利の低下の一因となった要素はほかにもある。ある説明では、世界的に貯蓄が投資を上回ったことが、リーマンショックが始まる前から均衡利子率を引き下げる働きをしていたとされた。例えば、ローレンス・サマーズ（2015年）は、「長期停滞仮説」で超低金利とともに、総需要が慢性的に少ないことで貯蓄が投資を上回り、自然利子率を市場金利よりも低く抑え付けている（Summers, L. H. [2015]. Demand side secular stagnation. American Economic Review, 105[5], pp. 60-65）とした。過剰貯蓄仮説（バーナンキ、2005年）と安全資産の不足（カバレロ、ファーリ、2017年）が過剰貯蓄の要因であり、途上国経済ではそれが経常収支の黒字に反映され、先進国経済では実質金利を押し下げた（Bernanke, B. S. [2005]. The global saving glut and the U.S. current account deficit. Speech at the Sandridge Lecture, Virginia Association of Economics, Richmond, VA, March 10. Caballero, R. J. and Farhi, E. [2017]. The safety trap. The Review of Economic Studies, 85[1], pp. 223-274）。だが、経済成長の停滞とインフレの低下（一部に人口動態の影響、一部に急速な技術的破壊を反映）にも原因があると指摘する者もいる。

　理由は何であれ、金利はリーマンショック後に改めて著しく下落し、これに併せて、市場のインフレ指標もほかのサイクルに比べて劇的に低下した。その原因としてQEも多少は影響していた（Borio, C., Piti, D. and Rungcharoenkitkul, P. [2019]. What anchors for the natural rate of interest? BIS Working Paper No. 777。彼らの主張は次のとおりである。「レバレッジの価格を決める金融政策が金融のサイクルに影響を及ぼすかぎり、経済の長期的な道筋である実質

図表8.6　ドイツの実質利回りがマイナスとなった――ブンズの名目利回りからその時点のインフレ率を引いた値

凡例：
米10年物国債の実質利回り
ブンズの実質利回り

出所=ゴールドマン・サックス・グローバル・インベストメント・リサーチ

金利にも永続的に影響を与える可能性がある。景気循環の発生を均衡の定義から除外すれば、金融体制から独立して自然金利を定義することはできないかもしれないとするのは合理的だろう」)。

イングランド銀行の長期データによると、リーマンショック後、金利水準は世界的に急落し、史上最低の水準まで下落した（2021年から急上昇するが、この話題は第3部で取り上げる）。

国債利回りの暴落

この時期で注目すべきは、名目金利とインフレ率の低下だけでなく、長期の実質金利（名目金利−インフレ率、**図表8.6**）も大幅に低下したことである。

図表8.7　利回りがマイナスとなった国債が占める割合

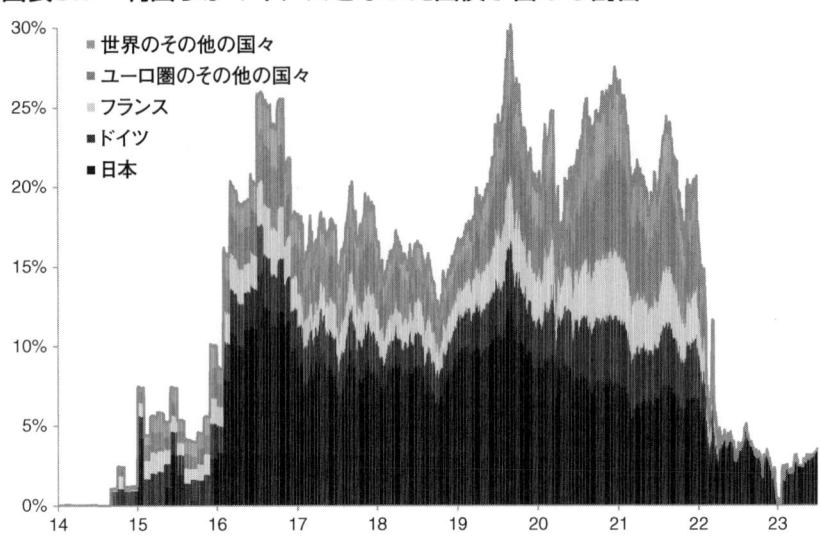

出所=ゴールドマン・サックス・グローバル・インベストメント・リサーチ

　債券利回りがあまりに劇的に低下したことで、世界の国債利回りのおよそ30％が2020年にはマイナスとなった。事実上、投資家は政府にお金を支払ってお金を手に入れていたことになる。投資適格の社債（つまり、健全なバランスシートを持つ企業の社債）でさえ、その４分の１はマイナスの利回りだった（**図表8.7**）

　奇妙な考えに思えるかもしれないが、実際にリーマンショック後の時期に中央銀行は経済への衝撃を和らげるため、そして過去の金融バブルの崩壊（具体的には、1980年代後半の日本や1930年代のアメリカ）で行動を起こすのが遅かったことで犯した過ちを回避するために、金利水準を急速に引き下げた。さらにQEプログラムを通じて、長期の金利や債券利回りは中央銀行によって「固定」された。

　理論上、QEは「シグナル効果」を通じて将来の金利に対する投資家の期待を押し下げることで、利回りに影響を与える。中央銀行

による国債の買い入れは、買い入れを行わない場合よりも金利の目標水準が低くなるシグナルとなるからである。中央銀行による国債の買い入れは、納得いくリターンを獲得しようとする投資家によりリスクの高い資産に対する需要を増大させるように後押しし、そのため、社債やよりリスクの高い債券市場やデュレーションの長い債券市場など、ほかの債券の利回りを押し下げるという主張もある（Christensen, J. and Krogstrup, S. [2019]. How quantitative easing affects bond yields : Evidence from Switzerland. Available at https://res.org.uk/mediabriefing/how-quantitative-easing-affects-bond-yields-evidence-from-switzerland/）。QEが債券利回りに与える直接的な影響についてはさまざまな評価があり、ほとんどの研究が、FRBのQEプログラムは国債の利回り水準にかなりの影響を及ぼしていると結論している。他国の資産買い入れに関しても、学術研究では同様の結論に達している（Gilchrist, S. and Zakrajsek, E. [2013]. The impact of the Federal Reserve's large-scale asset purchase programs on corporate credit risk. NBER Working Paper No. 19337）。

インフレ期待の低下は、リーマンショックをきっかけとする経済生産の低迷とともに、債券利回りの低下を正当化した。QEと経済成長がインフレ期待に及ぼす影響を分解するのは難しいが、中央銀行がマイナス金利政策を導入すると（ECBが2014年、日本銀行が2016年）、市場の中期的なインフレ期待も低下した（**図表8.8**）（Christensen, J. H. E. and Spiegel, M. M. [2019]. Negative interest rates and inflation expectations in Japan. FRBSF Economic Letter, 22）。QEが始まると、アメリカとヨーロッパではインフレーションスワップの金利（将来のインフレ期待の指標となる）も大きく低

図表8.8　将来のインフレに対する市場の期待は低下

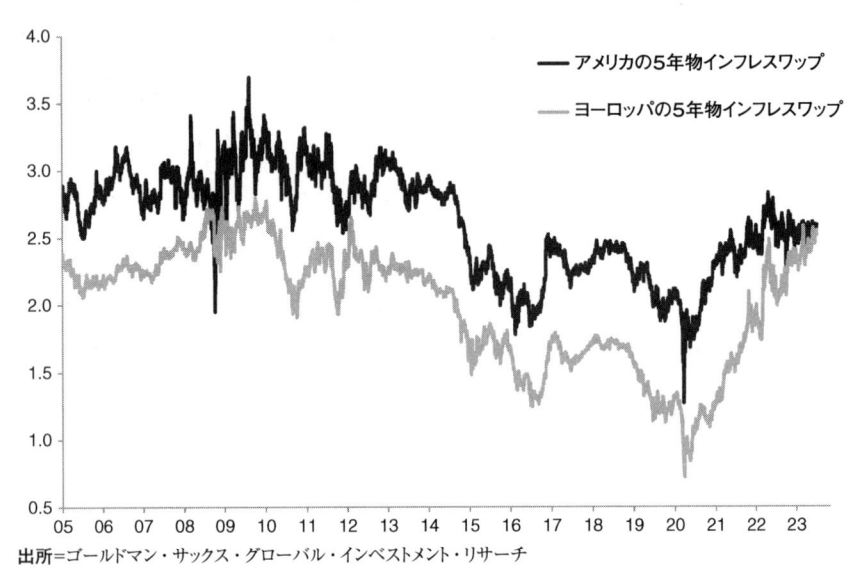

出所=ゴールドマン・サックス・グローバル・インベストメント・リサーチ

下した。

　ヨーロッパでは、ECBによるQEとドイツ国債のマイナス利回りがソブリンスプレッドに大きな影響を及ぼした。2011年のヨーロッパのソブリン危機のさなか、ギリシャ国債の利回りは2012年3月に40％以上上昇し、2015年にも一時的ながら20％ほどまで上昇した（**図表8.9**）。ギリシャは懸念を和らげるため、一連の緊縮財政政策と債務免除を行わざるを得なかった。それ以降、ユーロ圏解体の懸念は霧消し、QEも強化されたことで、ドイツ国債のマイナス利回りがヨーロッパの国々の債券市場に劇的なまでに波及し、その結果、パンデミックが始まるときまでに10年物ギリシャ国債の利回りはアメリカの利回りに収斂していた。ちなみに、現在はアメリカやイギリスの水準と同程度である。

　いわゆるタームプレミアムの低下も債券利回りの低下に反映され

図表8.9　不安が広がるなかでギリシャ国債の利回りは急騰──ギリシャと米10年物国債の利回り

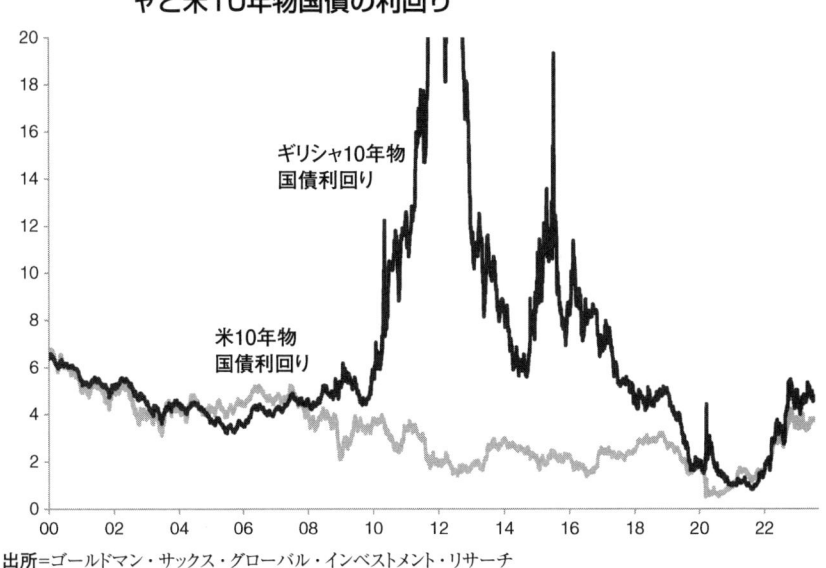

出所＝ゴールドマン・サックス・グローバル・インベストメント・リサーチ

　た。理論上、デフォルトのない国債の利回りは、満期までの予想政策金利の合計にタームプレミアムを足したものとなる。そのため、債券利回りが変化するのは、短期金利の予想が改められたか、長期間（デュレーション）にわたって資金を貸し付けることに伴うリスクの市場価格（または量）が変化する場合である。

　このタームプレミアムが存在するのは、投資家は経済的リスクを負担することに対する補償を必要とするからである（株式の場合の株式のリスクプレミアムと同様）。債券保有者にとって、とりわけ重要なリスクが2つある。1つはインフレである。予期しないインフレは固定されている名目の支払額の実質価値を蝕んでしまい、名目債の実質リターンが低下する。つまり、債券投資家はインフレが高くなる、もしくは中期的な見通しにより大きな不安を感じている場合にはより大きなタームプレミアムを要求するということだ。2

図表8.10　S&P500企業の過去10年間のEBITDA成長の変動性の中央値

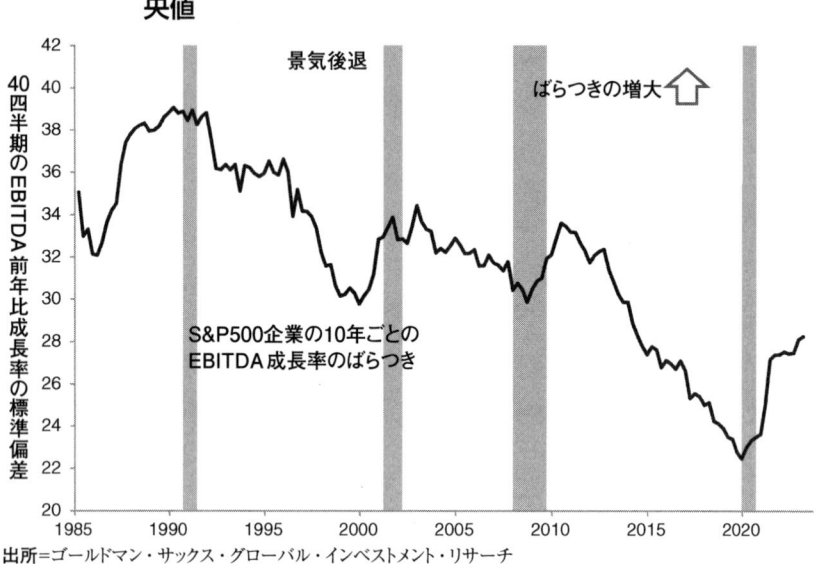

出所＝ゴールドマン・サックス・グローバル・インベストメント・リサーチ

つ目が景気後退のリスクである。もちろん、これは株式投資家の主たるリスクである。景気後退は資産や消費の予想成長率の低下を意味し、投資家はリスク資産の保有に対してより大きな補償を求めるようになり、より安全な債券に対するプレミアムは低下する。

３．低ボラティリティ

　金融危機が繰り返し発生したことで、経済の長期的な成長予測は低下した。企業部門の収益成長のペースが鈍化したが、金利のさらなる低下と豊富な流動性のおかげで、企業利益（またはEBITDA［利払い税引き前減価償却償却前利益］）のボラティリティは低減し、1990年代のグレートモデレーションの時期と同じように、金融市場のボラティリティの低下につながった（**図表8.10**。EBITDA［利

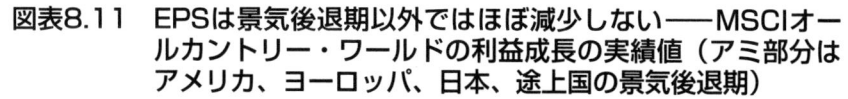

図表8.11 EPSは景気後退期以外ではほぼ減少しない――MSCIオールカントリー・ワールドの利益成長の実績値（アミ部分はアメリカ、ヨーロッパ、日本、途上国の景気後退期）

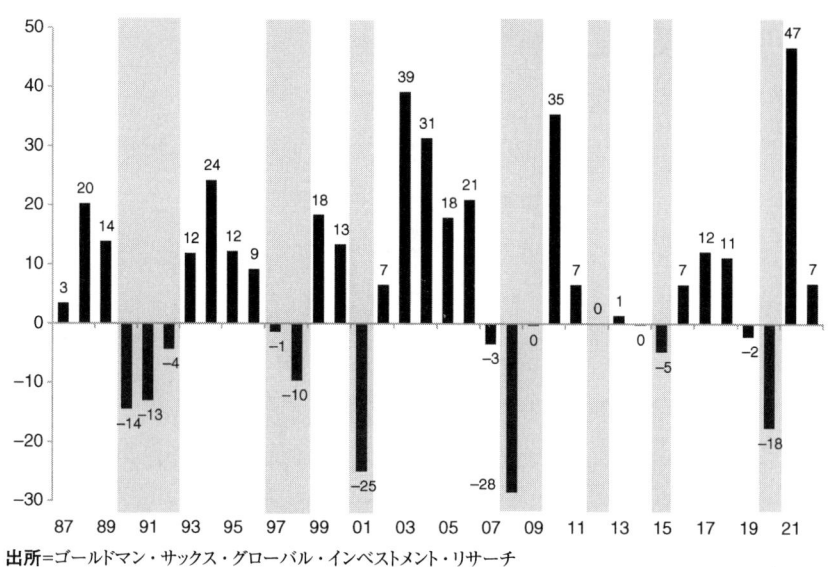

出所＝ゴールドマン・サックス・グローバル・インベストメント・リサーチ

払い税引き前減価償却償却前利益]）。非常に低いインフレ率と金利に支えられて、景気循環はパンデミックが起こるまで、長きにわたり安定していた。

　ゼロ金利政策の実施も、企業部門の破綻を減少させた。結果として、リーマンショック後の１年は、利益成長は比較的低く、通常のサイクルよりもはるかに安定していた（**図表8.11**）。

　銀行や企業や家計など民間部門のバランスシートのレバレッジの解消は、民間部門がショックにより強くなることを意味したので、リターンの予測可能性は高まり、期待リターンは増大した。

　これが、株式市場が適度なボラティリティで安定したリターンを達成する一助となった。例えば、S&P500は1990年以降で最も長い期間にわたって20％以上の調整がなかった（**図表8.12**）。

図表8.12　2009〜2020年のS&P500は20%のドローダウンのない最も長い強気相場となった

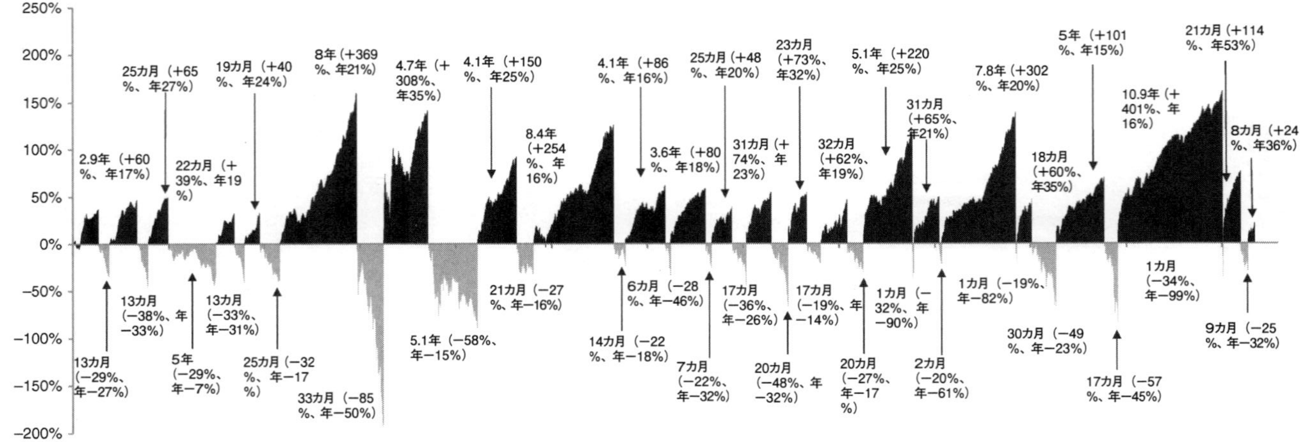

出所=ゴールドマン・サックス・グローバル・インベストメント・リサーチ

図表8.13　ヨーロッパのイールドギャップは拡大 —— STOXX600の12カ月の予想配当利回りとブンズの名目利回りと実質利回り

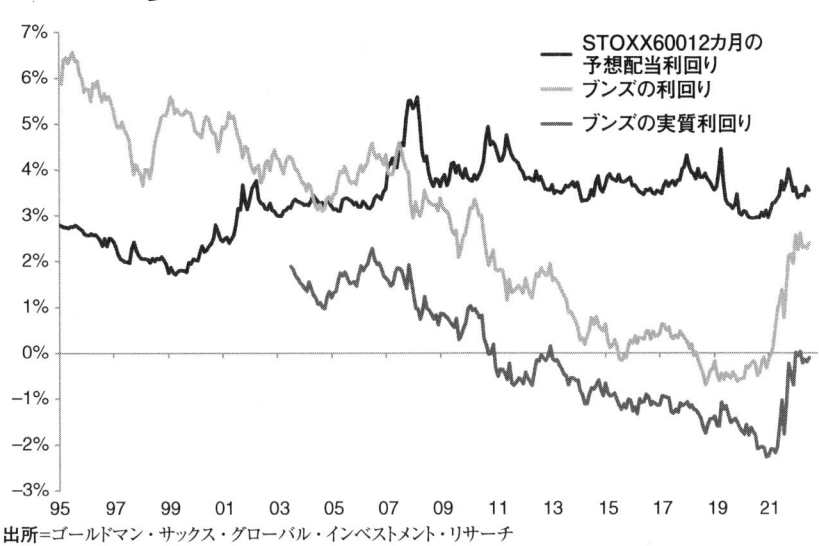

出所＝ゴールドマン・サックス・グローバル・インベストメント・リサーチ

４．株式のバリュエーションの拡大

　金利の低下は将来の期待キャッシュフローの現在価値を高め、株式の価値を増大させるはずだという主張を理論も歴史も支持している。これが明確になったのがアメリカの株式市場で、主にハイテク企業に後押しされた長期的成長に対する信頼感に明確に現れた。

　同時に、「安全な」国債と比較した株式の相対価値は低下した。将来に対する不確実性は国債の利回りに比べて株式の利回りを引き上げる。イールドギャップ —— S&P500の益回り（PERの逆数）と10年物国債の利回りの差異 —— は、この関係とその推移を測る１つの方法である。

　2008年のリーマンショック後の10年で、債券利回りが著しく低下

図表8.14　米10年物国債の利回りは４％ほどまで上昇し、S&P500の配当利回りの２倍になった（S&P500の12カ月予想配当利回り、アメリカ10年物国債の名目利回りと実質利回り）

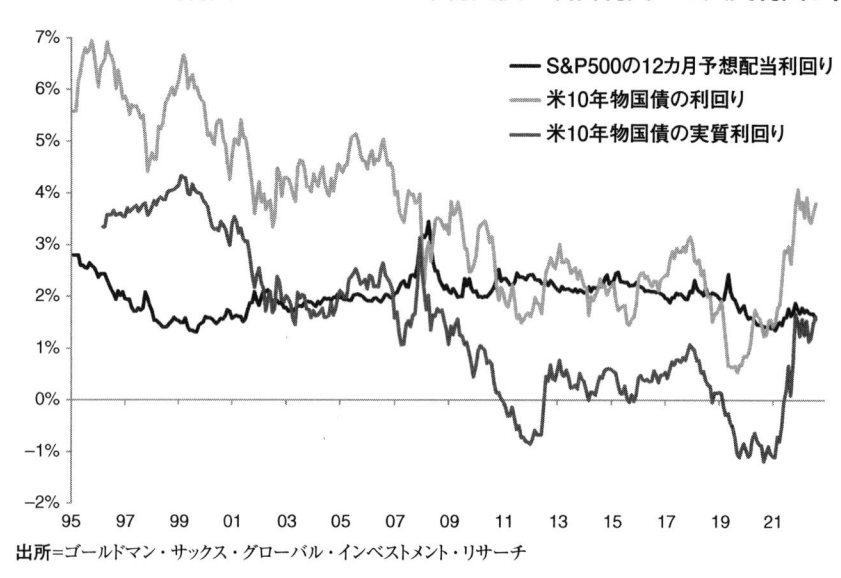

凡例:
- S&P500の12カ月予想配当利回り
- 米10年物国債の利回り
- 米10年物国債の実質利回り

出所＝ゴールドマン・サックス・グローバル・インベストメント・リサーチ

し、債券利回りと株式の利回りの差は広がった。言い換えれば、株式市場のPERは、無リスク金利の低下や長期債の利回りの低下の規模を考えれば起こり得るほどには上昇しなかった（もしくは、配当利回りは低下しなかった）。この影響は、国債利回りがマイナスとなったヨーロッパのほうがさらに鮮明だった。いずれのケースでも、将来の成長や利益は低下するとの懸念がその要因とされた。

　リーマンショックが始まったとき、10年物ドイツ国債（ブンズ）の利回りは４％ほどで、米10年物国債とほぼ同じだった。だが、その後、ブンズの利回りはアメリカの利回りよりも急激に低下し、インフレ期待の低下やQEと並行してマイナスに転じた（**図表8.13**）。

　アメリカでは、株式市場のトータル・キャッシュ・イールドと国債利回りの差異がヨーロッパほど広くなることはなかった。アメリ

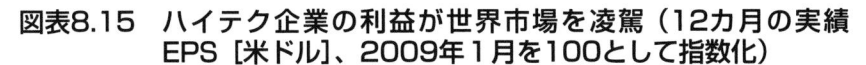

**図表8.15　ハイテク企業の利益が世界市場を凌駕（12カ月の実績
　　　　EPS［米ドル］、2009年１月を100として指数化）**

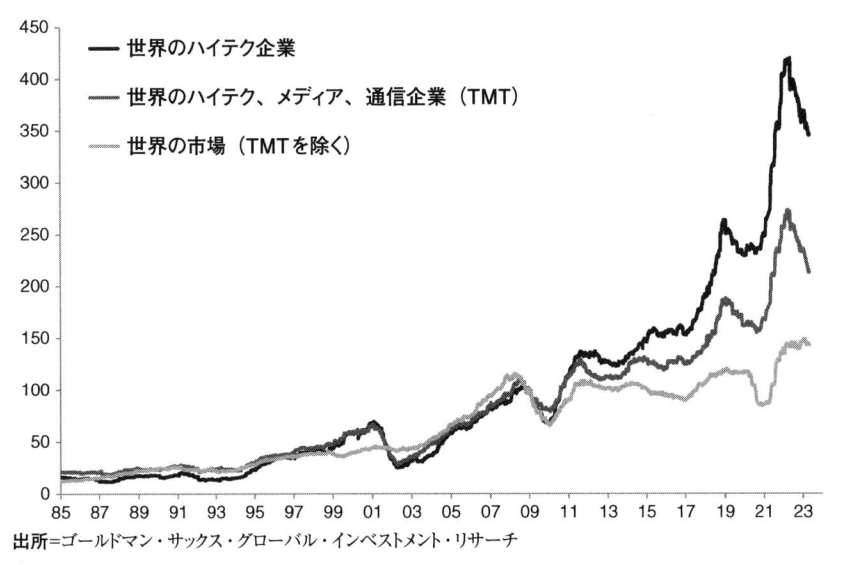

出所＝ゴールドマン・サックス・グローバル・インベストメント・リサーチ

カの企業利益に対する長期的な成長予想がヨーロッパに比べて高か
ったことが主な要因とされた。だが、アメリカでさえ、債券利回り
との相対的な関係は、21世紀初頭以前に比べて大幅に変化した。例
えば、1990年代初頭、投資家が手にする株式市場のキャッシュイー
ルドは４％ほどで、そのときの米10年物国債の利回りは８％だった。
2020年になると、米10年物国債の利回りは1.5％まで低下したが、
株式投資家は５％を超えるキャッシュイールドを手にした（**図表
8.14**）。２つの時期の差は、長期的な成長予想が大幅に低下したこ
とを意味している。その後、2022～2023年、米10年物国債の利回り
は４％ほどまで上昇し、S&P500の配当利回りの２倍になった。

図表8.16　MSCIワールド・バリューはグロース株に大幅にアンダーパフォームした──株価のパフォーマンス

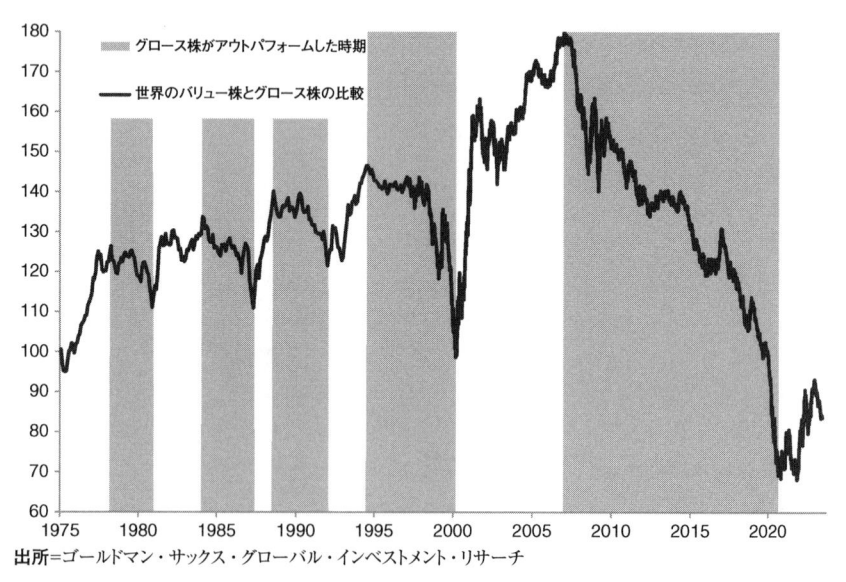

凡例：
- グロース株がアウトパフォームした時期
- 世界のバリュー株とグロース株の比較

出所＝ゴールドマン・サックス・グローバル・インベストメント・リサーチ

５．ハイテク株やグロース株がバリュー株をアウトパフォーム

　リーマンショック以降、株式のサイクルの進展に重大な影響を及ぼしたもう１つの要素が、金融のリターンに対するハイテクの影響である。いくつかのハイテク企業（新たな技術を用いて、小売業、レストラン、タクシー、ホテル、銀行など伝統的な産業を破壊する企業）が劇的に成長し、過去のサイクルに比べて利益の分配が減少している。**図表8.15**のとおり、ハイテク分野では危機後、驚くほど利益が増大した。2016年の世界的な景気回復と同様に、ハイテク分野を除く世界の株式市場は力強い利益の改善を示したが、2020年に新型コロナウイルスのパンデミックが発生するまでに、リーマン

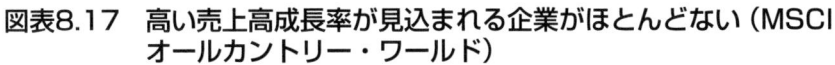

図表8.17　高い売上高成長率が見込まれる企業がほとんどない（MSCI オールカントリー・ワールド）

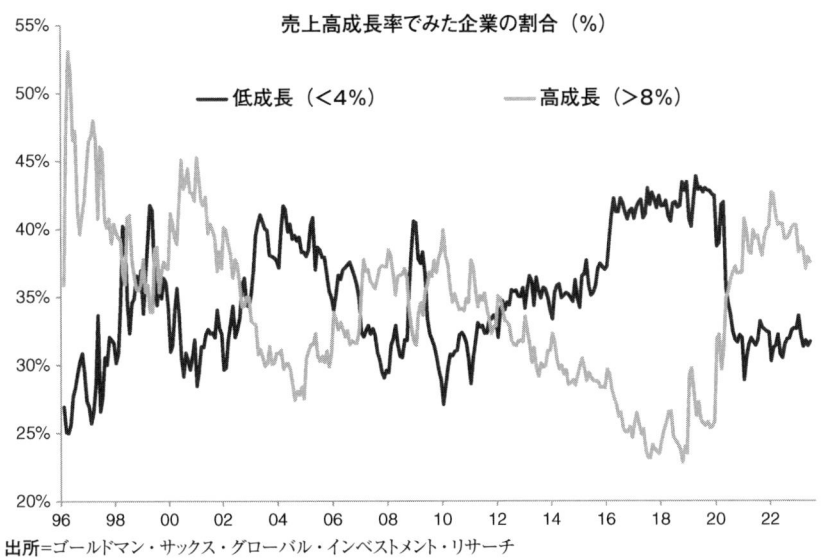

売上高成長率でみた企業の割合（％）

—— 低成長（＜4％）　　—— 高成長（＞8％）

出所＝ゴールドマン・サックス・グローバル・インベストメント・リサーチ

ショック以前の水準に戻っただけだった。一方で、ハイテク分野は同時期に自社株買いのブームが一因となったとは言え、EPS（1株当たり利益）が急増した（Lazonick, W. [2014]. Profits without prosperity. Harvard Business Review, Sept. https://hbr.org/2014/09/profits-without-prosperity）。

　この劇的なトレンドの結果、株式市場のパフォーマンスに関しては、相対的な勝者と敗者のリターンの差異が大幅に広がった。

グロース株とバリュー株の異常なギャップ

　リーマンショック後のサイクルでは、結果として株式市場のなかでも一貫してリターンに差が見られるようになった。これはこれまでのサイクルに比べて極めて珍しいことだった。特に、**図表8.16**

図表8.18　金利の低下はバリュー株には重しとなる傾向がある

凡例:
MSCIオールカントリー・ワールド・グロースとMSCIオールカントリー・ワールド・バリューの比較
米10年物国債の利回り（右軸）

出所＝ゴールドマン・サックス・グローバル・インベストメント・リサーチ

のとおり、株式市場のバリュー銘柄（概して古く、成熟した業界のバリュエーションが低い企業）は、グロース銘柄（将来の予想利益成長が高く、ハイテクに代表される「ニューエコノミー」に属する業界）に大きくアンダーパフォームした。

　これにはいくつかの理由があるが、それはリーマンショックのサイクル特有の性質が関係している。

　第1に、グロース銘柄は数が少なかったので、概して高く評価された。リーマンショック後、すでに株式市場全体の収益成長は低下傾向にあり、高い成長を示す企業の割合は多くの株式市場で低下していた。例えば、**図表8.17**は長期的に見た世界の高成長企業と低成長企業の割合を示している。ここではグロース企業を向こう3年間に収益が年8％以上増大することが期待される企業と定義し、成長率が4％を下回る企業は低成長企業としている。

図表8.19 シクリカル銘柄とディフェンシブ銘柄の相対パフォーマンスは米10年物国債の利回りに合わせて変動

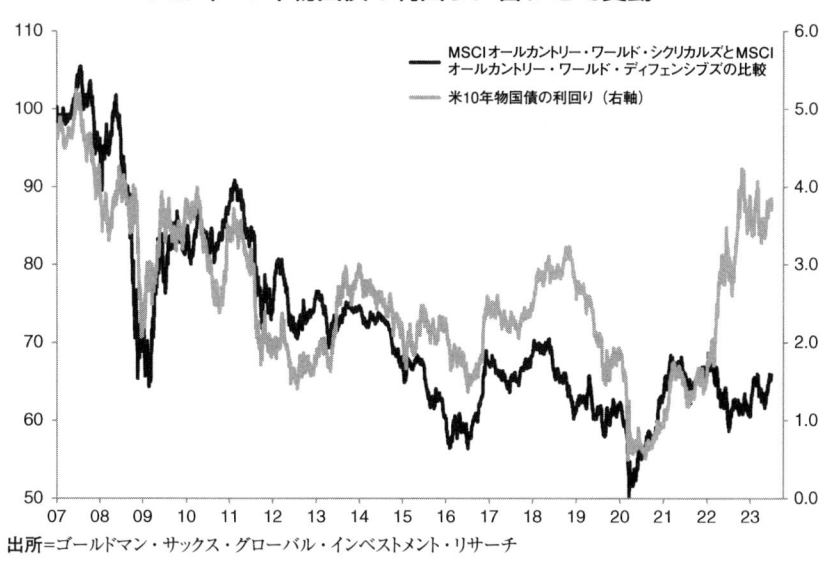

出所＝ゴールドマン・サックス・グローバル・インベストメント・リサーチ

図表8.20 利回りとインフレ期待が高まるとボラティリティの低い銘柄がアンダーパフォームした

出所＝ゴールドマン・サックス・グローバル・インベストメント・リサーチ

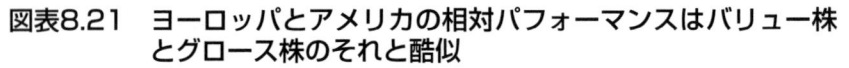

図表8.21　ヨーロッパとアメリカの相対パフォーマンスはバリュー株とグロース株のそれと酷似

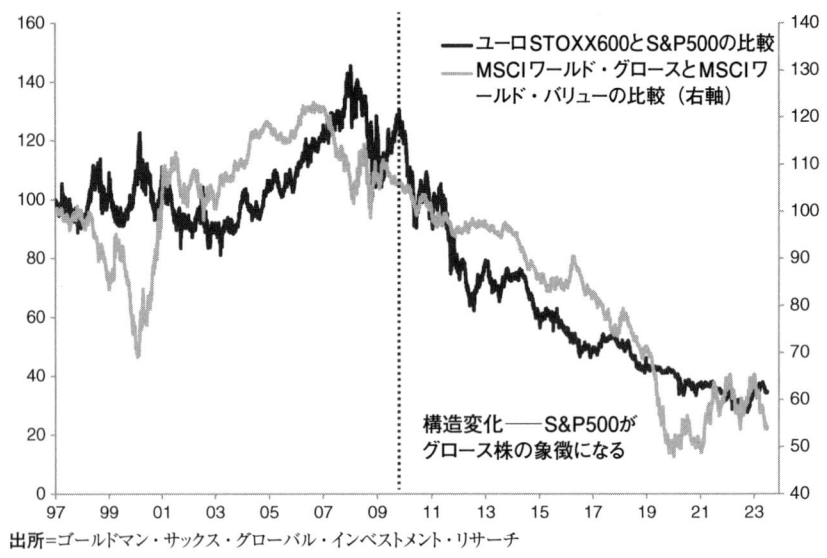

出所＝ゴールドマン・サックス・グローバル・インベストメント・リサーチ

　第2に、債券利回りが低下したことで、バリュー株と比較したグロース株の価値が増大した。これはグロース株のほうが「デュレーション」が長い、つまりグロース株のバリュエーションが金利の低下に敏感な結果である（**図表8.18**）。将来の利益の正味現在価値は、金利が低くなるほど高くなり、金利が上昇すれば低くなるので、遠い将来の利益成長が期待される企業のほうが金利の変化には敏感である。

　第3に、**図表8.19**で分かるように、利回りが低下したことで、シクリカルな銘柄（経済の成長率の変化により敏感な企業）に比べて、ディフェンシブな企業（ヘルスケアや一般消費財など景気変動に影響されにくい分野の企業）が押し上げられた。これはグロース株とバリュー株の比較でも見られる問題である。シクリカルな分野の多くの銘柄はPERが低く、多くのディフェンシブな銘柄は経済

図表8.22 セクター構成を調整すると、アメリカとヨーロッパのEPS の差異はおよそ半分になる——S&P500とTOPIXのEPS は2006年に高値を付けたが、ヨーロッパ（SXXP）と日 本を除くアジア（MXAPJ）は2007年に高値を付けた

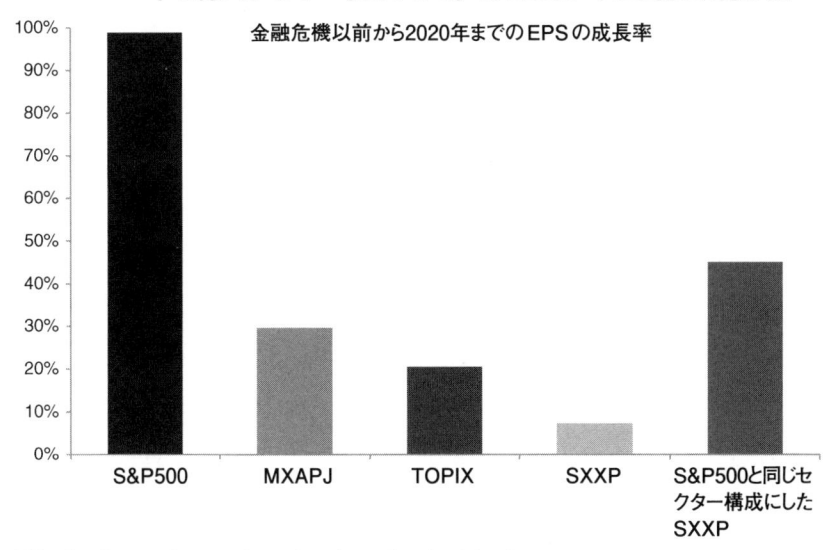

出所＝ゴールドマン・サックス・グローバル・インベストメント・リサーチ

環境が不確実な時期にこそより高い成長を示すと考えられており、 より重要なことにその成長は予見可能だと考えられているからであ る。

　第4に、債券利回りが低下したことで、ボラティリティが低く、 バランスシートが健全な企業（**図表8.20**）だけでなく、よく「ク オリティー」と表現される企業の価値が増大した。経済や政治が不 確実な環境でこのような投資スタイルが好まれた結果、将来の収益 が安定し、予見可能性の高い企業にプレミアムが付いた。

６．アメリカが世界各国をアウトパフォーム

　投資家の選好がバリュー株よりもグロース株に移ったことは、世界各国の相対的なパフォーマンスに大きな影響を及ぼした。リーマンショック以降、アメリカの株式市場が世界の株式市場をアウトパフォームする劇的なトレンドが続いているが、これはアメリカとヨーロッパの株式市場のパフォーマンスを比較すると特に明白になる。**図表8.21**はS&P500とユーロSTOXX600（ユーロ圏の主要な株式ベンチマーク）の長期的な相対パフォーマンスを示している。1990〜2007年までは明確なトレンドはなかった。これら市場の相対パフォーマンスはシクリカルで、アメリカがアウトパフォームするときもあれば、ヨーロッパがアウトパフォームするときもあった。リーマンショック以降の期間には、アメリカの株式市場がアウトパフォームするトレンドが続いている。

　ここで興味深いのは、この相対パフォーマンスのトレンドがバリュー指数とグロース指数の相対パフォーマンスと深く関連していることである。アメリカは、急成長するハイテク企業が集中していることから、グロース株の市場と考えられている。対照的に、ヨーロッパ市場は重工業や自動車やコモディティや金融などの比較的成熟した低成長の業界で「割安な」企業が多くを占め、高成長企業が市場に占める割合は小さい。

　リーマンショック後に現れた地域ごとの株式パフォーマンスの大きな差異は、主要な株式市場のEPSの成長率の違いも反映している。例えば、**図表8.22**のように、リーマンショックが始まる直前のEPSが高値を付けた水準から、2020年のパンデミックの発生までにアメリカのEPSは80％ほど増大した。この多くはハイテク部門が

生み出したもので、この部門を除外しても、EPSの水準は75％も増大した。

同様に、日本でも20％増大したが、ヨーロッパ全体（ここではSTOXX600で代表。つまり、ヨーロッパで上場している上位600社）ではEPSの増大はたった7％だった。アメリカと同様に、株式市場における業界のウエートが重要となる。アメリカでは、大きな割合を占めるハイテク企業が利益を押し上げたが、ヨーロッパでは利益が減少している銀行の占める割合が大きかった。ヨーロッパにおけるセクターのウエートがアメリカと同じになるよう調整してEPS成長率を算出すると、利益成長ははるかに大きくなり、45％近くになる。

ゼロ金利とリスク資産に対する需要

リーマンショック後のゼロ金利やマイナス金利でもう1つ興味深いのが、年金基金や保険会社など長期投資を行う機関投資家たちのリスク資産に対する選好に影響を与えたことである。

これら機関投資家に対する大きな影響の1つが、金利が低下すると、年金基金や保険会社の将来の負債の正味現在価値（将来のキャッシュフローの割引価値）が増大することである。典型的な確定給付年金制度では、長期債の利回りが100ベーシスポイント低下すると、その他すべての条件を同じとすれば、負債は20％ほど増大する（Antolin, P., Schich, S. and Yermi, J. [2011]. The economic impact of protracted low interest rates on pension funds and insurance companies. OECD Journal : Financial Market Trends,2011[1], pp. 237-256）。

図表8.23　年金基金や保険会社は引き続き債券投資に注力し、株式は無視している――ユーロ圏の年金基金と保険会社による株式と長期債への四半期ごとの資金流入（10億ユーロ）

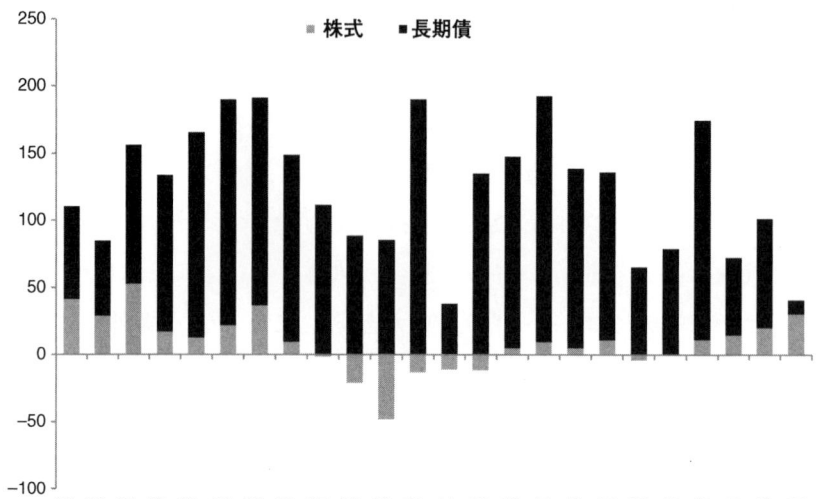

出所＝ゴールドマン・サックス・グローバル・インベストメント・リサーチ

　OECD（経済協力開発機構）は次のように述べている。「将来の見通しにおいて主に懸念されるのは、金融市場のリターンが増大するとき、受益者や加入者に約束したリターン水準を満たそうとして年金基金や保険会社がどの程度『利回りを追い求める』ようになるかだが、それは支払い不能に陥るリスクを高めかねない」（資産負債配分や「利回りを追いかける」ことのリスクに関する議論は以下を参照。OECD Business and Finance Outlook 2015, Chapter 4 : Can pension funds and life insurance companies keep their promises?）。

　アメリカではその影響がはっきりと分かるが、結局のところ、無リスク金利や調達金利が低下するにつれ、機関投資家はより多くのリスクをとるようになった（Gagnon, J., Raskin, M., Remache, J.

and Sack, B. [2011]. The financial market effects of the Federal Reserve's large-scale asset purchases. International Journal of Central Banking, 7[1], pp. 3-43。著者たちは、債券利回りが低下するにつれ、アメリカのバランスシートが脆弱な州や地方の年金スポンサーがリスクに対するイクスポージャーを高めていることを発見した。彼らの推定によると、基金の全体のリスクの3分の1ほどが、積立不足や2002〜2016年の低金利に関連していた)。また、利回りを追い求めたのは機関投資家だけでなく、一般投資家にも当てはまったことを示す証拠もある（Lian, C., Ma, Y. and Wang, C. [2018]. Low interest rates and risk taking : Evidence from individual investment decisions. The Review of Financial Studies, 32[6], pp. 2107-2148)。

　また、金利の低下は不足額の正味現在価値を増大させるため、将来に多額の年金負債を抱える年金基金や企業には大きな影響があった（Antolin, P., Schich, S. and Yermi, J. [2011]. The economic impact of protracted low interest rates on pension funds and insurance companies. OECD Journal : Financial Market Trends, 2011[1], pp. 237-256)。保険会社にとっては、金利の低下は生命保険契約の予定利率を脅かし、下落に対する耐性を低下させかねないが、国債への投資が占める割合を高めれば、構造的にリターンの低下から逃れられなくなる（Belke, A. H. [2013]. Impact of a low interest rate environment - global liquidity spillovers and the search-for-yield. Ruhr Economic Paper No. 429)。

　とりわけヨーロッパなどの地域では、規制によって年金基金や保険会社は株式に高いリスクウエートを適用しており、それがリスク資産のウエートを高めることを難しくしている。そのため、債券の

需要が増大した。結果として、金利や負債のリスクをヘッジする必要から債券に対する需要が増大したことが、債券利回りにはさらなる下落圧力となった。**図表8.23**のとおり、総じてヨーロッパの年金基金や保険会社は、債券利回りがゼロを下回っても、近年は国債などの債券投資に注力し続けている。後に見るように、問題はコロナパンデミック後にインフレが発生したことで、金利が再び上昇し始めると、資産と負債のミスマッチのリスクが拡大したことである。

　まとめると、2009〜2020年のスーパーサイクルを特徴づける要素は6つあった。

1. 名目、実質ともにGDP成長率で見ると、景気変動は比較的緩やかだったが、異常なまでに積極的な金融緩和とQEが実施された時期だった。
2. 金利が引き下げられたにもかかわらず、長期的な成長予想は穏やかなもので、ヨーロッパ諸国の企業部門の平均的な収益成長は低かった。
3. 経済成長と利益成長が平均よりも低かったにもかかわらず、金融市場は債券市場（政策金利とインフレは落ち着いていた）も、株式や信用市場（金利の低下がバリュエーションを押し上げた）も異常なまでに強かった。
4. インフレ期待は急激に低下し、債券利回りは世界全体でも各国でも記録的な水準まで低下した。
5. 低成長と記録的な低金利の影響で、インカムや成長が比較的限られたことで、株式の分野ではボラティリティの低いクオリティー株やグロース株が、債券では高利回りの社債など利回りの獲得につながる資産が相対的に高いパフォーマンスを示した。

6. リーマンショックとその後の回復は、長期的な大きなサイクルまたはスーパーサイクル、そしてハイテク分野へのシフトと同時に発生した。この結果、かなり少数の超巨大企業に収益や利益が急速に集中するようになり、その多くはアメリカを拠点としていた。このことと、国内経済の好転が結びついたことが、アメリカの株式市場が世界のほとんどの市場に比べて比較的優れたリターンを達成する要因となった。

第9章
パンデミックと「ファット・アンド・フラット」リターン
The Pandemic and the Return of 'Fat and Flat'

「経済活動が崩壊する度合いとスピードは……われわれの人生で経験したことのないものだ」──ギータ・ゴピナート

パンデミックが経済に及ぼしたショックによって、株式投資家が手にするリターンは低下した（**図表9.1**）。市場は政府の支援とコロナワクチンの投入で回復した。

パンデミックの大混乱

新型コロナウイルスのパンデミックの発生はディスインフレとQE（量的緩和）、そして記録的な低金利を特徴とする時代の終焉の先触れとなったが、総じて為政者や投資家たちは不意を襲われた。

パンデミックの衝撃

新型コロナウイルスの発生とそれに続くパンデミックの結果、世界の経済活動は頓挫した。世界の株式市場は弱気相場に突入し、第

図表9.1　パンデミックが「ファット・アンド・フラット」リターンの先触れとなる

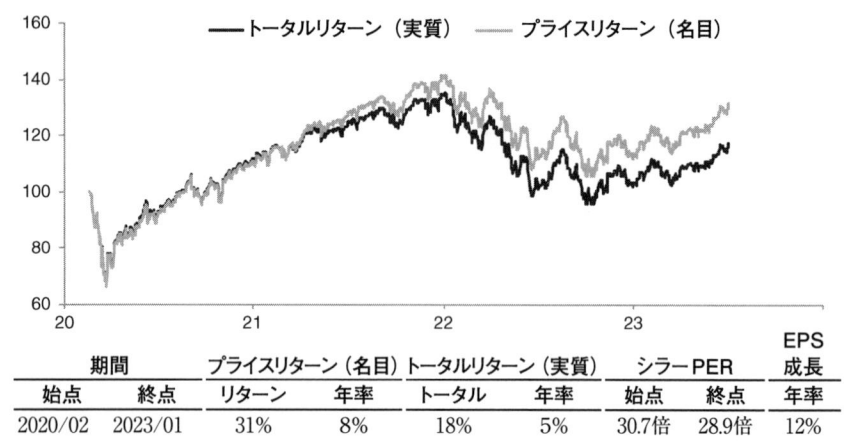

	期間	プライスリターン（名目）		トータルリターン（実質）		シラーPER		EPS成長
始点	終点	リターン	年率	トータル	年率	始点	終点	年率
2020/02	2023/01	31%	8%	18%	5%	30.7倍	28.9倍	12%

注＝シラーPERはバリュエーション指標で、これは指数の価格水準をインフレ調整後のEPSの10年分の平均で割り算出
出所＝ゴールドマン・サックス・グローバル・インベストメント・リサーチ

2次世界大戦以降、最も急激な株価の下落を示した。2020年3月8日、アメリカの株式市場は7％下落して寄り付き、2007〜2008年のリーマンショック以降初めて取引が一時中断された。各国の株式市場もそれに続き、ヨーロッパの大企業からなるSTOXX600指数は年初の水準から20％以上下落した。景気後退の懸念が高まるにつれ、国債の利回りは急落し、米10年物と米30年物の国債利回りは史上初めて1％を下回った（Franck, T. and Li, Y. [2020, March 8]. 10-year Treasury yield hits new all-time low of 0.318% amid historic flight to bonds. CNBC）。

　政府が次々に経済活動をシャットダウンさせたことで、世界経済は突然暗礁に乗り上げた。2020年4月の第1週までに、世界の人口の半分を超える39億人がロックダウンの対象となり、不安とパニック買いを引き起こした（**図表9.2**。Sandford, A. [2020, April 2].

図表9.2　2020年3月、新型コロナウイルスによる1回目のロックダウンの前日、ロンドンのスーパーマーケットの棚は空になった

出所＝ピーター・C・オッペンハイマー

Coronavirus : Half of humanity on lockdown in 90 countries. Euronews)。

　ほとんどの経済分野で、生産高が大幅に減少し、2020年最初の3カ月で、G20（先進20カ国）全体で前年比3.4％の下落となった（Organisation for Economic Co-operation and Development [2020]. G20 GDP Growth - First quarter of 2020)。

　サービス業への依存度が高いため、経済がとりわけ脆かったイギリスでは、2020年のGDP（国内総生産）は11％減少した。これは一貫したデータが取れる1948年以降、最も急激な減少で、1709年の大寒波以降最大の縮小だった（**図表9.3**）。

　1回目のロックダウンが行われた2020年4月のイギリスのGDPは2カ月前よりも25％も低かった（Harari, D., Keep, M. and Brien,

**図表9.3　2020年、イギリスのGDPは1700年代以降で最も急激に
減少──イギリスの実質GDPの年成長率**

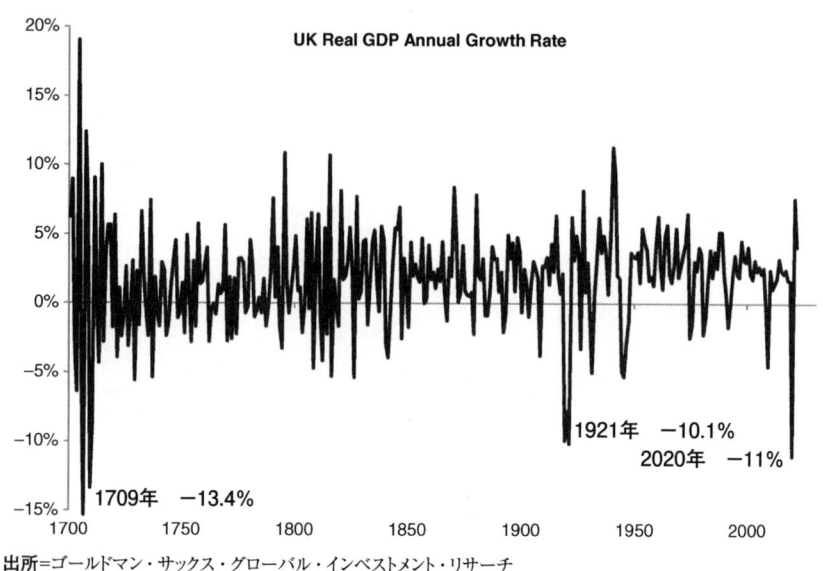

UK Real GDP Annual Growth Rate

1921年　−10.1%
2020年　−11%

1709年　−13.4%

出所＝ゴールドマン・サックス・グローバル・インベストメント・リサーチ

P. [2021]. Coronavirus : Effect on the economy and public finances.
House of Commons Briefing Paper No. 8866）。社会や雇用に幅広
い影響が及んでいることはすぐに明らかになった。パンデミック期
間中、世界中の学校や大学が閉鎖され、15億人以上の学生が影響を
被り、最も弱い立場にある学生たちが最も大きな被害を被った
（UNESCO [2020]. Education : from school closure to recovery.
Available at https://www.unesco.org/en/covid-19/education-
response）。

　2020年3月までに、アメリカでは660万人の労働者が失業申請を
行い、英商工会議所は2020年4月初頭までに企業の32％が従業員を
レイオフすることになると伝えた。世界の労働者の収入は2020年最

初の９カ月で10％減少した。これは３兆5000億ドル超の損失に相当する（Strauss, D. [2020, September 23]. Pandemic knocks a tenth off incomes of workers worldwide. Financial Times）。

　大量失業の懸念が高まっていた。セントルイス連銀総裁のジェームズ・B・ブラードは、緊急措置を講じなければアメリカの失業率は30％まで上昇しかねないと主張した（Matthews, S. [2020]. U.S. jobless rate may soar to 30%, Fed's Bullard says. Available at https://www.bloomberg.com/news/articles/2020-03-22/fed-s-bullard-says-u-s-jobless-rate-may-soar-to-30-in-2q）。迅速な行動が必要だった。各国政府は借り入れを増やし、広範囲に及ぶ支援策を講じた。G20は2020年５月までに９兆ドルに上る財政支援策を実行した。これは平均するとGDPの4.5％に相当し、モラルハザードの問題が政府による介入をより複雑なものにしたリーマンショックのときよりも大きな支援策となった（支援策は大きな影響を及ぼした。例えば、アメリカでは従業員を抱える企業の61.7％が給与保護プログラムによる資金援助を申請し、2020年の新型コロナウイルスのパンデミック期に58.3％が援助を受けた。United States Census Bureau [2022]. Impacts of the COVID-19 pandemic on business operations. Available at https://www.census.gov/library/publications/2022/econ/2020-aces-covid-impact.html）。

　経済活動が混乱したことで原油価格はマイナスになった。2020年４月、貯蔵能力が著しく不足していたことで供給が大幅に過剰となっていたことから、原油の買い手は先物取引が納会を迎えると、WTI（ウェスト・テキサス・インターミディエイト）は１バレル当たり30ドルほどを受け取り、現受けされた（Reed, S. and Krauss, C. [2020, April 20]. Too much oil : How a barrel came to

図表9.4　中央銀行のバランスシートは2007年から大幅に拡大──中央銀行のバランスシートがGDPに占める割合（%）

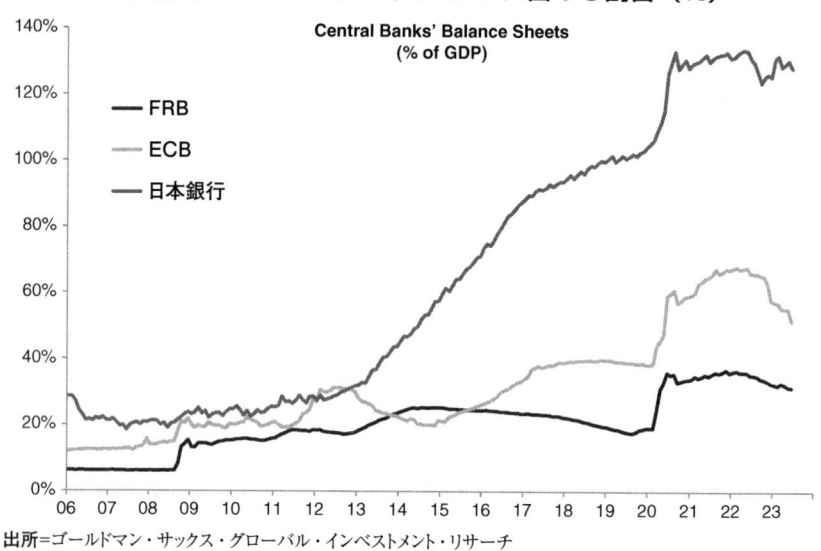

出所＝ゴールドマン・サックス・グローバル・インベストメント・リサーチ

図表9.5　FRBは2007年からバランスシートを大幅に拡大──FRB加盟銀行が保有するアメリカの国債と政府機関債（兆ドル）

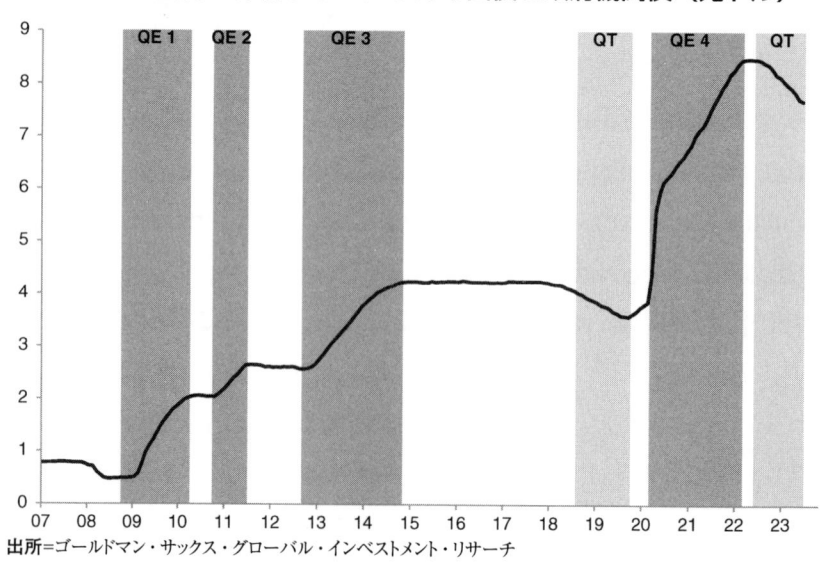

出所＝ゴールドマン・サックス・グローバル・インベストメント・リサーチ

図表9.6　2020年、金利は近代史上最低水準まで下落

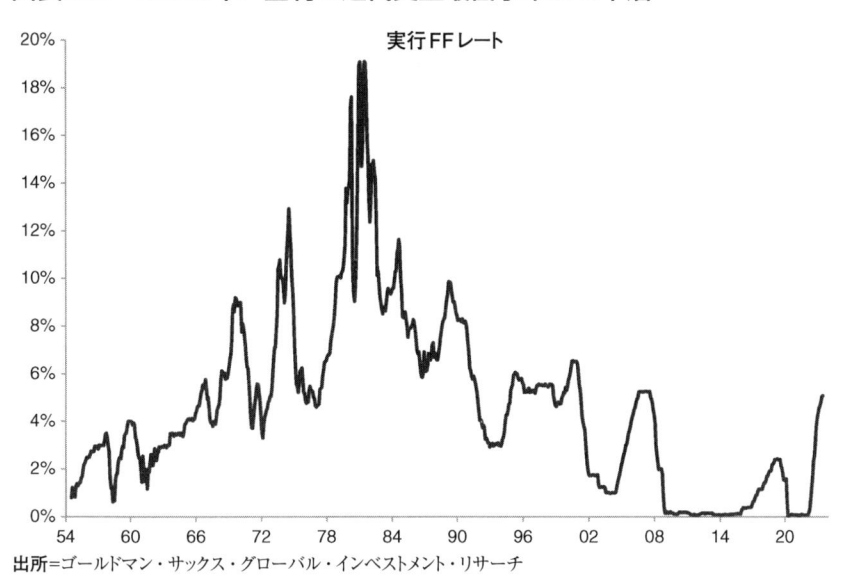

出所=ゴールドマン・サックス・グローバル・インベストメント・リサーチ

be worth less than nothing. The New York Times)。

　経済危機と財政支援の増大の結果、政府の債務は大幅に増大した。

　一方、中央銀行は巨額の資金を経済に投入し続けた。2007年のリーマンショックから2021年までに、ECB（欧州中央銀行）のバランスシートは4倍以上となり、日本銀行は6倍、アメリカのFRB（米連邦準備制度理事会）は8倍になった（**図表9.4**、**図表9.5**）。結果として、ECBのバランスシートは2021年初めの時点でユーロ圏のGDPの60％超に相当する7兆ユーロを超え、日本銀行のバランスシートはGDPの130％まで拡大した（Cerclé, E., Bihan, H. and Monot, M. [2021]. Understanding the expansion of central banks' balance sheets. Banque de France Eco Notepad, Post No. 209)。

　その結果、金利はさらに下落し（**図表9.6**）、今回は史上最低の水準に達した。

もう1つのハイテクバブル

ロックダウンの規模と制限が拡大したことで大きな利益を得たのがハイテク企業であり、株価の回復はここでも一極に集中した。消費者たちが自宅に留まることを余儀なくされたことで、ハードウェアや技術サービスに対する彼らの需要が急拡大した。トゥイリオの調査によると、パンデミックによってデジタルトランスフォーメーションは6年加速した。彼らの報告では、企業幹部の97％が新型コロナウイルスゆえにデジタルトランスフォーメーションを加速させ、79％がデジタルトランスフォーメーション向けの予算を増大させたという（Koetsier, J. [2020]. 97% of executives say Covid-19 sped up digital transformation. Available at https://www.forbes.com/sites/johnkoetsier/2020/09/10/97-of-executives-say-covid-19-sped-up-digital-transformation/）。

2021年、大型のハイテク株で最も高いパフォーマンスを示したのが半導体メーカーのエヌビディアで、株価は127％上昇し（2020年3月から350％超の上昇）、時価総額は7410億ドルとハイテク銘柄では7番目に大きな銘柄となった（Levy, A. [2021, December 24]. Here are the top-performing technology stocks of 2021. C)。

その後、同社の株価は2022年に高値から50％以上下落した。だが、2023年にはAI（人工知能）に関連する楽観論を背景に新高値を付け、アメリカで5番目に大きな銘柄となった（2022年10月の安値から300％上昇し、時価総額は1兆ドルを超えた）。

ズームなどのその他のハイテク企業もこれまで以上に上昇した（2020年3月から10月の高値までに700％超の上昇）。だが、その後ロックダウンが終了すると、株価はコロナ前の水準になった。一方、

異常に低い資本コストに支えられて、新しい事業に資金を投じるプライベートエクイティ市場への資金流入が増大した。フィナンシャル・タイムズによると、2021年、アメリカのハイテクのスタートアップ企業に3300億ドルの資金が投じられ、これは2020年の2倍に相当した。ちなみに、2020年の金額もその3年前の水準から倍増していた（Waters, R. [2022, August 1]. Venture capital's silent crash : When the tech boom met reality. Financial Times）。

　ベンチャーキャピタル投資（アーリーステージの投資）も増大した。ファクトセットの推定によると、2021年、世界全体でベンチャーキャピタルに6000億ドル以上が投じられ、これは2020年の総額の2倍以上だった（Haley, B. [2022]. Venture capital 2021 recap—a record breaking year. Available at https://insight.factset.com/venture-capital-2021-recap-a-record-breaking-year）。低金利がバリュエーションのさらなる拡大を支えた。ベンチャーキャピタルが支援する500以上の企業が2021年に「ユニコーン」（バリュエーションが10億ドルを超える企業）となったが、これは2020年にバリュエーションがその額に達した企業の3倍ほどである（ファクトセット）。未公開市場でバリュエーションが100億ドルに増大したスタートアップ企業もあった。ちなみに、そのなかには暗号通貨取引所を運営するFTXトレーディングもあり、バリュエーションは250億ドルに達したが、2022年11月11日に破綻した。

　マッキンゼーによると、プライベートエクイティ業界の資金調達は2021年に20％、1兆2000億ドル増大した。運用残高は史上最大の10兆ドルほどに増大した（Averstad, P., Beltrán, A., Brinkman, M., Maia, P., Pinshaw, G., Quigley, D., et al. [2023]. McKinsey Global Private Markets Review : Private markets turn down the volume.

Available at https://www.mckinsey.com/industries/private-equity-and-principal-investors/our-insights/mckinseys-private-markets-annual-review）。

　超低金利と政府による雇用維持スキームによって、一般投資家の株式に対する需要は増大した。一般投資家には、上場株式以外には十分なリターンを生み出す代替的な資産がなかった。いわゆる、TINA効果だが、「代替案がない」という意味だ（「There is no alternative」という言葉はサッチャー政権時代に生み出されたもので、当時は政治的スローガンとして使われた）。2021年1月だけでも、およそ600万のアメリカ人が証券取引のアプリをダウンロードし、2020年にすでにダウンロードしていた1000万人の輪に加わった（Deloitte Center for Financial Services [2021]. The rise of newly empowered retail investors. Available at https://www2.deloitte.com/content/dam/Deloitte/us/Documents/financial-services/us-the-rise-of-newly-empowered-retail-investors-2021.pdf?ref=zoya-blog）。

　このバブルの最も象徴的なシンボルの1つが、ミーム株（レディットなどの投資家向けプラットフォームを提供するソーシャルメディアを通じて、個人投資家のカルトのような支持を獲得した企業）の出現だった。おそらく、最も悪名高い企業はビデオゲームのゲームストップ・コーポレーションだろう。同社の株式はヘッジファンドの空売りの標的となり、浮動株の140％ほどが空売りされた（ヘッジファンドは、株価が下落したら、安値で買い戻すことで利益を獲得することを期待して、手数料を支払って株式を「借り」、空売りを仕掛ける）。同社の株式は2020年夏の5ドルから2021年1月には300ドル超まで上昇した。その後、483ドルの高値を付けたことで、

巨額の損失を被ったヘッジファンドもあった（Kaissar [2021].
GameStop Furor Inflicts Lasting Pain on Hedge Funds.
Bloomberg）。

　アメリカでは雇用維持のための給付金に活気づいた個人投資家た
ちがさらにレバレッジを掛けるようになった。フォーブスによると、
証拠金債務の残高（株式を買うために借り入れた資金）は2021年初
頭に過去最大の7780億ドルに達し、これはハイテクバブルのピーク
だった2000年3月の金額の37倍ほどになる。一方、現金に対する証
拠金債務の比率（投資家が保有する現金残高に対する株式投資の資
金に充てられた債務の比率）は、ハイテクバブルのピーク時が79％
だったのに対し、72％となった（Ponciano, J. [2021]. Is the stock
market about to crash?）。

　この極めて低い資本コストの恩恵を受けた「ハイテク」熱は公開
市場にも流れ込んだ。11月19日、ハイテク銘柄が多いアメリカのナ
スダック株価指数は1万6057という史上最高値を付け、これはその
年の3月の底から驚くべきことに133％も高い値である。2021年末
までに、アメリカの株式市場のバリュエーションはほとんどの指標
で歴史的な高値となった。

　株式市場では、リーマンショック以降は支配的になっていたが、
ハイテクセクターのパフォーマンスがますます市場を引っ張るよう
になった。このセクターは概して利益成長が高く、パンデミック期
にオンラインやハイテクのプラットフォームに費やす資金が急増し
たことで、ハイテク企業の相対的な競争優位を高めた。これら「グ
ロース」企業の将来のキャッシュフローのバリュエーションは金利
が低下するにつれ劇的に増大した（**図表9.7**）。

　最大規模の銘柄がますます大きくなり、主要指数に占める割合も

図表9.7　バリュー株に対するグロース株のプレミアムは2018年以降急拡大──12カ月の予想PERプレミアム

出所＝ゴールドマン・サックス・グローバル・インベストメント・リサーチ

大きくなった。アメリカの最大規模のハイテク企業（フェイスブック、アップル、アマゾン、マイクロソフト、アルファベット［グーグルの親会社］）は市場全般をアウトパフォームし続けた。2020年7月までに、これら5社は年初から30％ほど上昇していたが、その他の銘柄は事実上横ばいだった。これらビックテック企業がS&P500の時価総額に占める割合は22％まで増大し、これは1980年代初頭以降、最大の集中度である（Scheid, B. [2020]. Top 5 tech stocks' S&P 500 dominance raises fears of bursting bubble. これまでに集中度の年平均が最も高くなったのは1982年で、当時AT&T、IBM、エクソン、GE、GMの時価総額の合計が市場全体の17％に達したが、これらの銘柄はさまざまな業種に散らばっていた）。

　バブルの懸念をさらに高めたのが、近年のIPO（新規株式公開）の急増に見られる例外的な特徴だった。つまり、SPAC（特別買収

目的会社）や「白紙の小切手」企業の隆盛で、これはある企業を買収合併することで、その企業を上場企業とする投資手段である。SPACのIPOは2020年のアメリカのIPOの50％以上を占め、これは記録上圧倒的に高い数字である。2021年最初の3週間だけでも、アメリカでは56のSPACが上場した（SPACはまずスポンサーが企業を設立し、アンダーライターと協力してSPACを上場させる。IPOに際して、SPACは1株と少数のワラントからなるユニットを売り出す。SPACのIPOで調達した資金は信託に預けられ、国債に投じられる。通常、SPACは2年以内に合併対象となる企業を決定し、実行するが、さもなければSPACは解散となり、信託に預けられた資金は一般の株主に返還される）。

薬が効いた

　極端な政策支援と新型コロナワクチンの成功が結びついたことで、市場はさらに上昇した。2021年の金融市場のリバウンドの規模はかなりのものだった。

　巨額の財政拡大とゼロ金利政策とQEとワクチンの成功が組み合わさり、直前の絶望と同じくらいの速さで楽観論が広まった。2021年、S&P500は27％（配当を含めると29％）上昇し、これは1962年以降の年間リターンでは85パーセンタイルにランクされる。実際に、パンデミックにもかかわらず、2021年はS&P500の3年間（そして5年間）のパフォーマンスが1990年代後半以降で最良のものとなった。ハイテクバブル以外では、これよりも優れた3年間は1930年代までさかのぼらなければならない。同時に、かなりの政策介入があり、経済活動の崩壊という「テールリスク」は減少し、これが金融

図表9.8 2021年12月31日時点のS&P500のバリュエーションの絶対値と相対値──1972年以降のパーセンタイルのデータ

バリュエーション指標	指数全体		中央値の銘柄	
	2021年12月	パーセンタイル	2021年12月	パーセンタイル
アメリカの時価総額（対GDP比）	221%	100%	-	-
EV売上高倍率	3.5倍	100%	4.0倍	99%
キャッシュフロー利回り（CFO）	5.3%	98%	5.3%	100%
EV・EBITDA倍率	16.5倍	97%	15.1倍	98%
PBR	5.0倍	96%	4.5倍	100%
景気変動調整済PER	34.7倍	95%	-	-
予想PER	22.0x	3%	20.4倍	97%
フリーキャッシュフロー利回り	3.5%	63%	3.7%	73%
絶対評価での中央値		97%		99%
10年物国債の実質利回りとのイールドギャップ	582bp	63%	634bp	29%
投資適格債とのイールドギャップ	243bp	46%	295bp	33%
10年物国債の利回りとのイールドギャップ	326bp	42%	378bp	28%
相対評価での中央値		46%		29%

出所=ゴールドマン・サックス・グローバル・インベストメント・リサーチ

市場のボラティリティの低下に一役買った。ここで再びアメリカの株式市場を見ると、この間、S&P500の高値と安値の幅は最大でもたった5％ほどで、これは25年間（2017年は例外）で最も狭かった。ボラティリティに対するリターンの比率（もしくはシャープレシオ、ボラティリティで調整したリターン）は2.2で、史上83パーセンタイルに位置し、これは過去の平均のおよそ2倍だった。

　ハイテク株がバブルとなる一方、低金利のおかげでバリュエーションが拡大し、市場全般もますます過大評価されているようだった。**図表9.8**のとおり、アメリカの株式市場で最も広く観察されているバリュエーション指標は、過去の長期的な数値に比べて大幅に過大となった。これは指数で見た市場全般に当てはまることで、アメリカでは中央値の銘柄にも当てはまった。

図表9.9 長期的に比較すると、アメリカの株式市場は過大となっている――時価総額の対GDP比（％）

出所=ゴールドマン・サックス・グローバル・インベストメント・リサーチ

　もう１つの見方として、時価総額の対GDP比率を考えてみよう。もちろん、これら２つの指標はまったく異なるものである。GDPは単年の生産量の価額で、企業の価値は遠い将来の期待リターンを反映している。それでも、この比率は2000年のハイテクバブル期の高値をも凌駕した。これが反転し始めるのは、パンデミックが終息して、金利が上昇し始めてからだった（**図表9.9**）。

　パンデミックの弱気相場は新しいサイクルの始まりでもあり、そこではデフレ懸念（世紀の変わり目に発生したハイテクバブルの崩壊後、投資家が直面してきた主たるリスク）は薄れ始めていた。投資家が深刻な景気後退を懸念しなくなるにつれ、数年にわたって下落していた債券利回りは上昇し始めた。米10年物国債のリターンはマイナス４％で、これは８パーセンタイルにランクされる。

**図表9.10　アメリカの貯蓄率はパンデミック期に30％超まで急騰――
アメリカの個人の貯蓄率**

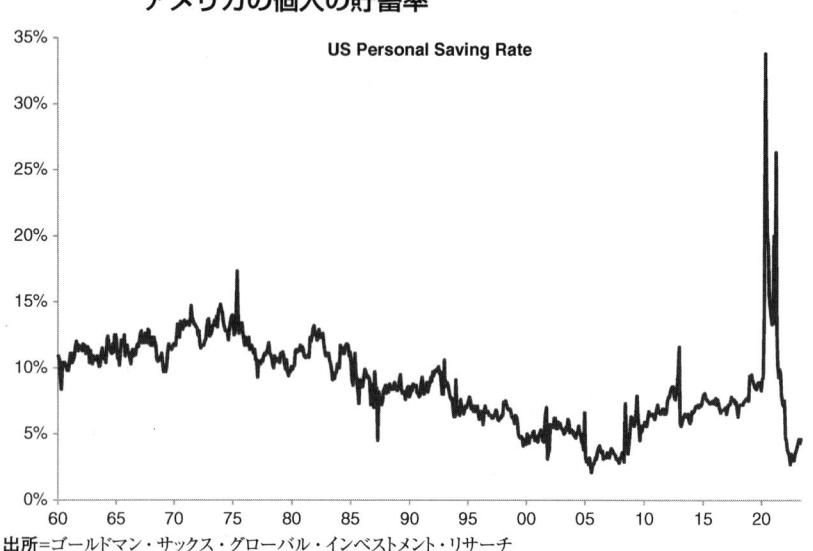

出所＝ゴールドマン・サックス・グローバル・インベストメント・リサーチ

S&P500と米10年物国債のリターンのスプレッドは33パーセントポイントとなり、これは95パーセンタイルにランクされる。

パンデミックとインフレ

　だが、2021年に市場を覆った楽観はもう１つの打撃を被りつつあった。今回はインフレの発生で、これは長きにわたって発生していなかったので投資家や政治家が無視していたリスクだった。世界銀行によれば、2021年末時点で、先進34カ国のうち半数以上、109の途上国の70％以上で、12カ月のインフレが５％を超えており、これは2020年末時点の２倍ほどの高さである。

　当初、インフレに関する問題の多くはパンデミックが引き起こしたサプライチェーンの問題、過剰貯蓄（**図表9.10**）、繰延需要が関

図表9.11　アメリカの総合CPIが向こう５年間で３％を超える確率が30%あることを市場価格が示唆

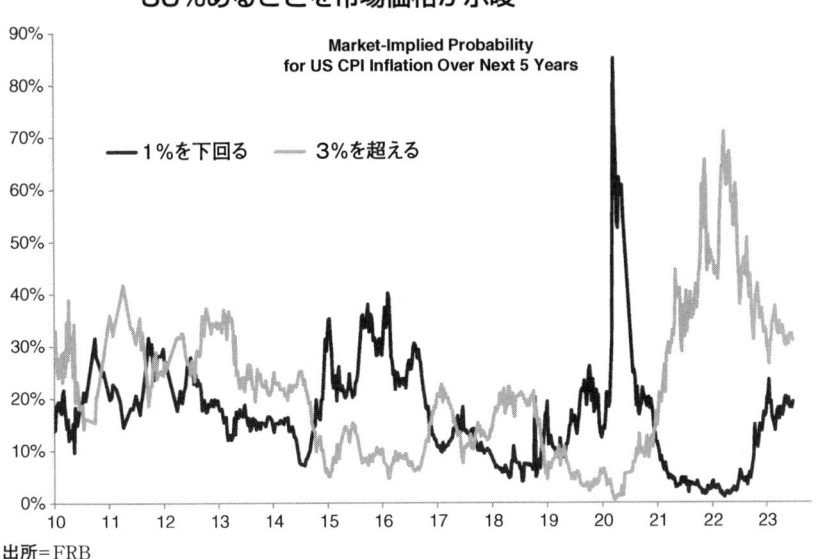

出所＝FRB

連しているように思われた。

　2022年１月までに、原油価格は2020年12月の水準から77％上昇した。ドル高は途上国経済には役に立たなかったが、それは多くの国々が被った通貨の下落が問題を悪化させたからだった。食糧価格も上昇し始め、途上国の79％で食糧価格は2021年に５％以上上昇した（世界銀行）。

　多くの国々でインフレ期待が上昇し始めたのは、リーマンショック前からでも初めてのことだった（**図表9.11**）

ディスインフレからリフレへ

リーマンショックによって、資産価格の暴落と民間部門のレバレ

図表9.12　資産価格のインフレと実体経済のインフレの大きな乖離 —— 自国通貨建てのトータルリターン（2009年1月〜2020年2月）

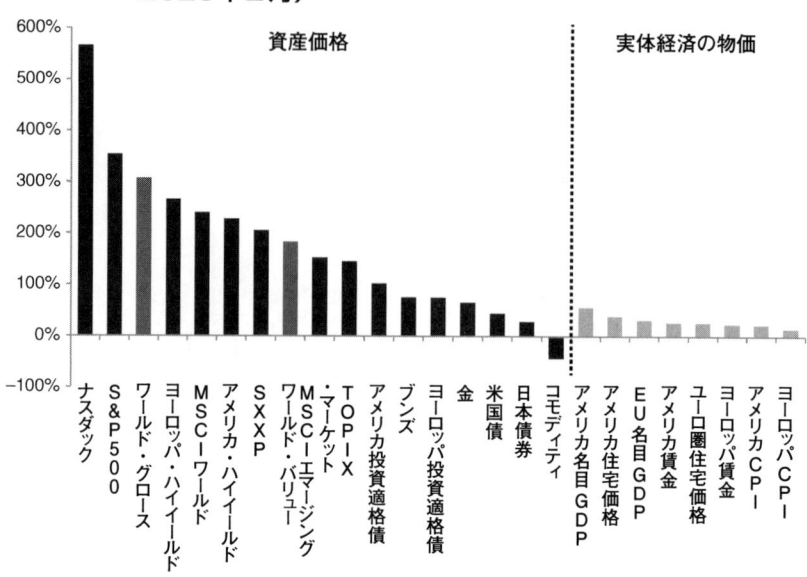

出所＝ゴールドマン・サックス・グローバル・インベストメント・リサーチ

ッジの解消で貯蓄が増大し、実体経済にはインフレ緩和の力が働いていた。だが、金利の大幅な低下とQEや関連する政策を通じた信用創造が伴い、最終的に資産価格の上昇につながった。

図表9.12のとおり、2009年以降、実体経済の物価はかなり落ち着いていたが、資産市場全般では価格が大幅に上昇していた。さらに、最も価格が上昇していたのがデュレーションの最も長いグロース資産（ナスダックや「グローバル・グロース」ファクター）で、一方、バリュー株が多い市場（ヨーロッパや日本）や、デュレーションが短い「グローバルバリュー」株が最も弱かった。

対照的に、パンデミック後の回復期、金融支援と財政拡大への転換と、時を同じくして起こった経済の記録的なまでに深刻な景気後

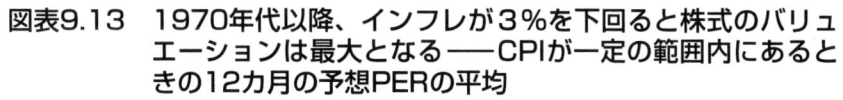

図表9.13　1970年代以降、インフレが３％を下回ると株式のバリュエーションは最大となる——CPIが一定の範囲内にあるときの12カ月の予想PERの平均

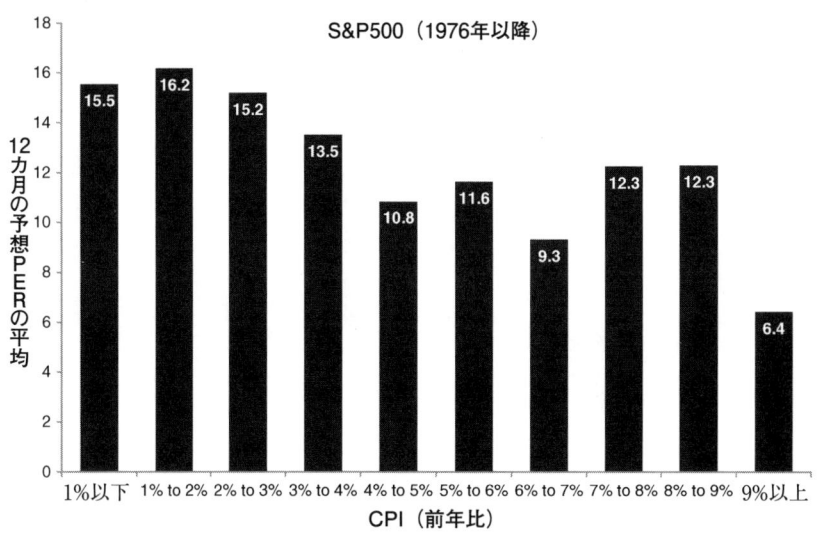

出所＝ゴールドマン・サックス・グローバル・インベストメント・リサーチ

退からの強力なリバウンドが相まって、リフレサイクルにつながった。ロックダウンが解除されようとしているなかで積み上がった貯蓄が繰延需要を押し上げていた時期に、サプライサイドの制約も大きな問題となった。

　図表9.13のとおり、平均すると、株式はインフレ率が１〜２％か、それを下回るほど低いときにバリュエーションが最大となり、景気後退の懸念が持ち上がるにつれ、バリュエーションは低下し始める。たいていの場合、高インフレにはバリュエーションの低下が伴う。

　インフレの水準と変化から別の見方をすることもできる。インフレが非常に低い水準から上昇しており、そして、デフレのリスクが低下するとき、もしくは高水準のインフレが落ち着きつつあるときが、株式市場には追い風になる傾向がある。

図表9.14　インフレが一定のレンジにあると、リターンは安定し、極端な状況から反転すると強気になる——月次の実質トータルリターンの年率平均（1929年９月以降のデータ）

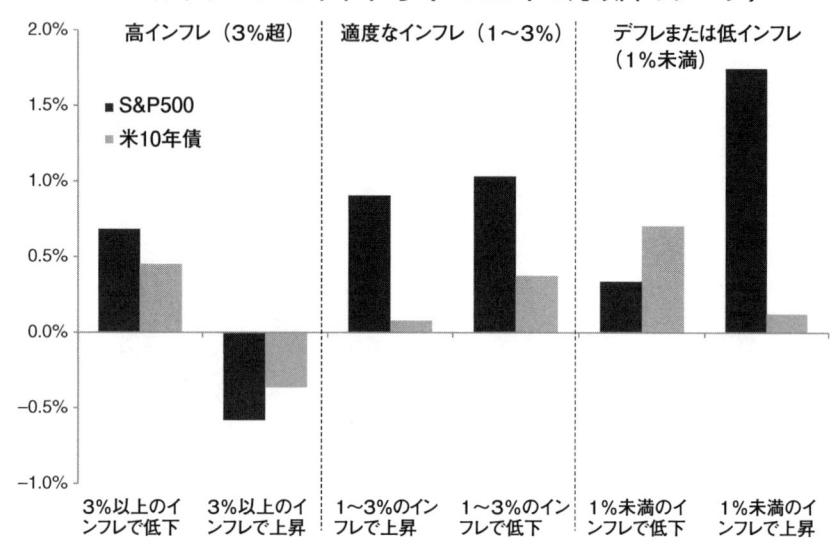

出所＝ゴールドマン・サックス・グローバル・インベストメント・リサーチ

　株式にとっても債券にとっても、最悪なのはインフレが高進して３％を超えることである（**図表9.14**）。対照的に、インフレが３％を超えていても、落ち着きつつある場合は市場に対する影響は少ない傾向にある。とりわけ株式では、インフレが１％を下回り上昇しつつあるときが、最も高いリターンが得られる傾向にある。これには景気後退からの回復やデフレリスクの減少（そのため、債券市場にはそれほどプラスには働かない）が伴うことが多い（Mueller-Glissmann, C., Rizzi, A., Wright, I. and Oppenheimer, P. [2021]. The Balanced Bear - Part 1：Low[er] returns and latent drawdown risk. GOAL - Global Strategy Paper No. 27. Available at：https://publishing.gs.com/content/research/en/reports/2017/11/28/

d41623eb-3dd2-4e45-a455-3d19d310e998.html）。

現実に立ち返る——実際の資本コストが上昇に向かう

　インフレが勢いを増すと、中央銀行は即座に金利を引き上げ始めた。インフレ期待と債券利回りが徐々に変化しても、株式市場に及ぼす影響は急速な変化よりも小さい傾向にある。株式市場は債券利回りが急激に変化する時期にはパフォーマンスが振るわない傾向がある。例えば、通常、債券利回りが2標準偏差よりも大きく上昇すると、S&P500のリターンは数カ月マイナスになる。

　金利は上昇を始めると、当初の水準が極めて低かったとは言え、急速なペースで上昇した。2022年の世界的な金利の上昇は、14世紀以降で11番目に速い変化であり、1900年以降では最も速い変化だった（**図表9.15、図表9.16**）。

　資本コストがこのスピードで変化すると、金融市場に急激な変化をもたらす可能性が高いが、実際にさまざま形でそれが現実となった。バリュエーションと分散が改めて重要となり、市場を主導するセクターは反転を始め、バリュー株がグロース株をアウトパフォームし、アメリカ以外の国がパフォーマンスを主導するようになった。

黄金律が再浮上する

　リーマンショック後のサイクルでは、投資にまつわる2つの黄金律が覆されたように思えた。1つ目は、分散はリスク調整済みリターンを増大させる、2つ目はバリュエーションが重要、つまり割高な投資対象は割安な投資対象よりもリターンは低くなる。だが、こ

図表9.15　2022～2023年の世界的な金利上昇は14世紀以降最も早い部類──世界の名目金利の５年間の変化（最後の値は2020～2023年の変化）

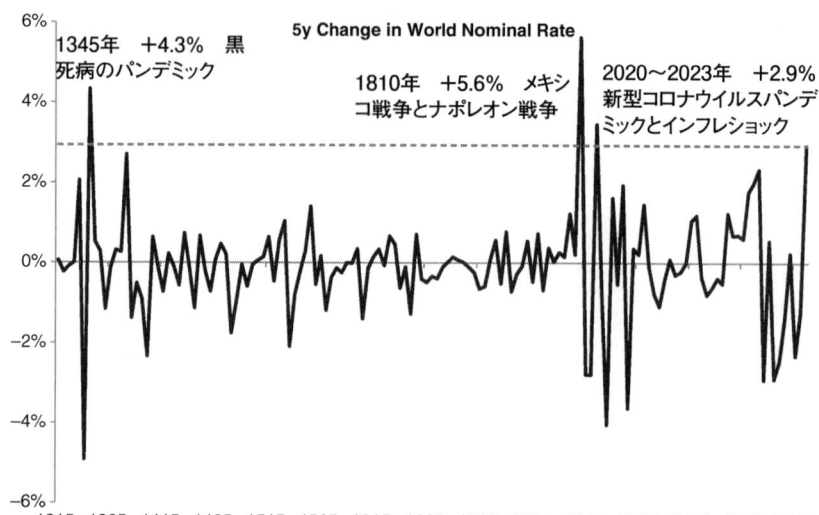

出所＝ゴールドマン・サックス・グローバル・インベストメント・リサーチ

図表9.16　2020年、世界の名目金利は記録的な低水準

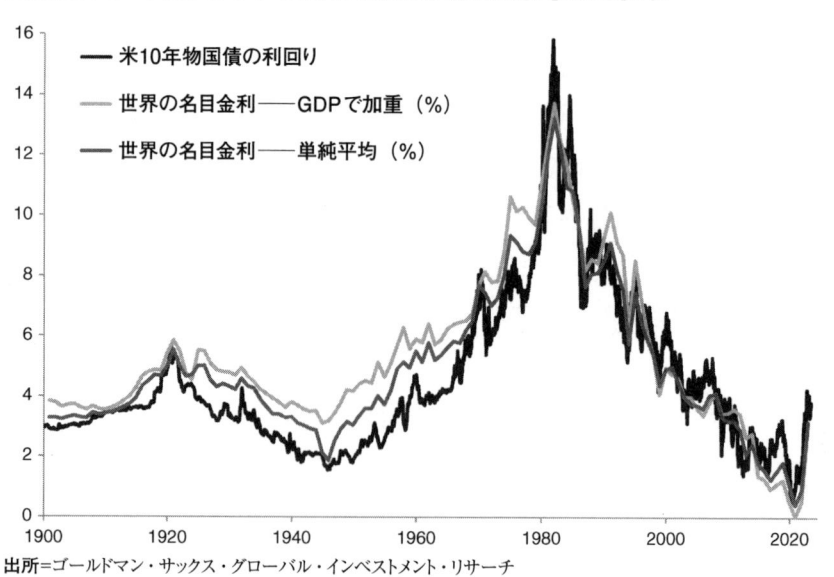

出所＝ゴールドマン・サックス・グローバル・インベストメント・リサーチ

れらの黄金律はもはや当てはまらないように思えた。資産市場に分散させてもリターンはそれほど増大しなかった。つまり、株式と債券を60％対40％とするシンプルな分散は1世紀にわたって最も高いリスク調整済みリターンを生み出し、ほかのアセットクラスに投資する必要もなかった。だが、株式の世界では分散は役に立たなかった。もっぱらアメリカ株、さらに言えばアメリカのハイテク株だけからなるポートフォリオは、業界や地理で分散させたいかなるポートフォリオも大幅にアウトパフォームした。

だが、2022年、分散が投資家の役に立ち始めた。例えば、実質資産と名目資産を組み合わせるとリターンは増大しただろう。株式の世界では、アメリカはもはやアウトパフォームしなかった。つまり、地理的に分散させたポートフォリオのほうがより高いリターンを達成した。資本コストが上昇するにつれ、改めてバリュエーションも意味を持ち始めた。リーマンショック以降初めて、バリュエーションが改めて重要となったのだ。

主導するセクター、そしてバリュー株への旋回

前に議論したとおり、リーマンショック後のサイクルではグロース企業（デュレーションが長い株式で、金利の低下から利益を得る）が優勢で、バリュー企業（通常は成熟し、かなり混乱した業界の割安企業で、インフレや金利の低下からマイナスの影響が最も大きい）を大幅にアウトパフォームした。

経済成長が拡大し、インフレ期待が上昇したことで、2008～2009年のリーマンショック以前から見ても初めて株式市場を主導する銘柄群が変化した。債券利回りの上昇と名目GDPの増大（実質GDP

＋インフレ）は、銀行や自動車や基本的な資源や建設などシクリカルなバリューセクターに最も前向きな効果をもたらした。これらは営業レバレッジが最も高い（世界の名目GDPの変化に対する利益のベータが最も高い）セクターでもあった。

グロースセクターにより大きなイクスポージャーをとっている市場（アメリカや中国など）もあれば、バリューセクターのイクスポージャーのほうが大きい市場（日本やヨーロッパなど）もあったので、インフレと債券利回りがセクターのリターンに与える影響は国によって異なっていた。コモディティや銀行などのバリューセクターは、利回りとインフレの上昇との相関が最も高いので、リーマンショック後の時期には最も出遅れていた。金利とインフレが上昇すると、それらの銘柄がアウトパフォームし始めた。相対パフォーマンスのパターンは1970年代の長期的な「ファット・アンド・フラット」の時期のパターンに似てきた。**図表9.17**を見れば、当時は金融資産のリターンが低く、概して実体経済のインフレには追い付かなかったことが分かる（チャートの右側）。ゴールド（金）や不動産やコモディティなどの実物資産のパフォーマンスが最も高く、アメリカの株式市場やナスダック（前者はその前に発生した「ニフティ・フィフティ」バブルの影響を被っていた）などデュレーションの長い株式が最も振るわなかった。**図表9.12**が示すとおり、このパターンは2009〜2020年のパターンとは正反対だった。

図表9.18を見ると、2022年以降の市場のリターンのパターンは、2009〜2020年の時期（**図表9.12**で示した）の反対で、1973〜1983年のパターン（**図表9.17**）によく似ていることが分かる。

今回は、実体経済のインフレが上昇（チャートの右側）すると、ほとんどの金融資産（左側）の価格が低下し、マイナスのリターン

図表9.17　1973〜1983年の資産価格のインフレと「実体経済」の インフレ（自国通貨建てトータルリターン）

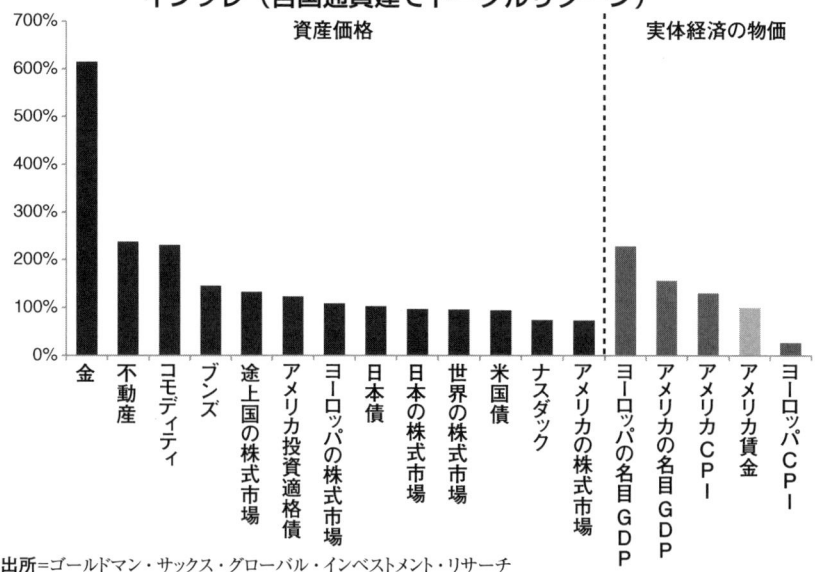

出所=ゴールドマン・サックス・グローバル・インベストメント・リサーチ

図表9.18　2022年以降のリターンのパターンはリーマンショック後 のサイクルから反転

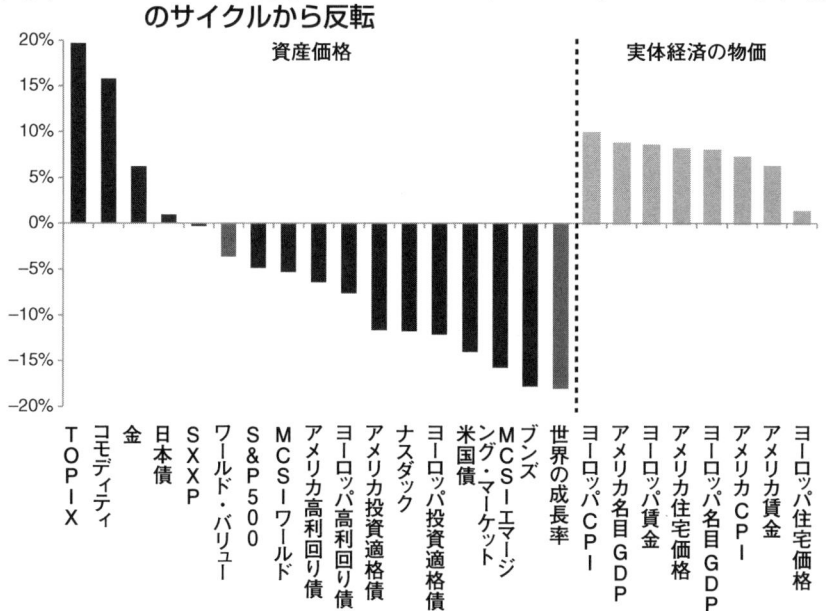

出所=ゴールドマン・サックス・グローバル・インベストメント・リサーチ

図表9.19　利益は改善したが、アメリカ対ヨーロッパのアウトパフォーマンスは反転 —— プライスリターンのパフォーマンスと12カ月の予想EPS（自国通貨建てのSTOXX600とS&P500の比較）

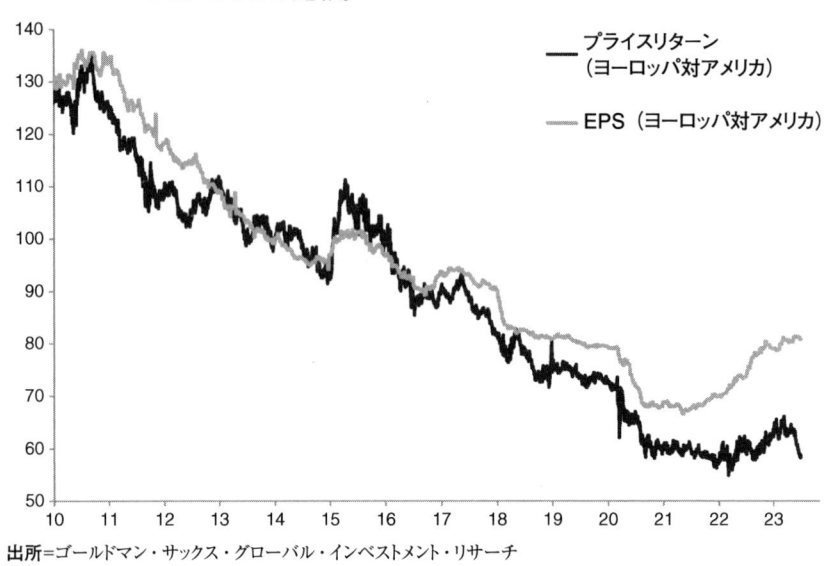

出所＝ゴールドマン・サックス・グローバル・インベストメント・リサーチ

を生み出した。市場も、ナスダックや世界的な高成長企業といった高成長戦略（低金利から大きな利益を得られる）やアメリカの株式市場ではなく、最もパフォーマンスの振るわなかった銘柄が主導するようになった。この変化から恩恵を受けたより伝統的な業界もあったが、それらはインフレの上昇からより大きな利益を得る企業である。例えば、コモディティセクターはコスト（原材料のコモディティ）の上昇分を消費者に転嫁でき、概して銀行も預金金利と貸出金利のスプレッドが大きくなるので、金利の上昇から利益を得る。1970年代のインフレ期と同様に、運転席に座ったのはコモディティや「実物」資産だった。

　インフレと金利の上昇は、アメリカのほかの国々に対するアウト

パフォーマンスも反転させた。ハイテクやほかの成長産業により大きなイクスポージャーを持つアメリカは、2009〜2020年のリーマンショック後のサイクルの低金利から不釣り合いなまでの利益を得ていた（**図表9.19**）。金利が低下した結果、長期的な将来の成長期待の正味現在価値は上昇した。

　同時に、金利が歴史的な低水準にあったことで、グロース企業は安価かつ豊富な資金を容易に入手できた。金利が急騰すると、この利益は縮小した。対照的に、銀行や電力会社や重工業や自動車会社やコモディティ生産者など、ヨーロッパや日本の株式市場で高いウエートを占めるより伝統的な業界は、パンデミック明けに需要が増大し、概してコストの上昇分の多くを消費者に転嫁できた。

第3部
ポストモダンサイクル

THE POST-MODERN CYCLE

第10章
ポストモダンサイクル
The Post-Modern Cycle

「われわれはポストモダンの世界に生きている。そこではあらゆること**が可能だが、確実なことはほとんどない」──バーツラフ・ハベル

　1982～2020年のスーパーサイクルをモダンサイクルと呼んでいる。それは異常に長く、またマクロのボラティリティ（経済活動やインフレ）の低さと資本コストの低下を特徴としていた点で、それまでの典型的なサイクルとは異なっていたからだ。

　もちろん、その間、危機は発生したが、主として金融市場は金利の引き下げという形をとった政策介入に反応して、力強くリバウンドした。投資家たちは成長の鈍化や外部からのショックに直面すると、政策支援を期待するようになっていた。当時、ほとんどの金融資産の投資リターンは、金利の下落から大きな影響を受けていた。

　QE（量的緩和）を特徴とするリーマンショック後の時代、株式市場は力強い回復を示したが、選択力が重要となった。リターンは「ファクター」、つまり主要な要素に対する企業のマクロ経済への感応度によって二分されるようになった。今回のケースでは、成長が

低い環境下でのゼロ金利の影響が重要だった。遠い将来に高い成長が見込まれる、いわゆるグロース（またはデュレーションが長い）企業は好調だったが、一方で成熟した産業の企業は供給過多となっていることが多く、徐々にアンダーパフォームした。

2021年、パンデミックによる制約と超低金利の時代が終わると、株式市場のリーダーとリターン特性は再び変化した。新たにインフレが発生すると、金利は緊急事態とも言えるリーマンショック後の歴史的な低水準から上昇せざるを得なかった。金利水準の変化は、ポストモダンサイクルに突入したときと同じように、経済システムと金融資産のバリュエーションに新たな規律をもたらしている。

当然ながら、投資家は短期的な市場の変曲点に焦点を当てる——例えば、金利がいつ下落するか、経済成長はいつ回復するかを評価しようとする——が、長期的なトレンドにはそれほど注目しない。変化している構造的要素をモダンサイクルと比較して検証することで、投資家はポストモダンサイクルのリスクとチャンスに取り組みやすくなる。

構造変化とチャンス

投資家にとって新たなパラダイムが少しずつ展開しているが、これはマクロ経済や政治的なダイナミズムの進展を反映している。前世代から優勢となっていた市場の主たる要素のいくつかは変曲点に達しつつある。

ポストモダンサイクルはモダンサイクルの特徴（低水準の金利と経済成長）だけでなく、伝統的なサイクル（1980年代以前のサイクルで、金利は上昇し、政府支出は拡大する傾向にあった）の要素も

反映したものとなるだろう。脱炭素化やリージョナリゼーションの高まり、AI（人工知能）の影響といった問題を巡るまったく新しい展開は新たなリスクとチャンスを生み出し、異なる勝者と敗者を生み出す可能性が高い。そして、新たな経済的・地政学的現実が姿を現すにつれ、異なる投資スタイルやチャンスが登場するだろう。

　概してモダンサイクルでは、経済的な問題が発生すると、それは需要の低下によるものである傾向があった。つまり、ショックの原因はさまざまで、その影響は消費の低迷と経済活動の鈍化を通じてもたらされた。とりわけリーマンショック後の時代にはこれが当てはまり、当時は民間部門がレバレッジを解消したこと（もしくは、失業率の上昇と住宅価格の下落に直面して貯蓄を増やす必要があった）によるマイナスの需要ショックが大きな要因となっていた。この期間は、低成長を伴う低金利と低インフレの時代だった。

　これらファンダメンタルズの要素の多くが長期にわたり安定していたので、モダンサイクルとリーマンショック後のサイクルを通して、投資家はこれらのトレンドが継続すると考えるようになった。

　対照的に、姿を現しつつあるサイクルは、需要の低迷だけでなく、パンデミックそれ自体から発生した一連のマイナスの供給ショックや、ウクライナ戦争にも同様の影響を受けている。数十年間で初めて、複雑に統合されたサプライチェーンや「ジャスト・イン・タイム」の在庫管理に頼ることに疑問が持たれるようになった。多くの企業が効率性よりも供給のレジリエンスに注意を払うようになっている。アメリカと中国の緊張によって、企業はサプライチェーンを分散させる必要性に注目するようになり、結果として、より地域ベースの経済モデルが登場し始めている。さらに、過少投資のせいで、失業率が歴史的に低いときにコモディティ市場はますます逼迫した

状態になっている。

モダンサイクルとの違い

まとめると、ポストモダンサイクルは次に挙げるダイナミズムが原動力となっているようだ。

1. **資本コストの上昇** 1980年代初頭から金利とインフレは低下傾向にあった。だが、QEからQT（量的引き締め）に転じたことで、それがいまや上昇傾向にある。このサイクルでは、名目値でも実質値（インフレ調整後）でも利回りが上昇する可能性が高い。
2. **成長トレンドの鈍化** 人口の増加率の低下は長期的な成長率のトレンドを引き下げるが、AIが生産性を高めることで相殺できるものと期待されている。
3. **グローバリゼーションからリージョナリゼーションへの変化** 1980年代後半以降、われわれはテクノロジー（より安価かつ効率的なコミュニケーション）と地政学（1989年にベルリンの壁が崩壊し、WTO［世界貿易機関］に1995年にインド、2001年に中国が加盟）によって引き起こされたグローバリゼーションが高まる時代を生きてきた。われわれは今、テクノロジーに後押しされたリージョナリゼーションが高まる時代に突入している。労働集約度の高い生産活動のコストが低下し、また減少してもいることで、オンショアリングやニアショアリングがますます可能となっている。脱炭素化も地域に基づいた生産活動の重要性を高め、地政学的な緊張の高まりや保護主義的な貿易政

策が異なるインセンティブを作り出してもいる。

4．**人件費とコモディティ価格の上昇**　過去20年はエネルギーと労働力が安価で豊富だったことが特徴だったが、パンデミックを脱し、労働市場とコモディティ市場が逼迫する環境にいる。

5．**政府支出と債務の増大**　1980年代初頭からわれわれが目撃してきたのは、規制緩和、より小さな政府、減税、企業の金利費用の低下、対GDP（国内総生産）比での利益の増大、企業の利益率の拡大であった。今は、規制の強化、より大きな政府（政府の活動がGDPに占める割合が増大）、増税、企業の金利費用の増大、対GDP比での利益の潜在的な減少といった時期に突入している。

6．**資本支出とインフラ支出の増大**　今世紀が始まってから、売上高に対する資本支出の割合（工場や設備など伝統的な資本財への投資）は、名目GDPが減少するなかで、低下傾向にあった。極めて低い資本コストに支えられて、新しい技術基盤やソフトウェアの構築に多額の投資資金が流入した。これは主に物理的な資本支出やインフラ支出の犠牲のうえに起こった。今後10年間にわたって、サプライチェーンを安全面、環境面、ESG（環境、社会、コーポレートガバナンス）の観点からシンプルなものにしたいという要請が国防費や脱炭素化に向けた支出増大と相まって、資本支出を増大させるだろう。

7．**人口動態の変化**　多くの先進経済国における高齢化は、扶養比率の上昇や政府の費用負担の増大と併せ、政府による借り入れと税負担を増大させる。

8．**地政学的緊張の高まりと多極化した世界**　ソ連崩壊後、一極化した世界は表面上は地政学的に安定した環境を生み出した。世

界秩序が多極化すれば不確実性は高まるかもしれないが、それとともに、リスクプレミアムと資本コストも上昇するだろう。

１．資本コストの上昇

　現代のディスインフレの時代は1980年代初頭に始まった。1979年夏にポール・ボルガーがFRB（米連邦準備制度理事会）議長に就任したとき、アメリカのインフレは11％を超え、米10年物国債の利回りは16％近くなっていた。需要に制限をかけてインフレを引き下げようとする金融引き締め策は長きにわたる低インフレと力強い成長の先触れとなり、サプライサイドの前向きな改革にも支えられた（**図表10.1**）。

　中央銀行の独立性の高まりと1990年代のインフレターゲットに後押しされたインフレの低下傾向は、2000年のハイテクバブル崩壊と2001年の中国のWTO加盟を受けて加速した。

　2008年のリーマンショック後、インフレはさらに低下したが、これは民間部門のレバレッジの解消と併せて、今一度、大きな需要ショックを引き起こした（リーマンショックの影響で需要は急速に減少し、2010年だけでもGDPの6分の1ほどになると推定されている。また金融機関の資産の評価損は2兆ドルを超える。Oxenford, M. [2018]. The lasting effects of the financial crisis have yet to be felt. Chatham House Expert Comment）。すでに見てきたとおり、株式は1980年代から世紀末、そしてハイテクバブルの崩壊に至るまで力強いパフォーマンスを示した。金融環境指数――金融政策の広範な影響を測る指標――はさらに下落に転じた（金融環境指数は、金融面の変数が経済活動に与える影響を推定する総合指数で、通常、変

**図表10.1　アメリカの金融情勢は2022年に大幅に引き締められた（ア
　　　　　　ミ部分はNBERが定義する景気後退期）**

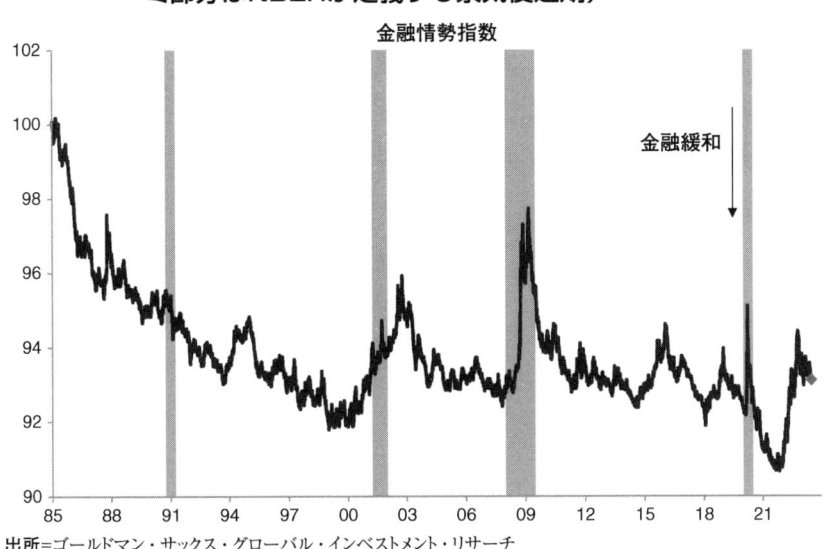

金融情勢指数

金融緩和

数には政策金利、クレジットスプレッド、株価、為替レートが含ま
れる）。

　この時期を通じて、株式のリターンは高かった。例えば、1982～
1992年のアメリカ株の10年間の実質リターンは年率で15％ほどだっ
た。同時に、金利が低下したことでそのリターンの大部分はバリュ
エーションの拡大（例えば、PER［株価収益率］の上昇）によるも
のだったが、企業利益の成長も好調だった。

　リーマンショックというトラウマのあとでさえ、株式はさらなる
金利の低下に支えられて長期的な強気相場を維持した。ちなみに、
S&P500のトータルリターンは2021年までの19年のうち17年でプラ
スだった。

図表10.2　パンデミック期は金融市場がインフレになる確率は極めて低いと判断していた──インプレオプション価格から推定されたインプライドインフレ率の分布

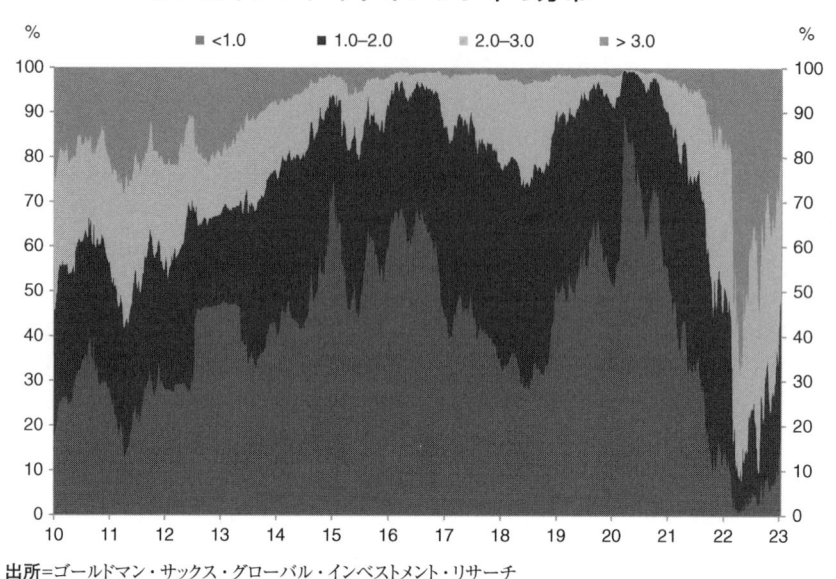

出所=ゴールドマン・サックス・グローバル・インベストメント・リサーチ

インフレの再発

　パンデミックの間、金融市場は将来にインフレや金利の上昇が起こる確率は極めて低いと判断していた（**図表10.2**）。例えば、2020年末時点で、市場（オプションの価格付けに基づく）は、ユーロ圏のインフレが２％を下回る確率は90％ほどとしていた。別の言い方をすると、市場は100％近い確率でインフレは３％を上回らないと判断していた。これは後に完全に誤りだったことが判明する。ユーロ圏全体のインフレは2022年10月には10.7％の高値となった。

　変化のスピードも、投資家と為政者に衝撃をもたらした。

　インフレ期待が急激に低下すると、国債の利回りも急低下した。これはQEを通じた何年にもわたる中央銀行の国債買い入れに支え

られたものだった。

パンデミックが引き起こしたマイナスの需要ショックは想定よりも一時的なものにすぎないことが証明された。需要は減少したというよりも、繰り延べられていた。家計のバランスシートは強制的な貯蓄と雇用維持スキームのおかげで健全だった。結果として、需要の低下よりもマイナスの供給ショックのほうが重大で、すぐには解消しないことが判明する。この供給の問題にウクライナ戦争が加わり、最終的にインフレ圧力が高まることになった。

パンデミックによる制約が解除され始め、需要が回復すると、中央銀行は持続するインフレの高進に不意を突かれた。ジェローム・パウエルFRB議長は、パンデミックによる供給サイドの混乱がもたらしたインフレ圧力は「一時的なもの」だと主張した。2021年11月下旬になると、彼は上院銀行委員会での質疑応答で「今こそあの発言を取り消すべきだ」と述べた。2021年には金利の上昇は極めて穏やかなものになると市場に伝えていたにもかかわらず、その後、FRBは2022年3月に金利を25ベーシスポイント引き上げた。これは直近3年間で初めての利上げで、その後5月に50ベーシスポイント、6月、7月、9月、11月と75ベーシスポイントずつ引き上げた。

結果として、あらゆるものの価格付け——金利から株式市場まで——はこの劇的な変化に合わせて調整しなければならなかった。

だが、株式にはいくばくかの防御があった。株式は事業の持ち分であり、総体としてそれら事業は将来の成長を求める。しかし、企業の収益は名目値である。つまり、名目GDPとともに上昇するので、企業の利益や配当は通常インフレが上昇すれば増大する。企業がコストの上昇分だけ値上げができれば、投資家をインフレの高進から守ることになる。

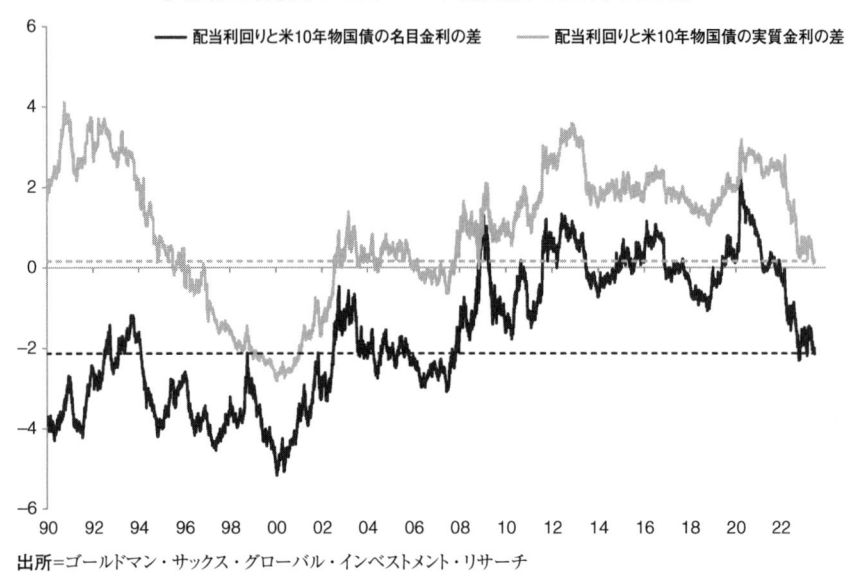

図表10.3　リーマンショック後、配当利回りと名目または実質利回り
の差は極めて高い水準に達した──S&P500の24カ月の
予想配当利回りと米10年物国債の金利の比較

—— 配当利回りと米10年物国債の名目金利の差　　**——** 配当利回りと米10年物国債の実質金利の差

出所=ゴールドマン・サックス・グローバル・インベストメント・リサーチ

　もちろん、これは国債や現金には当てはまらない。それを裏支え
している政府が債務を返済（デフォルトを回避）できるかぎりは、
安全かもしれないし、クーポンや約束したインカムをもたらすだろ
う。だが、このインカムはインフレには連動しておらず、そのため、
物価上昇の環境では価値が低下し、将来受け取る固定のインカムは
インフレを考慮した場合よりもはるかに価値が低くなる。

　図表10.3が示すとおり、配当利回りと名目または実質利回りと
の差は極めて高い水準に達した。これは、リーマンショック後の景
気後退やデフレの懸念やQEの影響を考慮して投資家がリスクの低
い国債へのイクスポージャーを増大させたこと、そして規制によっ
て保険会社や年金基金が国債の取得を迫られたことが背景にある。
株式は絶対値で見れば、それほどアップサイドはないかもしれない

図表10.4　世界の潜在成長率は徐々に低下している──世界のGDP成長率（実線は５年間の移動平均、点線は年成長率）

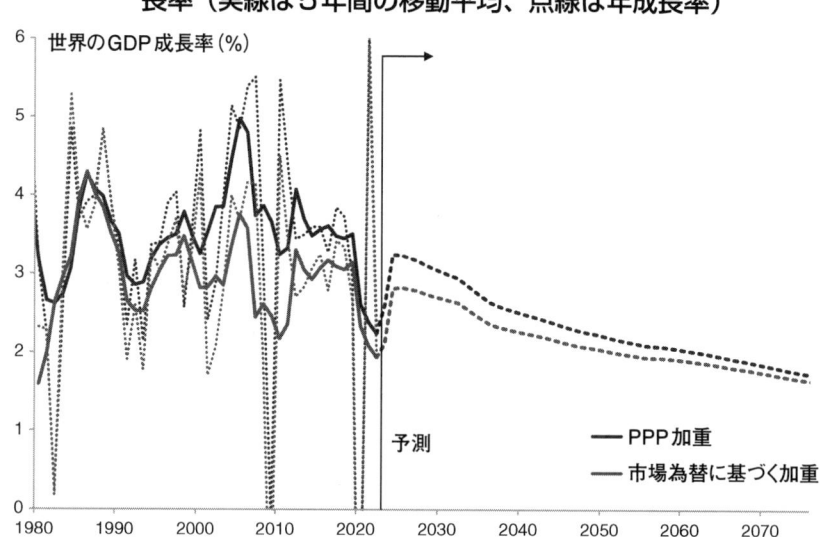

出所＝ゴールドマン・サックス・グローバル・インベストメント・リサーチ

が、リスクバランスが変化したことで、ポートフォリオの配分を実物資産や株式に向けることに相対的魅力が高まった。

　それでも、金融資産全般を通じて、資本コストとインフレの上昇でバリュエーションが拡大する余地はかなり少なくなり、全体のリターンは低下するはずで、一方、長期にわたりリターンを複利運用できる企業の価値は増大するはずである。これは、長期的な成長を生み出すためにより高い利率で再投資している企業だけでなく、定期的に予定された配当を支払っている企業にも当てはまる。

２．成長トレンドの鈍化

　資本コストの上昇は株式の現在の価値を低下させ、企業が求めている長期的な経済成長の鈍化も同様の影響を持つ。すでに世界の実

質（インフレ調整後）GDP成長率はリーマンショック以前の10年間の平均である年3.6％から、パンデミックまでの10年間は3.2％まで低下していた。このGDP成長が鈍化した要因は、人口増加率の縮小と生産性の低下にあるが、グローバリゼーションの低下も一因である（**図表10.4**）。

だが、ゴールドマン・サックスのエコノミストの推定では、世界の経済成長のピークはすでに過ぎ、2024〜2029年までの成長率は平均で2.8％になる（Daly, K. and Gedminas, T. [2022]. The path to 2075 —slower global growth, but convergence remains intact. Goldman Sachs Global Investment Research, Global Economics Paper. Available at https://publishing.gs.com/content/research/en/reports/2022/12/06/af8feefc-a65c-4d5e-bcb6-51175d816ff1.html）。

世界的な成長の減速に人口は重要な影響を及ぼすだろう。人口増大は過去50年で年2％ほどから現在は半分の1％ほどになっているが、国連によれば、2075年までにはゼロになるという（United Nations [2022]. World Population Prospects 2022 : Summary of Results. New York : United Nations Department of Economic and Social Affairs）。

影響を及ぼす要素はほかにもある。例えば、アメリカのCBO（議会予算局）は気候変動によって、2021〜2051年までの気候条件が20世紀末時点と変わらなかった場合に比べて、実質GDPは2051年までに1％減少すると予想している（Congressional Budget Office [2021]. Budgetary effects of climate change and of potential legislative responses to it. CBO Publication No. 57019）。

経済成長が停滞するということは、総体としての企業の収益や利益の成長の低下につながる。金利や資本コストの上昇と併せ、投資

家にとってこれは長期的には指数のリターンが低下することを意味する。だが、これらのトレンドを相殺するものもあるだろう。将来の成長を高める要因として最も重要となる1つが生産性の向上である。近年の生産性の向上は微々たるものだが、ロボットやAIの分野における新たなテクノロジーが将来の成長率をトレンドよりも高める可能性があり、人口の趨勢と比べればなおさらだ。このテクノロジーが市場に与える影響については次章で目を向ける。

3. グローバリゼーションからリージョナリゼーションへの変化

地政学的な環境も変化し、1990年代から2000年代の「モダン」期の長期的な強気相場を形作った環境とは大きく異なっている。1970年代の経済的な問題が1980年代に全面的な経済改革を実行する一助となった。レーガンとサッチャーの「革命」は、規制緩和、組合活動の縮小、民営化、減税、信用管理の終焉につながった。

1986年に開かれた極めて重要なGATT（関税貿易一般協定）ウルグアイラウンドでは、繊維や農産物だけでなく、サービスや資本が取り上げられ、初めて途上国が積極的な役割を演じた。これが、1989年のベルリンの壁崩壊後に急速に拡大したグローバリゼーションの新時代の幕開きとなった。1994年にはNAFTA（北米自由貿易協定）が締結され、WTOに1995年にインド、2001年に中国が加盟した。当時開催されたドーハラウンドは世界中の貿易障壁を取り除き、増大する世界貿易を推進することが目的とされた。

1995～2010年までに、世界の貿易は世界のGDP成長率の2倍の速さで増大した（**図表10.5**）が、ピークを付けたのはリーマンシ

図表10.5　世界の貿易高がGDPに占める割合は2008年がピーク──世界の商品の輸出入（対GDP比%）

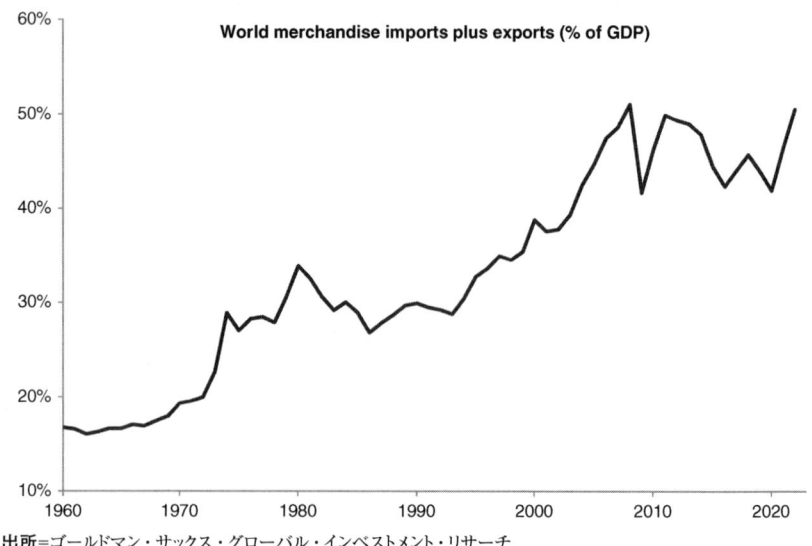

出所＝ゴールドマン・サックス・グローバル・インベストメント・リサーチ

図表10.6　世界の貿易と製造における中国のシェアはWTO加盟後に急速に増大──世界の貿易と製造における中国のシェア

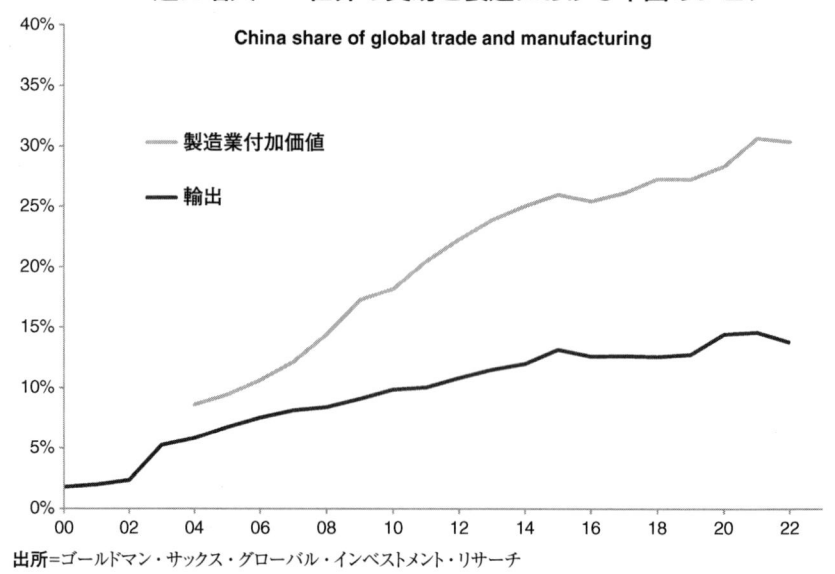

出所＝ゴールドマン・サックス・グローバル・インベストメント・リサーチ

ョック後である（Cigna, S., Gunnella, V. and Quaglietti, L. [2022]. Global value chains : Measurement, trends and drivers. ECB Occasional Paper No. 2022/289）。

　図表10.6が示すとおり、産業革命期のイギリスと同じように、中国は世界の工場としての地位を高めるにつれ、世界貿易におけるシェアを急速に高めていった。

　中国や世界の低賃金地域への製造のアウトソースによって世界の貿易とGDPに占める利益の割合は増大し、西欧諸国が輸入する資本財のコストは劇的に低下した。例えば、大きな利益を得たのがドイツだ（**図表10.7**）。

　その結果、先進国における製造業の雇用は激減（**図表10.8**）し、ドイツのような製造業により重きを置く経済でさえも影響を被った。企業にとってこれはコストを引き下げ、利益率を高める役に立った。

　だが、現在のサイクルではこのようなトレンドのいくつかが反転している。高まるESGの圧力（環境、社会、ガバナンスに目を向けた投資モデル）や、脱炭素化への取り組み、地政学的な配慮がさらなるリージョナリゼーションやオンショアリングへの移行につながった（**図表10.9**）。政治的な圧力も地政学的緊張という意味での新たな現実だけでなく、西側の民主主義国の有権者たちの間で高まるグローバリゼーションが示唆するものへの敵対心を反映している（**図表10.10**）。

　保護主義の高まりはこのような政治的現実と社会の変化を反映している。つまり事実上、すべての国がいまやグローバリゼーションに対してより否定的になっている。これが、ポピュリストの政党や指導者の人気だけでなく、多くの国でナショナリズムの高まりにつながっている。

図表10.7　ドイツの輸入価格は中国がWTOに加盟後に低下

出所＝ゴールドマン・サックス・グローバル・インベストメント・リサーチ

図表10.8　製造業の雇用は1995年以降減少──ユーロ圏の雇用数（季節雇用は調整済み、100万人）

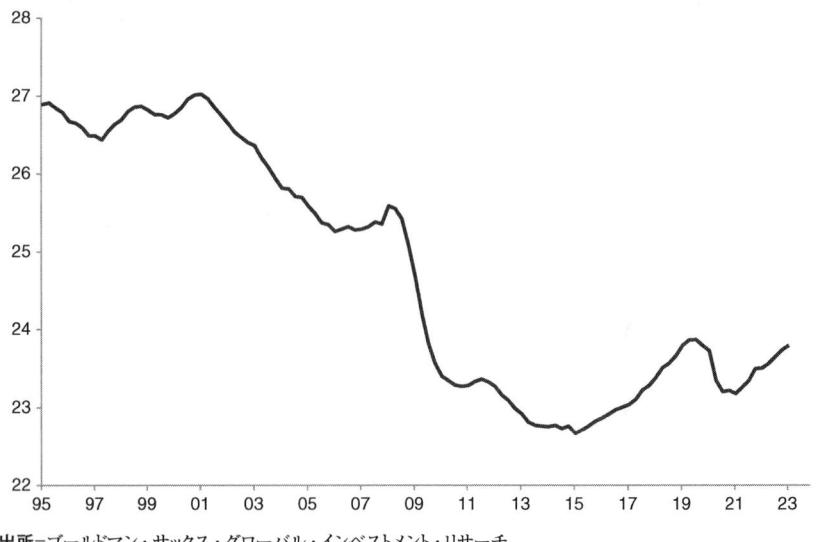

出所＝ゴールドマン・サックス・グローバル・インベストメント・リサーチ

**図表10.9　西側の民主主義国はグローバリゼーションを支持しなくな
っている——「全体として見れば、グローバリゼーション
は自国にとって良いことだ」を支持した回答者の割合**

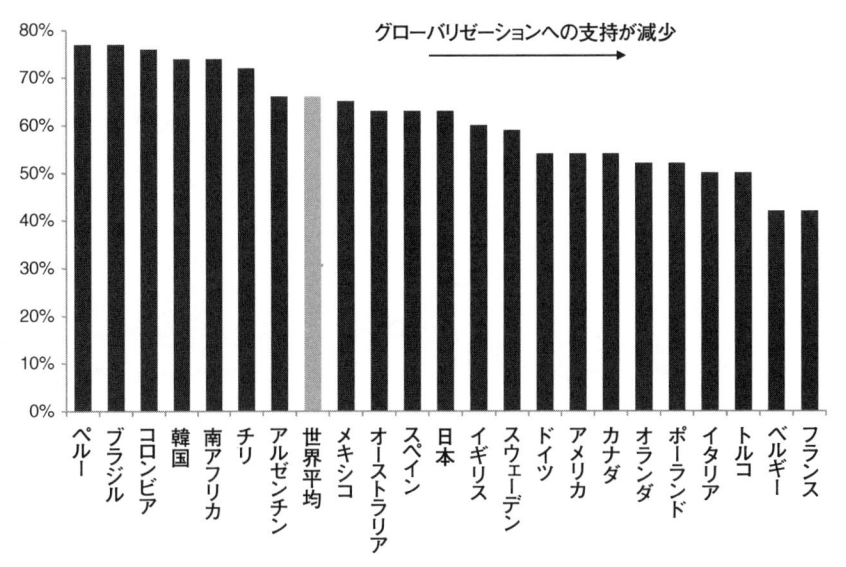

出所＝イプソス

　グローバリゼーションに対する大衆の考えの変化には西欧での製
造業の雇用者数の減少など数多くの理由があるかもしれないが、収
入でも資産でも格差が広がり、懸念が高まっている（Organisation
for Economic Co-operation and Development [2017]. Towards a
better globalisation : How Germany can respond to the critics.
Better Policies Series）。

　イプソスが世界経済フォーラムと行った調査を見ると、グローバ
リゼーションに対する支持低下が分かる。調査対象となった25カ国
の回答者のうち、グローバリゼーションは自国に良いことだとした
のはたった48％で、2019年の数値を10ポイント下回った。アメリカ
での支持は42％、イタリアは40％、フランスは27％だった。さらに、

図表10.10　グローバリゼーションが進んだ時期に格差が拡大 ── アメリカでの収入と資産の上位１％と下位50％との比較

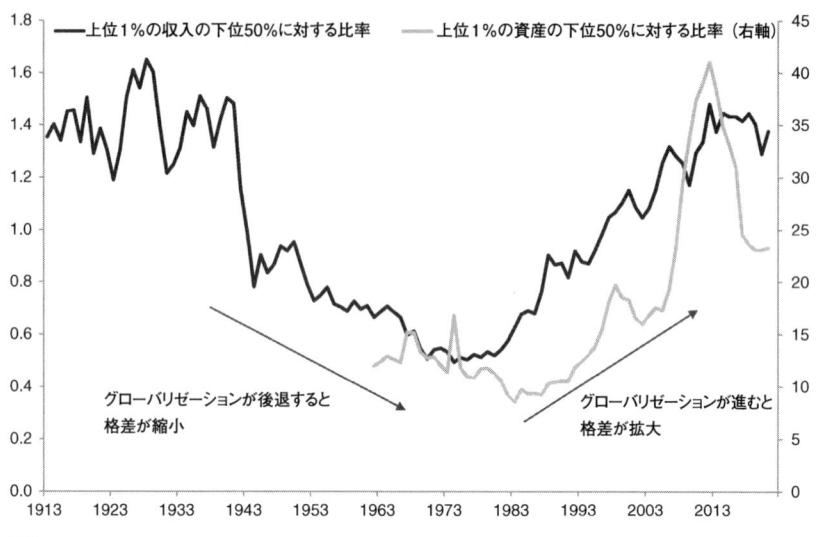

出所＝World Inequality Database、ゴールドマンサックス・グローバル・インベストメント・リサーチ

25カ国のうち37％の国が外国の財やサービスの輸入を制限する貿易障壁を増やすことを支持し、支持しなかったのは27％だった。

　地政学的な変化は、世界の２大経済国の態度にも現れている。ピューリサーチセンターの2021年の調査によると、アメリカの成人の89％が中国を競合または敵とみなしており、中国に対して「冷たい」感情を抱いているのは2018年の46％から増え、67％となった（Myers, J. [2021]. This is what people think about trade and globalization. World Economic Forum）。

　ローカライゼーションやリージョナリゼーションへの移行をさらに後押ししているのが、パンデミックがサプライチェーンに及ぼした影響である。パンデミック以降に明るみに出た「ジャスト・イン・タイム」の在庫管理システムやサプライチェーンの脆弱性やそれら

への過剰な依存は、通商面での高まる緊張と併せて、多くの国々がサプライチェーンのレジリエンスを改善すべく積極的に分散を図るきっかけとなった。

　世界貿易の減少とサプライチェーンの再構築は、企業にとってはコストの増大と利益率の低下につながる。投資家は安定して高い利益率を維持できる企業を引き続き高く評価する可能性が高い。

4．人件費とコモディティ価格の上昇

　1990年代と2000年代に多額の投資が行われたことで、リーマンショック後の時期にはコモディティの開発が過大となった。一方、グローバリゼーションによって多くの未熟練労働が西欧諸国からアウトソースされるようになり、実質値でも人件費が押し下げられ、未熟練労働ではそれが顕著だった。これらが組み合わさったことで、エネルギーと労働力が安価かつ大量に存在する時代となり、投資を行うインセンティブもほとんどなかった。

　例えば、OECD（経済協力開発機構）の算出によれば、1990～2009年までに、国民所得に占める労働者賃金の割合は先進36カ国中26カ国で減少し、中央値は66.1％から61.7％に低下した。イギリスでは、労働供給が400万人の12.5％増え、相対的な人件費は2009～2015年までに20％低下したことを英国家統計局のデータが示している。

　世界の労働供給が実質的に増大した結果（**図表10.11**）、生産高に占める人件費の割合は低下し、利益が占める割合は過去最高の水準に達した。

　リーマンショック以降、企業の利益率が著しく増えたことが売上

図表10.11　世界の労働供給が実質的に増大した結果、生産高に占める人件費の割合は低下——米非農業部門で人件費が占める割合（生産高のうち賃金として人件費に充てられた割合）

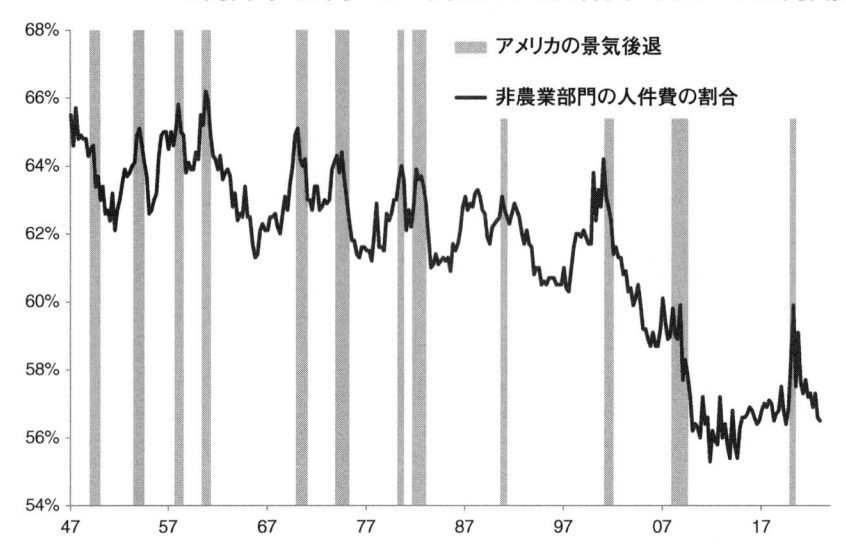

図表10.12　企業部門の利益がGDPに占める割合は大幅に増大——企業の税引き後利益がGDPに占める割合

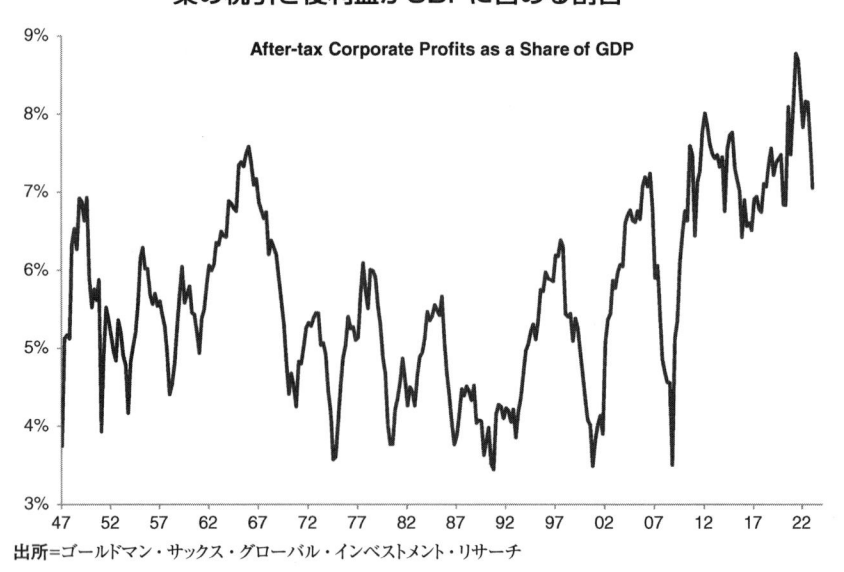

図表10.13　実質値（インフレ調整後）で見たエネルギーと金属の資本支出は過去数年で減少（2002年、単位＝10億ドル）

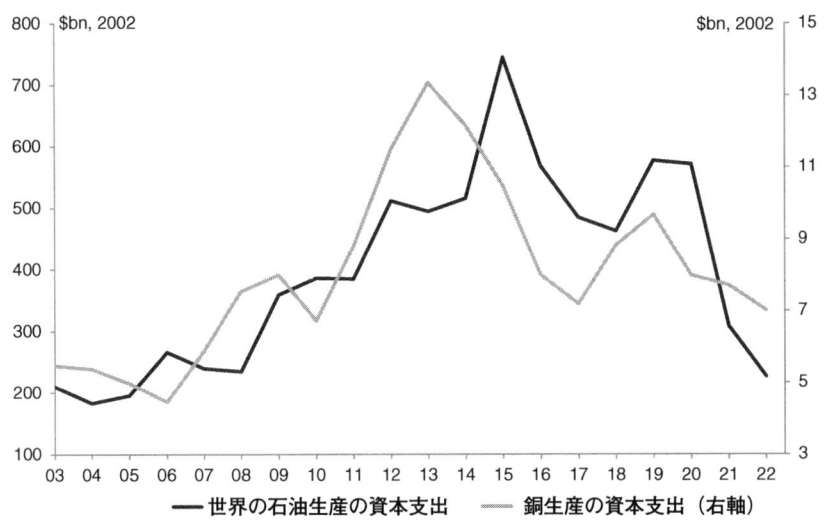

凡例：世界の石油生産の資本支出　　銅生産の資本支出（右軸）

出所＝ゴールドマン・サックス・グローバル・インベストメント・リサーチ

高の成長の鈍化を相殺する一助となった（**図表10.12**）。この間、企業の利益率が劇的に増えた理由は数多くある。労働市場の価格決定力の欠如（テクノロジーの力の高まりを反映）や、高成長のハイテク企業における利益率の急速な拡大も、その一因だった。さらに、グローバリゼーションの高まりも重要だった。ドイツの賃金上昇はパンデミックまでの何年かは低位で安定していた。これは、組合や労働者が賃金の上昇を要求すれば、比較的高賃金の職が、中央ヨーロッパやドイツ経済に労働市場が密接に組み込まれている他国に移ってしまうことが一因だった。

　労働供給が増えた一方で、コモディティの供給も増大した（理由は異なる）。ハイテクバブルの崩壊とリーマンショックを受けて、エネルギー供給は過剰となっていた（**図表10.13**）

　シェールガス革命はアメリカの天然ガス価格を記録的な安値に押

し下げ、世界のエネルギー業界に多大な影響をもたらした（Medlock, K.B. [2016]. The shale revolution and its implications for the world energy market. IEEJ Energy Journal, Special Issue, pp. 89-95）。

　原油価格は1990年代後半の1バレル10ドルほどから、2008年半ばには140ドル超まで上昇し、その後のリーマンショックで需要が減少し、2008年後半には30ドル代半ばまで下落した。その後、価格は2014年半ばに100ドルほどまで上昇し、アメリカのシェールガスの開発を後押しし、生産量も上昇傾向を示した。だが、低成長の経済環境で需要は減少し、供給は過大となり、投資を行うインセンティブはほとんどなくなった。その結果、パンデミック後に世界的な需要が回復するにつれ、エネルギーが不足することになった。

パンデミック後の反転

　パンデミック以降のローカライゼーションに向けた動きは労働市場の状況をよりタイトなものにした。失業率は記録的な低水準になり（**図表10.14**）、多くの国で賃金は上昇した。アメリカBLS（労務省労働統計局）のデータは、2021年にストライキや同様の活動に関与した労働者の数は2020年の約3倍に達したことを示している。この時代を象徴するかのように、アマゾンのニューヨーク倉庫の労働者たちがアメリカで初めて組合に加盟することを決定し、労働争議は先進国経済ではより一般的な出来事となった。

　労働市場の逼迫はその後も諸刃の剣となり、消費を下支えする一方で、インフレの高進と長期化のリスクにつながった。これはドイツにも当てはまる。ドイツでは2023年夏、連邦および地方で働くおよそ250万人の公務員の賃金を向こう2年間で12%（年6%）ほど

**図表10.14　パンデミック後に失業率は記録的な低水準に達した ──
　　　　　　アメリカの失業率**

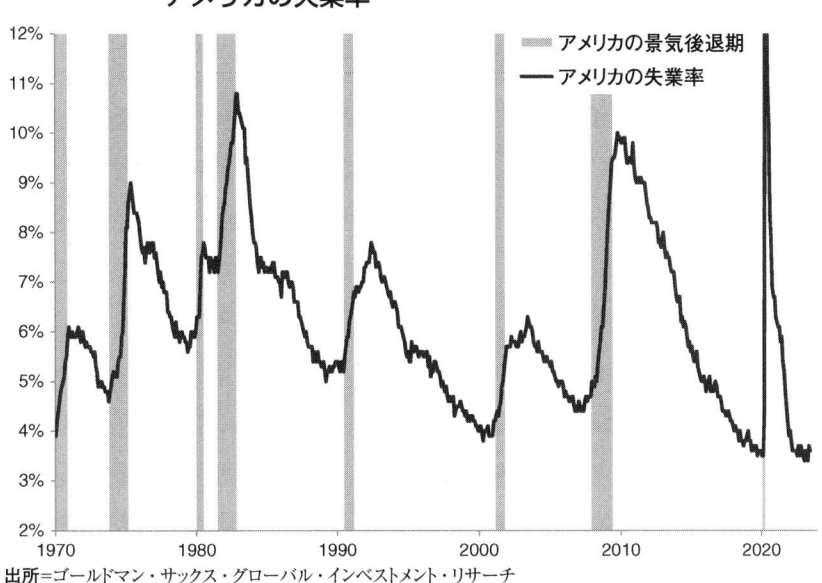

出所＝ゴールドマン・サックス・グローバル・インベストメント・リサーチ

上げることで合意し、これが強力なベンチマークになった。

　エネルギー市場も、リーマンショック後の供給過剰な環境下で過少投資が数年間続き、逼迫していた。投資業界でESGを基準としたマンデートが増大し、これら多くの伝統的な二酸化炭素排出量の多い大企業は資本に事欠くことになった（Oppenheimer, P., Jaisson, G., Bell, S., Peytavin, L. and Graziani, F. [2022]. The Postmodern Cycle : Positioning for secular change. Goldman Sachs Global Investment Research, Global Strategy Paper. Available at https://publishing.gs.com/content/research/en/reports/2022/05/09/521c316d-2d20-4784-b955-57641712e9d0.html）。

結果と投資に与える示唆

　労働市場やエネルギー市場が逼迫すると、勝者と敗者を生み出すことになる。1970年代がそうで、人件費やコモディティ価格が高いと、企業はより高い効率を狙って投資を増やす可能性が高い。それは物流のソリューションだけでなく、ロボット化を含め労働力を節約するテクノロジーを用いて生産を行う技術の実用化を行っているハイテク企業で、それが行われる可能性が高い。

　ジョン・ハバカクが始めた研究では、労働力不足とそれに続く賃金上昇が19世紀の機械化の導入につながったが、アメリカのほうが労働力不足が深刻だったので、イギリスよりも急速に実行されたとされている（Habakkuk, H. J. [1962]. American and British Technology in the Nineteenth Century : The Search for Labour-Saving Inventions. Cambridge : Cambridge University Press）。労働力やコモディティの不足は、企業の効率化に役立つ技術への投資を促すはずだ。

　コモディティ市場や労働市場のダイナミズムの変化には、1970年代や石油ショックと興味深い類似点がある。当時エネルギー危機に対してリチャード・ニクソン米大統領はプロジェクト・インディペンデンスに着手した。これはアメリカのエネルギー自足を目指したもので、今日西欧諸国にも見られる。この計画は自宅の空調の設定温度を下げるなど、アメリカ国民に犠牲を求めた（同様の計画はウクライナ戦争の影響を受けているヨーロッパでも行われている）。

　エネルギー費用の高騰はエネルギー効率の向上に多額の投資やイノベーションを生み出した。アメリカでは、エネルギー政策・保全法（1975年）など自動車部門の燃料効率の向上を目指した法律が成

図表10.15　1950年以降、燃料効率は50％ほど向上し、1970年代後半と1980年代に最大の改善が見られた（ガロン当たりマイル、ホイールベースの短い軽量乗用車）

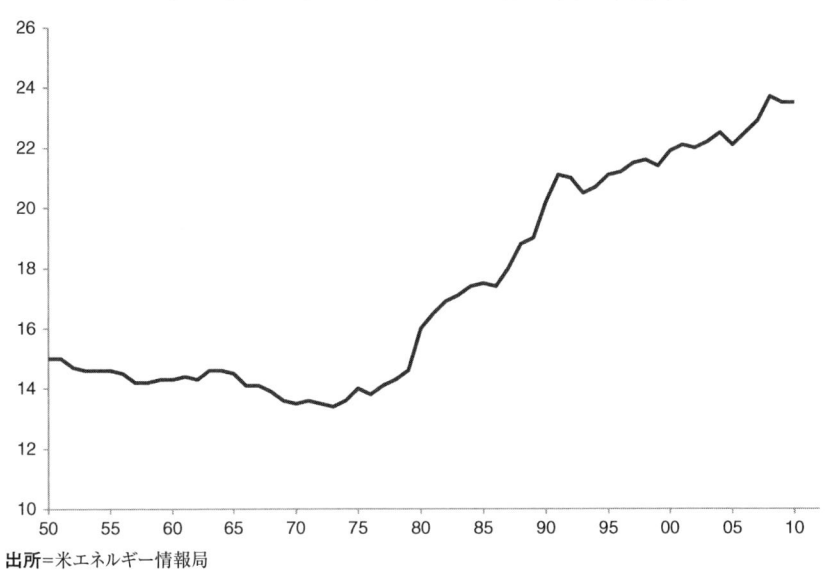

出所＝米エネルギー情報局

立した。1985年までに、乗用車は１ガロン当たり27.5マイルの燃費を達成することが求められ、自動車会社はこの基準を0.1mpg超えるごとに５ドルの罰金を支払うことが求められた（**図表10.15**）。

　アメリカの自動車会社は大型で燃費の悪いものからなかなか移行できなかったが、日本の自動車会社はより小型で燃費の良いものの開発に素早く着手し、市場シェアを獲得した。さらに、燃料費の上昇をきっかけに新技術への投資が行われた。ブラジルのエタノール革命、ターボチャージャーの利用、前輪駆動、原材料の軽量化、８速オートマチックトランスミッションなどである。エネルギー消費が多い業界でも、省エネの取り組みが行われた。例えば、スウェーデンの製紙業界では規制が強化されたことで、化石燃料の利用量が1973 ～ 1990 年 ま で に80 ％ 減 少 し た（Bergquist, A.-K. and

Söderholm, K. [2016]. Sustainable energy transition : The case of the Swedish pulp and paper industry 1973-1990. Energy Efficiency, 9[5], pp. 1179-1192)。

　そのため、投入原価の上昇は企業の利益率や株式のリターンには大きなリスクで、投資家は「イノベーター」に焦点を当てるべきである。とりわけエネルギー効率の向上や労働の代替に関連した分野で、コストの削減ができる企業である。エネルギー効率に関しては、二酸化炭素回収・貯留、小型モジュール炉、電池貯蔵などがある。

　イノベーションを目指して、マシンラーニング、ロボット工学、AI（人口知能）などの労働の代替手段への投資が増えるはずである。

AI と労働市場

　AIがポストモダンサイクルに与える影響については第11章で取り上げる。だが、労働市場や雇用の不確実性の高まりについては、高齢化が進み、労働参加率が低下するにつれ、労働をテクノロジーで代替する方法を見つけることがますます重要になる。その意味では、少なくともAIのスケーラビリティーの獲得や商業利用は時機を得ているかもしれない。

　歴史的に、機械は労働者、特に「ルーティン」作業に従事する労働者に置き換わってきたので、機械化やコンピューター技術は労働市場を阻害する傾向にあった。より高い認識力や標準化されない高度な技術を用いる「非定型」作業に従事する労働者は置き換えが難しかった。

　1980年代から2010年までの間、この進展は「雇用の分極化」を進めた。テクノロジーのおかげでルーティンの中位賃金の労働に対す

る需要が減少し、低賃金や高賃金の非定型の労働に対する需要は増大した。例えば、美容師や弁護士は機械で置き換えるのが難しい。一方、工場のライン作業やタイピストなど製造業やルーティン作業は容易に置き換えられる。アセモグルとアウトアの研究（2011年）によれば、検証した西ヨーロッパの16カ国で1993～2010年までにこれが実現し、アメリカでも同様の証拠が存在する（Acemoglu, D. and Autor, D. [2011]. Chapter 12 - Skills, tasks and technologies : Implications for employment and earnings. Handbook of Labor Economics, 4[Part B], pp. 1043-1171）。

　AIなどの技術は「非定型」の仕事ができることを考えると、AIは高い認識力が必要な比較的高賃金の雇用を脅かすことで、労働市場を破壊する可能性がある。全体として見れば、これは労働市場のかなりの部分が置き換えられるということで、高齢化による労働力不足を緩和し、潜在的には収入の格差を縮小する（The White House [2022]. The Impact of Artificial Intelligence on the Future of Workforces in the European Union and the United States of America. Available at https://www.whitehouse.gov/wp-content/uploads/2022/12/TTC-EC-CEA-AI-Report-12052022-1.pdf）。

　それでも、AIが労働者や賃金に与える全体的な影響は複雑である。AIが雇用に取って代わる可能性はあるが、新しい雇用を生み出す可能性もある。もちろん、このプロセスは新しいものではない。テクノロジーは生産性を高めることで成長や収入を増大させる傾向にあるが、それによって、X効果と言われるさらなる需要を生み出すことも考えられる（Autor, D. [2022]. The labor market impacts of technological change : From unbridled enthusiasm to qualified optimism to vast uncertainty. NBER Working Paper No. w30074.

Available at SSRN : https://ssrn.com/abstract=4122803 or http://dx.doi.org/10.2139/ssrn.4122803)。

　アウトアの推定（2022年）では、アメリカでは2018年の採用件数のうち60％以上に、1940年には存在しなかった肩書きが付いていた。そのため、AIによって置き換えられる職もあるが、新しい雇用が生み出される可能性もかなり高く、労働力の逼迫というトレンドを押し返す一助となるだろう。

　英ビジネス・エネルギー・産業戦略省の求めに応じてPwCが作成したリポートによれば、「AIによる生産性の向上で生み出された実質所得や支出の増加のおかげで、需要が増大する自動化が比較的難しいサービス（例えば、ヘルスケアや個人医療）を提供するときに」新たな雇用の多くが生み出されるとしている（PwC [2021]. The Potential Impact of Artificial Intelligence on UK Employment and the Demand for Skills. A Report by PwC for the Department for Business, Energy and Industrial Strategy）。

5．政府支出と債務の増大

　1980年代のサプライサイド改革は、より小さな政府と政府支出の縮小というトレンドの引き金となった。1981年の就任演説で、レーガン米大統領が「政府がわれわれの問題を解決するのではない、政府が問題なのだ」と述べたことは広く知られている。ベルリンの壁が崩壊後、政府支出の規模を縮小するチャンスは増えた。1989年11月、ジョージ・H・W・ブッシュ米大統領とマーガレット・サッチャー英首相は「平和の配当」について語っている。

　ソ連崩壊後の1991年に全米に向けて行われた演説で、ブッシュ大

統領はヨーロッパとアジアに配備するアメリカの戦略核兵器を廃棄する計画を発表し、長距離爆撃機の24時間飛行を取りやめた。イギリスは1990年夏にイギリス軍を再編する「オプションズ・フォア・チェンジ」政策を発表した。アメリカの軍事支出は1985～1993年まで減少し、その後、1993～1999年まで横ばいだった。

GDPと比べて政府支出が減少したことで、ビル・クリントン政権下の1997年には、アメリカは1969年以降で初めてとなる財政黒字を達成した。2000年12月、クリントン大統領は、アメリカは10年以内に公的債務をなくすと発表した（President Clinton [2000]. The United States on track to pay off the debt by end of the decade. Available at https://clintonwhitehouse5.archives.gov/WH/new/html/Fri_Dec_29_151111_2000.html）。

2008年にリーマンショックが発生したときには、事態はまったく変わってしまった。崩壊の規模があまりに大きく、多くの国が多額の財政支援を余儀なくされ、それによって公的部門の債務が増大し、民間部門の債務が減少した。

だが、ヨーロッパの各国の持続不可能なほどの赤字が懸念されたことで、大陸では新たな緊縮財政政策が講じられたが、ソブリン危機でさらに拍車がかかった。パンデミックは政策の優先順位を変化させた。リーマンショック後に財政支援の正当性を弱めたモラルハザードの問題はもはや意味をなさなかった（**図表10.16**）。

そのためパンデミック発生以来、借り入れで賄われる政府支出は歴史的な増大を示した。新型コロナウイルスとウクライナ戦争の結果、赤字は急速に増大した。IMF（国際通貨基金）によると、2020年は第2次世界大戦以降で最も債務が増大した1年で、世界の債務は226兆ドルまで増え、GDPに占める債務の割合も28％増えて、

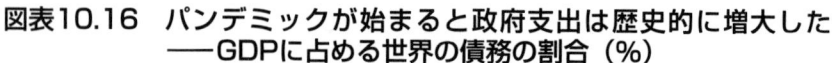

**図表10.16　パンデミックが始まると政府支出は歴史的に増大した
　　　　　 ──GDPに占める世界の債務の割合（％）**

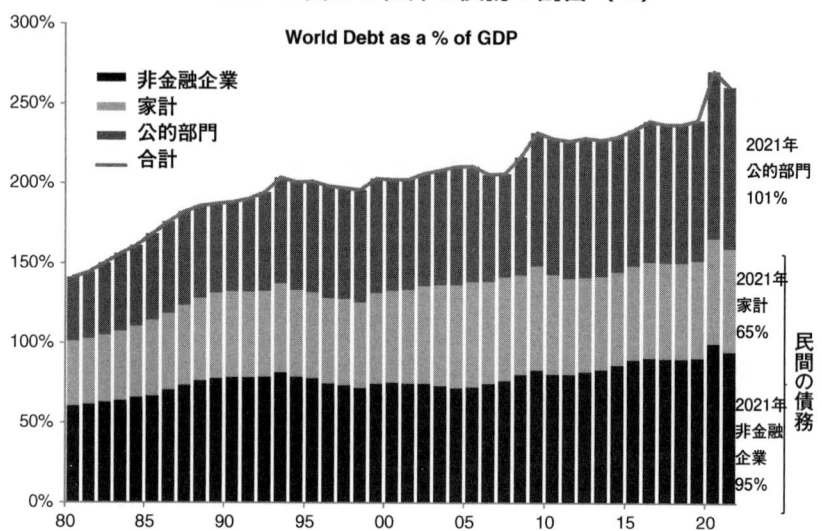

出所＝IMF Global Debt Database、World Economic Outlook、ゴールドマンサックス・グローバル・インベストメント・リサーチ

256％になった（International Monetary Fund [2022]. Global Debt Database）。

　例えば、イギリスのOBR（予算責任庁）の最近のリポートが示すところでは、今世紀が始まって以降に70％ほど増えた公的債務のうち4分の3は、リーマンショックとパンデミックとエネルギー危機による影響が最も大きかった6カ年に生じたものだった。

　気候変動は政府支出の大幅な増大につながりかねない追加的な「偶発債務」を引き起こす。気候関連の問題がテールリスクではなく、より頻繁に発生する問題となり、保険会社はますます適用範囲を狭め、政府の介入を余儀なくさせるかもしれない。気候変動対策に取り組む財務大臣連合は次のように主張している。「追加的な財政コストは、財務省が持つ財政余地を狭めかねない。ヘルスケアや教育

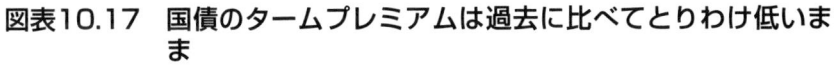

図表10.17　国債のタームプレミアムは過去に比べてとりわけ低いまま

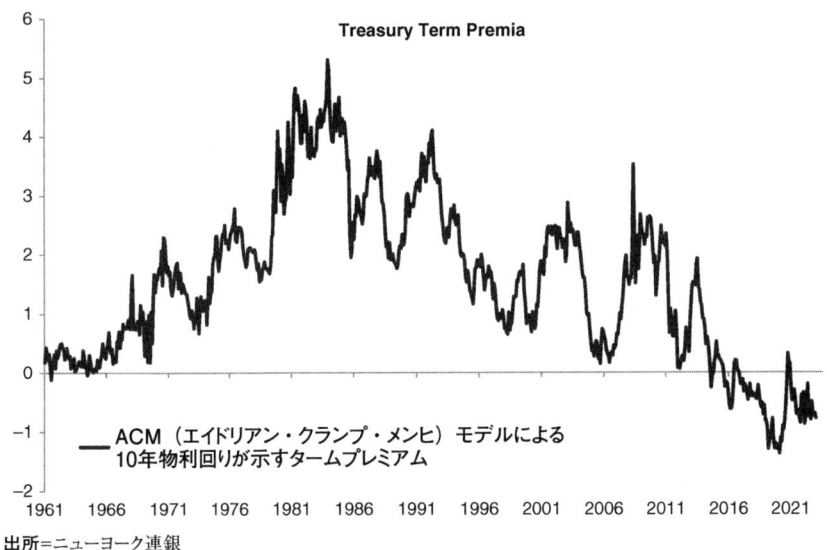

出所=ニューヨーク連銀

など重要な部門の予算を削減し、増税を必要とするか、公的債務を増大させる可能性がある」（Dunz, N. and Power, S. [2021]. Climate-Related Risks for Ministries of Finance : An Overview. Washington, DC : The Coalition of Finance Ministers for Climate Action)。

　財政赤字が拡大する可能性が高まれば、国家の信用に関する不確実性が増大し、政府の調達コストを増大させかねない。債券市場では、タームプレミアム（投資家が政府により遠い将来まで資金を貸し付けるリスクを補うために要求する追加リターン）は異常に低いままである（**図表10.17**）。ニューヨーク連銀のデータによると、このプレミアムは相変わらずマイナスで、過去と比べてもとりわけ低い（Based on a model by Tobias Adrian, Richard Crump and

Emanuel Moench [2013]. Adrian, T., Crump, R. K. and Moench, E. [2013]. Pricing the term structure with linear regressions. FRB of New York Staff Report No. 340. Available at SSRN : https://ssrn. com/abstract=1362586 or http://dx.doi.org/10.2139/ssrn.1362586)。 長期的にはこのプレミアムが拡大するリスクがあり、そうなると政府や企業や投資家がポストモダンサイクルで直面することになる資本コストがさらに増大する。

　いくつかの理由から支出が増大する可能性が高い。その1つは国防費である。この話題は第12章で深く検証する。

規制の強化と産業政策

　2022年、アメリカで3つの法律が成立した。CHIPSおよび科学法、インフラ投資・雇用法（IIJA）、そしてインフレ削減法（IRA）で、これらすべてが国による介入と産業政策に向けた新たなトレンドの証左だと考えられた。温室効果ガス排出量実質ゼロを巡る政策を実現するため、さらにサプライチェーンをよりレジリエントにするためには、国家の介入を増やすことが重要だと広く考えられている。だが、このアプローチは過去四半世紀にわたって普及していた方法論とは異なる。例えば、国家による介入を縮小させようとしたロナルド・レーガン米大統領は1986年に次のように述べた。「英語で最も恐ろしい言葉は、私は政府の人間です、お手伝いに来ました、だ」。ポストモダンサイクルでは、パンデミックとウクライナ戦争の影響で、政府の関与に対する考えが変化している。気候危機と新型コロナウイルスが蔓延した時期に明らかになったサプライチェーンの脆弱さは、地政学的な変化も伴って、現在の状況をまったく異なるも

のとしている。これらの要素で、不確実性が低減する分野もあるが、国家の介入を巡ってリスクプレミアムが増大する分野もある。

　2022年に成立した3つの法律は、バイデン政権が産業政策をアメリカの新たな経済的枠組みとして捉えている証左だと言われる。ジェイク・サリバン国家安全保障問題担当大統領補佐官は現代のアメリカの産業戦略のビジョンを次のように説明している。「経済成長の礎となり、安全保障の観点からも戦略的に重要で、わが国の大志を確実に成し遂げるために、必要になる投資を民間が独自に行う用意のない具体的な分野を見いだす」ことだ（The White House [2023b]. Remarks by National Security Advisor Jake Sullivan on Renewing American Economic Leadership at the Brookings Institution. Available at https://www.whitehouse.gov/briefing-room/speeches-remarks/2023/04/27/remarks-by-national-security-advisor-jake-sullivan-on-renewing-american-economic-leadership-at-the-brookings-institution/）。

　UNIDO（国連工業開発機関）は、マシンラーニングの技術を用いて「経済行為の構成を変えること（彼らが定義する産業政策）」を目的とする行動を含む政策内容に基づいて産業政策を分類した研究論文を発表した。彼らの研究では、2010年代はグローバル・トレード・アドバイザリー（GTA、貿易規制のデータベース）にあるすべての政策のうち20％が「産業政策」とみなすことができ、この数値は2019年までに50％まで増えていることが分かった。同論文は産業政策の60％は特定の企業を対象としていると伝えている（Juhász, R., Lane, N., Oehlsen, E. and Pérez, V. C. [2023]. Trends in Global Industrial Policy. Industrial Analytics Platform）。

　保護主義の高まりは、世界の貿易のうち貿易の歪みから影響を受

図表10.18　貿易干渉は近年急激に増大している

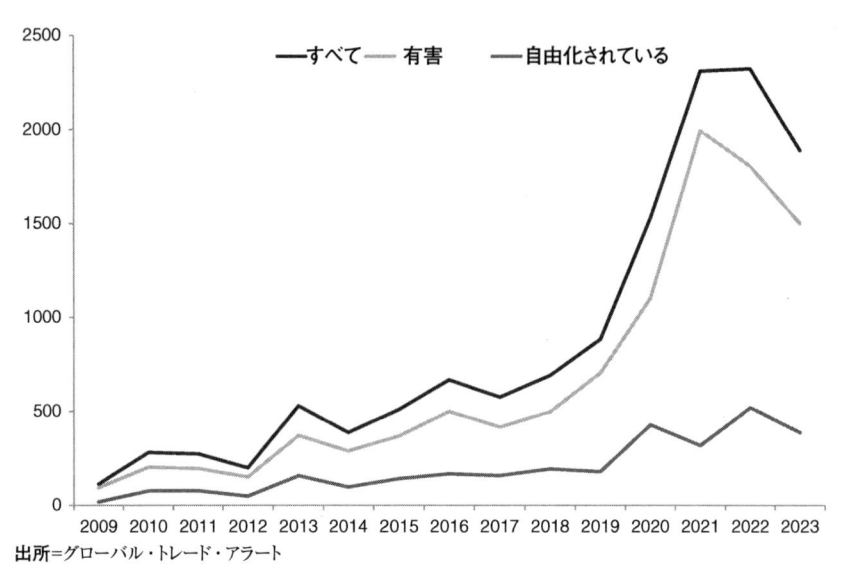

出所＝グローバル・トレード・アラート

けている割合が増えていることを示唆している（**図表10.18**）。グローバル・トレード・アラートのデータベースのデータを見ると、2017年までにG20からの輸出の50％以上が有害な貿易措置の対象となっているが、これは2009年の20％から増大していることが分かる（Gunnella, V. and Quaglietti, L. [2019]. The economic implications of rising protectionism : A Euro area and global perspective. ECB Economic Bulletin No. 3）。

　ビジネスリーダーたちは、保護主義は拡大すると予想している。ヨーロッパの研究グループのザ・カンファレンス・ボードは、CEO（最高経営責任者）の80％が向こう５年で「安全保障上優先度が高い」とみなされるセクターは増大すると考えていることを発見した（Hollinger, P. [2022, May 24]. European business leaders fear rising protectionism. Financial Times）。また、CEOの５人に

図表10.19　政府支出の増大に対する要求は高まっている（GDPに占める政府債務の割合）

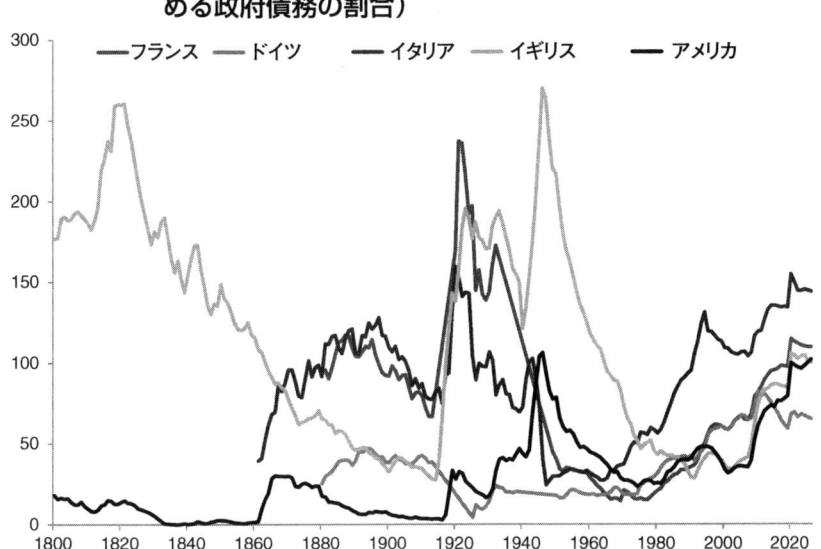

注＝1939年以前のアメリカのデータはIMFから取得。その他すべての国についてはすべての期間でIMFのデータを使用
出所＝IMF

　４人が、向こう15年で世界はますます互いに競合する経済ブロックに分割されると予想していることを見いだしている（Rowsell, J. [2022, August 19]. What's behind the rise in trade protectionism? Supply Management）。

エネルギートランジションに向けた支出は増大する

　一方、エネルギー安全保障、とりわけヨーロッパでは喫緊の課題だけでなく、脱炭素化への取り組みも支出を増大させる可能性が高い。ハイテクバブル後の2004〜2014年まで、エネルギー開発と巨大プロジェクトの立ち上げが行われたことで資源量の拡大と非OPEC（石油輸出国機構）の成長が進んだことが、ゴールドマン・サック

スの分析で浮き彫りになった（Della Vigna, M., Bocharnikova, Y., Mehta, N., Choudhary, U., Bhandari, N., Modak, A., et al. [2023]. Top projects 2023 : Back to growth. Goldman Sachs Global Investment Research. Available at https://publishing.gs.com/content/research/en/reports/2023/06/27/bcd4ad94-6106-4bb8-9133-fa35a6bfa730.html）。現在の状況は反転し、7年にわたって炭化水素への投資が過少となった結果（2015〜2021年）、埋蔵量は減少し（2014年以降で−50％）、非OPEC産油国におけるシェールガス以外の生産は減少したため、長期的な生産サイクルでも短期的な生産サイクルでも再度資本支出を増大させる必要がある。

　長期的には、政府支出の増大を求める声は高まるばかりである（**図表10.19**）。将来の年金基金の積み立て不足、高齢者や精神疾患者の介護への不十分な支出、国防費の優先度の高まりは今後も続くだろう。

　政治的・地政学的見通しもこの推移を支持している。1970年代が航空や銀行や自動車産業のナショナルチャンピオン（安全保障や政治的な理由から特別に政府の支援を受けた企業）の時代だったように、現在われわれはエネルギー安全保障、チップ製造、バッテリー技術の分野の地域的なチャンピオンの時代に移行している。結果はまだ明らかではないが、政府債務という大きな負担によって、長期的には増税やインフレの高進（一種の税金）、または支出の縮小が求められるようになるだろう。これこそが投資家が強固なバランスシートと比較的安定したキャッシュフローを持つ企業に焦点を当てるべきもう1つの理由である。投資家は、増税や金利の上昇などがあっても、長期にわたって優れた複利リターンを維持する企業の能力を高く評価するものである。

図表10.20　ヨーロッパの企業はアメリカの企業に比べて将来の成長に対する投資が少ない――成長投資率（成長に向けた資本支出＋R&D÷営業活動キャッシュフロー）

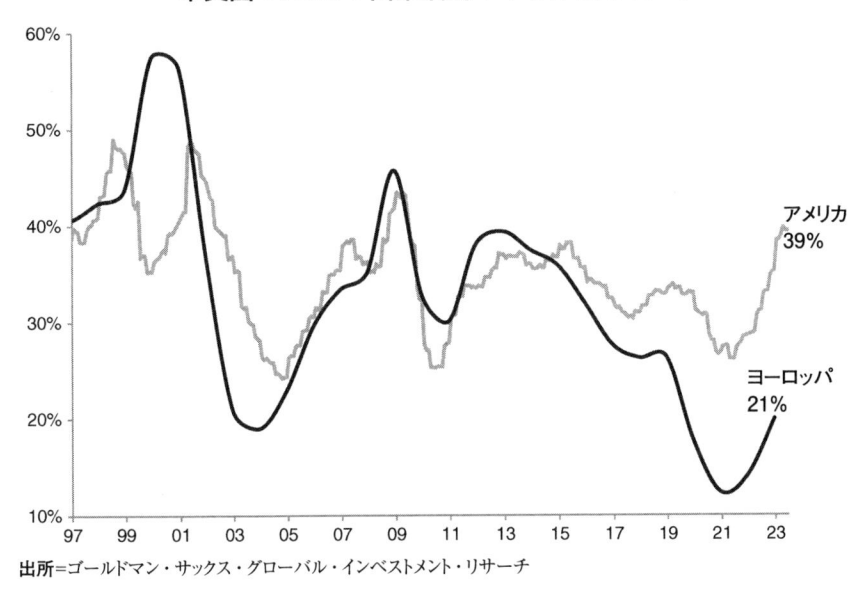

出所＝ゴールドマン・サックス・グローバル・インベストメント・リサーチ

　投資家への影響としては、政府債務が増大すれば法人税の引き下げというトレンドがおそらく反転する。また、インフレや金利はここ10年ほどはより高い水準で推移することになるだろうが、それは政府が債務を返済するうえでは役に立つ。これらの要素がここ数十年にわたって享受してきた増大する利益分配を支えていたものを反転させかねない。スモイヤンスキーの推定（2023年）によると、1989〜2019年までのアメリカの企業利益の実質成長の40％超が金利費用の低下と法人税率の低下で説明できる（Smolyansky, M. [2023]. End of an Era : The Coming Long-Run Slowdown in Corporate Profit Growth and Stock Returns. Available at : www. federalreserve.gov/econres/feds/end-of-an-erathe-coming-long-

図表10.21　資産の平均使用年数は1970年代や1980年代よりも5年ほど長くなっている——民間の固定資産（年）

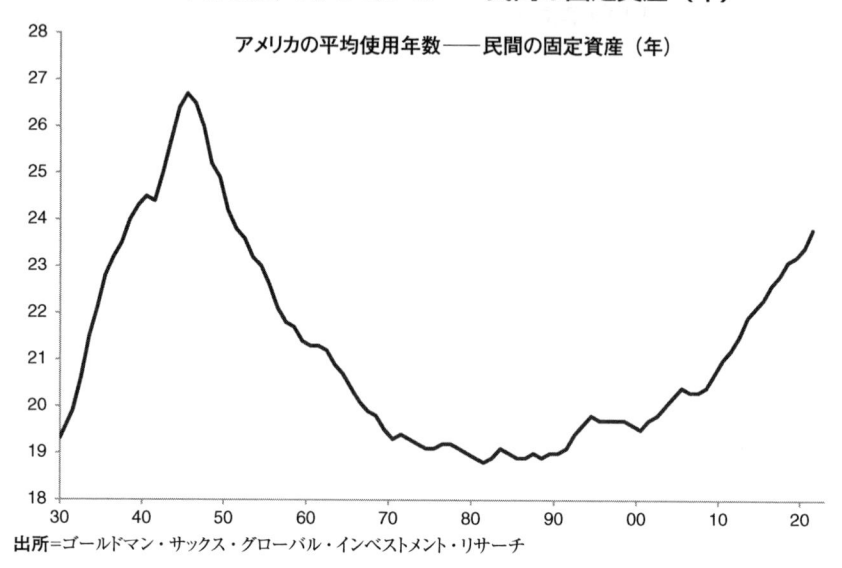

アメリカの平均使用年数——民間の固定資産（年）

出所＝ゴールドマン・サックス・グローバル・インベストメント・リサーチ

run-slowdown-in-corporate-profit-growth-and-stock-returns.htm）。つまり、政府が世界中の貯蓄を求めて競争し、債券利回りは上昇するということである。これは投資家にとってはリターンが減少することを示しており、それゆえに、株式市場の指数全体のなかで注意深く銘柄を選択し、分散させることの効果を強調してもいる。

6．資本支出とインフラ支出の増大

リーマンショック後の時代に予想された最も重要なことの1つがバーチャル経済の成長と「オールド」エコノミーの衰退である。その結果、多額の資金がデジタルエコノミーに流入し、そのほとんどが「リアル」経済の犠牲のうえに起きた。この10年が始まって以降、主要な市場でインフラへの資本支出は減少している（**図表10.20、**

図表10.22 　１次エネルギーに対する資本支出は2022年から2027年までに50%ほど増大 —— エネルギー供給に向けた資本支出を燃料と電力供給で割った値（10億ドル、左軸）と全体に対するクリーンエネルギー（再生可能エネルギー、バイオ燃料）の割合（%、右軸）

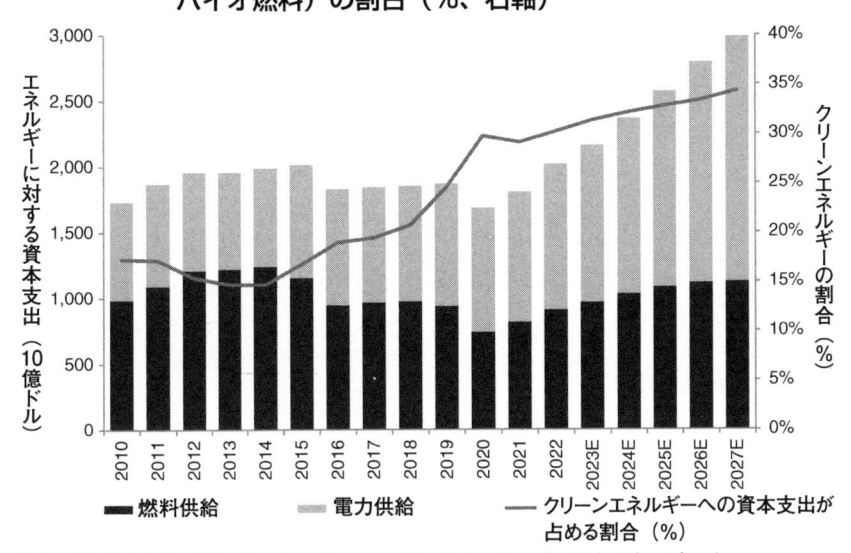

出所＝IEA WEI（過去データ）、ゴールドマンサックス・グローバル・インベストメント・リサーチ

第12章参照）。

　インフレの低下は、少なくとも物的資産に投資するインセンティブを低下させ、資産の平均使用年数は1970年代や1980年代よりも5年ほど長くなっている（**図表10.21**）。

　リーマンショック後の10年、キャピタルライトな業界は劇的にアウトパフォームした。インフラ支出が増大したことで想定される影響については第12章で議論する。もちろん、これはテクノロジーへの支出が増えない、ということではない（この話題は第11章で取り上げる）。テクノロジーによる解決策への支出は堅調なままだろう。そして、エネルギーの効率化や労働の代替に関する分野に支出するインセンティブはさらに高まるかもしれない。だが、2050年までに

脱炭素化を達成するために必要となるエネルギーミックスの変化はかなり資本集約的なものとなるだろう。過去10年にわたって1次エネルギーへの資本支出は18％減少しているが、ゴールドマン・サックスの株式アナリストは2022〜2027年までに50％増大し、1兆9000億ドル（2022年の1兆3000億ドルから、**図表10.22**）になると予想している（Della Vigna, M., Bocharnikova, Y., Mehta, N., Choudhary, U., Bhandari, N., Modak, A., et al. [2023]. Top projects 2023 : Back to growth. Goldman Sachs Global Investment Research. Available at https://publishing.gs.com/content/research/en/reports/2023/06/27/bcd4ad94-6106-4bb8-9133-fa35a6bfa730.html）。

　近年はESG投資、特に脱炭素化からエネルギーの持続可能性に焦点が移っている。だが、規模が小さいことや、エネルギー生産量1単位当たりの資本集約度が高いことを考えると、今のところ伝統的なエネルギー分野に対する投資の減少を相殺するには不十分である。ゴールドマン・サックスの株式アナリストは、低炭素エネルギー開発の売上高に対する設備投資比率の平均は、炭化水素の場合の2倍ほどと推定している。2032年までに年1兆5000億ドルの資本支出が追加で必要になるので、エネルギー投資の必要性を増大させることになる（Della Vigna, M., Clarke, Z., Shahab, B., Mehta, N., Bhandari, N., Amorim, B., et al. [2022]. Top projects 2022 : The return of the energy investment cycle. Goldman Sachs Global Investment Research. Available at https://publishing.gs.com/content/research/en/reports/2022/04/19/ae5c2010-d7ef-400c-b8e7-1cf25650ef17.html）。

　これらの条件が意味するのは、投資家は企業がコストを削減し、

図表10.23　労働人口の増加率はユーロ圏や日本ではマイナスになる と予測されている —— 15〜64歳のコホートの人口増加 率（国連の予測）

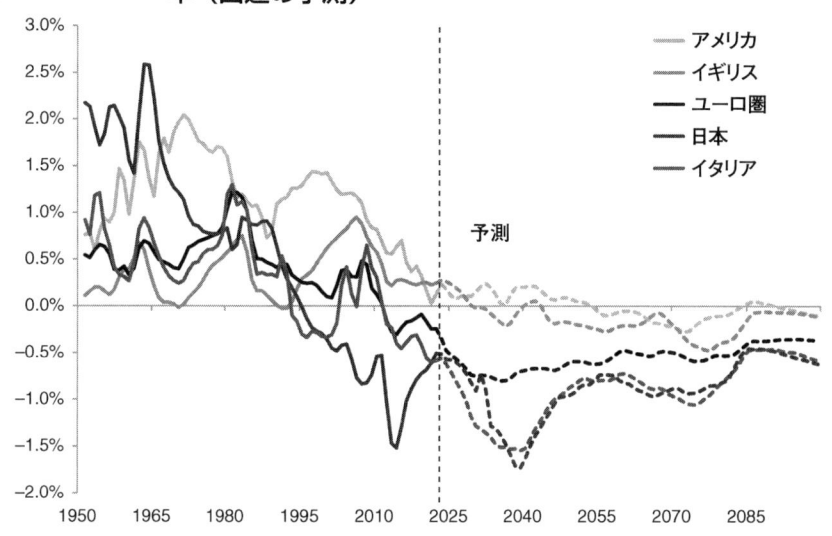

出所＝ゴールドマン・サックス・グローバル・インベストメント・リサーチ

　生産性を高めるための解決策を提供できる「イネイブラー」や企業 を探すべきだということである。また、投資家は政府支出の増大や 資本支出の増大から利益を得る企業を探すべきである。これらのテ ーマに最も影響を受けやすい企業の多くはここ数カ月で株価が下落 しているので、適度な価値と魅力的な成長機会をもたらすだろう。

7. 人口動態の変化

　投資環境を変化させている要素に加え、人口動態も大幅に変化し ている。裕福な先進国経済は急速に高齢化が進んでいる。

　高齢化のスピードは日本と韓国が最も早い。日本では2050年まで に人口の15％ほどが80歳以上になると予想されている（韓国もほぼ

図表10.24　労働人口の増加率は中国やその他途上国市場ではマイナスに転じると予測されている——15〜64歳のコホートの人口増加率（国連の予測）

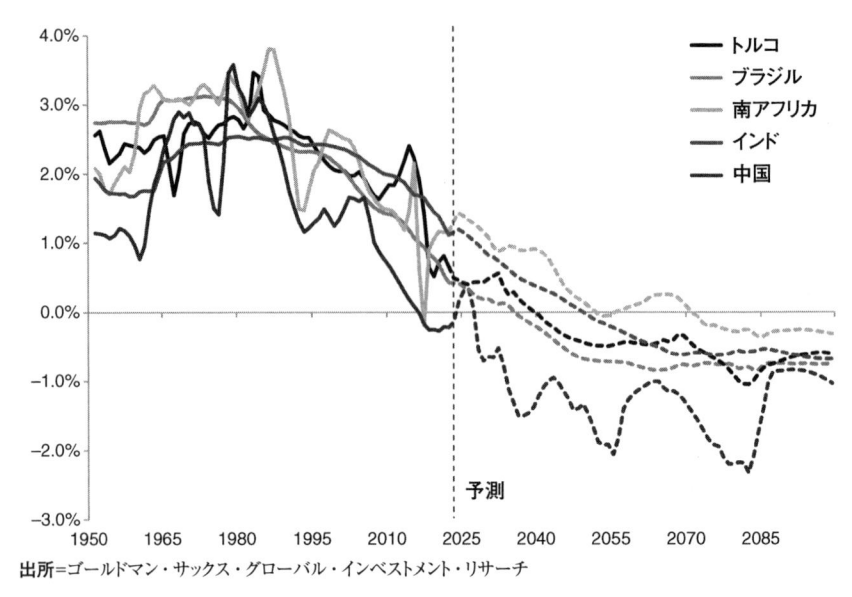

出所＝ゴールドマン・サックス・グローバル・インベストメント・リサーチ

同様）。2017年、G20全体の扶養比率を見ると、労働人口（15〜64歳）6人超で65歳以上の人物1人を支えていた。この比率は半分となり、2050年までに3人で支えることになる。最も裕福な国では、この比率が2対1まで低下すると予想されている（**図表10.23、図表10.24**。International Labour Organization and Organization for Economic Co-operation and Development [2019]. New job opportunities in an ageing society. Paper presented at the 1st Meeting of the G20 Employment Working Group, 25-27 February 2019, Tokyo, Japan）。

　これによって、労働人口や税収が減少するなかで高齢者を介護し、積立不足となっている年金基金に対応しなければならず、すでに限

界に達している政府予算にさらなる負担がのし掛かることになる。前向きな面では、機械化に対する投資を増やす要素となるだろう。そして、AIなどのその他テクノロジーが介護の分野で雇用の見通しや仕事の質を改善するだろう。

高齢化と赤字

　財政赤字と資金調達は大きな影響を被るだろう。OECDによると、年金やヘルスケアに対する公的支出は向こう数十年で劇的に増大する。有効な構造改革や年金給付の減額を行わなければ、「OECDの長期モデルから導き出される予想によれば公的債務を安定させるために税収を大幅に増大させる必要があるだろう」(Crowe, D., Haas, J., Millot, V., Rawdanowicz, Ł. and Turban, S. [2022]. Population ageing and government revenue : Expected trends and policy considerations to boost revenue. OECD Economics Department Working Paper No. 1737)。

高齢化と新たな市場

　この十分なサービスを受けていない市場に対応する財やサービスが増えるにつれ、高齢化はチャンスも生み出すだろう。2030年までに高齢者は世界的に最も裕福な集団となり、年15兆ドル（2011年の購買力）を支出すると予想されているが、これは2020年の8兆7000億ドルから増大している（Fengler, W. [2021]. The silver economy is coming of age : A look at the growing spending power of seniors. Available at https://www.brookings.edu/articles/the-

**図表10.25　2023年にインドは中国を抜き世界最大の人口を抱える
国となった――世界の人口に占める割合**

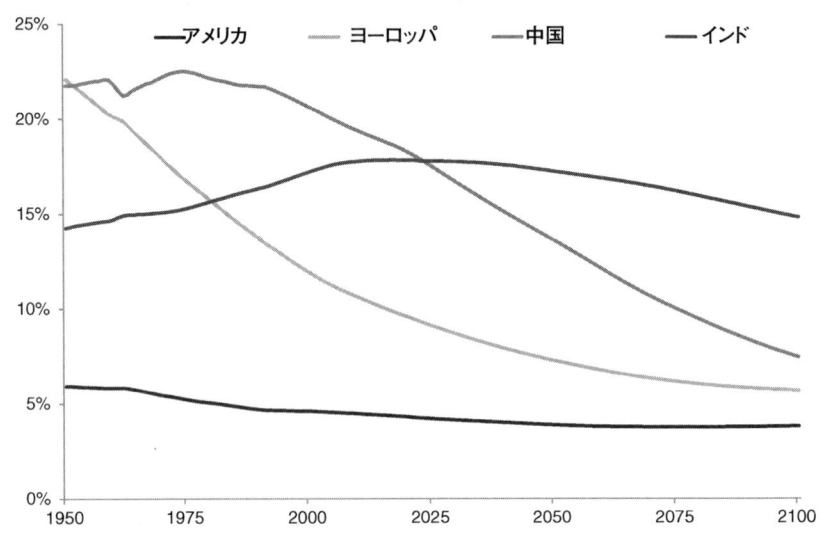

出所＝国際連合経済社会局、ゴールドマンサックス・グローバル・インベストメント・リサーチ

silver-economy-is-coming-of-age-a-look-at-the-growing-spending-power-of-seniors/）。

　人口動態の結果として支出パターンが変化したことで、もう1つ大きなチャンスが生まれている。人口が多いことで、アジアの高齢者の購買力がさらに力強くなっている。中国では高齢者の支出が3倍になり、年7500万ドルから2030年には2兆1000億ドルになると予想される。インドの支出額の増大は最も堅調で、現在の年1000億ドルから2030年には1兆ドルほどになる可能性が高い。

　大きな成長の機会から利益を得られるのは途上国市場（EM）、特にアフリカである。現在、アフリカの人口は14億人ほどだが、今世紀末までに40億人になると予想されている。つまり現在、アフリカの人口は世界の18％ほどを占めているが、この割合が2100年には

図表10.26　多くの途上国で将来に労働の参加率が低減することが見込まれている ── 2005年から2030年までの労働人口の増加率（2030年と2005年の増大率の変化）

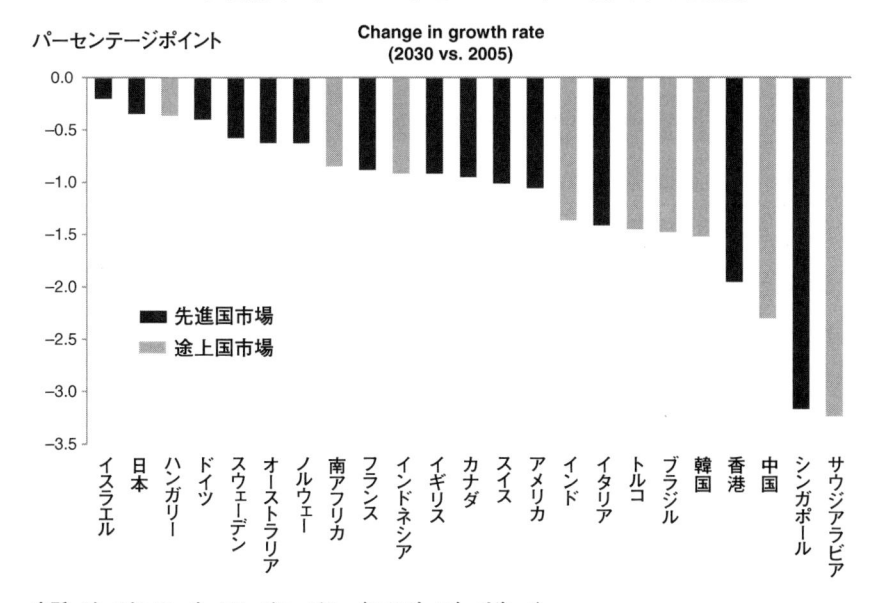

パーセンテージポイント

Change in growth rate
(2030 vs. 2005)

凡例：
■ 先進国市場
▨ 途上国市場

横軸（左から右）：イスラエル／日本／ハンガリー／ドイツ／スウェーデン／オーストラリア／ノルウェー／南アフリカ／フランス／インドネシア／イギリス／カナダ／スイス／アメリカ／インド／イタリア／トルコ／ブラジル／韓国／香港／中国／シンガポール／サウジアラビア

出所＝ゴールドマン・サックス・グローバル・インベストメント・リサーチ

38％になり、一方、アジアの人口は現在の60％ほどから2100年には45％に減少すると予想されている。以上から、今世紀末には世界の人口の80％がアフリカとアジアで暮らしていることになる（Roser, M. and Rodés-Guirao, L. [2019]. Future population growth. Available at https://ourworldindata.org/population-growth Our World in Data）。

　最大の人口を抱える国としてインドが中国を上回ったことも大きな変化の1つで、この地域の投資家には巨大な潜在的チャンスをもたらしている（**図表10.25**）。

　高齢化は先進国経済で最も進んでいるが、途上国経済も将来労働の参加率が低下することが見込まれている。これは、それらの国々

の成長が早く、より多くの人口を抱えているとしても、国の債務を賄うのは容易でないことを浮き彫りにしている。また、これらの問題に取り組むにあたり、AIやその他技術的な解決策が重要な役割を果たすことを明確に示してもいる。先進国経済で高齢化が最も早く進んでいる一方で、途上国経済では労働の参加率が低下しつつある（**図表10.26**。人口動態を巡る問題に関する詳細な議論は以下を参照のこと。Roy, A. [2022]. Demographics Unravelled : How Demographics Affect and Influence Every Aspect of Economics, Finance and Policy. Chichester : Wiley）。

8．地政学的緊張の高まりと多極化した世界

1982〜2000年までの長いサイクルで象徴されるモダン時代、ベルリンの壁とソ連の崩壊で世界的なリスクプレミアムは低下した。世界的なリスク選好に及ぼした影響は大きなものがあった。自信を高めることになった1冊がフランシス・フクヤマの『歴史の終わり』（三笠書房）で、彼はこの著書のなかで、自由民主主義の結果、「人類の思想的な発展は最終段階に至り、人間の政府の最終形態として西欧の自由民主主義が普遍化する」と主張した。近年、地政学的なバランスは変化している。2022年のダボスでのスピーチで、オラフ・シュルツ独首相は新たに「多極化」が進んでいる様子を説明した。新たな同盟が形成されつつある。NATO（北大西洋条約機構）はフィンランドやスウェーデンを取り込んで拡大し、AUKUSはインド太平洋地域における軍事協力を深化させようとしている（AUKUSはオーストラリア、イギリス、アメリカの三国間軍事同盟）。

地政学的な側面でのインドの立場は強くなっている。2023年1月、

モディ首相は変化を呼びかけた。「われわれグローバルサウスは将来に最も大きな利害を有している。人類の4分の3がグローバルサウスに住んでいる。われわれは対等な発言力を手にするべきだ。そのため、過去80年にわたる世界的な統治モデルがゆっくりと変化するなかで、われわれは新たな秩序の構築を目指すべきだ」

　2023年6月、アメリカへの公式訪問時に、モディ首相はバイデン米大統領と協力文書に署名したが、これは「二国間関係の歴史を進めるうえで最も広範かつ包括的なビジョンを示している」とされた（The White House [2023a]. Joint Statement from the United States and India. Available at https://www.whitehouse.gov/briefing-room/statements-releases/2023/06/22/joint-statement-from-the-united-states-and-india/）。

　これは新たな現象ではない。ヨーロッパ協調はナポレオン戦争からクリミア戦争までの期間に見られた現象で、当時ヨーロッパの列強は国際問題を議論するため定期的に、多極的な会合を持っていた。だが、新現実主義者の多くは、このような体制は二極化した体制や一極化した体制よりも紛争を引き起こしやすく、不安定だと考えている。例えば、国際関係の「ロング・サイクル・モデル」では、多極化は最も不安定な体制であり、一極化が最も安定し、紛争を引き起こす可能性が最も少ないとされている（体制の安定性に関する主張は、1494〜1983年までに世界的な強国間で見られた対立や戦争の研究で実証的に検証されている。研究によれば、世界的な戦争が起こる可能性が最も低いのは一極化か、それに近い時期であり、二極化の時代には発生する可能性が少し高くなり、多極化した時期はその可能性がはるかに高まる。Thompson, W. R. [1986]. Polarity, the long cycle, and global power warfare. Journal of Conflict

Resolution, 30[4], pp. 587-615)。

　以上の展開を金融市場の価格に反映させるのは難しいが、長期的にはリスクプレミアムが増大し、そのために資本コストが上昇する可能性が高いだろう。

第11章
ポストモダンサイクルとテクノロジー

The Post-Modern Cycle and Technology

「脳内の電気信号は、シリコンチップの信号の10万分の1の速度で動いている」――ビル・ゲイツ

　第4次産業革命とインターネットの商用化を巡る興奮は当初、歴史上最大の金融バブルの1つを引き起こした。世紀の変わり目でバブルは頂点に達し、その後華々しく崩壊した。新技術を巡る過去の多くのバブルと同じように、根拠がないわけではなかった。投資家たちは、新たなイノベーションのサイクルが将来の成長と収益性に大きな影響を及ぼすことを正しく認識していた。問題は、見込まれる利益の規模とタイミングを当時は過大に評価していたことで、後に勝者となる企業の多くはまだ登場していなかった。

　過去の似たようなバブルと同じように、最終的に崩壊したことで新規参入者の多くは一掃されたが、バブルの原動力となったテクノロジーは生き残った。ハイテクセクターは大幅な再評価の時期を経て、リーマンショック後にパフォーマンスと利益を主導する主たる原動力として再び姿を現した。近年、新しいテクノロジー、特にAI（人工知能）が注目されており、テクノロジーが株式市場や経

済に及ぼす大きな影響はポストモダンサイクルでも変わらないだろう。

　2007〜2008年のリーマンショック以降、ハイテク株は株式市場のリターンの原動力となってきたが、そのパフォーマンスは4つの局面に分けられる。

1. **2010〜2019年**　堅調な利益、スマートフォンの利用拡大、ゼロ金利の影響と「バリュー」セクターが直面した問題に後押しされてアウトパフォームした。

2. **2020〜2022年**　新型コロナのパンデミック期、テクノロジーや関連するサービスの需要が爆発的に増大し（その他の消費が制限されていた時期）、ハイテク企業が大幅にアウトパフォームした。

3. **2022〜2023年**　2022年にインフレと金利が上昇し始めると、ハイテク企業、特に利益の出ていないハイテク企業のパフォーマンスは急激に低下した。これは資本コストの上昇による負担と、「デュレーションの長い」キャッシュフローが被るマイナスの影響に屈したからだ。多くのハイテク企業は安い資本コストに支えられて過度に資金を借り入れていたが、調達コストが上昇し、支出を削減しなければならなかった。

4. **2023年〜現在**　2023年が始まると、ハイテクセクターは再びアウトパフォームし始めた。これはAIなど新たなテクノロジーから利益を得る可能性が高いと考えられたアメリカの大手ハイテク企業が主導している。

　つまり、過去15年にわたるハイテクセクターのアウトパフォーマ

図表11.1 ハイテクセクターはほかのセクターよりも成長が早く、収入も多い——12カ月の実績EPS（米ドル。2009年1月を100として指数化）

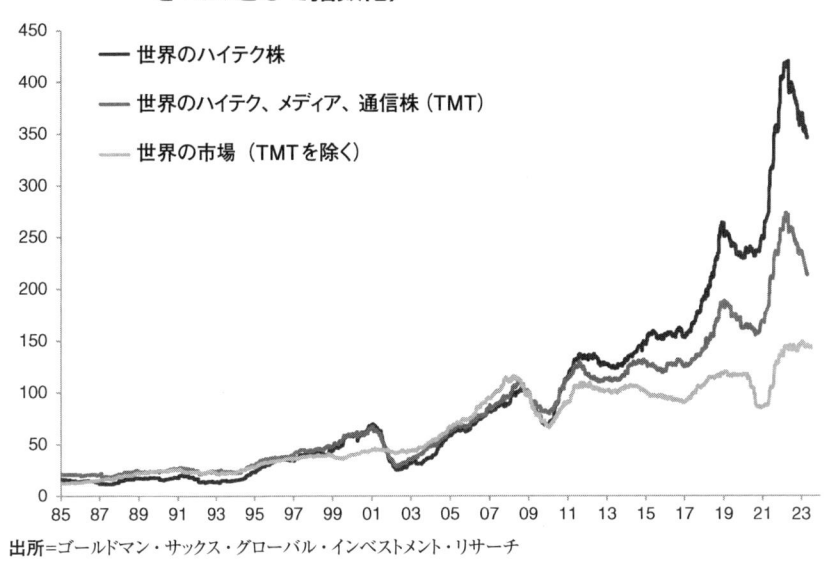

出所＝ゴールドマン・サックス・グローバル・インベストメント・リサーチ

図表11.2 ハイテク株はROEが安定的に高い

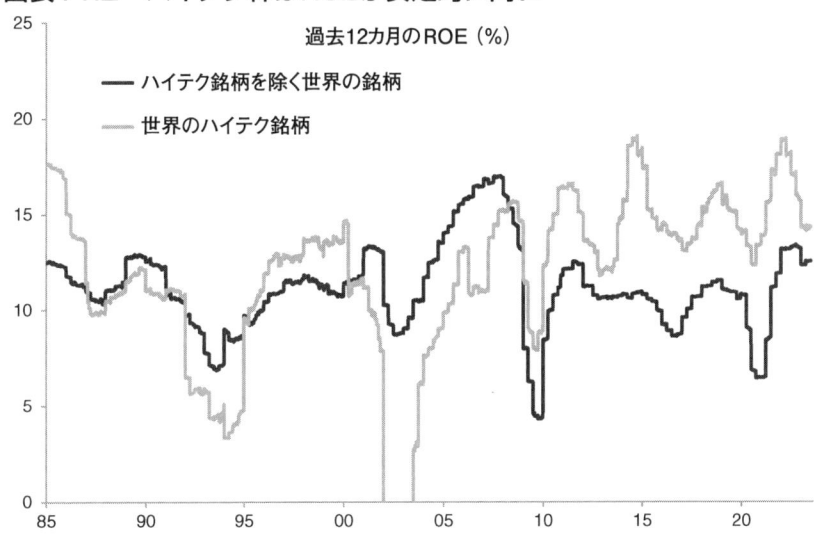

出所＝ゴールドマン・サックス・グローバル・インベストメント・リサーチ

ンスは総じて一時的な楽観論とバリュエーションの再評価を反映し、主として基礎となるファンダメンタルズの堅調さに依拠している。ハイテクセクターはほかのセクターよりも成長が早く、収入も多いので（**図表11.1**）、安定的に高いROE（自己資本利益率）を享受している（**図表11.2**）。

この結果、2023年夏までに市場リターンは再び少数の銘柄に集中するようになった。例えば、アメリカでは2023年1〜5月までの間、たった15社がS&P500のリターンの90％以上を占めていた。

なぜハイテク企業が勝利するのか

最近のテクノロジーへの熱狂はまた短期的な可能性、特に個別企業の短期的な見通しを過大評価しているが、投資家にとってのハイテクセクターは、ポストモダンサイクルの推進力であり続けるだろう。テクノロジーはハイテク以外の企業の効率性を改善し、収益性を高めるうえで中心的な役割を果たすだろう。

新しいテクノロジーのほとんどは過去のイノベーションのおかげであり、プロセスに革命をもたらすというよりも、より進化させるものである。政治や芸術の分野のように、歴史的には二次的なイノベーションやアイデアが集中した期間にたくさん登場する時期がある。このような時期では、イノベーションに段階的な変化が起こり、それによって経済や株式市場や社会の構造が急速に変化する。そして鉄道や電話のイノベーションで起こったように、それがほかのイノベーションが登場するプラットフォームを提供することになる。

その意味で、前世紀末のインターネットの商用化で生まれたイノベーションの爆発的な増大（現在はAIの影響にまで進歩）は、過

図表11.3　産業革命の歴史

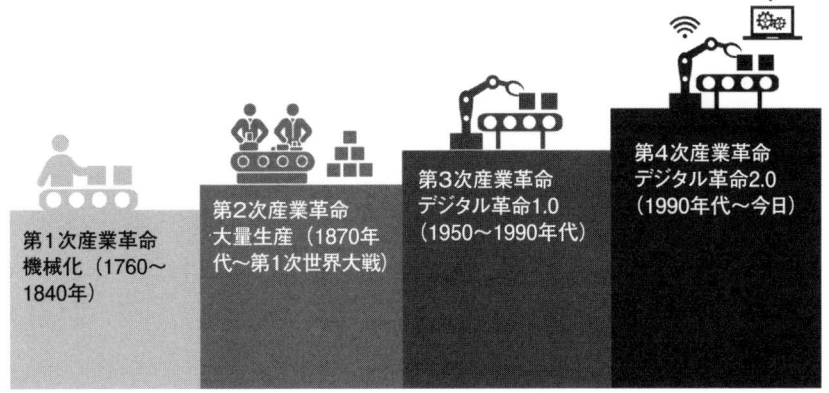

出所=ゴールドマン・サックス・グローバル・インベストメント・リサーチ

去にも見られた技術的な進歩によるもっと革命的な時期と似ている。**図表11.3**は、18世紀以降、イノベーションが爆発的に起こる4つの時期を示している。イノベーションに関するほかのサイクルと同じように、向こう数年にわたって、確かなネットワーク効果とテクノロジーのより生産的な利用が行き渡ることで、経済や金融市場に及ぼすテクノロジーの影響は計り知れない。

技術革新の特徴

歴史に目を向けると、そのような時期がどのように進展するか興味深い考察を得られ、それが今日われわれの経験している経済や社会の変化のスピードの文脈をとらえるのに役に立つ。一般化するのは難しいが、共通する特徴はいくつかある。

●ブレイクスルーを起こす技術が登場し、それが商業規模にまで及

ぶ。

●その分野に新たな企業と資本が殺到する。

●投機が起こり、企業のバリュエーションが上昇し、往々にしてバブルにつながる。

●バブルは崩壊するが、その技術は経済や株式市場の主たる原動力として再び登場する傾向にある。

●少数の大企業がその技術や業界を支配するようになる。

●二次的なイノベーションが起こり、新たな企業が誕生し、当初のテクノロジーやそれが広範に用いられるようになったことで可能となる製品が生み出される。

●ほかの業界はそのイノベーションによって混乱し、既存企業はそれを採用するか、消滅するかを迫られる。

●財やサービスの二次的なイノベーションによって新たな雇用機会が生まれ、それとともに新たな需要が生み出される。生産性は向上する傾向にあるが、たいていの場合、それは新たなテクノロジーが全面的に採用され、ネットワーク効果が実現したあとである。

●急速なイノベーションは社会全体に大きな変化をもたらすことが多いが、それは社会的態度、消費者の行動、政策、商慣行の変化に現れる。これが変化する需要に対応した企業に新たな問題とチャンスをもたらす。

熱狂、投機、そしてバブル

インターネットの拡張と商用化、最近ではAIで目にしたように、重要な新技術の登場は投資家の熱狂の高まりと、膨大な資本流入、新規参入企業の急速な増加につながる。技術に対する理解と支持が

高まるにつれ、投資家は関心を深め、投機が増える。

　投資家の観点に立てば、そもそもイノベーションが成功するか、最終的にどのような影響をもたらすかは分からない。そして、長期的にはどの企業が成功するかを予想するのはさらに難しく、投資家は将来の成功に賭けて多くの企業に投資する。結果として、企業のバリュエーションは最初に商用化されたときのテーマに左右され、生み出されるリターン全体を過大評価していることが多く、バブルが発生する。そして、バブルは有名企業の破綻や資本コストの急激な変化をきっかけに崩壊することが多い。

　この過程を描き出す歴史上の例は豊富に存在する。最近の研究によると、1825〜2000年までに登場した51の技術的なイノベーションのうち、73％のケースで株価がバブルとなった（エドワード・チャンセラー『**新訳　バブルの歴史——最後に来た者は悪魔の餌食**』［パンローリング]）。運河というイノベーションは第１次産業革命の重要な要素だった。最初に建設された運河は投資家に大きなリターンをもたらしたが、それに魅了された新たな資本が流入したことで、株価は上昇し、1790年代にはロンドン証券取引所で運河株がバブルとなった。運河株のブームは1793年に頂点に達する。1800年代になると、運河のROC（資本利益率）はバブル以前の高値である50％からたった５％まで低下し、四半世紀後になって配当を支払うことができた運河はたった25％だけだった。それでも、運河というインフラは製造業の再編に重要な役割を果たし、新たな産業やビジネスや製品を生み出した。

　同様の熱狂は19世紀に鉄道が発展したときにも見られ、これも経済成長や企業組織や社会の変化という点では等しく変革をもたらした。イギリスでは鉄道株に対する投機が広まり、1840年代になると、

高い成長とリターンを求めて鉄道セクターに資金が殺到し、バブル
が形成された。株価の著しい上昇後、鉄道株は1850年代までに高値
から平均で85％下落した。鉄道株全体の価値は投じられた資本の半
分以下まで減少してしまった（Odlyzko, A. [2000]. Collective
hallucinations and inefficient markets : The British railway mania
of the 1840s. Available at SSRN : https://ssrn.com/
abstract=1537338 or http://dx.doi.org/10.2139/ssrn.1537338）。運
河の場合と同じように、インフラという遺産はその他の業界の成長
に極めて重要な存在となった。

　20世紀は新たなテクノロジーが次々に登場した。第１次世界大戦
と第２次世界大戦後の時期には、消費財の需要が増え、新規参入企
業が登場するたびに投資が行われた。例えば、ラジオ放送が始まる
と、ラジオの需要は急激に拡大した。1923〜1930年までに、アメリ
カの家庭の60％がラジオを購入した結果、ラジオ局が膨大に増えた。
1920年、アメリカのラジオ放送はKDKAが独占していたが、1922
年になると、全米で600のラジオ局が開設された。そしてテレビが
広まったときと同じように、広告の幅を拡げ、市場に投入された製
品の採用を促した。例えば、RCA（ラジオ・コーポレーション・
アメリカ）の株価は1920年代に５ドルから500ドルに上昇したが、
1929〜1932年には98％下落し、ほとんどのラジオメーカーは破綻し
た。

　パソコン革命も企業数や新規参入企業のバリュエーションという
点で同様のブームを巻き起こした。パソコンの広範な商用化は
IBMが主導し、1980年代には何百もの企業が市場に参入した。だ
が1983年、アタリやテキサス・インスツルメンツやコレコを含むセ
クター内のいくつかの企業が赤字を出した。それを受けてパソコン

メーカーの株価は暴落し、コモドール、コロンビア・データ・システムズ、イーグル・コンピューターなど数多くのパソコンメーカーが倒産した。生き残った企業の多くも復活するまでに何年もかかったが、業界は成熟し、少数の企業が支配するようになった。

　1990年代後半のインターネットバブルでもこのパターンが繰り返された。投資家がインターネットの潜在力を理解し始めると、投機が急拡大した。検索エンジンのヤフーがIPO（新規株式公開）を行ったとき、株価は1日で13ドルから33ドルまで上昇した。1999年、クアルコムの株価は2600％以上上昇し、大型株の13銘柄が1000％以上上昇、さらに大型株7銘柄が900％以上上昇した。ナスダック指数は1995〜2000年までに5倍となった。2000年の高値からの1カ月後には34％下落し、80％以上下落した企業が何百にも上った。ナスダック指数自体は2002年10月に底を打つまでおよそ80％下落した。

　概して、新たなテクノロジーがもたらす可能性を巡る興奮が新規参入企業や競合他社を引きつけるだけでなく、ストーリーに対する関心が高まり、投資家の懸念が消えると、投機が増大する。最終的に、バリュエーションは下方に修正される傾向にあり、業界が再編された結果、競合他社はほとんどいなくなり、業界は回復する傾向にあるが、そうして次なるサイクルに突入する。このパターンはハイテクバブル後のハイテクセクターにも当てはまり、AIをはじめとする最新のイノベーションも、ポストモダンサイクルの投資家のリターンの見通しに同様の大きな影響をもたらす可能性が高い。

　インターネットの発展を見て、同じパターンをAI革命に当てはめると、AIツールや演算能力に資金を投じている企業が長期的には新たな技術から最も大きな利益を得ることにはならない可能性がある。例えば、最終的に勝者となるのは、ヘルスケアや教育サービ

スを改善するためにAIツールを利用できる企業や、事業を大幅に再編してコストを削減するためにAIソリューションを利用できる企業かもしれない。データ点検やファクトチェックなどの新たな成長分野だけでなく、AIを活用した新製品が最終的に繁栄するかもしれない。

優性効果

物事を根本から変えるような新技術は多額の資本と競争を引きつけるが、多くの企業が最終的に破綻する。だからといって、技術それ自体がダメになるわけではない。当初の技術が普及し、市場が拡大すると、支配的な企業がその技術の利用範囲を広げるような革新を起こすことで、成功するのが一般的である。実際に利益が増大し、地理的にも利用される範囲が急拡大することで、長期的には技術が取り入れられる速度が速くなる傾向にある。

概して、市場構造の変化のパターンは、ほかのイノベーションのケースと似たものになる。つまり、通常、ネットワーク効果によって市場シェアを拡大する好循環が生まれ、その支配的な地位を守る強固な「堀」を構築するにつれ、ますます強力となった少数の勝者がその分野を支配する。このような支配的な立場は最終的に規制（反トラスト法）やイノベーションが採用される速度の低下に影響を受けるようになる。

二次的技術の登場

技術的なイノベーションによって生まれた市場は長年にわたって

少数の巨大企業に独占されるが、当初の変革をもたらした技術がパイプ役となり、広範囲にわたる別のイノベーションが起こり、新たな企業や市場機会が生み出される。

例えば、石炭と蒸気は第1次産業革命の礎となったが、その後すぐに幅広い展開が見られた。都市に大量の人口が流入し、農業から離れたので、新たに消費財への需要が生まれた。機械式織機は織物産業に変革をもたらし、石鹸などの家内工業製品が自宅ではなく工場で生産されるようになった。これが新たな市場を生み出し、消費者向けブランドや広告やマーケティングを生み出すカタリストとなった。鉄道ブームの時期には、蒸気エンジンが鉄道の発展をもたらし、その後のネットワーク効果やコネクティビティーによって別のテクノロジーが発展した。

同様に、第2次産業革命期の重要な発明の1つがガスや石油を用いた発電だった。これによって鉄鋼の大量生産や内燃機関や自動車の開発が可能となった。現代のライン式生産方式がさらなるイノベーションとなり、さまざまな新製品の生産や流通に変革をもたらした。同様に、鉄道ブームや電信が生み出したネットワーク効果が新たな市場機会や企業を数多く生み出した。

第3次産業革命となるコンピューター時代の到来で、サービス業が急速に拡大した。トランジスターを搭載した初の消費財が登場したのが1952年で、消費者が消費電力の低下や携帯性に進んでプレミアムを支払うようになり、新たな市場が開拓された。1950年代半ばには、北カリフォルニアでシリコンデバイスの原型が開発された。プラスチックや軽量化された原材料も新たに大きな成長市場を生み出し、多国籍企業の成長で新たな市場機会がもたらされた。

さらに、テクノロジーが採用されるスピードは加速する傾向にあ

図表11.4　テクノロジーの採用速度は長期的に加速する傾向 ── 特定のテクノロジーを利用しているアメリカの家庭の割合（1860～2019年）

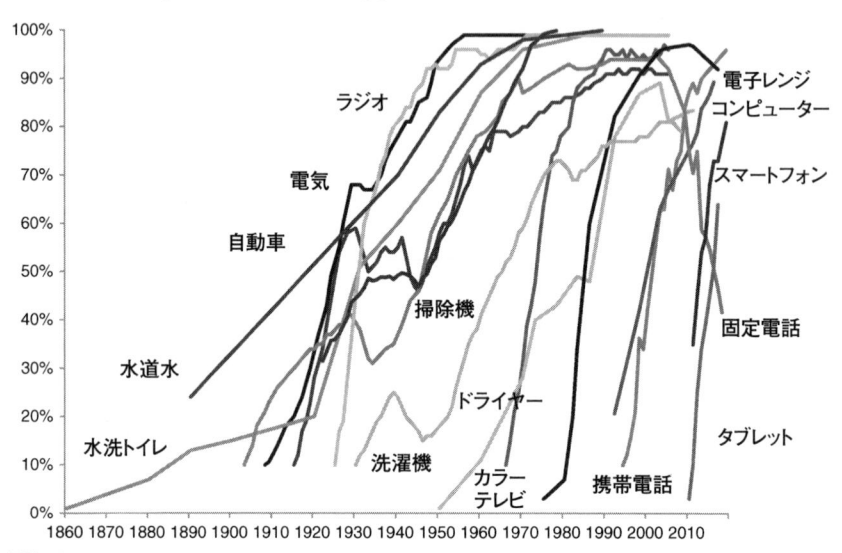

出所＝Our World in Data

る（**図表11.4**）。

　このパターンは過去20年にわたって明白だった。インターネットや関連するテクノロジーが急拡大し、採用されたことで、スマートフォンの開発と普及が可能となった。これがスマートフォンで利用される「アプリ」（例えば、タクシーやフードデリバリーサービスの革命）や「IoT（モノのインターネット）」（家電やデバイスが接続された世界）を足場とする業界を生み出した。

　2020年代の大手ハイテク企業がそれぞれの市場を支配し続ける可能性は極めて高く、急速なイノベーション、特にマシンラーニングやAIに関するイノベーションが新たなハイテクのスーパースターたちを生み出すことだろう。おそらくAIやロボット工学は革新的

318

な大手企業を生み出すだけでなく、ハイテク以外のセクターでも大きな再編の機運をもたらすだろう。

では、現在われわれは新たなテクノロジーのライフサイクルのどのあたりにいるのだろうか。前述の歴史から、通常、株式市場におけるハイテクセクターのライフサイクルは4つの局面に分けることができる。

1．新たなテクノロジーが力強いパフォーマンスとバリュエーションの拡大を後押しするが、これは将来の利益の増大であまねく正当化される。
2．熱狂が巻き起こり、バリュエーションはさらに拡大し、たくさんの新規参入企業が登場する。最終的にバリュエーションは業界全体でも正当化できないほどの市場規模になることを意味する水準まで到達する。
3．バブルが崩壊する。
4．多くの企業が消滅する。新たに優勢となった大手企業がテクノロジーを推し進めるが、その影響が経済全般に行き渡ると、次の波が起こり、相対的な勝者と敗者が生まれる。

現在のわれわれはテクノロジーの波の第1の局面にいると思う。これが正しいとしたら、さらに新規参入企業が登場し、市場のこの分野のバリュエーションは拡大することになる。現在の熱狂がバブルにつながるリスクはある。または、既存企業のバリュエーションが将来の成長性に比べて過大なまでに拡大するリスクはあるが、まだその段階には至っていないと思う。

ポストモダンサイクルでは、ハイテク業界以外の産業でデジタル

化が進み、それが長期的には投資家にさらなるチャンスをもたらす可能性が高い。グリーンテックやメドテックやエドテックやAIやロボット工学が発展することで、ハイテクセクター以外の企業にも新たな成長機会をもたらすはずである。そして、それが銀行、小売業、エンターテインメント、教育、運輸、ヘルスケアなどの分野の伝統的なビジネスモデルを塗り替えることだろう。

ハイテクは最大のセクターであり続けられるか

1980年代のソフトウェア革命以降、ハイテクセクターはおおよそ一貫して時価総額という点では、少なくともアメリカでは支配的な存在で、リーマンショックの前に短期間だけ金融セクターに取って代わられただけである。だが、ベンチマークとなるS&P500のセクター構成の歴史を振り返ると、支配的なセクターが長期間にわたってその地位にあり続けることはあり得る。長期的には、新たなテクノロジーが生まれるたびに、市場を支配するセクターは変わってきた。つまり株式市場の分散が進むと、最大のセクターが市場全体に占める割合は低下する傾向にある。それでも、ハイテクセクターは世界の市場で最大のセクターであり続けるだろう。そして、信頼が醸成され、IPOが再び活発になると、数多くの新会社が参入してくることだろう（**図表11.5**）。

アメリカの株式市場の長い歴史を、主導するセクターに応じて4つの期間に分けることができる。

1. **1800〜1850年代——金融**　この期間を通じて、銀行は最大のセクターだった。当初は株式市場のほぼ100%を占めてい

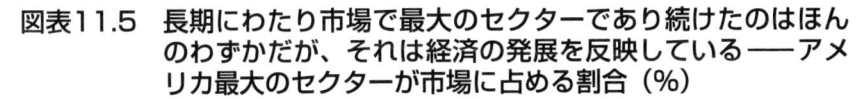

**図表11.5　長期にわたり市場で最大のセクターであり続けたのはほん
　　　　　のわずかだが、それは経済の発展を反映している──アメ
　　　　　リカ最大のセクターが市場に占める割合（％）**

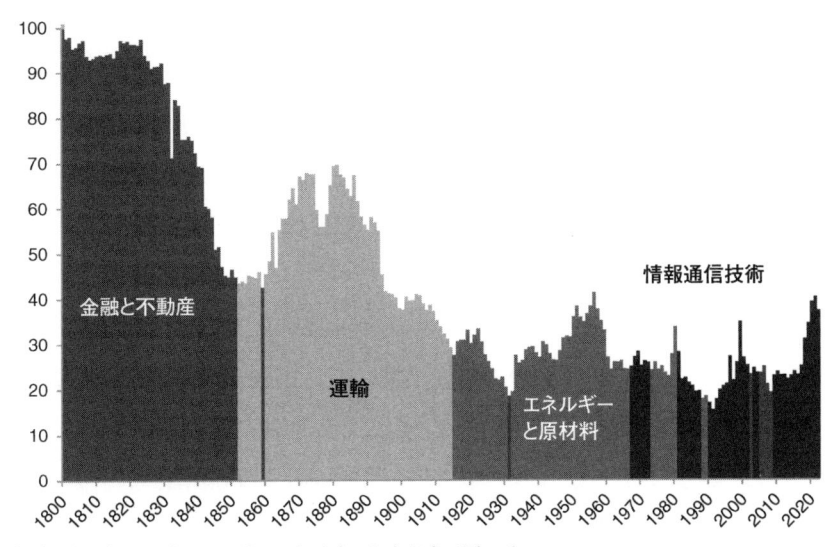

出所＝ゴールドマン・サックス・グローバル・インベストメント・リサーチ

たが、株式市場は発展し、拡大した。1850年代までにセクター
が占める割合は半分以下になった。

2. **1850〜1910年代──運輸**　繁栄するアメリカの鉄道網（そ
して他の地域の鉄道）に銀行が資金を提供するようになると、
運輸株が指数で最大のセクターになった。好況期には運輸株が
アメリカの指数の70％近くを占めるに至ったが、その後後退し、
第1次世界大戦で時価総額は3分の1ほどになった。

3. **1920〜1970年代──エネルギー**　蒸気や石炭ではなく、石
油を動力源として製造業が大きく成長し、エネルギー株が最大
のセクターとなった。1990年代まで主要なセクターであり続け
たが、短期的には新興のハイテクセクター（第1波はメーンフ
レームコンピューター、その後はソフトウェアが主導）にリー

ダーの座を奪われた。

4. 1980年代〜現在——ハイテク　概してハイテクは1970年代の
メーンフレームコンピューターの登場以降、アメリカ（その他
すべての国でもというわけではない）で最大のセクターの1つ
であり続けている（リーマンショックに至る時期には銀行セク
ターに一時的に取って代わられた）。もちろん、ハイテクセク
ターにおけるリーダーはこの期間を通じて入れ替わっている。
1980年代半ば、メーンフレームコンピューターがデータ革命を
主導した時期にはIBMが最大の企業だった。1990年代、ソフ
トウェアがハイテクの主たる原動力となると、マイクロソフト
が最大の企業となった。その後、2000年代にはアップルが最大
の企業となり、それは今日も変わらない。2000年のハイテクバ
ブルに至るまでの時期とその後の崩壊といったように、サイク
ルもあった。だが、ハイテクはすぐに最大のセクターに返り咲
いた（リーマンショックに至るまでの時期には銀行が短期的に
最大のセクターになった）。

現在支配的な地位にあるハイテク企業はリーダーであり続けられるか

ハイテクセクターの次なるリーダーは同じ企業だろうか、違う企
業だろうか。超大型ハイテク株はアメリカやその他の市場でかなり
の部分を占めている。だが、この市場支配のパターンは、現在のハ
イテク革命特有のものではない。過去にはいくつかの企業が大きな
イノベーションや技術的なサイクルを背景にそれぞれの業界を支配
するに至った。歴史を通じたハイテクセクターの進化は、最終的に

は「勝者総取り」の市場となる様子を示している。

- 例えば、スタンダード・オイルは1900年までアメリカの石油生産の90％超、売上高の85％を支配していた。
- ベル・テレコムは1969年までにアメリカの家庭の90％にサービスを提供していた。1982年にベル・オペレーティング・カンパニーズの支配権を手放し、個々の企業に分割される直前での市場シェアは5.5％だった。
- 1955〜1973年まで、ゼネラルモーターズの利益はS&P500の10％以上を占めていた。ピーク時には、アメリカでのゼネラルモーターズの市場シェアは50％にもなり、1931〜2007年まで世界最大の自動車メーカーだった。
- 1970年代にメーンフレームコンピューターが開発されたとき、市場シェアはかなり集中していた。1981年、IBMはメーンフレームコンピューター市場の60％超を握っていた。
- ソフトウェアがハイテク業界の主たる原動力となると、支配構造に変化が訪れた。2000年までに、パソコンやラップトップの市場を支配していたマイクロソフトはOSの97％のシェアを獲得した。

過去を振り返っても、指数のなかで最大の企業は支配的なセクターに属している。通常、規制（反トラスト法）によって市場支配が弱まるか、既存企業が最先端の技術を持つ、より機敏な新規参入企業に取って代わられるまで、市場でかなりの規模を維持することが多い（**図表11.6**）。

だが、歴史的には、新たに登場した企業が長期的に新製品やテクノロジーを支配することが一般的で、とりわけアメリカではそれが

**図表11.6　指数のなかで最大の企業は支配的なセクターに属している
　　　　　る（S&P500の時価総額に占める割合、1974年以前は
　　　　　S&P500の純利益に占める割合）**

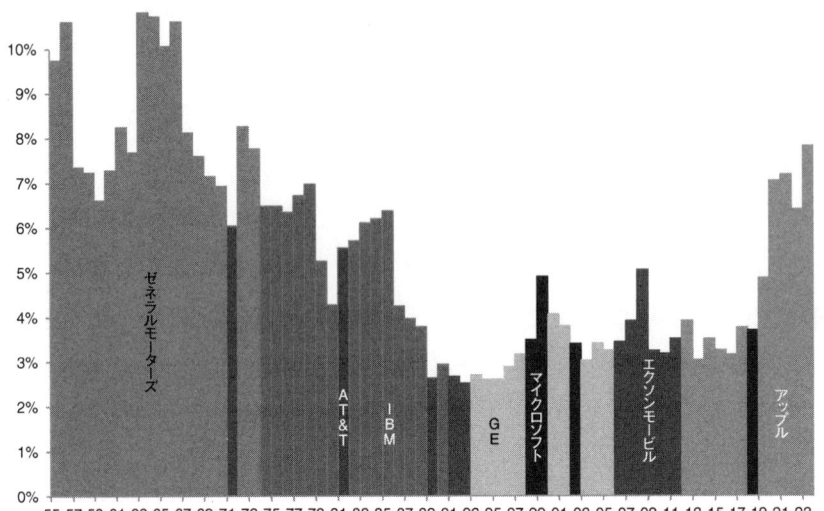

出所＝ゴールドマン・サックス・グローバル・インベストメント・リサーチ

顕著である。例えば、フォーチュン500社のうち、1955年以降リストに名を連ね続けているのは10％ほどにすぎない。

　この歴史に基づけば、現在の支配的な企業のうち、少なくとも現在の組織構造のまま60年後のフォーチュン500社のリストに名を連ねるのはほんのわずかだろう。新会社の多くは今日のわれわれには想像もできない新たな業界で誕生するだろう。**図表11.7**のように、1985年のS&P500の上位10社のうち2020年も上位10社に入った企業は１社もなく、2000年のリストで2020年も上位10社に入ったのはたった１社だけだった。

　支配的な企業が長きにわたって業界のリーダーであり続けること

図表11.7　過去のS&P500の上位10社（12月31日時点の時価総額）

1985年		1990年		1995年		2000年	
IBM		IBM	2.9%	GE	2.6%	GE	4.1%
エクソンモービル		エクソンモービル	2.9%	AT&T	2.2%	エクソンモービル	2.6%
GE		GE	2.3%	エクソンモービル	2.2%	ファイザー	2.5%
コカ・コーラ		フィリップ・モリス	2.2%	コカ・コーラ	2.0%	シスコ・システムズ	2.4%
GM		ロイヤル・ダッチ・シェル	1.9%	メルク	1.8%	シティグループ	2.2%
アモコ		ブリストル・マイヤーズ	1.6%	フィリップ・モリス	1.7%	ウォルマート	2.0%
ロイヤル・ダッチ・シェル		メルク	1.6%	ロイヤル・ダッチ・シェル	1.6%	マイクロソフト	2.0%
デュポン		ウォルマート	1.6%	P&G	1.2%	アメリカン・インターナショナル	2.0%
コカ・コーラ		AT&T	1.5%	J&J	1.2%	メルク	1.8%
シェブロン		コカ・コーラ	1.4%	IBM	1.1%	インテル	1.7%

2005年		2010年		2015年		2020年	
GE	3.3%	エクソンモービル	3.2%	アップル	3.3%	アップル	6.7%
エクソンモービル	3.1%	アップル	2.6%	アルファベット	2.5%	マイクロソフト	5.3%
シティグループ	2.2%	マイクロソフト	1.8%	マイクロソフト	2.5%	アマゾン	4.4%
マイクロソフト	2.1%	GE	1.7%	エクソンモービル	1.8%	アルファベット	3.3%
P&G	1.7%	シェブロン	1.6%	GE	1.6%	メタ	2.1%
バンク・オブ・アメリカ	1.6%	IBM	1.6%	J&J	1.6%	テスラ	1.7%
アメリカン・インターナショナル	1.6%	P&G	1.6%	アマゾン	1.5%	バークシャー・ハサウェイ	1.4%
J&J	1.6%	AT&T	1.5%	ウェルズ・ファーゴ	1.4%	J&J	1.3%
ファイザー	1.5%	J&J	1.5%	バークシャー・ハサウェイ	1.4%	JPモルガン・チェース	1.2%
フィリップ・モリス	1.4%	JPモルガン・チェース	1.5%	JPモルガン・チェース	1.4%	ビザ	1.2%

出所=ゴールドマン・サックス・グローバル・インベストメント・リサーチ

ができるのは歴史が証明しているが、支配的な地位に留まることができない企業も多い。これはイノベーションが引き起こす混乱や、支配的な地位にある現在の市場の売り上げを減らしてしまうことを恐れて、新たなテクノロジーの採用に失敗した結果である。

それでも、過去のハイテクのサイクルとは異なり、支配的なハイテク企業が現在のサイクルでより長期にわたってより巨大になり続けると私が考える理由が3つある。

第1に、ハイテクセクターの事業はデフレと親和性が高い。これが当てはまるかぎり、政治家がハイテクセクターを攻撃する実質的なインセンティブはない。そのため、政治の観点からすれば、ハイテクセクターは銀行やスーパーマーケットやエネルギーなど、その利益が消費者に届いていない（つまり、貯蓄者にとっての金利の上昇、食糧価格やエネルギー価格の低下）と主張することが多いセクターとは異なるかもしれない。だからと言って、ハイテク企業が規制を免れるわけではなく、価格よりもプライバシーやデータ利用やメンタルヘルスへの影響が問題となる可能性のほうが高い。

第2に、ハイテクは安全保障の問題と考えられるようになってきている。サイバーセキュリティーを含むテクノロジー、チップ、AIは国家のインフラや戦略防衛の重要な部分だと考えられている。世界中で地政学的な緊張が高まるにつれ、この問題はますます重要となっている。

第3に、ハイテクセクターが投じるR&D（研究開発費）は巨額である。現在、既存の勝者が多額の現金を生み出せることを考えると、この投資を続け、自らの市場における「堀」や将来の成長余力を強化できる。

図表11.8　新しいテクノロジーが生産性を高めている ── 長期的な物価変動（インフレ）と各国の物価の違いの調整後の１人当たりGDP（2011年のドル価で換算。対数スケール）

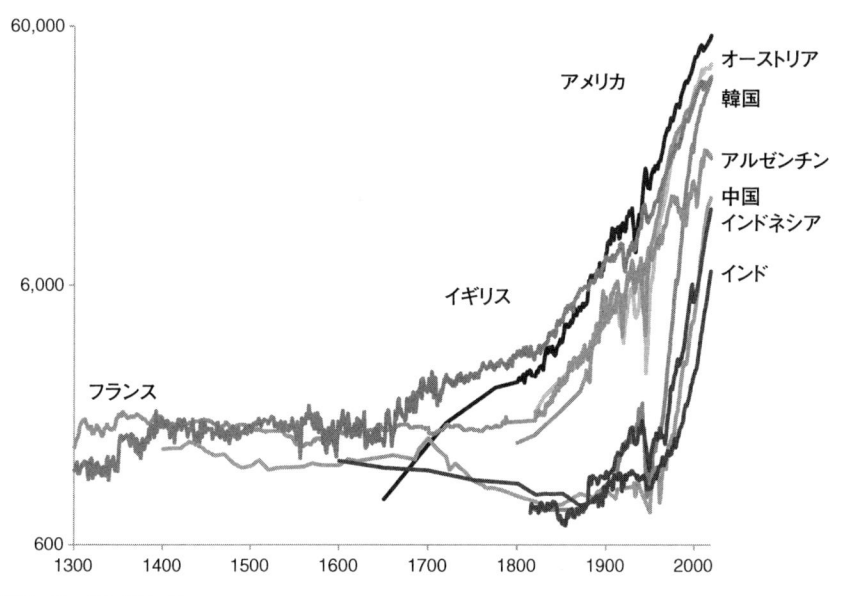

出所＝Our World in Data

なぜ新しいテクノロジーが生産性を増大させるのか

　技術的なイノベーションが生産性に与える影響は重要で、それは経済活動全体や株式市場全体の価値に影響を及ぼすからだ。低成長が数年続いたあと、生産性が改善する兆候が現れている（**図表11.8**）。これは一部にはパンデミックを巡る一時的な影響が関連しており、Ｊカーブ効果も影響していると主張する研究者もいる（Brynjolfsson, E., Rock, D. and Syverson, C. [2021]. The Productivity J-Curve : How intangibles complement general purpose technologies. American Economic Journal :

327

Macroeconomics, 13[1], pp. 333-372）。このようなときこそ、インターネットやAIのような根本的な変化をもたらす新しいテクノロジーの影響が完全に現れる前に、多額の補完的な投資が必要となる。

　また、経済における「無料の」財の成長は十分に計測されておらず、過去数十年にわたって生産性の評価は過少だと考えるもっともな理由もある。ゴールドマン・サックスのエコノミストは、今日のスマートフォンの最も基本的な機能を再現するためには、10種類のデバイスと3000ドルが少なくとも必要であり、グーグルマップやスマホのカメラやスナップチャットなど「無料の」デジタル財の成長を見落としていることが過少評価につながっているかもしれないと指摘している（Hatzius, J., Phillips, A., Mericle, D., Hill, S., Struyven, D., Choi, D., et al. [2019]. Productivity Paradox v2.0 : The price of free goods. Goldman Sachs Global Investment Research. Available at https://publishing.gs.com/content/research/en/reports/2019/07/15/d359dbb5-88ce-4cfb-8fdd-e7687bf2b4e1.html）。エリック・ブリニョルフソンたちは社会実験を行い、消費者にソーシャルメディアへのアクセスを止めるか、金銭的なペナルティーを支払うかを選択させた（Brynjolfsson, E., Collis, A. and Eggers, F. [2019]. Using massive online choice experiments to measure changes in well-being. Proceedings of the National Academy of Sciences, 116[15], pp. 7250-7255）。実験の結果、平均的な治験者の回答から可視化されていない消費者余剰は数兆ドルにもなると推定された。

　歴史を見ると、過去に登場したテクノロジーによって引き起こされた生産性の向上や経済活動の成長は、一般に考えられているよりも低いことを示す説得力ある証拠が存在する。例えば、ジェームズ・

ワットが蒸気エンジンを売り出したのは1774年で、商業的に成功した蒸気機関車が初めて登場したのは1812年だった。また、テクノロジーの影響はネットワーク効果に左右され、イギリスの1人当たり生産高が明らかに増大したのは1830年代になってからだった。石炭輸送はやがて経済成長と生産性を大幅に向上させたが、輸送網が構築されるまで十分に反映されなかった。同様に、投じられた巨額の固定費が回収されるのは、十分な数のユーザーが新しい動力源に乗り換えてからだった。同時に、蒸気動力を利用するためには工場を建設し、原材料や完成品の輸送を円滑に進めるための運河を構築する必要があった。内燃機関から電気自動車に移行することは技術的には可能だが、広く採用されるまでには蓄電システムや充電スタンドが必要になるだろう。

　1880年代の電力化の時代も同じパターンだった。電力というイノベーションが大きな生産性の向上をもたらすのは、工場の再設計が十分に可能となった1920年代になってからだった（Crafts, N. [2004]. Productivity growth in the Industrial Revolution : A new growth accounting perspective. The Journal of Economic History, 64[2], pp. 521-535）。1980年代には、生産性が向上しないことが懸念され、それゆえテクノロジー関連の企業のバリュエーションの誤りが広く見られた。1987年、ノーベル経済学賞を受賞したロバート・ソローは、「コンピューター時代の到来は生産性の統計以外のどこにでも見られる」と主張した（Roach, S. S. [2015]. Why is technology not boosting productivity? Available at https://www.weforum.org/agenda/2015/06/why-is-technology-not-boosting-productivity）。このような懸念も、1990年代に多くの国々で生産性が劇的に向上したことで霧消した。

情報技術革命後にも似たような影響がみられる可能性がある（David, P. A. and Wright, G. [1999]. General purpose technologies and surges in productivity : Historical reflections on the future of the ICT revolution. Paper presented at the International Symposium on Economic Challenges of the 21st Century in Historical Perspective, Oxford, 2-4 July）。この文脈に従えば、デジタル革命はまだ生産性を十分に高めてはいないと考えられる（Mühleisen, M. [2018]. The long and short of the digital revolution. Finance and Development, 55[2], art. A002）。

インターネットの世界の低い生産性

直近のサイクルでは、生産性の向上は期待外れなものだった。これはパラドックスだと主張する者もいれば、そのようなテクノロジーの影響が限られていることを実証しており、そのため株価はその潜在力を過大評価しているに違いないとする者もいた。だが、ポストモダンサイクルでは生産性の向上について、もっと楽観的になれるもっともな理由がある。

第1に、eコマースやその他生産性の高い分野への移行が続けば効果が生まれるはずである。第2に、職場のデジタル化やハイブリットワーク（職場と自宅）が進むことで、通勤や移動に費やす時間が減るので生産性が向上する可能性がある。第3に、資本コストが上昇基調にあることで、テクノロジーの「創造的破壊」のプロセスが加速し、収益性の低い企業は破綻する可能性がある（歴史を通じても、過去にテクノロジーが登場したときに見られた）。第4がおそらく最も重要で、リーマンショック後のテクノロジーは問題を解

決するために「なくては困る」というよりも、「あったらよいな」という製品に焦点が当てられていたが、次なるサイクルは問題解決志向のテクノロジーが重要になるだろう。

「あったらよいな」から「なくては困る」に

過去15年で最も大きく成長した分野の１つがソーシャルメディアで、プラットフォームを提供する企業が誕生し、アプリが開発されたことでやり取りが容易になっている。例えば、リスクIQの新しいリポートによると、世界の携帯アプリの総数はいまや890万に上る（RiskIQ [2021]. 2020 Mobile App Threat Landscape Report : Tumultuous year bred new threats, but the app ecosystem got safer. Available at https://www.riskiq.com/wp-content/uploads/2021/01/RiskIQ-2020-Mobile-App-Threat-Landscape-Report.pdf）。もちろん、このすべてを新しい企業が開発したわけではない。既存のサービスを利用するために開発されたアプリもある。例えば、多くのアプリは、企業とデジタルプラットフォームをつなぎ、消費者が外食のテイクアウトなど既存の商品を注文できるようにしている。これらは便利であるが、多くの場合、購入される商品自体に変化はない。実際に、宅配の仕組み（自転車が多い）は１世紀前からそれほど洗練されていない。さらに、スタティスタの推定によれば、2022年にダウンロードされたすべてのアプリのうち60％以上がゲームで、生産性を向上させるような代物ではない（Armstrong, M. [2023]. Games dominate global app revenue. Available at https://www.statista.com/chart/29389/global-app-revenue-by-segment/）。新しいテクノロジーは広範に採用されて

おり、ストレスを軽減し、生産性を高めるため社員が一定の時間内に受け取るeメールの数を制限し始めている企業もある（Clark, P. [2023, June 3]. The dismal truth about email. Financial Times）。

　ポストモダンサイクルが進むと、新たな大きな問題の解決策としてのテクノロジーに注目が集まるようになるだろう。特に、エネルギー効率や脱炭素化に注目が集まることで、消費財を売るのではなく、効率性を高められるハイテク企業への投資が増えるはずだ。

　同時に、高齢化と労働参加率の大幅な低下は、企業が機械化やテクノロジーによる労働代替により多くの資金を投じる動機付けとなるだろう。

生産性とAIの影響

　今後の最も重要な技術的イノベーションの波は、おそらくAIとロボット化の分野で起こるだろう。新言語システムは驚くほどのスピードで取り入れられている。スタティスタによると、ChatGPTは5日間で100万回ダウンロードされた。ちなみに、ネットフリックスがこの数値を達成するには10倍以上の時間がかかった。

　このようなイノベーションには2つの潜在的影響がある。1つ目が既存の多くの役割が消滅するか、置き換えられる。2つ目が生産性と成長を高め、何年かの停滞後、実質所得を増大させる可能性がある。これが現実となれば、実質所得が増えることで、新たに副次的な産業や雇用機会を多く生み出すことになるだろう。

　雇用消失という点では、当初の見通しは憂慮すべきもののようだ。ゴールドマン・サックスのエコノミストは、AIは自動化によって現在の仕事の4分の1、または現在のフルタイムの雇用の3億件が

置き換わると主張している。つまり、どれほど懸念しても懸念し足りないほどだ。たいていの場合、自動化による雇用の消失は、その時点では想像もつかない新しい仕事や産業の創造で相殺されてきた（例えば、フィットネス業界や外食産業の爆発的な増大など）。最も重要なことは、省力化のコストと、現在の職に留まる労働者の生産性の向上が結びつくことで生産性が上昇し、経済成長は大幅に伸びると彼らは主張している。そして、数十年後にほとんど無料の再生可能エネルギーが現実となればなおさらである、と。彼らの推定では、アメリカだけでも、広範に採用されれば、10年間で年1.5％ほどの生産性の上昇が見込める。つまり、AIは最終的に世界のGDP（国内総生産）を７％増大させるのだ（Hatzius, J., Briggs, J., Kodnani, D. and Pierdomenico, G. [2023]. The potentially large effects of artificial intelligence on economic growth [Briggs/ Kodnani]. Goldman Sachs Global Investment Research. Available at https://publishing.gs.com/content/research/en/ reports/2023/03/27/d64e052b-0f6e-45d7-967b-d7be35fabd16.html)。

　これを支持する直近の研究では、2010年代にディープラーニングが誕生して以来、トレーニングコンピュート（つまり、AIモデルを訓練するために用いられる演算回数）はおよそ６カ月ごとに２倍になっている（Sevilla, J., Heim, L., Ho, A., Besiroglu, T., Hobbhahn, M. and Villalobos, P. [2022]. Compute trends across three eras of machine learning. arXiv:2202.05924)。これは、過去60年間に広まったムーアの法則が示す２倍になるまでの時間の３分の１を下回る（ムーアの法則では、集積回路上のトランジスタの数はおよそ２年ごとに倍になり、それによってコンピューターの速度と演算能力は高まるとされた）。

　NBER（全米経済研究所）の最近の研究報告書では、5179人のコールセンターの担当者のデータを用いて、AIに基づく対話型アシスタントの導入事例を研究した（Brynjolfsson, E., Li, D. and Raymond, L. [2023]. Generative AI at work. NBER Working Paper No. 31161）。彼らは、ツールを利用することで生産性（1時間に解決される問題数で評価）が平均で14%向上することを発見した。彼らはまた、新人やスキルの低い労働者に最大の効果があることを発見した。これは、ツールが経験豊富な社員の知識を新しい社員に広め、彼らがより早く成長できるように設計されていることが一因である。さらに、AIアシスタントは消費者心理を改善し、社員のつなぎ留めにも役立っていた。これは、AI関連のテクノロジーはハイテク以外の企業でも生産性に多くの効果をもたらすことを示す一例で、それはAIツールを利用すれば、生産性や効率性を高められるからである。オールドエコノミーの見通しについては次章で取り上げる。

AIとテクノロジーのPEARLsフレームワーク

　では、急速な技術的イノベーションという文脈のなかで勝者と敗者について考える方法はあるのだろうか。1つの考え方は、新たなテクノロジーを開発し、反応し、利用する方法に焦点を当てたフレームワークを構築することである。ゴールドマン・サックスでは、次の要素からなるPEARLsフレームワークを構築した。

パイオニア（Pioneers）　初期のイノベーター
イネイブラー（Enablers）　イノベーターが新たなテクノロジーを

商用化することを助ける企業

アダプター（Adaptors）　新しいテクノロジーを商用化するために自らのビジネスモデルを変更する他業種の企業

リフォーマー（Reformers）　テクノロジーをてこに拡張性を高めることで違う業界を再編する新規参入企業

ラガード（Laggards）　新しいイノベーションに対応するのが遅く、買収されるか、競争に敗れる企業

パイオニア

　創案者は価格上昇という点で最初に利益を得る傾向にある。彼らは新たなテクノロジーのイノベーターか、それを開発するために最も資金を投じた企業であり、概して見いだすのが最も容易である。これまで見てきたように、これらの企業は今のところ最も大きなアウトパフォーマンスを享受しているが、キャッシュフローは過去のサイクルのケースよりも堅調であるにもかかわらず、いまだそれほど高い評価を得ていない。

　だが、そもそもパイオニアは特定するのが最も容易かもしれないが、必ずしも最も大きな利益を得るわけではない。たとえ既存企業の成功は続くとしても、より機敏な新規参入企業が登場し、既存企業の支配的地位を奪うことが多い。例えば、それはインターネットの検索エンジンの分野を見れば、よく分かる。二次的なイノベーションはオリジナルの技術から生まれることが多く、しばしば後発のパイオニアから生み出される。まったく新しい製品群や産業すら登場するので、これらは大きな成長を生み出すことができる。もちろん、テクノロジーの初期の段階でこれらを見いだすことはとても難

図表11.9　2000年代のアメリカの通信会社はハイテクセクターと同じように上昇

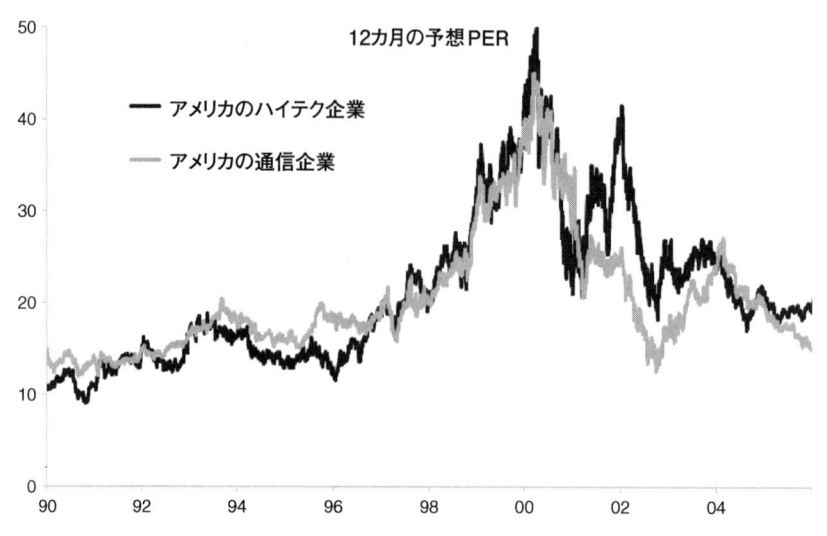

12カ月の予想PER

——　アメリカのハイテク企業

——　アメリカの通信企業

出所＝ゴールドマン・サックス・グローバル・インベストメント・リサーチ

しいが、最大の勝者ともなり得る。インターネットの例で言えば、スマートフォンやソーシャルメディア企業の誕生がそれに当たる。

イネイブラー

　テクノロジーの変化を商業的に成功させるうえで重要な役割を果たすのが、その変化を推進する役に立つ企業である。現在のAIの波では、AIを広めるうえで欠かせない半導体メーカーの多くがそれに当たる。パイオニアと同様に、テクノロジーが商業的にも通用するようになるので、これらイネイブラーを見いだすのは容易である。だが、より長期の投資がこれらの企業に与える影響は明快ではない。例えば、インターネット革命では、通信会社が存在しなけれ

図表11.10　2000年代のヨーロッパの通信会社はハイテクセクターと同じように上昇

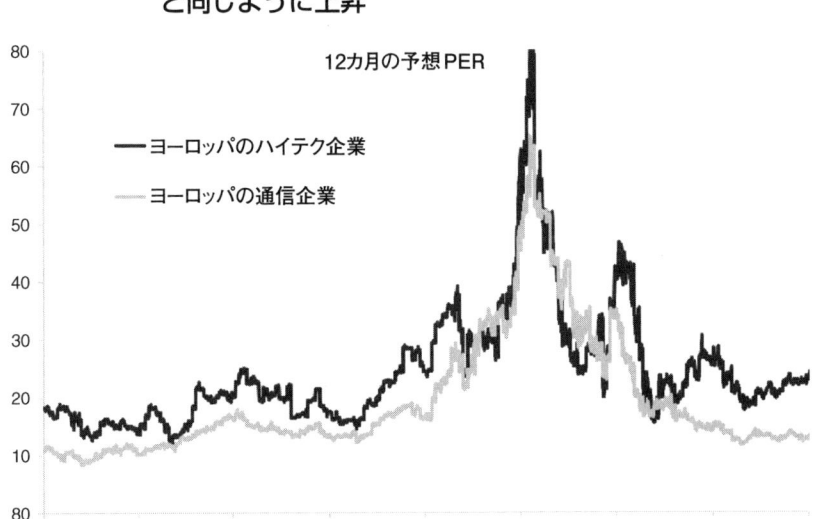

出所＝ゴールドマン・サックス・グローバル・インベストメント・リサーチ

ばインターネットの商用化や広範な利用は起こらなかった。インフラの拡張を可能にし、ネットワークに投資したのは通信会社だった。つまり、彼らは「パイプ」を所有することで、最終的に他企業や消費者が享受する利益の多くを獲得すると考えられていた。だが、彼らは周波数帯域を取得するライセンスを巡って競争し、インフラコストのほとんどを背負い込むことになり、その時点で高いバリュエーションを正当化するだけの適切な投資リターンを実現できなかった。

　図表11.9と**図表11.10**が示すように、これら通信会社はこの時期にハイテクセクターと同じように評価され、割高となったが、ほとんどは適切な投資リターンを獲得できなかった。

　最終的に利益を得る企業はテクノロジーのイネイブラーではなく、

テクノロジーを生み出した企業か、新たなテクノロジーが登場したときにそれを取り入れ、利用した企業だった。例えば、プラットフォーム事業のイノベーターは新しいテクノロジーを取り入れ、既存の企業を破壊し、市場シェアを獲得した（例えば、タクシーの配車アプリ）。または、新しいアプリを用いた事業のイノベーターはインターネットのネットワークが構築されるまで存在しなかった。

　だが、半導体メーカーなどほかのイネイブラーの業績は好調で、AIのケースでもそのようになると考えている。違いがあるとすれば、主に参入障壁である。最も重要なことは、これら企業に求められることの多い巨額の資本投資が、バリュエーションを正当化するだけの適切な投資リターンを生み出せるかどうかである。

アダプター

　アダプターは、ハイテクセクターの外側にいて、新たなテクノロジーの影響に対応し、自らのビジネスモデルを変化させる企業である。これらの企業が相対的に成功するかどうかははっきりしない。例えば、AIツールを使ってヘルスケアや教育サービスを改善できる企業は、AIによるソリューションを取り入れ、事業を大幅に再編してコストを引き下げられるほかの企業とともに、最終的には大きな成功を収めるかもしれない。データ点検やファクトチェックなど新たな成長分野のイノベーションは最終的に繁栄するかもしれない。最後に、利益の多くはより安価な新サービスという形で消費者にもたらされるかもしれない。成熟したセクターのすべての企業が新たなテクノロジーを採用して効率的になるとしたら、その競争圧力ゆえに消費者が最も大きな利益を得ることになる。そして、最終

的に余暇や可処分所得の増大から利益を得られるビジネスモデルを構築した企業が大きな成功を収めるだろう。

　要するに、競争の度合いと業務の質にかなり依存することになる。例えば、1980〜1990年代、ほとんどの業界の企業の大部分がメーンフレームコンピューターからPCに乗り換えた。このような変化は生産性を高め、コストを削減したが、すべての競合他社で同じことが起こった。ここでの主たる受益者は消費者で、これはインターネット革命時にもおおよそ当てはまった。ハイテクセクターの外側にいる企業のほとんどが「オンライン化」され、効率性を高めるとともに、商業圏を広げた。しかし、これはほとんどの企業に当てはまるので、競争の結果、利益のほとんどはより良いサービスや価格の低下という形で消費者のものとなった。それでも、多くの業界で、当初規模を拡大したか、業務を改善したことで、支配的地位を獲得した勝者が誕生した。例として、小売業では、ほとんどの企業がホームページを持っており、いくつかの国ではほんの少数の支配的な企業がマルチチャンネルでの販売に成功し、長期的にアウトパフォームしている。

リフォーマー

　リフォーマーは通常、レガシーコストの負担がない新規参入企業である。そのような企業は、イノベーションを用いて既存の競合他社よりも拡張性の高い新たなビジネスモデルを構築することで、成熟した非ハイテク業界を破壊することができる。小売業のアマゾン、カーシェアリングのアプリ、オンラインバンクなどがその例である。これらの企業は、業界で優勢となっていたビジネスモデルや利益の

図表11.11　コダックは1975年に初めてデジタルカメラを開発した が、2012年に破産申請（最高値を基準に指数化した株価）

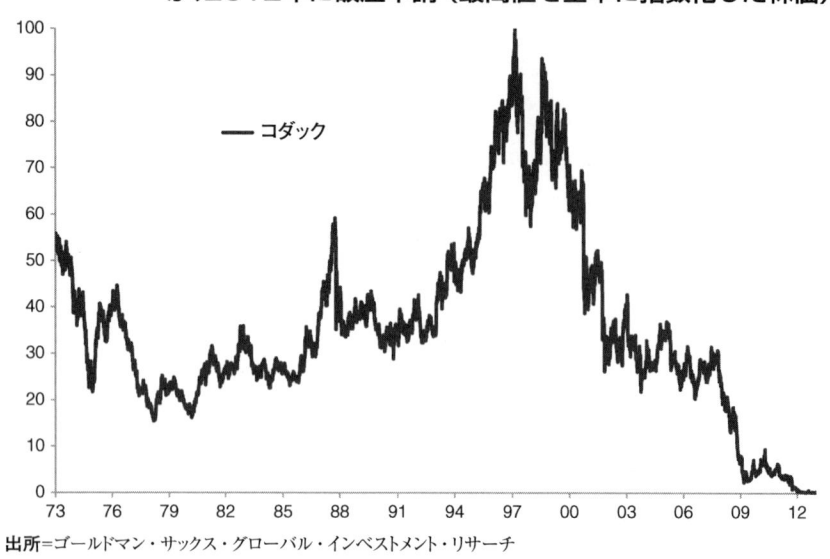

出所＝ゴールドマン・サックス・グローバル・インベストメント・リサーチ

ダイナミズムに変化をもたらすにつれ、ますます価値を高める。そして、既存企業の犠牲のうえに市場シェアを増大させ、力強い収益成長を享受できる。

ラガード

　これは惨めな存在と考えられることが多い企業だが、それはある業界で支配的な地位にありながら、何らかの理由で変化が遅く、新しいイノベーションについていけないからだろう。このような既存企業には高いバリュエーションが付いていることが多いので、より柔軟かつ革新的な競合他社に取って代わられると、株価下落のリスクが最も大きくなる。歴史上、業界内で歴然とした優位性があると

図表11.12　ポラロイドはインスタントカメラ市場を独占（最高値を基準に指数化した株価）

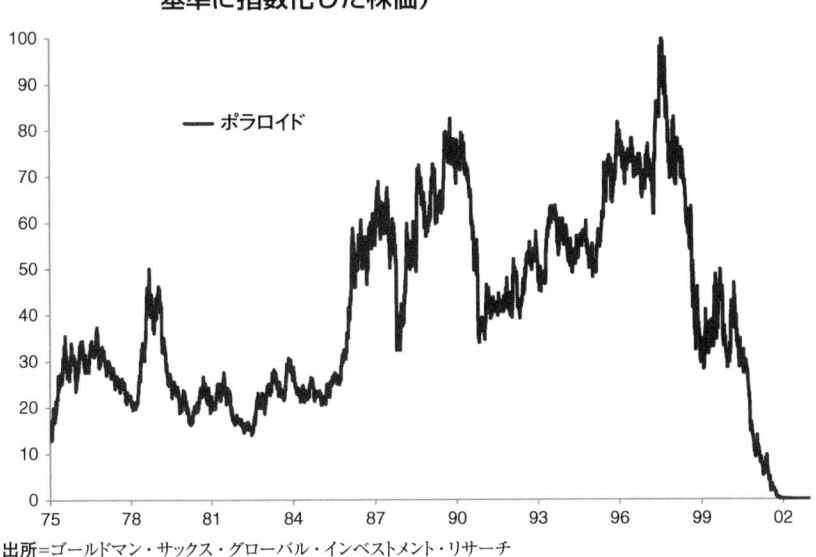

出所＝ゴールドマン・サックス・グローバル・インベストメント・リサーチ

　思われながらも、より優れた新しいテクノロジーを持つ機敏な企業に取って代わられたことで、劇的な終焉を迎えた有名企業の例は豊富にある。

　コダックが好例である。同社は1975年に初めてデジタルカメラを発明したが、経営陣がフイルムの市場にマイナスの影響を及ぼすことを懸念したため、同社のエンジニアは製品を発売する許可を得られなかった。コダックは2012年に破産を申請した（**図表11.11**）。同じ運命をたどったのがポラロイドである。1960年代から1970年代初頭まで、ポラロイドはインスタントカメラの市場を独占していた。同社の売上高はアメリカのフイルム市場全体の約20％、カメラ市場の15％を誇っていた。同社はデジタル技術に投資していたが、市場にあふれた新規参入企業に対応できないばかりか、写真プリントの優位性は変わらないと信じ込んでいた（**図表11.12**）。

図表11.13　ノキアはスマートフォンの技術に乗り遅れた（最高値を基準に指数化した株価）

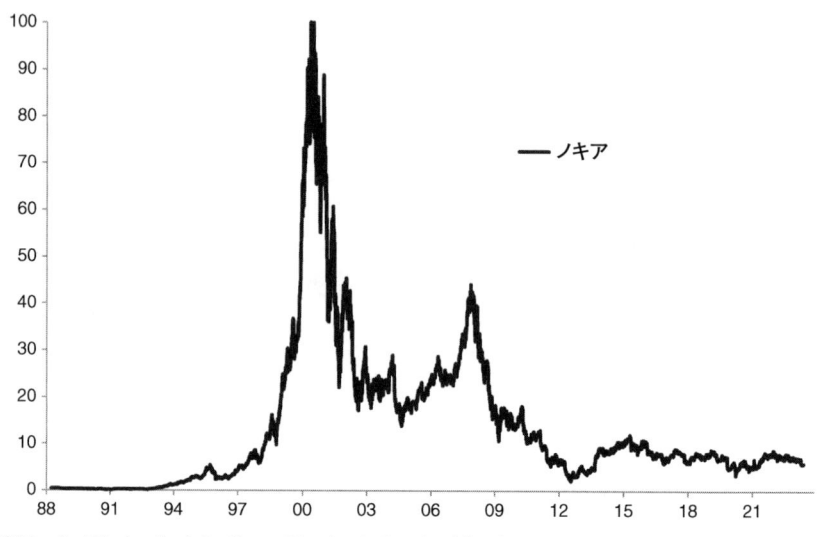

出所＝ゴールドマン・サックス・グローバル・インベストメント・リサーチ

　ゼロックスは初めてPCを開発した企業だが、経営陣はあまりに高価で商業化はできないと考えた。また、同社の将来は1970年代には95％の市場シェアを誇ったコピー機にあると考えていた。

　ブロックバスター・ビデオはレンタルビデオ事業で成功を収め、VHSからDVDへの移行を主導したが、ストリーミングへの変化には付いていけなかった。2000年、ネットフリックスはブロックバスターとの業務提携を提案した。ブロックバスターが同社の店舗でネットフリックスを宣伝し、ネットフリックスがブロックバスターのサービスをオンラインで提供するという構想だったが、この提案は却下された。ブロックバスターは2010年に破産を申請した。

　ノキアはある時点で世界の携帯電話市場の40％超を手にし、フィンランドの株式市場の70％、同国のGDPの４％ほどを占めていた。

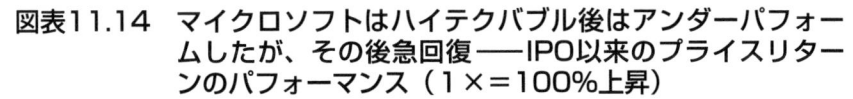

図表11.14 マイクロソフトはハイテクバブル後はアンダーパフォームしたが、その後急回復 ―― IPO以来のプライスリターンのパフォーマンス（1×＝100％上昇）

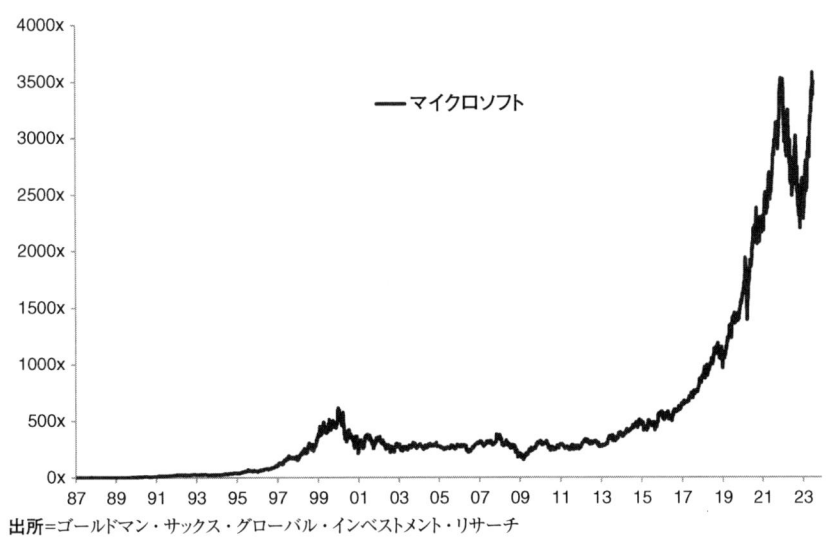

出所＝ゴールドマン・サックス・グローバル・インベストメント・リサーチ

同社はスマートフォンのテクノロジーに付いていけず、やがて2013年に携帯電話事業をマイクロソフトに売却した。その後、同社はアルカテル・ルーセントを買収し、通信インフラ事業に重点を移している（**図表11.13**）。

　デルはテクノロジーと消費者需要の変化に付いていけなかった。イノベーションは企業向けから消費者向けに変化し、コンピュータープラットフォームもデスクトップからスマートフォンやタブレットが優勢となった。クラウドサービスが繁栄したことで、ほとんどの企業が必要とするハードウェアの量が減少したため、デルはアップルやアマゾンやマイクロソフトなどの企業の後塵を拝した。

　新規参入企業や新たなテクノロジーが登場するたびに市場価値が急落しても、それを取り入れ、自らの事業を変化させることを学ぶ

支配的な企業もある。例えば、2000年３月、シスコはインターネットプロトコルで支配的な地位を築き、時価総額が5000億ドルを超え、世界で最も価値のある企業となったが、やがて株価は暴落した。時代に合わせて進化したシスコは、オンラインの動画やデータなどのサービスに事業を移していった。マイクロソフト（**図表11.14**）やエリクソンなどの企業も同様の対応を取っている。

　「初期の勝者」、つまりその分野のパイオニアとかイネイブラーと考えられる企業でも、すでに大幅な再評価がなされた企業がいくつかある。これらの企業はテクノロジーが普及するに併せ、業績を上げ続ける可能性が高い。当初のテクノロジーに基づいた新たな製品を生み出した二次的なパイオニアも魅力的な投資機会をもたらす可能性が高い。やがて、AIを活用して業界を再編する新たなリフォーマーを見いだせば、より大きなチャンスが得られるかもしれない。業界トップの業務執行を行う最高のアダプターは魅力的な投資機会をもたらすことだろう。だが、多くの企業がAIに適応するにつれ、増大する利益は消費者の手に渡るはずだ。このチャンスに付け入ることができる、現在は割安となっている企業もより大きな利益をもたらすかもしれない。

第**12**章

ポストモダンサイクル── 「オールドエコノミー」のチャンス

The Post-Modern Cycle : Opportunities in the 'Old Economy'

「全世界で必要となるインフラ投資は2040年までに94兆ドルに達すると予想されている。そして、電力や水について国連の持続可能な開発目標を達成するためにはさらに３兆5000億ドルが必要となる」── **グローバル・インフラストラクチャー・ハブ**

　それぞれの時代には、特有の問題、そして多くの場合にチャンスがある。ポストモダンサイクルに突入した人類はさまざまな大きな問題に直面している。地政学的な同盟関係の変化、雇用の未来、高齢化、環境は、予見可能な将来の主要な問題となる。

　投資という観点からすると、最終目標は面白そうだ。脱炭素化への移行に成功すれば、健康面で大きな改善がもたらされるだけでなく、消費されるエネルギーの限界コストは、金銭面でも、惑星の資源という点でもゼロになると見込まれる。IEA（国際エネルギー機関）の推定では、2050年、世界経済は２倍になり、人口も20億人増えるが、世界のエネルギー需要は今日よりも８％少なくなる。エネルギーのより効率的な利用、資源効率の改善、行動面の変化がエネルギー需要の増大を相殺する一助となるはずだ。同様に、AI（人

図表12.1　企業の売上高に対する資本支出の割合はほとんどの国でリーマンショック以降に劇的に減少 —— 売上高設備投資比率（%）

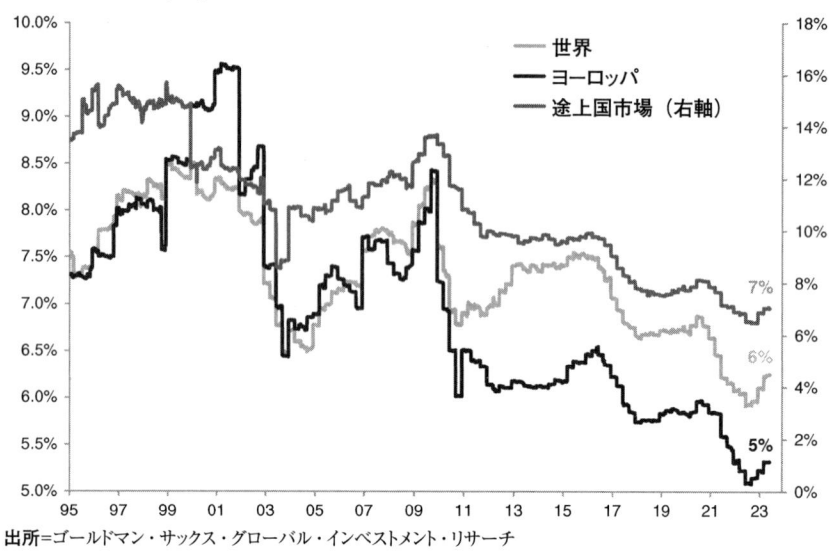

出所＝ゴールドマン・サックス・グローバル・インベストメント・リサーチ

工知能）は目覚ましく進化し、破壊的なものとなるかもしれないが、多くの業界が生産性を高め、大きく前進する可能性をもたらす。

「オールドエコノミー」のチャンス

第8章で議論したとおり、リーマンショック後の株式市場での最も劇的な展開の1つがハイテクセクターのアウトパフォーマンスだった。これは、伝統的な業界の多くが過剰な生産能力と低いリターンに苦しんでいるときに、利益成長が優れ、ROE（株価収益率）が高かったことを反映していた。デジタル革命に向けた支出は、かなりの程度、物的資産への投資の犠牲のうえに増えた。**図表12.1**が示すように、企業の売上高に対する資本支出の割合は、多くの国

図表12.2　エネルギー投資とコモディティ投資の見通しは限られていた──精錬銅の需要と供給（キロトン）

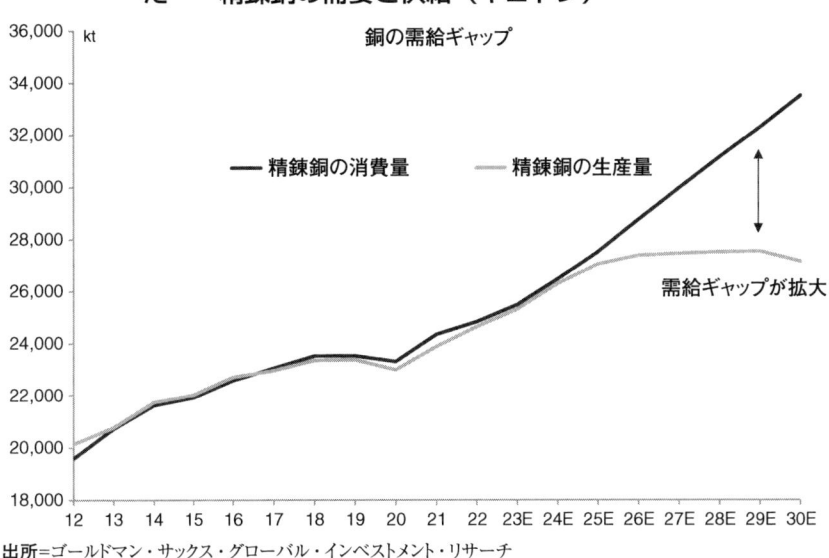

出所＝ゴールドマン・サックス・グローバル・インベストメント・リサーチ

でリーマンショック後に劇的に減少した。

　世界的な需要が比較的少なく、供給過多となった結果、多くのコモディティの価格が急落したため、コモディティ投資の見通しは限定的になった（**図表12.2**）。

　超低金利がこのトレンドを支えた。低金利による豊富な流動性と資本コストの低さが、ハイテクセクターの新事業が資金を調達する一助となった。収益性がなく、立ち上げまでに巨額の費用が必要な企業でも容易に資金を調達できた。低金利は現金の機会費用を著しく低下させるので、彼らのデュレーション（収益力が生まれ、リターンがもたらされるまでの期間）の長さは障害にならなかった。

　10年以上の間、アセットライトな業界は伝統的な資本集約型の業界を劇的にアウトパフォームした。直近になってアセットライトな

図表12.3　近年、アセットライトな企業が資本集約型の企業をアウトパフォームしてきた──世界の資本集約型の業界と資本集約度の低い業界の比較（プライスリターン、米ドル）

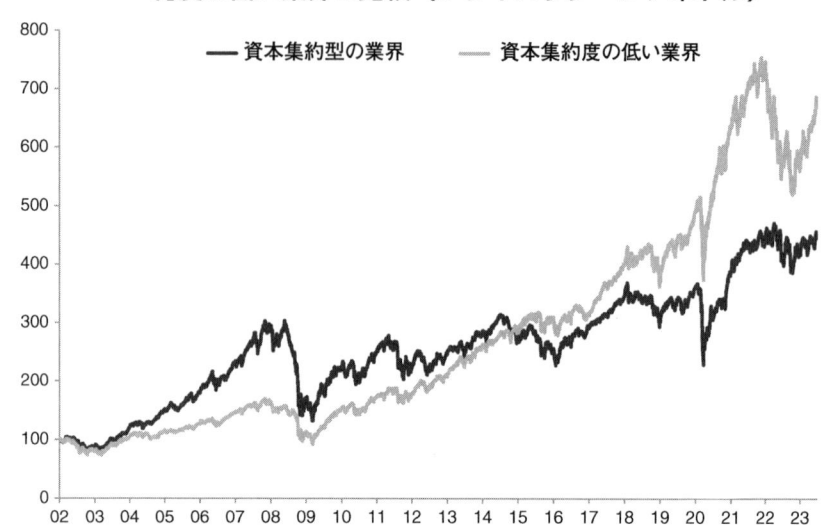

注=資本集約型の業界には通信サービス事業者、自動車および自動車部品、レジャー用品、建設および原材料、工業製品、産業輸送、工業材料、工業金属、鉱山、石油、ガス、石炭、代替エネルギー、電力、ガス、水道が含まれる。資本集約度の低い業界には、ソフトウェアおよびコンピューターサービス、専門用ハードウェア、医療機器サービス、製薬、バイオテクノロジー、消費者向けサービス、生活雑貨、家財、個人向け消費財、小売業、飲料、食品メーカー、タバコ、薬局およびスーパーマーケットが含まれる
出所=ゴールドマン・サックス・グローバル・インベストメント・リサーチ

業界がアンダーパフォームしているのは、2021年以降、資本コストが上昇に転じたことを反映している（**図表12.3**）

　しかし、資本支出の機会集合は変化している。例えば、国防費の増大や代替的なエネルギー源を見つけることや脱炭素化などが新たな優先事項となっており、これらは巨額になるだけでなく、単純にスマートフォンのアプリやソフトウェアを開発しただけでは達成できない。つまり、かなりの額の資本をインフラに投じる必要がある。

**図表12.4　世界の国防支出は1970年代以降減少傾向 ── 世界の防衛
　　　　　　支出（GDPに占める割合）**

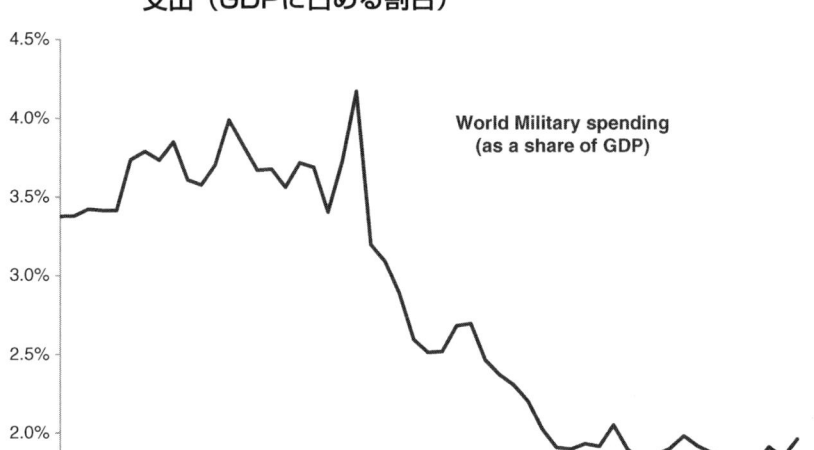

出所＝SIPRI Military expense Database、IMF

国防費

　世界の国防支出は1970年代以降、減少傾向にある（**図表12.4**）。
IMF（国際通貨基金）によると、世界の国防費（加重をかけずに推
定した各国の平均）がGDP（国内総生産）に占める割合は、冷戦
期（1970～1990年）の3.4％から、リーマンショック後（2010～
2019年）には2％を下回るまで減少した。

　しかし、いまやこのパターンは変化している。SIPRI（ストック
ホルム国際平和研究所）によると、世界の国防支出は2021年に2兆
ドルまで増大した。ウクライナ戦争がこれをさらに増大させる可能
性は高い（Marksteiner, A. [2022]. Explainer : The proposed hike
in German military spending. Available at https://sipri.org/

349

commentary/blog/2022/explainer-proposed-hike-german-military-spending）。

　地政学的リスクの高まりと、ウクライナ戦争を受けて、多くの政府が国防費を増大させるようになってきた。ドイツは憲法上の債務制限を停止して、冷戦後の外交・安全保障政策をリセットし、向こう数年間に軍隊を近代化するための1000億ユーロに上る特別基金を創設した。ドイツはまた、NATO（北大西洋条約機構）に拠出する国防費をGDPの２％まで増やすと述べているが、これは予算が30％ほど増大し、2021年の530億ドルから700億ドルほどになることを意味する。ドイツでは1990年代前半以降、国防費はGDPの1.0〜1.5％で推移していたが、それを大胆に変える取り組みである（House of Commons Library [2022]. Defence spending pledges by NATO members since Russia invaded Ukraine. Available at https://commonslibrary.parliament.uk/defence-spending-pledges-by-nato-members-since-russia-invaded-ukraine/）。

　アメリカでは、バイデン大統領が7680億ドルの国防政策法案に署名し、これは国防費が５％増大することを意味する。民主党も共和党も、バイデンの当初の提案は中国やロシアの軍事侵攻に対応するには不十分だと考え、当初の提案よりも500億ドルほど増やした。

　日本も60年にわたる安定した第２次世界大戦後の安全保障政策に終止符を打ち、防衛予算を増大させている。2022年末に公表された新たな安全保障戦略では、「日本の安全保障環境は第２次世界大戦の終結以降、最も厳しく、複雑だ」と主張している。日本は向こう５年間に43兆円（3130億ドル）を投じて防衛力を増強する計画で、軍事支出をGDPの２％まで増やす。これはかつて日本が課していた防衛費の上限をGDPの１％とするから、大きな変化である。防

衛支出やサプライチェーンの在り方を変えている地政学的な変化を示すもう1つの兆候として、フィナンシャル・タイムズは「自由かつ開かれたインドパシフィック」を実現するために、アメリカや同盟国とより緊密に協力することで「国際関係の新たなバランスをもたらそうとする」日本の熱意を報じている（Inagaki, K. [2022, December 16]. Japan scraps pacifist postwar defence strategy to counter China threat. Financial Times）。

インフラ支出

　実物経済への資本支出を復活させるうえでもう1つ重要な要素は、老朽化したインフラの改修が急務であることで、増大する人口の要請を満たすために新たなインフラの建設も必要である。これは、だれが資金を出すのか、そしてどうすれば商業的に実用可能となった新たなテクノロジーへの投資が十分に魅力的なものとなるのか、という問題を提起する。だが、ニーズは間違いなく存在する。

　グローバル・インフラストラクチャー・ハブとオクスフォード・エコノミクスによると、2040年までに世界の人口が20億人増加し、都市生活者が50％増大（都市への移住が増加）することで、インフラ支出は大幅に増えると予想される（Global Infrastructure Hub [2017]. Global infrastructure investment need to reach USD97 trillion by 2040. Available at https://www.gihub.org/media/global-infrastructure-investment-need-to-reach-usd97-trillion-by-2040/）。彼らの推定では、経済・人口動態の変化に対応するためには、2040年までに支出は94兆ドルに達する可能性が高い。また、国連の持続可能な開発目標（上水、公衆衛生、電力を含む）を満たすには、世

界のGDPに占める割合を現在の3％から3.7％まで増大させなければならず、総額は97兆ドルまで増えるとしている。

投資の規模が同程度になると推定している者はほかにもいる。マッキンゼー・グローバル・インスティテュートのリポートによると、現在から2030年までに世界のインフラを建設・維持するために57兆ドルを投じる必要があり、これは現在の世界のインフラの総価値を上回る金額である（McKinsey Global Institute [2013]. McKinsey : 57 trillion dollar for global infrastructure. Available at https://www.consultancy.uk/news/153/mckinsey-57-trillion-dollar-for-global-infrastructure）。既存の老朽化したインフラを置き換えるためだけでもこれだけの投資が必要で、途上国人口の増大という問題を反映してもいる。

2022年4月26日に開催された中国中央財経委員会（CFEAC）で周近平主席は、インフラ建設を徹底的に強化し、近代的なインフラシステムを構築することを呼び掛けた。彼は、中国のインフラの状況は国家の発展に必要な水準をいまだ満たしていないと指摘し、インフラ投資を増強することを宣言した。ヨーロッパでも、インフラはヨーロッパ・リカバリー・ファンドの柱の1つとなっている。これは、新型コロナパンデミック後のヨーロッパ経済を立て直すために導入された包括的な財政政策である。EU（欧州連合）によれば、次世代のEU──復興を後押しするための一時的な政策──と、気候変動やデジタルトランスフォーメーションの分野に焦点を当てた長期的な支出計画は、「総額8000億ユーロを超えるヨーロッパ史上最大の予算の財政政策」となっている（European Commission [2021]. Recovery plan for Europe. https://commission.europa.eu/strategy-and-policy/recovery-plan-europe_en）。

グリーン支出

　おそらく投資支出において必要となる最も著しい変化は脱炭素化の要請から起こるだろう。インフラ建設というこの問題の規模は巨額なものになる。IEAによれば、「これが求めているのはわれわれの生産方法や輸送方法の完全な変換以外の何物でもない」(International Energy Agency [2021]. Net Zero by 2050 : A Roadmap for the Global Energy Sector)。

　エネルギー・トランジション・コミッションによると、世界経済がネットゼロエミッションを達成するために必要な資本投資の額は2020〜2050年まで3兆5000億ドルとなり、これはおよそ1兆ドルという現在の年間支出額の3倍にもなる。委員会は、このうち70%ほどは低炭素発電、エネルギー転換、配電に充てられる必要があるとしている。この投資額の一部は、化石燃料への投資の削減で相殺されるだろうが、それによって年間の正味費用は向こう30年にわたって年3兆ドルほどまで低減すると推定している (Energy Transitions Commission [2023]. Financing the transition : Making money flow for net zero. Available at https://www.energy-transitions.org/publications/financing-the-transition-etc/)。

　向こう数十年でネットゼロエミッションを達成することを誓う国は増え続けている。しかし、直近のリポートでIEAは、政府による誓約はたとえ完全に達成されたとしても、世界のエネルギー関連の二酸化炭素排出量を2050年までにネットゼロとし、地球表面の気温の上昇を産業化以前の水準の1.5度以内にするには不足していると説明していた (International Energy Agency [2021]. Net Zero by 2050 : A Roadmap for the Global Energy Sector)。リポートに

よると、エネルギー企業は地球温暖化を制御するためには、今年から新たな石油やガスの開発プロジェクトを停止する必要がある。低炭素技術への支出もこれまでにないほど増大させる必要がある。つまり、今日の約2兆ドルから2030年までにエネルギー関連に年5兆ドルほどの投資が必要となる。

リポートにはエネルギー需給の詳細な見直しも盛り込まれていた。2050年までに石炭、石油、ガスの需要はそれぞれ90%、75%、50%減少する。単独では太陽光が最大のエネルギー源となり、世界のエネルギー需要の20%を満たすことになる。

エネルギー効率の向上によって、2050年の世界のエネルギー需要は、世界経済の規模が2倍以上になっても、現在よりも8%ほど少なくなるはずだ。電力使用量は増大し、2050年までに全体のエネルギー消費量の半分以上を占めることになる。

良いニュースとしては、国連によると、世界的に着手されている新たなインフラプロジェクトを確実に気候目標と調和させるために、それほど多くの費用はかからないという。だが、重大な問題は、初期費用はプロジェクトの耐用期間を通じた効率性の向上と燃料の節約でかなり相殺されるが、巨額になるということである。国連によると、世界のインフラ投資のおよそ3分の2（年4兆ドル）はグローバルサウスが占め、国際的な資金援助が必要となる。ここでも、費用は巨額なものになるが、新しいインフラプロジェクトは「過去の非効率で、無秩序で、環境を汚染するシステムをはるかに凌駕する持続可能なインフラ建設につながる」という利点がある（The New Climate Economy [2016]. The Sustainable Infrastructure Imperative : Financing for Better Growth and Development）。

これらで必要となる金額の規模に圧倒されるかもしれないが、適

切なインセンティブと投資があれば、プロジェクトは実行可能である。過去10年間、エネルギー供給はすでに変化していることを銘記されたい。2008年に始まったアメリカのシェール革命は、その後の10年間にアメリカを世界最大の石油ガス生産国にした。シェールガスの生産はピークに達しつつある。今後10年間、もはやアメリカは競争優位があるものとしてシェールに頼ることができず、新たなエネルギー革命に投資する機運は高まり、政策による動機付けに注目が集まるようになっている。

ゴールドマン・サックスの石油アナリストの推定では、再生可能なエネルギー技術によってシェールで生産されるエネルギーの規模は２倍になり、「グリーンエレクトロン」（70％、ほとんどが太陽光や風力）や「グリーンモレキュール」（30％、ほとんどが水素やバイオエネルギー）を通じて、2032年までに１日に4300万バレル（石油換算）が節約される。これが向こう10年に３兆ドルのインフラ投資を促す（Della Vigna, M. [2023]. The third American energy revolution. Goldman Sachs Global Investment Research. Available at https://publishing.gs.com/content/research/en/reports/2023/03/22/4b92c394-2af6-4119-b469-0117d9946b71.html）。

政府の政策と支出

既存のインフラを更新し、脱炭素化のニーズを満たすための資本支出を行うことと、だれがその資金を出すかという問題は別のことである。だが、ネットゼロを達成するための政府の計画と、投資家がESG（環境・社会・ガバナンス）投資を求めるようになったことは少なくとも資本を正しい方向に向かわせている。

　必要となる投資の多くは民間部門が行うだろうが、この投資に弾みをつけるためにはインセンティブが必要である。投資額が増えれば、規模の経済性が働いて新たな投資やテクノロジーの費用が減少し、それによって好循環が加速することは歴史が示している。

　最近、心強い進展があった。2022年に成立したアメリカのCHIPSおよび科学法は「アメリカの労働者、社会、企業が21世紀の競争を勝ち抜くための歴史的な投資を行う」ものだ。これによって、アメリカの製造業、サプライチェーン、安全保障は強化される（The White House [2022, August 9]. FACT SHEET : CHIPS and Science Act will lower costs, create jobs, strengthen supply chains, and counter China）。興味深いのは、パンデミックや地政学的な緊張の高まりを受けて、安全保障やサプライチェーンのレジリエンスが重視されていることである。アメリカの2002年インフレ削減法（IRA）はこれまでで最も野心的かつ重大な政策介入である。CBO（米議会予算局）は、この法律が求めるエネルギーや気候対策が予算に及ぼす影響は、2022〜2031年で3910億ドルに上ると推定している。これには、再生可能エネルギーや低排出の燃料への投資を奨励するための2650億ドルの税額控除も含まれている。重要なことは、このインセンティブのほとんどはクリーンテクノロジー業界が利益を上げられるように構築されていることだ。これには再生可能エレクトロン（太陽光や風力やエネルギー貯蔵や電気自動車など）や再生可能モレキュール（バイオエネルギーやクリーン水素や二酸化炭素の回収など）も含まれるはずだ。また、環境にやさしい移動手段を選択し、住宅の効率性を改善することが個人にとっても魅力的になることを目指している。

　ゴールドマン・サックスのアナリストは、インフレ削減法は2032

年までに政府に1兆2000億ドルほどの負担を強いると推定しており、これはCBOの推定の3倍である。だが、重要なことに、これは2032年までに現在の2.5倍の規模となる3兆ドルほどのインフラ投資を促す可能性がある。

　この法律の製造業対策という側面が持つ保護主義的な影響を考慮して、ヨーロッパも独自の案を発表した。グリーン・ディール・ネットゼロ産業法である。各国が長期にわたって投資を引きつけるために競って法人税を引き下げたように、現在各国は、ネットゼロ経済への移行に拍車をかける新たなテクノロジーへの投資を引きつけるため、競って補助金を出し、税制優遇措置を講じている。

　ヨーロッパの法律は3つの分野に焦点を当てている。第1に、許認可手続きを簡素化し、再生可能エネルギーへの投資を加速させる。第2に、アメリカのインフレ削減法に引きつけられてヨーロッパの製造業がアメリカに移転してしまうリスクを相殺するために、「メード・イン・ヨーロッパ」に注力する。そのため、欧州委員会は重要な原材料の外部調達に取り組むためのクリティカル・ロー・マテリアルズ・アクトと併せ、クリーンエネルギー設備の少なくとも40％は域内で生産させるべきだと提案している。第3に、助成金、税控除、直接投資、融資を通じた3750億ユーロの資金援助はすでに承認されている（だが、コロナパンデミックからの回復を支えるために提案されたリカバリーアクトを優先して、現在はまだ実施されていない）。基本的に、この政策は規模の面でも範囲の面でもアメリカのインフレ削減法に匹敵し、全体で6兆ユーロを投資することになる。実際、2050年までに、再生可能エネルギーがヨーロッパ全体の発電量に占める割合は80〜90％に達すると考えられ、残りはバッテリー、水素、二酸化炭素の回収と貯蔵（CCS）で賄われる。

図表12.5　アメリカとヨーロッパの資本支出は横ばいだが、ヨーロッパの再生可能エネルギー企業はかなり早いペースで投資している（2015年を100として指数化した資本支出）

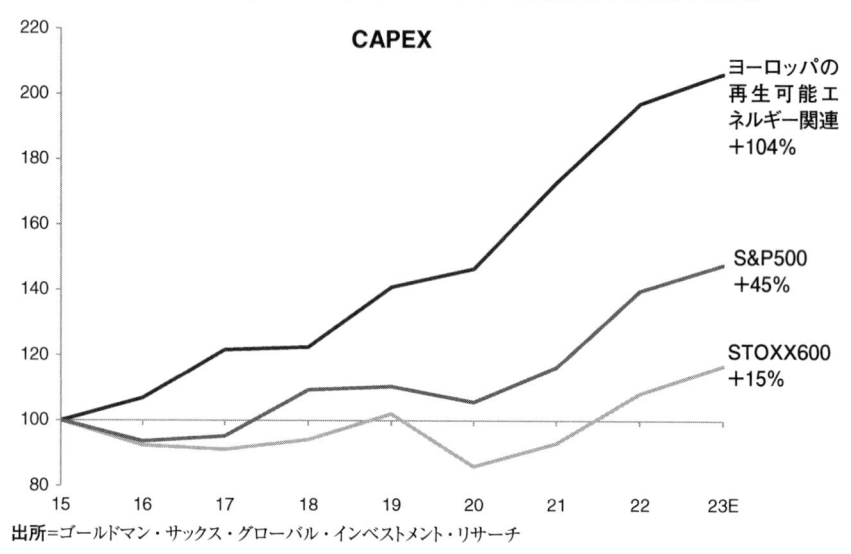

出所＝ゴールドマン・サックス・グローバル・インベストメント・リサーチ

　これは、総じてヨーロッパが投資不足に悩まされてきたここ数年（近年は再生可能エネルギー関連の投資は大幅な増加傾向にあった）での著しい変化となるだろう。**図表12.5**が示すように、アメリカとヨーロッパの資本支出の総額はおおよそ横ばいだったが、ヨーロッパの再生可能エネルギー企業群の資本支出はそのトレンドに反していた。世界の再生可能エネルギー関連企業では総じて投資が増加する傾向にある（**図表12.6**参照。Jaisson, G., Oppenheimer, P., Bell, S., Peytavin, L. and Ferrario, A. [2021]. Renewables and other companies investing for the future. Goldman Sachs Global Investment Research. Available at https://publishing.gs.com/content/research/en/reports/2021/06/08/08d49f00-f091-4c9b-ab64-b0a398023f33.html）。

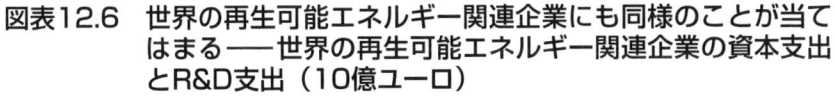

図表12.6　世界の再生可能エネルギー関連企業にも同様のことが当て
はまる──世界の再生可能エネルギー関連企業の資本支出
とR&D支出（10億ユーロ）

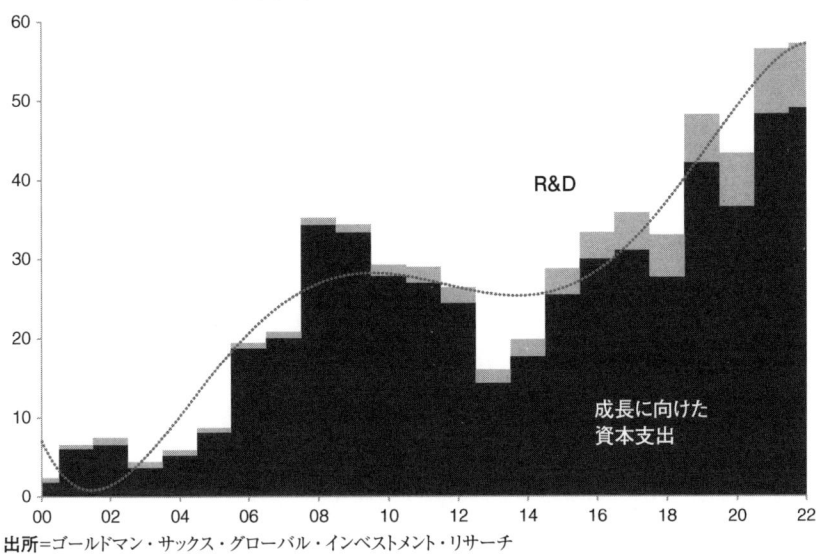

出所＝ゴールドマン・サックス・グローバル・インベストメント・リサーチ

コモディティへの支出

　投資を引きつける可能性の高いもう１つの分野がコモディティ市
場である。脱炭素化計画を考えると、これは直感に反するように思
うかもしれない。だが、脱炭素化経済への移行期間を通じて、エネ
ルギー需要は増大するだろう。そして、再生可能なエネルギー源を
通じて、需要を満たせるだけの十分な生産能力が活用できるように
なるまでは、既存のエネルギー源の需要は増大せざるを得ない。コ
モディティ市場は長期のスーパーサイクルで動く傾向がある。例え
ば、ビルジ・エルタンとホセ・アントニオ・オカンポの分析では、
19世紀以降、いくつかのスーパーサイクルが存在したとされている
（Erten, B. and Ocampo, J. A. [2013]. Super cycles of commodity

図表12.7　2030年までに銅需要の増大の47%はグリーン需要が占めることになる

消費量に占める（%）

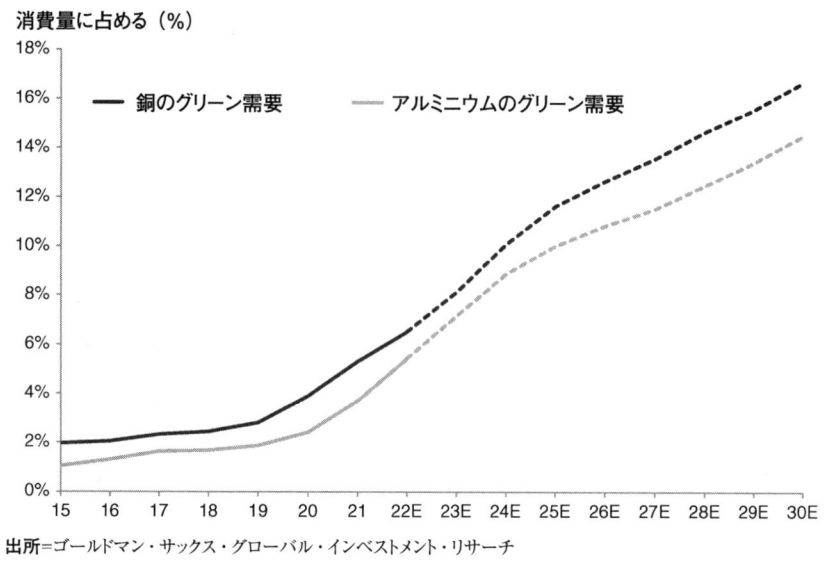

出所＝ゴールドマン・サックス・グローバル・インベストメント・リサーチ

prices since the mid-nineteenth century. World Development, 44, pp. 14-30)。

　2008～2009年のリーマンショックは、需要が急減したことでスーパーサイクルを中断させた。コモディティ市場への投資のベンチマークであり、コモディティの長期的なパフォーマンスの指標となるS&P GSCIはその後の10年間で60%以上下落した。価格の暴落と極めて低いROC（資本利益率）は、ESG政策の高まりと相まって業界の資本を干上がらせた。その結果、コモディティの供給は減少し、コロナパンデミック後に世界的な需要が回復すると価格が急騰した。

　炭素集約型のコモディティへの投資が減少するもっともな理由があるが、皮肉にも炭化水素を基礎とする経済からネットゼロカーボン経済への移行には、多くの原材料が必要である。電気自動車や暖房や風力や太陽光発電、エネルギー貯蔵には銅が不可欠である。

図表12.8　2030年までにリチウム需要の90%ほどをグリーン需要が占めることになる

消費量に占める（%）

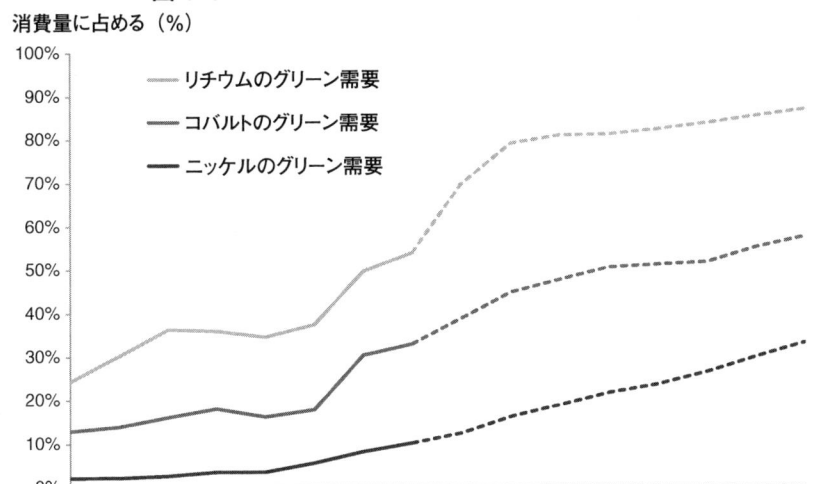

出所＝ゴールドマン・サックス・グローバル・インベストメント・リサーチ

　さらに、銅の「グリーン需要」は電力網の需要に二次的な影響を及ぼす（**図表12.7**）。再生可能エネルギーのインフラを構築するためには、再生可能エネルギーを最も効率的に輸送し、利用できるように電力網をデジタル化する必要がある。デジタル化した電力網はリアルタイムで電力負荷を監視でき、それにはより多くの銅が必要となる。結果として、グリーン投資の需要が増大すると、銅の需要も増大する。リチウムについても同じことが言える（**図表12.8**）。

どうすれば投資市場は資本投資ブームの役に立てるか

　必要となる資本投資の規模には気が遠くなりそうだが、近年はそのような投資が加速している。グリーン投資について、UNCTAD（国連貿易開発会議）は世界の資本市場における持続可能性をテーマに

した投資商品は2019年以降80％以上増加し、2020年には３兆2000億ドルまで増加したと推定している。持続可能性をテーマとした投資ファンドの数は2020年半ばまでに4000本にまで増え、これは2019年に比べて30％の増加である。一方、ソーシャルボンドや雑多なサステナビリティボンドは、AfDB（アフリカ開発銀行）やEUなどの超国家的な機関の後押しもあり、同期間に５倍に増加した。これら投資商品はさまざまな投資手段を通じて、必要となる投資資金を賄うのに役に立つはずだ。つまり、サステイナブルファンドやグリーンボンドやソーシャルボンドや雑多なサステナビリティボンドなどである（United Nations. World Investment Report 2021）。**図表12.9**が示すように、ESGファンドへの資金流入も世界的に増大している。

　例えば、過去10年にわたって、投資家は企業経営者に気候変動を事業戦略に盛り込むように積極的な役割を果たすようになった。気候関連の株主提案（気候関連問題を推進する議決）の件数は2011〜2020年までにおよそ２倍となり、それ以降も増えている。プロキシー・インサイトによると、株主提案の50％がエネルギー企業を対象としたもので、10％は炭素を排出するエネルギー企業に融資している金融機関を対象としていた。2021年は「環境や社会に関する株主提案が勢いを増した年で、それらは記録的な支持を集め、投資家が進んで経営陣に反対票を投じるようになった」（Smith, J. [2022a]. Four key takeaways from the 2022 proxy season. Available at https://publish-ey-prod-cdn.adobecqms.net/en_us/board-matters/four-key-takeaways-from-the-2022-proxy-season）。

　その結果、従来の炭素を排出するエネルギー企業の資本コストは事実上増大し、業界の変化を促し、現在では従来のエネルギー企業

図表12.9　ESGファンドへの資金流入は世界的に増大——ESGファンドと非ESGファンドへの資金流入の累積（重複あり。月次、10億ドル）

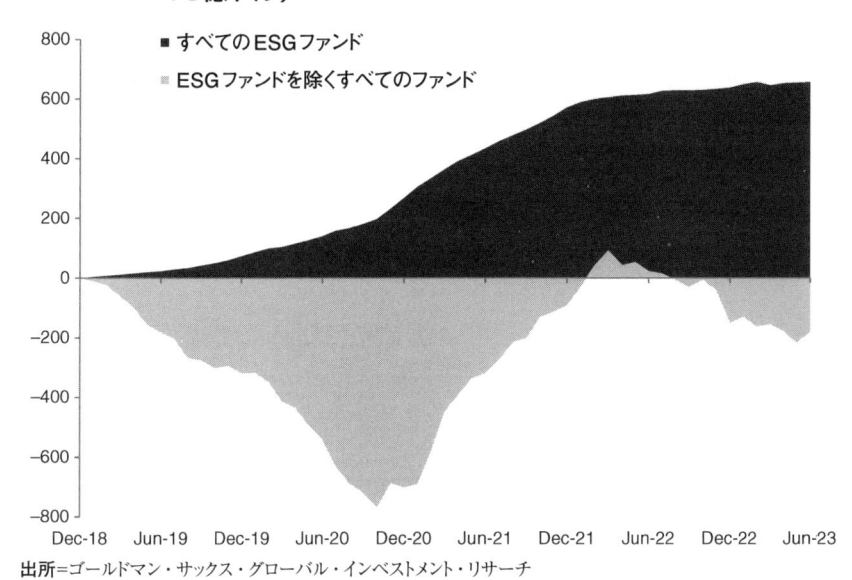

出所=ゴールドマン・サックス・グローバル・インベストメント・リサーチ

の多くが新たなよりクリーンな発電に投資している（Nathan, A., Galbraith, G. L. and Grimberg, J. [2020]. Investing in climate change. Goldman Sachs Global Investment Research. Available at https://publishing.gs.com/content/research/en/reports/2021/12/13/97ad6bdf-a7c0-4716-80f9-3ee5240036df.html）。

雇用の未来

　労働市場の将来はかなり不確実である。第11章で議論したように、AIが大きな影響を及ぼす可能性が高い。先進国での高齢化とグローバルサウスでの人口増大は、脱炭素化の資金を賄う必要性もあり、難題を突き付けてくるだろう。だが、それは経済の「新しい」セク

ターにも、「古い」セクターにも、チャンスをもたらす。今日存在する仕事の多くがAIに置き換われば、新たな仕事が登場する。高齢化は先進国で最も進んでいるが、将来、多くの途上国市場で労働参加率が低下するだろう。これは成長がより早く、人口が増加していても、国の債務を賄うのは容易でないことを浮き彫りにする。また、将来これらの問題に対処するうえでAIやテクノロジーが大きな役割を果たし、それらの発展に併せて、労働市場における成長機会の多くが大きな変化を遂げるだろう。

　米労務省労働統計局によると、アメリカ経済は2021〜2031年までに、新たに830万件の雇用が増える見通しだという。その多くが経済の伝統的な分野である介護に関連したものとなるだろう。例えば、ヘルスケアセクターや「社会扶助」の分野ではほかのどの分野よりも多い260万件の雇用増加が見込まれる。また、在宅医療に関連する分野が最も早く増加しており、これはベビーブーマー世代の高齢化や、慢性的な健康疾患の増加が大きな要因である（U.S. Bureau of Labor Statistics [2018]. Employment projections : 2018-2028 summary. Available at https://www.bls.gov/news.release/archives/ecopro_09042019.pdf）。

　同時に、グリーン革命を実現するために必要となるインフラ資産への投資は、雇用という点で配当をもたらすだろう。クリーンエネルギー企業はすでに、電気技師、建設作業員、機械工などクリーンエネルギーに関する多くの雇用を生み出している（Climate Power [2023]. Clean energy boom : The 142,016 [and counting] new clean energy jobs across the United States. Available at https://climatepower.us/wp-content/uploads/sites/23/2023/04/Clean-Energy-Boom-Report-%E2%80%94-April-2023.pdf）。

　PERI（ポリティカル・エコノミー・リサーチ・インスティテュート）とマサチューセッツ大学アマースト校の依頼でブルーグリーン・アライアンスが行った最近の分析によると、アメリカのインフレ削減法によって、気候、エネルギー、環境など100項目を超える分野の投資を通じて、アメリカだけでも向こう10年にわたって900万件を超える新たな雇用が生み出されるという（BlueGreen Alliance [2022]. 9 Million jobs from climate action : The Inflation Reduction Act. Available at https://www.bluegreenalliance.org/site/9-million-good-jobs-from-climate-action-the-inflation-reduction-act/）。

　つまり、AIやロボット工学やその他のテクノロジーが労働に置き換わる可能性が高く、それらは伝統的なセクターに新たなチャンスをもたらす。さらに、新たな雇用の多くは、現在は存在しないサービス関連の職となるだろう。IFTF（ザ・インスティテュート・フォア・ザ・フューチャー）と、テクノロジーやビジネスの専門家、学識経験者からなる一団が執筆したデル・テクノロジーズの2018年のリポートによると、2030年に存在する雇用の85％は現在はまだないものだという（Dell Technologies [2018]. Realizing 2030 : A divided vision of the future. Realizing 2030 : A divided vision of the future. Available at https://www.delltechnologies.com/content/dam/delltechnologies/assets/perspectives/2030/pdf/Realizing-2030-A-Divided-Vision-of-the-Future-Research.pdf）。2030年というのは少々言いすぎかもしれないが、伝統的な業界がテクノロジーや新たな方法論を活用すれば、新たな雇用機会を創出できるという考えは重要である。

ノスタルジーの力を忘れてはならない

　「オールドエコノミー」について最後の考察をする。ポストモダンサイクルでは、経済や市場でテクノロジーが果たす役割は大きくなるだろうが、技術化が進めば進むほど、われわれが置き去りにしてきたものの価値が高くなる。これは奇妙な考えに思えるかもしれない。何かを置き換えることになるテクノロジーは、時代遅れになってしまったように見える何かを高く評価する新たな市場のお膳立てをすることが多く、それは歴史を見ればよく分かる。これは、われわれがますます社会的な孤立とデジタルによるコミュニケーションを強いられる世界では特に当てはまる。マーケティングの専門家たちは「ノスタルジアマーケティング」というトレンドを活用するようになっており、これはいわゆるミレニアルズの人たちにとっては特に魅力的なようだ（Friedman, L. [2016]. Why nostalgia marketing works so well with millennials, and how your brand can benefit. Available at https://www.forbes.com/sites/laurenfriedman/2016/08/02/why-nostalgia-marketing-works-so-well-with-millennials-and-how-your-brand-can-benefit/）。

　このトレンドはさまざまな業界に広がり、新しい企業にも既存の企業にも大きな成長をもたらしている。持続可能性への注目と過去への関心が新たな市場を作り出している。アメリカのリサイクルショップであるスレッドアップの求めに応じてグローバルデータが行った調査によると、古着市場は伝統的な小売業よりも11倍も成長している。世界の古着市場は2027年までに2倍の3500億ドルになると予想されている（ThredUP Resale Report [2023]. Available at https://www.thredup.com/resale）。トレンドは加速しているのだ。

スレッドアップは、2020年の3620万人に比べ、2021年には１億1800万人の顧客が初めて古着を売りに出したと言及した。一方、スタティスタのリポートによると、2021年時点で、ミレニアルズとＺ世代の回答者の42％がリサイクル品を買い求めると述べた（Smith, P. [2022b]. Female consumer willingness to buy secondhand apparel by age worldwide 2019. Available at https://www.statista.com/statistics/828034/willingness-to-buy-secondhand-items-by-age-worldwide/）。ヴォーグやハーパースバザールなどのファッション誌もこのトレンドに気づいている（Farra, E. [2020, November 21]. 2020 was a big year for old clothes : How vintage, secondhand, and upcycling took off. Vogue）（Kielty, M. K. [2023, April 19]. ABBA doesn't know how 'Voyage' show has succeeded. Ultimate Classic Rock）。

　この現象を利用している企業の例がある。ソニーは最近になってウォークマンを復活させた。映画『トップガン』は2022年のヒット作となった（第１作は1986年）。ケイト・ブッシュは『ストレンジャー・シングス　未知の世界』で使用された1985年の曲『神秘の丘』でヒットチャートに名を連ねた。彼女にとっては1978年の『嵐が丘』以来初の全英チャート１位だった。ABBAは40年ぶりのアルバム『ABBA ヴォヤージ』で1970年代の人気を再燃させ、ロンドン公演を行った。この公演は1970年代の絶頂期の４人のメンバーのアバターを用いたバーチャルライブだった。これは大成功で、最初の年の「コンサート」の来場者は100万人を超えた。これは、技術的なイノベーションをノスタルジー市場に活用する好例である（Kielty, M. K. [2023, April 19]. ABBA doesn't know how 'Voyage' show has succeeded. Ultimate Classic Rock）。

破壊の懸念はしばしば過大評価されてきた。例えば、鉄道が19世紀に優勢となったとき、馬はもはや必要なくなるのではないかと言われた。だが、後に分かるとおり、鉄道の駅まで荷物を運ばなければならず、鉄道は馬に対する需要を増大させた（Odlyzko, A. [2000]. Collective hallucinations and inefficient markets : The British railway mania of the 1840s. Available at SSRN : https://ssrn.com/abstract=1537338 or http://dx.doi.org/10.2139/ssrn.1537338）。消費者がインターネットの世界に移るにつれ、彼らの需要を満足させるためには移動や輸送の問題を解決しなければならず、この「ラストマイル問題」は今日でも重大である。

テクノロジーはそれほどハイテクではない副次効果をもたらす。アプリに基づく事業は伝統的な小売店の利用者を拡大し、はるかに大きな市場に対応できた。ソーシャルメディアやインターネットショッピングが成長したことで、サイバーセキュリティーや安全性の問題が大きくなったが、それが解決策を提供する企業に新たな市場を生み出した。つまり、新たなテクノロジーが生み出す問題を解決することに新しいチャンスがあるのだ。

例えば、食品はますますインターネットを通じて購入されるようになり、バイクや自転車や車（古いテクノロジー）で配送されることが多い。同じことが消費財のオンライン購入にも当てはまる。これが、テクノロジープラットフォームを用いてこのような物流の問題をより効率的に解決できる新たな企業を生み出すのである。

自転車に乗って

同じようなトレンドが都市部にも見られる。自転車や電動スクー

ターのシェアリングである。10年前、自転車市場が安定的に成長すると予想した者はほとんどいなかった。2022年の世界の自転車市場は640億ドルを超え、2023〜2030年までに9.7％の複利で成長すると予想されている（Grand View Research [2023a]. Bicycle Market Size, Share and Trends Analysis Report, 2023-2030）。

　それよりも驚きなのが、自転車が自動車よりも売れていることだろう。CONEBI（コンフェデレーション・オブ・ザ・ヨーロピアン・バイシクル・インダストリー）とECF（ヨーロピアン・サイクリスツ・フェデレーション）が行ったヨーロッパ30カ国の分析では、現在のトレンドが続けば、ヨーロッパで1年に購入される自転車は2030年までに1000万台増え、これは2019年に比べて47％の増大になる。これに基づけば、ヨーロッパでは毎年3000万台の自転車が売れることになり、自動車の年間販売台数の2倍以上となる（Sutton, M. [2020, December 2]. Annual bike sales to run at more than double new car registrations by 2030. Cycling Industry News）。カーゴバイクも配送業者が混雑した都市で活動する解決策として売り上げを伸ばしている。ちなみに、現在はその多くが電動自転車だが、**図表12.10**はビクトリア朝時代に多くの企業が用いた配送方法である（Market Prospects [2022]. The rising popularity of cargo bikes. Available at https://www.market-prospects.com/index.php/articles/popularity-of-cargo-bikes）。

　ノスタルジアマーケティングの隆盛には良き前例がある。1970年代にデジタルの腕時計が登場したとき、機械式の腕時計は消滅すると考えられていた。この懸念は見当違いだった。伝統的な腕時計メーカーはリブランドを行い、品質やノスタルジーを求めるトレンドの恩恵にあずかった。今日、スイスの機械時計業界は140億スイス

図表12.10　イロンデール・サンテティエンヌの配送用三輪車の20世紀初頭の広告 ── フランスの通販カタログ「La Manufacture Française D'Armes et Cycles de Saint-Étienne」からの切り抜き

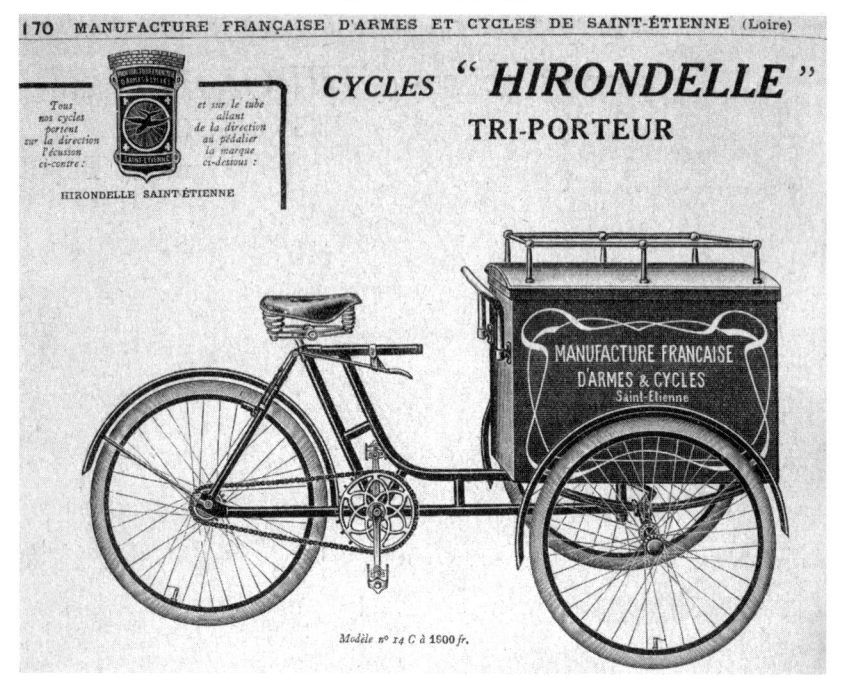

出所＝Photo by Art Media/Print Collector/Getty Images. https://www.gettyimages.com/detail/news-photo/hirondelle-saint-etienne-delivery-tricycle-advertisement-news-photo/463927375

フランほどの価値を持ち、クオーツ時計の誕生にもかかわらず、彼らはデジタル時計やスマートウオッチにも順応し続けている(Shahbandeh, M. [2021]. Swiss watch industry - statistics & facts. Available at https://www.statista.com/topics/7813/swiss-watch-industry/)。

　映画館でも同じパターンが見られる。1980年代のビデオ技術、そして1997年のDVDの登場で、自宅で映画が見られる利便性を考えれば、映画館はつぶれると予想されていた。ここでも後に判明する

ように、映画館は自己改革を行い、エンターテインメント業界の高成長セクターになっている。世界の映画チケットの売り上げは2023年には150億ドル超に達し、2027年には180億ドルを超えると予想されている（Statista [2023]. Cinema tickets - worldwide. Available at https://www.statista.com/outlook/dmo/eservices/event-tickets/cinema-tickets/worldwide）。映画スタジオは、新たな収益源を生み出すべく映画館とストリーミングを組み合わせることで対応している。

　レコード盤でさえ、そのレトロな魅力に引きつけられた若い世代の間で復活し、イギリスでは2018年だけでもチャート基準を満たしたアルバムは400万枚以上売れた（Asprou, E. [2019, October 22]. Vinyl records to outsell CDs in 2019 for the first time in 40 years. Classic FM）。アメリカレコード協会によると、1986年以来初めて、アメリカでのレコード盤の売り上げがCDの売り上げを上回った（Friedlander, P. [2021]. Year-end 2020 RIAA revenues statistics. Available at https://www.riaa.com/wp-content/uploads/2021/02/2020-Year-End-Music-Industry-Revenue-Report.pdf）。2020年、レコード盤の売り上げは前年比で28.7％増え、6億2600万ドルとなった（それでも総売上高の5.2％しか占めていない）。CDの売り上げは23％減少し、4億8300万ドルとなり、長期的に減少を続けている。そして、古いテクノロジーに置き換わった新しいテクノロジーは、それ自体がやがて置き換えられるという興味深い例を示している。

　「大衆向け市場」の変化が早く、多くの場合予想できないという特徴を示すように、HMVレコードはロンドンの旗艦店を再開するようだ（Foster, A. [2023, April 28]. HMV's flagship Oxford Street store to reopen. BBC News）。過去を売るビジネスが急速に成長している。グーグルによると、2018年、ファッション関連では「ノスタルジー」が最も検索された言葉だという（Fashion Technology Accelerator [2022]. Second-hand business growth : Vintage today. Available at https://www.ftaccelerator.it/blog/second-hand-business-vintage/）。

　21世紀、ほとんどの人たちがインターネットにつながり、最先端のテクノロジーが雇用や企業に置き換わると懸念されている高度にデジタル化した世界で、ヨーロッパ最大の企業がLVMHであることは意味深い。同社は、歴史あるブランドの伝統を売り物にしている。同社は1987年に2つの古い企業が合併して誕生した。ルイ・ヴィトン（1854年設立）とモエ・ヘネシーで、後者自体も1971年にシャンパンメーカーのモエ・シャンドン（1743年設立）とコニャックメーカーのヘネシー（1765年設立）の合併で誕生した。同社のウェブサイトによると、同社は何百年にもわたって顧客たちのために具象化してきたあらゆるものを包含するブランドを構築している。本書執筆時点で、歴史ある高級ブランド品を販売する同社の会長兼CEO（最高経営責任者）のベルナール・アルノーはイーロン・マスクに次ぐ世界で2番目に裕福な人物であり、個人資産は2000億ドルを超えている（Forbes Wealth Team [2023]. The top ten richest people in the world. The top ten richest people in the world. Available at https://www.forbes.com/sites/forbeswealthteam/article/the-top-ten-richest-people-in-the-world/）。

　テクノロジーが至るところに広がり、ネットワークを通じてコミュニケーションを取る個人がますますテクノロジーに依存するようになったが、彼らは「真正性」や人のつながり──デジタル以前の

シンプルな生活が持つノスタルジックなイメージを呼び起こす——に価値を置くようになるだろう。これは食品を含めた数多くのさまざまな製品群に当てはまる。例えば、グランド・ビュー・リサーチによると、2022年、「手作り」パン市場は全世界で951億3000万ドルとなり、2023〜2030年までに5.7％の複利で成長する可能性が高い（Grand View Research [2023b]. Artisanal Bakery Products Market Size, Share and Trends Analysis Report, 2023-2030）。

　変化が早く、不確実な世界において、消費者が過去の「快適さ」とつながる手助けができる企業がポストモダンサイクルでは繁栄するだろう。

第13章

まとめと結論
Summary and Conclusions

「過去は常に未完成であり安心することはできない。一方で、未来は理想的である。というのは、悪意のあるウソである」――ゼイディー・スミス

サイクル

市場の歴史は、サイクルと長期的なトレンド、またはスーパーサイクルのパターンを示す。『ザ・ロング・グッド・バイ（The Long Good Buy : Analysing Cycles in Markets)』で、歴史を通じたサイクルに目を向け、投資家が繰り返されるパターンと、市場が変曲点を迎えるきっかけとなるものを見いだす役に立つような、いくつかの重要な指標を指摘した。この本では、より長期のトレンドに注目したが、ほとんどのサイクルはそのようなより長期のトレンドのなかで進展する。

経済的・政治的環境がまったく異なっていても、株式市場のサイクルは繰り返す傾向にある。過去70年のサイクルは通常、４つの明確な局面に分けられ、それぞれの要因は独特である（例えば、将来

の期待成長率の変化やバリュエーション変化など）。

1. **失望の局面**　これは市場が天井から底に下落する局面で、弱気相場と言われる。平均すると、株価は14カ月で35％ほど下落する。

2. **期待の局面**　通常この局面は期間が短い（アメリカでは平均すると9カ月）が、市場はバリュエーションの底からリバウンドする。言い換えれば、PER（株価収益率）が上昇する。これは今後景気変動が上向き、利益成長が起こると期待されることで発生し、それが予想PERの上昇につながる。平均すると、株価は9カ月で年率67％上昇する。

3. **成長の局面**　たいていの場合、この局面が最も長い（アメリカでは平均すると49カ月）。利益が増大し、リターンを後押しする。平均すると、株価は45カ月で年率7％上昇する。

4. **楽観の局面**　サイクルの最終の局面で、投資家はますます自信を深め、自己満足に陥る。バリュエーションは再び拡大し、利益成長を追い越す傾向にあり、それによって次なる市場の調整の舞台が整う。バリュエーションが拡大するこの局面では心理も重要な役割を果たす。平均すると、株価は21カ月で年率34％上昇する。

　投資家が回避すべきはサイクルの失望の局面ということになる。だが、弱気相場にはさまざまなタイプが存在する。

●**構造的な弱気相場**　構造的な不均衡や金融バブルが引き金となる。たいていの場合、デフレのような価格ショックが起こり、その後、

金融危機が発生する。平均すると構造的な弱気相場は、株価が57％下落し、42カ月続き、名目値で始点の水準に戻るまで111カ月（実質値では116カ月）かかる。

- ●**シクリカルな弱気相場**　通常、金利の上昇がきっかけとなり、やがて景気後退が発生し、利益が減少する。これには景気変動が関係している。平均するとシクリカルな弱気相場は、株価が31％下落し、26カ月続き、名目値で始点の水準に戻るまで48カ月（実質値では61カ月）かかる。
- ●**イベントドリブンの弱気相場**　これは国内の景気後退につながることも、一時的にサイクルから逸脱することにもならない1回限りのショックがきっかけとなる。戦争、原油価格のショック、途上国の危機、テクニカルな市場の混乱などが一般的である。当初、弱気相場の主たる要因となるのは、金利の上昇ではなくリスクプレミアムの拡大である。平均すると、イベントドリブンの弱気相場は、株価が29％下落し、8カ月続き、名目値での回復に13カ月（実質値では55カ月）かかる。

スーパーサイクル

短期的なサイクルは重要だが、長期的なトレンド、またはスーパーサイクルは投資家のリターンに重大な影響を及ぼす傾向にある。本書では、金融市場に影響を及ぼすいくつかの主たるファンダメンタルズの長期的なトレンドについて書いた。経済活動やインフレや金利や政府債務や格差などである。金融市場それ自体については、これらの要素と、社会の態度や政策や地政学などその他の要素が組み合わさり、投資家のリターンに大きな影響を及ぼす。

　大ざっぱに記すと、株式などのリスク資産については、「ファット・アンド・フラット」と呼べる傾向を示す長期的な期間が存在する。これは、比較的長期にわたりサイクルが揺れ動くが、リターンは比較的横ばいとなる。長期的な強気相場もある。これは長期にわたってサイクルが上昇傾向を示しながら変動する期間である。

　概して、「ファット・アンド・フラット」の期間は投資家に大きなチャンスをもたらすが、ベータ（インデックスの変動）よりもアルファ（市場のなかでの差異）が重要となる。このような「ファット・アンド・フラット」期には、投資家はリターンの要因としてバリュエーションの拡大よりも、配当や再投資を通じて長期的にリターンを複利運用する企業の能力に頼らなければならないことが多い。

　先進国経済では、第2次世界大戦の終焉から2020年までに主要なスーパーサイクルが5つあった。それぞれの要因は異なり、リターン特性も異なるが、それには経済的・政治的・社会的な要因が複合的に関係している。

● **1949〜1968年**　トータルリターンは1109％、年率リターンは14％。この時期は経済が力強く成長し、国際機関が創設され、地政学的なリスクプレミアムが低下した。ベビーブームと技術的な変化が力強い消費ブームを生み出した。

● **1968〜1982年**　実質トータルリターンはマイナス39％、年率リターンはマイナス4％。これは高金利、高いインフレ、労働争議、世界的な貿易の崩壊、政府債務の増大にとらわれた期間だった。

● **1982〜2000年**　実質トータルリターンは1356％、年率リターンは16％。これは私がモダンサイクルと呼ぶ期間で、それまで

のサイクルよりも期間が長く、ボラティリティが低かったからだ。この時期はディスインフレと資本コストの低下が主因となった。経済のサプライサイドの改革が行われ、利益率が上昇した。ソ連の崩壊はリスクプレミアムを引き下げ、グローバリゼーションの時代の到来を告げた。

●**2000〜2009年**　実質トータルリターンはマイナス58％、年率でマイナス9％。これはバブルに支配された時代だった。2000年のハイテクバブルの崩壊がスーパーサイクルの前半を占めた。金利の低下でアメリカの住宅バブルとその崩壊の舞台が整えられた。その後のリーマンショックは深刻な構造的弱気相場につながった。

●**2009〜2020年**　実質トータルリターンは417％、年率で16％。これはゼロ金利とQE（量的緩和）が主役となった時代だった。バリュエーションの拡大、アメリカの株式市場の優勢、テクノロジーによってグロース株とバリュー株の乖離が広がった。

新型コロナパンデミックでは短期的なイベントドリブンの弱気相場が発生し、アメリカ株は実質値で34％下落した。だが、可能な国では金利の引き下げ、さらなるQE、巨額の財政支援、コロナワクチンの成功が力強いリバウンドにつながった。2021年、S&P500は27％（配当を含めると29％）上昇し、これは1962年以降の年間リターンでは85パーセンタイルに位置する。テクノロジーが再び優勢となった（ロックダウンの期間、消費者はオンラインショッピングに頼らざるを得なかった）が、インフレの発生と金利の上昇が新たな「ファット・アンド・フラット」市場の先触れとなった。

ポストモダンサイクル

　姿を現しつつあるポストモダンサイクルはさまざまな要因によって形作られようとしている。

1. **資本コストの上昇**　このサイクルでは利回りが名目値でも実質値（インフレ調整後）でも上昇することになるだろう。

2. **成長傾向の鈍化**　人口増大と生産性の鈍化が長期的な趨勢成長率を引き下げている。

3. **グローバリゼーションからリージョナリゼーションへの変化**　われわれはテクノロジーに後押しされリージョナリゼーションが高まる時代に突入している。生産コストが低下し、労働集約度が低下したことで、オンショアやニアショアでの生産がますます可能となっている。脱炭素化によって地域に基づいた生産が重視されるようになり、一方で地政学的な緊張の高まりと保護主義的な貿易政策がビジネスにこれまでとは違ったインセンティブをもたらしている。

4. **人件費とコモディティ価格の上昇**　過去20年は安価かつ豊富な労働力とコモディティが特徴だったが、パンデミック以降、われわれは労働市場とコモディティ市場が逼迫する環境に突入している。

5. **政府支出と政府債務の増大**　われわれは規制が強化され、政府が大きくなり（GDPに占める政府の割合が増大する）、税率が上昇し、企業の金利費用が増大し、利益がGDP（国内総生産）に占める割合が低下する可能性のある時期に突入している。

6. **資本支出とインフラ支出の増大**　向こう10年、安全面、そして

ESG（環境、社会、ガバナンス）の観点からサプライチェーンを簡素化することが求められ、国防費や脱炭素化に向けた支出が増大することで、資本支出が増大する可能性が高い。

7. 人口動態の変化　多くの先進国の高齢化は、扶養比率の上昇と政府の費用負担の増加を引き起こしている。これが政府債務と税負担の増大につながっている。

　ポストモダンサイクルに移れば、新たに発生した大きな問題の解決策としてテクノロジーが重視されるようになるだろう。特に、エネルギー効率や脱炭素化が注目され、消費財を販売する企業ではなく、効率性を高められるハイテク企業への投資が増大するはずだ。

　同時に、高齢化や労働参加率の著しい低下は、企業が機械化への支出を増やし、テクノロジーで労働を置き換える動機付けとなるはずだ。

　AI（人工知能）が主たるテクノロジーとなれば、その影響は広範囲に及ぶだろう。第1に、職場における今までの多くの役割が破壊されるか、置き換えられる。第2に、生産性と成長率が上昇し、やがて何年かの景気低迷後、実質所得が増える。これが現実となれば、実質所得の増加は多くの副次的産業や雇用機会を生み出すことになるだろう。

　ポストモダンサイクルでは、成熟した産業の「オールドエコノミー」にも大きなチャンスがもたらされる可能性が高い。資本支出の機会集合は変化している。例えば、新たな優先事項となっている国防費の増大や、代替的なエネルギー源の発見、脱炭素化などは極めて多額の資金が必要となり、スマホのアプリやソフトウェアの開発だけでは達成できない。インフラに多額の資金を投じ、現代経済を

効果的に改革する必要がある。さらに、旧来の固定費が高い労働集約型の産業の多くは、AIが効率性を高め、費用を削減してくれるため、大きな利益を得る可能性が高い。

　バーチャルとは言わないまでも、ますますデジタル化が進む世界で、消費者は伝統を重視するようになるだろう。ノスタルジーはすでに大きな市場となっており、これからも成長するだろう。ハイテクと伝統は共存できるのだ。アメリカ最大の企業はハイテク企業だが、ヨーロッパでは手作りの高級革製品を製造し、ファッションを生み出している企業が最大の企業である。イノベーションと適応が企業にとっての鍵となるように、分岐と選択が投資家にとっては鍵となるだろう。

参考文献

第1章 サイクルと長期トレンドの概論

Akerlof, G. A. and Shiller, R. J. (2010). Animal Spirits: How Human Psychology Drives the Economy, and Why It Matters for Global Capitalism. Princeton, NJ: Princeton University Press.

Aristotle (1944). Aristotle in 23 Volumes, Book V, section 1311b, translated by H. Rackham. London: Heinemann (Cambridge, MA: Harvard University Press).

Baddeley, M. (2010). Herding, social influence and economic decision-making: Socio-psychological and neuroscientific analyses. Philosophical Transactions of The Royal Society, Series B, 365, pp. 281–290.

Basu, D. (2016). Long waves of capitalist development: An empirical investigation. University of Massachusetts Amherst, Department of Economics Working Paper No. 2016-15.

Borio, C. (2013). On time, stocks and flows: Understanding the global macroeconomic challenges. National Institute Economic Review, 225(1), pp. 3–13.

Borio, C. (2014). The financial cycle and macroeconomics: What have we learnt? Journal of Banking & Finance, 45, pp. 182–198.

Borio, C., Disyatat, P. and Juselius, M. (2013). Rethinking potential output: Embedding information about the financial cycle. BIS Working Paper No. 404.

Bruno, V. and Shin, H. S. (2015). Cross-border banking and global liquidity. Review of Economic Studies, 82(2), pp. 535–564.

Dhaoui, A., Bourouis, S. and Boyacioglu, M. A. (2013). The impact of investor psychology on stock markets: Evidence from France. Journal of Academic Research in Economics, 5(1), pp. 35–59.

Eckstein, O. and Sinai, A. (1986). The mechanisms of the business cycle in the postwar era. In R. J. Gordon (ed.), The American Business Cycle: Continuity and Change. Chicago, IL: University of Chicago Press, pp. 39–122.

Evans, R. (2014, May 23). How (not) to invest like Sir Isaac Newton. The Telegraph. Fama, E. F. (1970). Efficient capital markets: A review of theory and empirical work. The Journal of Finance, 25(2), pp. 383–417.

Filardo, A., Lombardi, M. and Raczko, M. (2019). Measuring financial cycle time. Bank of England Staff Working Paper No. 776.

Fisher, I. (1933). The debt-deflation theory of great depressions. Econometrica, 1(4), pp. 337–357.

Kahneman, D. and Tversky, A. (1979). Prospect theory: An analysis of decision under risk. Econometrica, 47(2), pp. 263–292.

Keynes, J. M. (1936). The General Theory of Employment, Interest, and Money. London: Palgrave Macmillan.

Kindleberger, C. (1996). Manias, Panics and Crashes, 3rd ed. New York: Basic Books.

Klingberg, F. J. (1952). The historical alternation of moods in American foreign policy. World Politics, 4(2), pp. 239–273.

Loewenstein, G., Scott, R. and Cohen, J. D. (2008). Neuroeconomics. Annual Review of Psychology, 59, pp. 647–672.

Mackay, C. (1852). Extraordinary Popular Delusions and the Madness of Crowds, 2nd ed. London: Office of the National Illustrated Library.

Malmendier, U. and Nagel, S. (2016). Learning from inflation experiences. The Quarterly Journal of Economics, 131(1), pp. 53–87.

Minsky, H. P. (1975). John Maynard Keynes. New York: Columbia University Press.

Minsky, H. P. (1986). Stabilizing an Unstable Economy: A Twentieth Century Fund Report. New Haven, CT: Yale University Press.

Minsky, H. P. (1992). The Financial Instability Hypothesis. Jerome Levy Economics Institute Working Paper No. 74. Available at SSRN: https://ssrn.com/abstract=161024 or http://dx.doi.org/10.2139/ssrn.161024

Odlyzko, A. (2010). Collective hallucinations and inefficient markets: The British railway mania of the 1840s. Available at SSRN: https://ssrn.com/abstract=1537338 or http://dx.doi.org/10.2139/ssrn.1537338

Rose, R. and Urwin, D. W. (1970). Persistence and change in Western party systems since 1945. Political Studies, 18(3), pp. 287–319.

Schlesinger, A. M. (1999). The Cycles of American History. Boston, MA: Houghton Mifflin.

Shaw, E. S. (1947). Burns and Mitchell on business cycles. Journal of Political Economy, 55(4), pp. 281–298.

Shiller, R. J. (1981). Do stock prices move too much to be justified by subsequent changes in dividends? The American Economic Review, 71(3), pp. 421–436.

Shiller, R. J. (2000). Irrational Exuberance. Princeton, NJ: Princeton University Press.

Soros, G. (2014). Fallibility, reflexivity, and the human uncertainty principle. Journal of Economic Methodology, 20(4), pp. 309–329.

Thompson, K. W., Modelski, G. and Thompson, W. R. (1990). Long cycles in world politics. The American Historical Review, 95(2), pp. 456–457.

Wilde, O. (1889). The Decay of Lying: A Dialogue. London: Kegan Paul, Trench & Co. Zullow, H. M. (1991). Pessimistic ruminations in popular songs and news magazines predict economic recession via decreased consumer optimism and spending. Journal of Economic Psychology, 12(3), pp. 501–526.

第2章 株式のサイクルとその原動力

Oppenheimer, P., Jaisson, G., Bell, S. and Peytavin, L. (2022). Bear repair: The bumpy road to recovery. Goldman Sachs Global Investment Research, Global Strategy Paper. Available at https://publishing.gs.com/content/research/en/reports/2022/09/07/8ebbd20c-9099-4940-bff2-ed9c31aebfd9.html

第3章 スーパーサイクルとその原動力

Alfani, G. (2021). Economic inequality in preindustrial times: Europe and beyond. Journal of Economic Literature, 59(1), pp. 3–44.

Álvarez-Nogal, C. and De La Escosura, L. P. (2013). The rise and fall of Spain (1270–1850). The

Economic History Review, 66(1), pp. 1–37.

Basu, D. (2016). Long waves of capitalist development: An empirical investigation. University of Massachusetts Amherst, Department of Economics Working Paper No. 2016-15.

Bernanke, B. S. (2005). The global saving glut and the U.S. current account deficit. Speech at the Sandridge Lecture, Virginia Association of Economics, Richmond, VA, March 10.

Bernanke, B. S. (2010). Causes of the recent financial and economic crisis. Testimony before the Financial Crisis Inquiry Commission, Washington, D.C.

Bernanke, B. S., Bertaut, C. C., DeMarco, L. P. and Kamin, S. (2011). International capital flows and the returns to safe assets in the United States, 2003–2007. International Finance Discussion Paper No. 1014.

Bolt, J. and van Zanden, J. L. (2020). The Maddison Project. Maddison-Project Working Paper No. WP-15.

Broadberry, S. (2013). Accounting for the Great Divergence: Recent findings from historical national accounting. London School of Economics and CAGE, Economic History Working Paper No. 184.

Broadberry, S., Campbell, B., Klein, A., Overton, M., and van Leeuwen, B. (2011). British Economic Growth, 1270–1870: An Output-Based Approach. Cambridge: Cambridge University Press.

Bryan, M. (2013). The Great Inflation. Available at https://www.federalreservehistory.org/essays/great-inflation

Costa, L. F., Palma, N., and Reis, J. (2013). The great escape? The contribution of the empire to Portugal's economic growth, 1500–1800. European Review of Economic History, 19(1), pp. 1–22.

Drehmann, M., Borio, C. and Tsatsaronis, K. (2012). Characterising the financial cycle: Don't lose sight of the medium term! BIS Working Paper No. 380.

Fouquet, R. and Broadberry, S. (2015). Seven centuries of European economic growth and decline. Journal of Economic Perspectives, 29(4), pp. 227–244.

King, S. D. (2023). We Need to Talk About Inflation: 14 Urgent Lessons from the Last 2,000 Years. New Haven, CT: Yale University Press.

Lindert, P. H. (1986). Unequal English wealth since 1670. Journal of Political Economy, 94(6), pp. 1127–1162.

Lunsford, K. G. and West, K. (2017). Some evidence on secular drivers of US safe real rates. Federal Reserve Bank of Cleveland Working Paper No. 17-23.

MacFarlane, H. and Mortimer-Lee, P. (1994). Inflation over 300 years. Bank of England.

Maddison, A. (2001). The World Economy: A Millennial Perspective. Paris:OECD.

Malanima, P. (2011). The long decline of a leading economy: GDP in central and northern Italy, 1300–1913. European Review of Economic History, 15(2), pp. 169–219.

McCombie, J. S. L. and Maddison, A. (1983). Phases of capitalist development. The Economic Journal, 93(370), pp. 428–429.

Owen, J. (2012). Old Coppernose – quantitative easing, the medieval way. Royal Mint.

Piketty, T. (2014). Capital in the Twenty-First Century. Translated by A. Goldhammer. Cambridge, MA: The Belknap Press of Harvard University Press.

Piketty, T. (2020). Capital and Ideology. Translated by A. Goldhammer. Cambridge, MA: Harvard University Press.

Poghosyan, T. (2015). How do public debt cycles interact with financial cycles? IMF Working Paper No. 15(248).

Ritter, J. R. and Warr, R. S. (2002). The decline of inflation and the bull market of 1982–1999. The Journal of Financial and Quantitative Analysis, 37(1), pp. 29–61.

Roser, M. (2013). Economic growth. Available at https://ourworldindata.org/economic-growth

Schmelzing, P. (2020). Eight centuries of global real interest rates, R-G, and the 'suprasecular' decline, 1311–2018. Bank of England Staff Working Paper No. 845.

Schön, L. and Krantz, O. (2012). The Swedish economy in the early modern period: Constructing historical national accounts. European Review of Economic History, 16(4), pp. 529–549.

Schön, L. and Krantz, O. (2015). New Swedish historical national accounts since the 16th century in constant and current prices. Department of Economic History, Lund University. Lund Papers in Economic History No. 140.

Shirras, G. F. and Craig, J. H. (1945). Sir Isaac Newton and the currency. The Economic Journal, 55(218/219), pp. 217–241.

Stockhammer, E. and Gouzoulis, G. (2022). Debt–GDP cycles in historical perspective: The case of the USA (1889–2014). Industrial and Corporate Change, 32(2), pp. 317–335.

Summers, L. H. (2014). U.S. economic prospects: Secular stagnation, hysteresis, and the zero lower bound. Business Economics, 49(2), pp. 65–73.

Szreter, S. (2021). The history of inequality: The deep-acting ideological and institutional influences. IFS Deaton Review of Inequalities.

Thomas, R. and Dimsdale, N. (2017). A Millennium of UK Macroeconomic Data. Bank of England OBRA Dataset.

van Zanden, J. L. and van Leeuwen, B. (2012). Persistent but not consistent: The growth of national income in Holland 1347–1807. Explorations in Economic History, 49(2), pp. 119–130.

第4章 1949～1968年 第2次世界大戦後の好景気

Anstey, V. (1943). World Economic Survey, 1941–42 [Book Review]. Economica, 10(38), pp. 212–214.

Crafts, N. (2020). Rebuilding after the Second World War: What lessons for today? Warwick Economics Department, CAGE Research Centre.

Crafts, N. F. R. (1995). The golden age of economic growth in Western Europe, 1950–1973. The Economic History Review, 48(3), pp. 429–447.

Eduqas (2018). Austerity, Affluence and Discontent: Britain, 1951–1979 [GCSE History Resource].

Federal Reserve Bank of Boston (1984). The International Monetary System: Forty Years After Bretton Woods. Boston, MA: Federal Reserve Bank of Boston.

Frankel, R. S. (2021). When were credit cards invented: The history of credit cards. Available at https://www.forbes.com/advisor/credit-cards/history-ofcredit-cards/

Glyn, A., Hughes, A., Lipietz, A. and Singh, A. (1988). The rise and fall of the golden age. United Nations University WIDER Working Paper No. 43/1988.

Goss, J. (2022). Design, 1950–75. Essay – The Metropolitan Museum of Art. International Monetary Fund (2020). The end of the Bretton Woods System (1972–81). Available at https://www.imf.org/external/about/histend.htm

Kim, W. (2022). Television and American consumerism. Journal of Public Economics, 208, art. 104609.

Miller, A., Berlo, J. C., Wolf, B. J. and Roberts, J. L. (2018). American Encounters: Art, History, and

Cultural Identity. Washington, D.C.: Washington University Libraries.

Notestein, F. W. (1983). Frank Notestein on population growth and economic development. Population and Development Review, 9(2), pp. 345–360.

Powell, J. H. (2020). New economic challenges and the Fed's monetary policy review. Speech (via webcast) at Navigating the Decade Ahead: Implications for Monetary Policy, an economic policy symposium sponsored by the Federal Reserve Bank of Kansas City, Jackson Hole, WY, 27th August.

Reinhart, C. M., Kirkegaard, J. F. and Sbrancia, M. B. (2011). Financial repression redux. Available at https://www.imf.org/external/pubs/ft/fandd/2011/06/pdf/reinhart.pdf

Rose, J. (2021). Yield curve control in the United States, 1942 to 1951. Available at https://www.chicagofed.org/publications/economic-perspectives/2021/2.

Statista (2023). Average annual growth in the economic output of ·Western European countries during the Golden Age from 1950 to 1970. Available at https://www.statista.com/statistics/730758/western-europe-economic-manufacturing-output-growth-golden-age/

The Economic Times (2008, July 1). General Motors's stock skids to 1950s level. The National WWII Museum (2013). Thanks to Penicillin . . . He Will Come Home! The Challenge of Mass Production [Lesson Plan from the Education Department].

United Nations (2017). Post-war reconstruction and development in the Golden Age of Capitalism. World Economic and Social Survey 2017, pp. 23–48.

Vonyó, T. (2008). Post-war reconstruction and the Golden Age of economic growth. European Review of Economic History, 12(2), pp. 221–241.

Whiteley, N. (1987). Toward a throw-away culture. Consumerism, 'style obsolescence' and cultural theory in the 1950s and 1960s. Oxford Art Journal, 10(2), pp. 3–27.

第5章　1968〜1982年　インフレと低リターン

Boughton, J. M. (2002). Globalization and the silent revolution of the 1980s. Finance & Development, 39(1), pp. 40–43.

Bryan, M. (2013). The Great Inflation. Available at https://www.federalreservehistory.org/essays/great-inflation

Church, M. (1976, November 29). Catching up with punk. The Times.

Fletcher, N. (2018). "If only I could get a job somewhere": The emergence of British punk. Young Historians Conference, 19. Available at https://pdxscholar.library.pdx.edu/younghistorians/2018/oralpres/19

Hodgson, J. D. and Moore, G. H. (1972). Analysis of Work Stoppages, 1970. U.S. Department of Labor, Bulletin 1727.

Irwin, D. A. (1994). The new protectionism in industrial countries: Beyond the Uruguay Round. IMF Policy Discussion Paper No. 1994/005.

Lydon, J., Matlock, G., Cook, P. T. and Jones, S. P. (1976). No Future. Maddison Database (2010). https://www.rug.nl/ggdc/historicaldevelopment/maddison/releases/maddison-database-2010?lang=en

Meltzer, A. H. (1991). US policy in the Bretton Woods era. Federal Reserve Bank of St. Louis

Review, 73(3), pp. 54–83.

Schwenk, A. E. (2003). Compensation in the 1970s. Compensation and Working Conditions, 6(3), pp. 29–32.

Siegel, J. J. (2014). Stocks for the Long Run: The Definitive Guide to Financial Market Returns & Long-Term Investment Strategies. New York: McGraw-Hill Education.

United Nations Department of Economic and Social Affairs (2017). World Economic and Social Survey 2017: Reflecting on Seventy Years of Development Policy Analysis. New York: United Nations.

第6章 1982～2000年 モダンサイクル

Bernanke, B. (2004). The Great Moderation: Remarks before the Meetings of the Eastern Economic Association, Washington, D.C.

Boughton, J. M. (2002). Globalization and the silent revolution of the 1980s. Finance & Development, 39(1), pp. 40–43.

Boughton, J. M. (2012). Tearing Down Walls: The International Monetary Fund, 1990–1999. Washington, D.C.: International Monetary Fund.

Brookings (2001). The long and large decline in U.S. output volatility. Available at https://www.brookings.edu/articles/the-long-and-largedecline-in-u-s-output-volatility/

Corsetti, G., Pesenti, P. and Roubini, N. (1998a). What caused the Asian currency and financial crisis? Part I: A macroeconomic overview. NBER Working Paper No. 6833.

Corsetti, G., Pesenti, P. and Roubini, N. (1998b). What caused the Asian currency and financial crisis? Part II: The policy debate. NBER Working paper No. 6834.

Côté, D. and Graham, C. (2004). Convergence of government bond yields in the euro zone: The role of policy harmonization. Bank of Canada Working Paper No. 2004-23.

Crafts, F. R. N. (2004). The world economy in the 1990s: A long run perspective. Department of Economic History, London School of Economics, Working Paper No. 87/04.

Cutts, R. L. (1990). Power from the ground up: Japan's land bubble. Harvard Business Review, May/Jun. https://hbr.org/1990/05/power-from-the-ground-up-japans-land-bubble

Dabrowski, M. (2022). Thirty years of economic transition in the former Soviet Union: Macroeconomic dimension. Russian Journal of Economics, 8(2), pp. 95–121.

Danielsson, J., Valenzuela, M. and Zer, I. (2016). Learning from history: Volatility and financial crises. FEDS Working Paper No. 2016-93.

Encyclopaedia Britannica (1987). President Ronald Reagan speaking at the Berlin Wall, 1987. https://www.britannica.com/story/mr-gorbachev-teardown-this-wall-reagans-berlin-speech

Feldstein, M. (1994). American economic policy in the 1980s: A personal view. In M. Feldstein (ed.), American Economic Policy in the 1980s. Chicago, IL: University of Chicago Press, pp. 1–80.

Fox, J. (2017). The mostly forgotten tax increases of 1982–1993. Available at https://www.bloomberg.com/view/articles/2017-12-15/the-mostly-forgotten-tax-increases-of-1982-1993

Hodkinson, S. (2019). Safe as Houses: Private Greed, Political Negligence and Housing Policy After Grenfell. Manchester: Manchester University Press.

Hoj, J., Kato, T. and Pilat, D. (1995). Deregulation and privatisation in the service sector. OECD Economic Studies No. 25.

International Monetary Fund. Money Matters: An IMF Exhibit – The Importance of Global Cooperation. Debt and Transition (1981–1989), Part 4 of 7. Available at https://www.imf.org/external/np/exr/center/mm/eng/dt_sub_3.htm.

Johnston, E. (2009, January 6). Lessons from when the bubble burst. The Japan Times.

Laffer, A. (2004). The Laffer Curve: Past, present, and future. Available at https://www.heritage.org/taxes/report/the-laffer-curve-past-present-and-future

Lankes, H., Stern, N., Blumenthal, M. and Weigl, J. (1999). Capital flows to Eastern Europe. In M. Feldstein (ed.), International Capital Flows. Chicago, IL: University of Chicago Press, pp. 57–110.

Miller, M., Weller, P. and Zhang, L. (2002). Moral hazard and the US stock market: Analysing the 'Greenspan Put'. The Economic Journal, 112(478), pp. C171–C186.

Okina, K., Shirakawa, M. and Shiratsuka, S. (2001). The asset price bubble and monetary policy: Experience of Japan's economy in the late 1980s and its lessons. Monetary and Economic Studies, 19(S1), pp. 395–450.

Parry, T. R. (1997). The October '87 crash ten years later. FRBSF Economic Letter, Federal Reserve Bank of San Francisco.

Pera, A (1989). Deregulation and privatisation in an economy-wide context. OECD Journal: Economic Studies, 12, pp. 159–204.

Piketty, T. (2014). Capital in the Twenty-First Century. Translated by A. Goldhammer. Cambridge, MA: The Belknap Press of Harvard University Press.

Ritter, J. R. and Warr, R. S. (2002). The decline of inflation and the bull market of 1982–1999. The Journal of Financial and Quantitative Analysis, 37(1), pp. 29–61.

Stock, J. H. and Watson, M. W. (2002). Has the business cycle changed and why? NBER Macroeconomics Annual, 17, pp. 159–218.

Syed, M. and Walsh, J. P. (2012). The tiger and the dragon. Finance & Development, 49(3), pp. 36–39.

The Economist (1997, April 3). Freedom in the air.

The Economist (2002, June 27). Coming home to roost.

Turner, G. (2003). Solutions to a Liquidity Trap: Japan's Bear Market and What It Means for the West. London: GFC Economics.

Wessel, D. (2018). For the Fed, is it 1998 all over again? Available at https://www.brookings.edu/articles/for-the-fed-is-it-1998-all-over-again/

Williamson, J. (1998). Globalization: The concept, causes, and consequences. Keynote address to the Congress of the Sri Lankan Association for the Advancement of Science, Colombo, Sri Lanka, 15th December.

第7章　2000〜2009年　バブルとトラブル

Berkshire Hathaway (2022). Annual Report. Cohen, B. H. and Remolona, E. M. (2001). Overview: Financial markets prove resilient. BIS Quarterly Review, Dec, pp. 1–12.

Gompers, P. A. and Lerner, J. (2004). The Venture Capital Cycle, 2nd ed. Cambridge, MA: MIT Press.

Gordon, J. N. (1999). Deutsche Telekom, German corporate governance, and the transition costs of capitalism. Columbia Law School, Center for Law and Economic Studies, Working Paper No. 140.

Hayes, A. (2023). Dotcom bubble definition. Available at https://www.investopedia.com/terms/d/dotcom-bubble.asp

Makinen, G. (2002). The Economic Effects of 9/11: A Retrospective Assessment. Congressional Research Service Report RL31617.

Mason, P. (2011, October 7). Thinking outside the 1930s box. BBC News. McCullough, B. (2018). A revealing look at the dot-com bubble of 2000 —and how it shapes our lives today. Available at https://ideas.ted.com/an-eye-opening-look-at-the-dot-com-bubble-of-2000-and-how-it-shapes-our-lives-today/

Norris, F. (2000, January 3). The year in the markets; 1999: Extraordinary winners and more losers. New York Times.

Oppenheimer, P. C. (2020). The Long Good Buy. Chichester: Wiley. Perez, C. (2009). The double bubble at the turn of the century: Technological roots and structural implications. Cambridge Journal of Economics, 33(4), pp. 779–805.

Pezzuto, I. (2012). Miraculous financial engineering or toxic finance? The genesis of the U.S. subprime mortgage loans crisis and its consequences on the global financial markets and real economy. Journal of Governance and Regulation, 1(3), pp. 113–124.

Romer, C. and Romer, D. (2017). New evidence on the aftermath of financial crises in advanced countries. American Economic Review, 107(10), pp. 3072–3118.

Skeel, D. (2018). History credits Lehman Brothers' collapse for the 2008 financial crisis. Here's why that narrative is wrong. Available at https://www.brookings.edu/articles/history-credits-lehman-brothers-collapse-for-the-2008-financial-crisis-heres-why-that-narrative-is-wrong/

The Financial Crisis Inquiry Commission (2011). The CDO machine. Financial Crisis Inquiry Commission Report, Chapter 8. Stanford, CA: Financial Crisis Enquiry Commission at Stanford Law.

Torres, C., Ivry, B. and Lanman, S. (2010). Fed reveals Bear Stearns assets it swallowed in firm's rescue. Available at https://www.bloomberg.com/news/articles/2010-04-01/fed-reveals-bear-stearns-assets-swallowed-toget-jpmorgan-to-rescue-firm

Weinberg, J. (2013). The Great Recession and its aftermath. Available at https://www.federalreservehistory.org/essays/great-recession-and-its-aftermath

第8章　2009〜2020年　リーマンショック後のサイクルとゼロ金利

Antolin, P., Schich, S. and Yermi, J. (2011). The economic impact of protracted low interest rates on pension funds and insurance companies. OECD Journal: Financial Market Trends, 2011(1), pp. 237–256.

Balatti, M., Brooks, C., Clements, M. P. and Kappou, K. (2016). Did quantitative easing only inflate stock prices? Macroeconomic evidence from the US and UK. Available at SSRN: https://ssrn.com/abstract=2838128 or http://dx.doi.org/10.2139/ssrn.2838128

Belke, A. H. (2013). Impact of a low interest rate environment – global liquidity spillovers and the search-for-yield. Ruhr Economic Paper No. 429.

Bernanke, B. S. (2005). The global saving glut and the U.S. current account deficit. Speech at the

390

Sandridge Lecture, Virginia Association of Economics, Richmond, VA, March 10.

Borio, C., Piti, D. and Rungcharoenkitkul, P. (2019). What anchors for the natural rate of interest? BIS Working Paper No. 777.

Caballero, R. J. and Farhi, E. (2017). The safety trap. The Review of Economic Studies, 85(1), pp. 223–274.

Christensen, J. and Krogstrup, S. (2019). How quantitative easing affects bond yields: Evidence from Switzerland. Available at https://res.org.uk/mediabriefing/how-quantitative-easing-affects-bond-yields-evidence-from-switzerland/

Christensen, J. H. E. and Speigel, M. M. (2019). Negative interest rates and inflation expectations in Japan. FEBSF Economic Letter, 22.

Cunliffe, J. (2017). The Phillips curve: Lower, flatter or in hiding? Speech given at the Oxford Economics Society. Available at https://www.bankofengland.co.uk/speech/2017/jon-cunliffe-speech-at-oxford-economics-society

Gagnon, J., Raskin, M., Remache, J. and Sack, B. (2011). The financial market effects of the Federal Reserve's large-scale asset purchases. International Journal of Central Banking, 7(1), pp. 3–43.

Gilchrist, S. and Zakrajsek, E. (2013). The impact of the Federal Reserve's large-scale asset purchase programs on corporate credit risk. NBER Working Paper No. 19337.

Lazonick, W. (2014). Profits without prosperity. Harvard Business Review, Sept. https://hbr.org/2014/09/profits-without-prosperity

Lian, C., Ma, Y. and Wang, C. (2018). Low interest rates and risk taking: Evidence from individual investment decisions. The Review of Financial Studies, 32(6), pp. 2107–2148.

OECD Business and Finance Outlook (2015). Chapter 4: Can pension funds and life insurance companies keep their promises?

Summers, L. H. (2015). Demand side secular stagnation. American Economic Review, 105(5), pp. 60–65.

第9章　パンデミックと「ファット・アンド・フラット」リターン

Averstad, P., Beltrán, A., Brinkman, M., Maia, P., Pinshaw, G., Quigley, D.,et al. (2023). McKinsey Global Private Markets Review: Private markets turn down the volume. Available at https://www.mckinsey.com/industries/private-equity-and-principal-investors/our-insights/mckinseys-private-markets-annual-review

Cerclé, E., Bihan, H. and Monot, M. (2021). Understanding the expansion of central banks' balance sheets. Banque de France Eco Notepad, Post No. 209.

Deloitte Center for Financial Services (2021). The rise of newly empowered retail investors. Available at https://www2.deloitte.com/content/dam/Deloitte/us/Documents/financial-services/us-the-rise-of-newly-empowered-retail-investors-2021.pdf?ref=zoya-blog

Franck, T. and Li, Y. (2020, March 8). 10-year Treasury yield hits new all-time low of 0.318% amid historic flight to bonds. CNBC.

Haley, B. (2022). Venture capital 2021 recap—a record breaking year. Available at https://insight.factset.com/venture-capital-2021-recap-a-record-breaking-year

Harari, D., Keep, M. and Brien, P. (2021). Coronavirus: Effect on the economy and public finances. House of Commons Briefing Paper No. 8866.

Kaissar (2021). GameStop Furor Inflicts Lasting Pain on Hedge Funds. Bloomberg.

Koetsier, J. (2020). 97% of executives say Covid-19 sped up digital transformation. Available at https://www.forbes.com/sites/johnkoetsier/2020/09/10/97-of-executives-say-covid-19-sped-up-digital-transformation/

Levy, A. (2021, December 24). Here are the top-performing technology stocks of 2021. CNBC.

Matthews, S. (2020). U.S. jobless rate may soar to 30%, Fed's Bullard says. Available at https://www.bloomberg.com/news/articles/2020-03-22/fed-s-bullard-says-u-s-jobless-rate-may-soar-to-30-in-2q

Mueller-Glissmann, C., Rizzi, A., Wright, I. and Oppenheimer, P. (2021). The Balanced Bear – Part 1: Low(er) returns and latent drawdown risk. GOAL – Global Strategy Paper No. 27.

Organisation for Economic Co-operation and Development (2020). G20 GDP Growth – First quarter of 2020.

Ponciano, J. (2021). Is the stock market about to crash? Available at https://www.forbes.com/sites/jonathanponciano/2021/02/12/is-the-stock-market-about-to-crash/

Reed, S. and Krauss, C. (2020, April 20). Too much oil: How a barrel came to be worth less than nothing. The New York Times.

Sandford, A. (2020, April 2). Coronavirus: Half of humanity on lockdown in 90 countries. Euronews.

Scheid, B. (2020). Top 5 tech stocks' S&P 500 dominance raises fears of bursting bubble. Available at https://www.spglobal.com/marketintelligence/en/news-insights/latest-news-headlines/top-5-tech-stocks-s-p-500-dominance-raises-fears-of-bursting-bubble-59591523

Strauss, D. (2020, September 23). Pandemic knocks a tenth off incomes of workers worldwide. Financial Times.

UNESCO (2020). Education: From school closure to recovery. Available at https://www.unesco.org/en/covid-19/education-response

United States Census Bureau (2022). Impacts of the COVID-19 pandemic on business operations. Available at https://www.census.gov/library/publications/2022/econ/2020-aces-covid-impact.html

Waters, R. (2022, August 1). Venture capital's silent crash: When the tech boom met reality. Financial Times.

第10章　ポストモダンサイクル

Acemoglu, D. and Autor, D. (2011). Chapter 12 – Skills, tasks and technologies: Implications for employment and earnings. Handbook of Labor Economics, 4(Part B), pp. 1043–1171

Adrian, T., Crump, R. K. and Moench, E. (2013). Pricing the term structure with linear regressions. FRB of New York Staff Report No. 340. Available at SSRN: https://ssrn.com/abstract=1362586 or http://dx.doi.org/10.2139/ssrn.1362586

Autor, D. (2022). The labor market impacts of technological change: From unbridled enthusiasm to qualified optimism to vast uncertainty. NBER Working Paper No. w30074. Available at SSRN: https://ssrn.com/abstract=4122803 or http://dx.doi.org/10.2139/ssrn.4122803

Bergquist, A.-K. and Söderholm, K. (2016). Sustainable energy transition: The case of the Swedish pulp and paper industry 1973–1990. Energy Efficiency, 9(5), pp. 1179–1192.

Cigna, S., Gunnella, V. and Quaglietti, L. (2022). Global value chains: Measurement, trends and

392

drivers. ECB Occasional Paper No. 2022/289.

Congressional Budget Office (2021). Budgetary effects of climate change and of potential legislative responses to it. CBO Publication No. 57019.

Crowe, D., Haas, J., Millot, V., Rawdanowicz, L. and Turban, S. (2022). Population ageing and government revenue: Expected trends and policy considerations to boost revenue. OECD Economics Department Working Paper No. 1737.

Daly, K. and Gedminas, T. (2022). The path to 2075 —slower global growth, but convergence remains intact. Goldman Sachs Global Investment Research, Global Economics Paper. Available at https://publishing.gs.com/content/research/en/reports/2022/12/06/af8feefc-a65c-4d5e-bcb6-51175d816ff1.html

Della Vigna, M., Bocharnikova, Y., Mehta, N., Choudhary, U., Bhandari, N., Modak, A., et al. (2023). Top projects 2023: Back to growth. Goldman Sachs Global Investment Research. Available at https://publishing.gs.com/content/research/en/reports/2023/06/27/bcd4ad94-6106-4bb8-9133-fa35a6bfa730.html

Della Vigna, M., Clarke, Z., Shahab, B., Mehta, N., Bhandari, N., Amorim, B., et al. (2022). Top projects 2022: The return of the energy investment cycle. Goldman Sachs Global Investment Research. Available at https://publishing.gs.com/content/research/en/reports/2022/04/19/ae5c2010-d7ef-400cb8e7-1cf25650ef17.html

Dunz, N. and Power, S. (2021). Climate-Related Risks for Ministries of Finance: An Overview. Washington, DC: The Coalition of Finance Ministers for Climate Action.

Fengler, W. (2021). The silver economy is coming of age: A look at the growing spending power of seniors. Available at https://www.brookings.edu/articles/the-silver-economy-is-coming-of-age-a-look-at-the-growing-spending-power-of-seniors/

Fukuyama, F. (1992). The End of History and the Last Man. New York: Free Press.

Gunnella, V. and Quaglietti, L. (2019). The economic implications of rising protectionism: A Euro area and global perspective. ECB Economic Bulletin No. 3.

Habakkuk, H. J. (1962). American and British Technology in the Nineteenth Century: The Search for Labour-Saving Inventions. Cambridge: Cambridge University Press.

Hollinger, P. (2022, May 24). European business leaders fear rising protectionism. Financial Times.

International Labour Organization and Organization for Economic Co-operation and Development (2019). New job opportunities in an ageing society. Paper presented at the 1st Meeting of the G20 Employment Working Group, 25–27 February 2019, Tokyo, Japan.

International Monetary Fund (2022). Global Debt Database. Juhász, R., Lane, N., Oehlsen, E. and Pérez, V. C. (2023). Trends in Global Industrial Policy. Industrial Analytics Platform.

Medlock, K. B. (2016). The shale revolution and its implications for the world energy market. IEEJ Energy Journal, Special Issue, pp. 89–95.

Myers, J. (2021). This is what people think about trade and globalization. World Economic Forum.

Oppenheimer, P., Jaisson, G., Bell, S., Peytavin, L. and Graziani, F. (2022). The Postmodern Cycle: Positioning for secular change. Goldman Sachs Global Investment Research, Global Strategy Paper. Available at https://publishing.gs.com/content/research/en/reports/2022/05/09/521c316d-2d20-4784-b955-57641712e9d0.html

Organisation for Economic Co-operation and Development (2017). Towards a better globalisation: How Germany can respond to the critics. Better Policies Series.

Oxenford, M. (2018). The lasting effects of the financial crisis have yet to be felt. Chatham House Expert Comment.

President Clinton (2000). The United States on track to pay off the debt by end of the decade. Available at https://clintonwhitehouse5.archives.gov/WH/new/html/Fri_Dec_29_151111_2000.html

PwC (2021). The Potential Impact of Artificial Intelligence on UK Employment and the Demand for Skills. A Report by PwC for the Department for Business, Energy and Industrial Strategy.

Roser, M. and Rodés-Guirao, L. (2019). Future population growth. Available at https://ourworldindata.org/population-growth

Rowsell, J. (2022, August 19). What's behind the rise in trade protectionism? Supply Management.

Roy, A. (2022). Demographics Unravelled: How Demographics Affect and Influence Every Aspect of Economics, Finance and Policy. Chichester: Wiley.

Smolyansky, M. (2023). End of an Era: The Coming Long-Run Slowdown in Corporate Profit Growth and Stock Returns. Available at: https://www.federalreserve.gov/econres/feds/end-of-an-era-the-coming-long-run-slowdown-in-corporate-profit-growth-and-stock-returns.htm

The White House (2022). The Impact of Artificial Intelligence on the Future of Workforces in the European Union and the United States of America. Available at https://www.whitehouse.gov/wp-content/uploads/2022/12/TTC-EC-CEA-AI-Report-12052022-1.pdf

The White House (2023a). Joint Statement from the United States and India. Available at https://www.whitehouse.gov/briefing-room/statements-releases/2023/06/22/joint-statement-from-the-united-states-and-india/

The White House (2023b). Remarks by National Security Advisor Jake Sullivan on Renewing American Economic Leadership at the Brookings Institution. Available at https://www.whitehouse.gov/briefing-room/speeches-remarks/2023/04/27/remarks-by-national-security-advisor-jake-sullivan-on-renewing-american-economic-leadership-at-the-brookings-institution/

Thompson, W. R. (1986). Polarity, the long cycle, and global power warfare. Journal of Conflict Resolution, 30(4), pp. 587–615.

United Nations (2022). World Population Prospects 2022: Summary of Results. New York: United Nations Department of Economic and Social Affairs.

第11章 ポストモダンサイクルとテクノロジー

Armstrong, M. (2023). Games dominate global app revenue. Available at https://www.statista.com/chart/29389/global-app-revenue-by-segment/

Baskin, J. S. (2013). The internet didn't kill Blockbuster, the company did it to itself. Available at https://www.forbes.com/sites/jonathansalembaskin/2013/11/08/the-internet-didnt-kill-blockbuster-the-company-did-it-to-itself/

Brynjolfsson, E., Collis, A. and Eggers, F. (2019). Using massive online choice experiments to measure changes in well-being. Proceedings of the National Academy of Sciences, 116(15), pp. 7250–7255.

Brynjolfsson, E., Li, D. and Raymond, L. (2023). Generative AI at work. NBER Working Paper No. 31161.

Brynjolfsson, E., Rock, D. and Syverson, C. (2021). The Productivity J-Curve: How intangibles complement general purpose technologies. American Economic Journal: Macroeconomics, 13(1), pp. 333–372.

Chancellor, E. and Kramer, C. (2000). Devil Take the Hindmost: A History of Financial Speculation. New York: Plume Books.

Clark, P. (2023, June 3). The dismal truth about email. Financial Times.

Crafts, N. (2004). Productivity growth in the Industrial Revolution: A new growth accounting perspective. The Journal of Economic History, 64(2), pp. 521–535.

David, P. A. and Wright, G. (1999). General purpose technologies and surges in productivity: Historical reflections on the future of the ICT revolution. Paper presented at the International Symposium on Economic Challenges of the 21st Century in Historical Perspective, Oxford, 2–4 July.

Hatzius, J., Briggs, J., Kodnani, D. and Pierdomenico, G. (2023). The potentially large effects of artificial intelligence on economic growth (Briggs/Kodnani). Goldman Sachs Global Investment Research. Available at https://publishing.gs.com/content/research/en/reports/2023/03/27/d64e052b-0f6e-45d7-967b-d7be35fabd16.html

Hatzius, J., Phillips, A., Mericle, D., Hill, S., Struyven, D., Choi, D., et al. (2019). Productivity Paradox v2.0: The price of free goods. Goldman Sachs Global Investment Research. Available at https://publishing.gs.com/content/research/en/reports/2019/07/15/d359dbb5-88ce-4cfb-8fdde7687bf2b4e1.html

Mühleisen, M. (2018). The long and short of the digital revolution. Finance and Development, 55(2), art. A002.

Odlyzko, A. (2000). Collective hallucinations and inefficient markets: The British railway mania of the 1840s. Available at SSRN: https://ssrn.com/abstract=1537338 or http://dx.doi.org/10.2139/ssrn.1537338.

RiskIQ (2021). 2020 Mobile App Threat Landscape Report: Tumultuous year bred new threats, but the app ecosystem got safer. Available at https://www.riskiq.com/wp-content/uploads/2021/01/RiskIQ-2020-Mobile-App-Threat-Landscape-Report.pdf

Roach, S. S. (2015). Why is technology not boosting productivity? Available at https://www.weforum.org/agenda/2015/06/why-is-technology-not-boosting-productivity

Sevilla, J., Heim, L., Ho, A., Besiroglu, T., Hobbhahn, M. and Villalobos, P. (2022). Compute trends across three eras of machine learning. arXiv:2202.05924.

Smith, D. K. and Alexander, R. C. (1999). Fumbling the Future: How Xerox Invented, then Ignored, the First Personal Computer. Bloomington, IN: iUniverse.

第12章　ポストモダンサイクル──「オールドエコノミー」のチャンス

Asprou, E. (2019, October 22). Vinyl records to outsell CDs in 2019 for the first time in 40 years. Classic FM.

BlueGreen Alliance (2022). 9 Million jobs from climate action: The Inflation Reduction Act. Available at https://www.bluegreenalliance.org/site/9-million-good-jobs-from-climate-action-the-inflation-reduction-act/

Climate Power (2023). Clean energy boom: The 142,016 (and counting) new clean energy jobs across the United States. Available at https://climatepower.us/wp-content/uploads/sites/23/2023/04/

Clean-Energy-Boom-Report-%E2%80%94-April-2023.pdf

de Klerk, A. (2021, June 23). Secondhand clothing market set to be twice the size of fast fashion by 2030. Harper's BAZAAR.

Dell Technologies (2018). Realizing 2030: A divided vision of the future. Available at https://www.delltechnologies.com/content/dam/delltechnologies/assets/perspectives/2030/pdf/Realizing-2030-A-Divided-Vision-of-the-Future-Research.pdf

Della Vigna, M. (2023). The third American energy revolution. Goldman Sachs Global Investment Research.

Energy Transitions Commission (2023). Financing the transition: Making money flow for net zero. Available at https://www.energy-transitions.org/publications/financing-the-transition-etc/

Erten, B. and Ocampo, J. A. (2013). Super cycles of commodity prices since the mid-nineteenth century. World Development, 44, pp. 14–30.

European Commission (2021). Recovery plan for Europe. Available at https://commission.europa.eu/strategy-and-policy/recovery-plan-europe_en

Farra, E. (2020, November 21). 2020 was a big year for old clothes: How vintage, secondhand, and upcycling took off. Vogue.

Fashion Technology Accelerator (2022). Second-hand business growth: Vintage today. Available at https://www.ftaccelerator.it/blog/second-hand-business-vintage/

Forbes Wealth Team (2023). The top ten richest people in the world. Available at https://www.forbes.com/sites/forbeswealthteam/article/the-top-ten-richest-people-in-the-world/

Foster, A. (2023, April 28). HMV's flagship Oxford Street store to reopen. BBC News

Friedlander, P. (2021). Year-end 2020 RIAA revenues statistics. Available at https://www.riaa.com/wp-content/uploads/2021/02/2020-Year-End-Music-Industry-Revenue-Report.pdf

Friedman, L. (2016). Why nostalgia marketing works so well with millennials, and how your brand can benefit. Available at https://www.forbes.com/sites/laurenfriedman/2016/08/02/why-nostalgia-marketing-works-so-well-with-millennials-and-how-your-brand-can-benefit/

Global Infrastructure Hub (2017). Global infrastructure investment need to reach USD97 trillion by 2040. Available at https://www.gihub.org/media/global-infrastructure-investment-need-to-reach-usd97-trillion-by-2040/

Grand View Research (2023a). Bicycle Market Size, Share and Trends Analysis Report, 2023–2030.

Grand View Research (2023b). Artisanal Bakery Products Market Size, Share and Trends Analysis Report, 2023–2030.

House of Commons Library (2022). Defence spending pledges by NATO members since Russia invaded Ukraine. Available at https://commonslibrary.parliament.uk/defence-spending-pledges-by-nato-members-since-russia-invaded-ukraine/

Inagaki, K. (2022, December 16). Japan scraps pacifist postwar defence strategy to counter China threat. Financial Times.

International Energy Agency (2021). Net Zero by 2050: A Roadmap for the Global Energy Sector.

Jaisson, G., Oppenheimer, P., Bell, S., Peytavin, L. and Ferrario, A. (2021). Renewables and other companies investing for the future. Goldman Sachs Global Investment Research. Available at https://publishing.gs.com/content/research/en/reports/2021/06/08/08d49f00-f091-4c9b-ab64-b0a398023f33.html

Kielty, M. K. (2023, April 19). ABBA doesn't know how 'Voyage' show has succeeded. Ultimate

Classic Rock.

Market Prospects (2022). The rising popularity of cargo bikes. Available at https://www.market-prospects.com/index.php/articles/popularity-of-cargo-bikes

Marksteiner, A. (2022). Explainer: The proposed hike in German military spending. Available at https://sipri.org/commentary/blog/2022/explainer-proposed-hike-german-military-spending

McKinsey Global Institute (2013). McKinsey: 57 trillion dollar for global infrastructure. Available at https://www.consultancy.uk/news/153/mckinsey-57-trillion-dollar-for-global-infrastructure

Nathan, A., Galbraith, G. L. and Grimberg, J. (2020). Investing in climate change. Goldman Sachs Global Investment Research.

Odlyzko, A. (2000). Collective hallucinations and inefficient markets: The British railway mania of the 1840s. Available at SSRN: https://ssrn.com/abstract=1537338 or http://dx.doi.org/10.2139/ssrn.1537338

Shahbandeh, M. (2021). Swiss watch industry – statistics & facts. Available at https://www.statista.com/topics/7813/swiss-watch-industry/

Smith, J. (2022a). Four key takeaways from the 2022 proxy season. Available at https://assets.ey.com/content/dam/ey-sites/ey-com/en_us/topics/board-matters/ey-cbm-four-key-takeaways-from-the-2022-proxy-season.pdf

Smith, P. (2022b). Female consumer willingness to buy secondhand apparel by age worldwide 2019. Available at https://www.statista.com/statistics/828034/willingness-to-buy-secondhand-items-by-age-worldwide/

Statista (2023). Cinema tickets – worldwide. Available at https://www.statista.com/outlook/dmo/eservices/event-tickets/cinema-tickets/worldwide

Sutton, M. (2020, December 2). Annual bike sales to run at more than double new car registrations by 2030. Cycling Industry News.

The New Climate Economy (2016). The Sustainable Infrastructure Imperative: Financing for Better Growth and Development.

The White House (2022, August 9). FACT SHEET: CHIPS and Science Act will lower costs, create jobs, strengthen supply chains, and counter China.

ThredUP Resale Report (2023). Available at https://www.thredup.com/resale United Nations (2023). World Investment Report 2021.

U.S. Bureau of Labor Statistics (2018). Employment projections: 2018–2028 summary. Available at https://www.bls.gov/news.release/archives/ecopro_09042019.pdf

推薦図書と文献

Anderson, R. G. (2010). The first U.S. quantitative easing: The 1930s. Federal Reserve Bank of St. Louis Economic Synopses No. 17. Available at https://files.stlouisfed.org/files/htdocs/publications/es/10/ES1017.pdf

Armantier, O., Goldman, L., Koşar, G., Topa, G., van der Klaauw, W. and Williams, C. J. (2022, February 14). What are consumers' inflation expectations telling us today? Liberty Street Economics.

Arroyo Abad, L. and van Zanden, J. L. (2016). Growth under extractive institutions? Latin American per capita GDP in colonial times. Journal of Economic History, 76(4), pp. 1182–1215.

Axenciuc, V. (2012). Produsul intern brut al Romaniei: 1862–2000. Institutl de Economie Nationala, 1.

Baffigi, A. (2011). Italian National Accounts, 1861–2011. Banca d'Italia Economic History Working Papers No. 18.

Barro, R. J. and Ursua, J. F. (2008). Macroeconomic crises since 1870. Brookings Papers on Economic Activity, Economic Studies Program, The Brookings Institution, 39(1), pp. 255–350.

Bassino, J.-P., Broadberry, S., Fukao, K., Gupta, B. and Takashima, M. (2018). Japan and the Great Divergence, 730–1874. CEI Working Paper Series 2018-13.

Bernanke, B. S. (2015). Why are interest rates so low? Available at https://www.brookings.edu/articles/why-are-interest-rates-so-low/

Bèrtola, L. (2016). El PIB per capita de Uruguay 1870–2016: una reconstruccion. PHES Working Paper No. 48.

Bèrtola, L. and Ocampo, J. A. (2012). The Economic Development of Latin America Since Independence. Oxford: Oxford University Press.

Blanchard, O. (2022). Why I worry about inflation, interest rates, and unemployment. Available at https://www.piie.com/blogs/realtime-economic-issues-watch/why-i-worry-about-inflation-interest-rates-and-unemployment

Bolt, J. and van Zanden, J. L. (2020). Maddison style estimates of the evolution of the world economy. A new 2020 update. Maddison-Project Working Paper WP-15.

Broadbent, B. (2018). The history and future of QE. Available at https://www.bankofengland.co.uk/-/media/boe/files/speech/2018/the-history-and-future-of-qe-speech-by-ben-broadbent.pdf?la=en&hash=127499DFD9AE5D6E0F3FC73529E83FDF9766471D

Broadberry, S. and van Leeuwen, B. (2011). The Growth of the English Economy, 1086-1270. London: LSE.

Broadberry, S. N., Custodis, J. and Gupta, B. (2015). India and the great divergence: An Anglo-Indian comparison of GDP per capita, 1600–1871. Explorations in Economic History, 55, pp. 58–75.

Broadberry, S. N., Guan, H. and Li, D. D. (2018). China, Europe and the Great Divergence: A study in historical national accounting, 980–1850. Journal of Economic History, 78(4), pp. 955–1000.

Buyst, E. (2011). Towards estimates of long term growth in the Southern Low Countries, ca. 1500–1846. Available at https://warwick.ac.uk/fac/soc/economics/seminars/seminars/conferences/

venice3/programme/buyst.pdf

Caballero, R. J. (2010). Macroeconomics after the crisis: Time to deal with the pretense-of-knowledge syndrome. Journal of Economic Perspectives, 24(4), pp. 85–102.

Caballero, R. J. and Krishnamurthy, A. (2009). Global imbalances and financial fragility. American Economic Review, 99(2), pp. 584–588.

Caballero, R. J., Farhi, E. and Gourinchas, P.-O. (2017). The safe assets shortage conundrum. Journal of Economic Perspectives, 31(3), pp. 29–46.

Caballero, R. J., Farhi, E. and Gourinchas, P.-O. (2020). Global imbalances and policy wars at the zero lower bound. NBER Working Paper w21670.

Cha, M. S., Kim, N. N., Park, K.-J. and Park, Y. (2020). Historical Statistics of Korea. New York: Springer.

Clark, G. (2007a). The long march of history: Farm wages, population, and economic growth, England 1209–1869. The Economic History Review, 60(1), pp. 97–135.

Clark, G. (2007b). A Farewell to Alms: A Brief Economic History of the World. Princeton, NJ: Princeton University Press.

Clark, G. (2014). The price history of English agriculture, 1209–1914. In Research in Economic History. Bingley: Emerald Publishing, pp. 41–123.

Crafts, N. F. R. and Harley, C. K. (1992). Output growth and the British Industrial Revolution: A restatement of the Crafts–Harley view. The Economic History Review, 45(4), pp. 703–730.

De Corso, G. (2013). Venezuelan economic growth from the conservative oligarchy to the Bolivarian Revolution: 1830–2012. Revista de Historia Económica – Journal of Iberian and Latin American Economic History, 31(3), pp. 321–357.

Del Negro, M., Giannone, D., Giannoni, M. P. and Tambalotti, A. (2019). Global trends in interest rates. Journal of International Economics, 118, pp. 248–262.

DeLong, B. J. (2002). Productivity growth in the 2000s. NBER Macroeconomics Annual, 17, pp. 113–145.

Diffie, B. W. and Boxer, C. R. (1962). Four centuries of Portuguese expansion, 1415–1825: A succinct survey. The William and Mary Quarterly, 19(4), p. 640.

Dumenil, G., Glick, M. A. and Lévy, D. (2000). Long-term trends in profitability: The recovery of World War II. Jerome Levy Economics Institute Working Paper No. 10.

Eloranta, J., Voutilainen, M. and Nummela, I. (2016). Estimating Finnish economic growth before 1860.

Fatas, A. (2000). Do business cycles cast long shadows? Short-run persistence and economic growth. Journal of Economic Growth, 5(2), pp. 147–162.

Federal Reserve Bank of New York (2002). Economic Policy Review – Financial Innovation and Monetary Transmission.

Feinstein, C. H. (1991). A new look at the cost of living 1870–1914. In J. Foreman-Peck(ed.), New Perspectives on the Late Victorian Economy: Essays in Quantitative Economic History, 1860–1914. Cambridge: Cambridge University Press, pp. 151–179.

Feinstein, C. H. (1998). Pessimism perpetuated: Real wages and the standard of living in Britain during and after the Industrial Revolution. The Journal of Economic History, 58(3), pp. 625–658.

Fiorentini, G., Galesi, A., Pérez-Quirós, G. and Sentana, E. (2018). The rise and fall of the natural interest rate. Banco de Espana Working Paper No. 1822.

Fourie, J. and Van Zanden, J. L. (2013). GDP in the Dutch Cape Colony: The national accounts of a slave-based society. South African Journal of Economics, 81(4), pp. 467–490.

Fukao, K., Bassino, J.-P.,

Makino, T., Paprzycki, R., Settsu, T., Takashima, M. and Tokui, J. (2015). Regional Inequality and Industrial Structure in Japan: 1874–2008. Tokyo: Maruzen.

Fukao, K., Ma, D. and Yuan, T. (2007). Real GDP in pre-war East Asia: A 1934–36 benchmark purchasing power parity comparison with the U.S. Review of Income and Wealth, 53(3), pp. 503–537.

Gamber, E. N. (2020). The historical decline in real interest rates and its implications for CBO's projections. Congressional Budget Office Working Paper 2020-09.

Garcia, A. S. (2005). Las cuentas nacionales de Cuba, 1960–2005. Available at https://digital.csic.es/bitstream/10261/29002/4/PIB%201690-2010.pdf

Gerbaudo, P. (2021, February 13). Big government is back. Foreign Policy.

Girod, S. J. G. (2016). Part 1: The end of globalization? Available at https://www.imd.org/research-knowledge/strategy/articles/part-1-the-end-of-globalization/

Goodhart, C. and Pradhan, M. (2020). The great demographic reversal. Economic Affairs, 40(3), pp. 436–445. Gourinchas, P. O. and Rey, H. (2016). Real interest rates, imbalances and the curse of regional safe asset providers at the zero lower bound. NBER Working Paper w22618.

Gregory, P. R. (1982). Russian National Income, 1885–1913. Cambridge: Cambridge University Press.

Grytten, O. H. (2015). Norwegian gross domestic product by industry 1830–1930. Norges Bank Working Paper 19/2015.

Haberler, G., Harris, S. E., Leontief, W. W. and Mason, E. S. (1951). Professor Joseph A. Schumpeter. The Review of Economics and Statistics, 33(2), pp. 89–90.

Hansen, A. H. (1951). Schumpeter's contribution to business cycle theory. The Review of Economics and Statistics, 33(2), pp. 129–132.

Herranz-Loncán, A. and Peres-Cajías, J. (2016). Bolivian GDP per capita since the mid-nineteenth century. Cliometrica, 10, pp. 99–128.

Hills, S., Thomas, R. and Dimsdale, N. (2010). The UK recession in context – what do three centuries of data tell us? Bank of England Quarterly Bulletin, Q4, pp. 277–291.

Høj, J., Kato, T. and Pilat, D. (1995). Deregulation and privatisation in the service sector. OECD Economic Studies No. 25.

Hördahl, P., Sobrun, J. and Turner, P. (2016). Low long-term interest rates as a global phenomenon. BIS Working Paper No. 574.

International Monetary Fund (2000). IMF World Economic Outlook (WEO), Asset Prices and the Business Cycle.

Ivanov, M. (2006). Bulgarian national income between 1892 and 1924. Bulgarian National Discussion Papers DP/54/2006.

Jongrim, H., Kose, M. A. and Ohnsorge, F. (2022, July 1). Today's global economy is eerily similar to the 1970s, but governments can still escape a stagflation episode. Brookings.

Keynes, J. M. (1930). Economic possibilities for our grandchildren. In Essays in Persuasion. London: Palgrave Macmillan, pp. 358–373.

Kim, C.-J. and Nelson, C. R. (1999). Has the U.S. economy become more stable? A Bayesian approach based on a Markov-switching model of the business cycle. The Review of Economics and

Statistics, 81(4), pp. 608–616.

King, S. D. (2018). Grave New World: The End of Globalization, the Return of History. New Haven, CT: Yale University Press.

Kostelenos, G., Petmezas, S., Vasiliou, D., Kounaris, E. and Sfakianakis, M. (2007). Gross Domestic Product 1830-1939. Sources of Economic History of Modern Greece: Quantitative Data and Statistical Series 1830-1939. Historical Archives of the National Bank of Greece, Athens.

Krantz, O. (2017). Swedish GDP 1300-1560: A tentative estimate. Lund Papers in Economic History: General Issues No. 152.

Laubach, T. and Williams, J. C. (2016). Measuring the natural rate of interest redux. Business Economics, 51(2), pp. 57–67.

Lindert, P. H. (2004). Growing Public: Social Spending and Economic Growth Since the Eighteenth Century. Cambridge: Cambridge University Press.

Lisack, N., Sajedi, R. and Thwaites, G. (2021). Population ageing and the macroeconomy. Banque de france Working Paper WP #745.

Maddison, A. (1995). Monitoring the World Economy 1820-1992. Paris: OECD.

Maddison, A. (2001). The World Economy. Paris: OECD.

Maddison, A. (2003). The World Economy: Historical Statistics. Paris: OECD.

Maddison, A. (2007). Contours of the World Economy, 1-2030 AD: Essays in Macro-economic History. Oxford: Oxford University Press.

Malinowski, M. and van Zanden, J. L. (2017). National income and its distribution in preindustrial Poland in a global perspective. Cliometrica, 11(3), pp. 375–404.

Markevich, A. and Harrison, M. (2011). Great War, Civil War, and recovery: Russia's national income, 1913 to 1928. The Journal of Economic History, 71(3), pp. 672–703.

McCusker, J. J. (2006). Historical Statistics of the United States, Millennial Edition Online: Colonial Statistics. Cambridge: Cambridge University Press.

Meister, D. (2011, February 2). Ronald Reagan, enemy of the American worker. Truthout.

Milanovic, B. (2006). An estimate of average income and inequality in Byzantium around year 1000. Review of Income and Wealth, 52(3), pp. 449–470.

Milner, H. (1987). Resisting the protectionist temptation: Industry and the making of trade policy in France and the United States during the 1970s. International Organization, 41(4), pp. 639–665.

Mitchell, B. R. (1988). British Historical Statistics. Cambridge: Cambridge University Press.

Nazrin Shah, S. (2017). Charting the Economy: Early 20th Century Malaya and Contemporary Malaysian Contrasts. Oxford: Oxford University Press.

Neufeld, D. (2020, February 4). Visualizing the 700-year fall of interest rates. Visual Capitalist.

O'Sullivan, M. (2022, December 15). Return of the state – will big government come back as recession hits? Forbes.

Palma, N. (2019). Money and modernization in early modern England. University of Manchester and CEPR. EHES Working Paper No. 147.

Palma, N. and Reis, J. (2019). From convergence to divergence: Portuguese economic growth, 1527-1850. The Journal of Economic History, 79(2), pp. 477–506.

Pamuk, S. (2006). Estimating economic growth in the Middle East since 1820. The Journal of Economic History, 66(3), pp. 809–828.

Pamuk, Ş. (2009). Estimating GDP per capita for the Ottoman Empire in a European comparative framework, 1500–1820. XVth World Economic History Congress.

Pamuk, Ş. and Shatzmiller, M. (2011). Real wages and GDP per capita in the Medieval Islamic Middle East in comparative perspective, 700–1500. IXth Conference of the European Historical Economics Society.

Pfister, U. (2011). Economic growth in Germany, 1500–1850. Quantifying Long Run Economic Development Conference, University of Warwick.

Prados de la Escosura, L. (2009). Lost decades? Economic performance in post-independence Latin America. Journal of Latin America Studies, 41, pp. 279–307.

Prados de la Escosura, L. (2017). Spanish Economic Growth, 1850-2015. London: Palgrave Macmillan.

Ramskogler, P. (2015). Tracing the origins of the financial crisis. OECD Journal: Financial Market Trends, 2014(2), pp. 47–61.

Ridolfi, L. (2016). The French economy in the longue durée: A study on real wages, working days and economic performance from Louis IX to the Revolution (1250-1789). European Review of Economic History, 12(4), pp. 437–438.

Roy, A. (2021). Demographics Unravelled: How Demographics Affect and Influence Every Aspect of Economics, Finance and Policy. Chichester: Wiley.

Scheidel, W. and Friesen, S. J. (2009). The size of the economy and the distribution of income in the Roman Empire. Journal of Roman Studies, 99, pp. 61–91.

Schumpeter, J. (1927). The explanation of the business cycle. Economica, 21, pp. 286–311.

Seminario, B. (2015). El Desarrallo de la Economía Peruana en la Era Moderna. Universidad de Pacifico, Lima.

Smits, J. P., Horlings, E. and van Zanden, J. L. (2000). The Measurement of Gross National Product and Its Components 1800–1913. Groningen Growth and Development Centre Monograph Series No. 5.

Stohr, C. (2016). Trading gains: New estimates of Swiss GDP, 1851–2008. LSE Economic History Working Paper 245/2016.

Sugimoto, I. (2011). Economic Growth of Singapore in the Twentieth Century: Historical GDP Estimates and Empirical Investigations. Economic Growth Centre Research Monograph Series No. 2.

Summers, H. L. (2014). Reflections on the new 'Secular Stagnation hypothesis'. Available at https://cepr.org/voxeu/columns/reflections-new-secular-stagnation-hypothesis

Sutch, R. (2006). National income and product. In S. B. Carter, S. S. Gartner, M. R. Haines, et al. (eds), Historical Statistics of the United States: Earliest Time to the Present. New York: Cambridge University Press, pp. 23–25.

The Conference Board (2020). Total Economy Database.

The U.S. Census Bureau (2020). Population data.

The Victorian Web (2010). The Victorian revolution in letter writing. Available at https://victorianweb.org/technology/letters/intro.html

The Washington Post (1982, May 24). The boom of the 1980s. The Washington Post.

Van Bavel, J. and Reher, D. S. (2013). The baby boom and its causes: What we know and what we need to know. Population and Development Review, 39(2), pp. 257–288.

Van der Eng, P. (2010). The sources of long-term economic growth in Indonesia, 1880–2008. Explorations in Economic History, 47, pp. 294–309.

Van Zanden, J. (2012). Economic growth in Java 1815–1939: The reconstruction of the historical national accounts of a colonial economy. Maddison-Project Working Paper WP-3.

Van Zanden, J. L. (2009). The Long Road to the Industrial Revolution: The European Economy in a Global Perspective, 1000–1800. Leiden: Brill.

Ward, M. and Devereux, J. (2012). The road not taken: Pre-revolutionary Cuban living standards in comparative perspective. Journal of Economic History, 72(1), pp. 104–132.

Wike, R., Fetterolf, J., Schumacher, S. and Moncus, J. J. (2021). Citizens in Advanced Economies Want Significant Changes to Their Political Systems. Pew Research Center's Global Attitudes Project.

Wu, H. X. (2014). China's growth and productivity performance debate revisited – accounting for China's sources of growth with a new data set. The Conference Board Economics Program Working Paper Series, EWP#14-01.

Xu, Y., Shi, Z., van Leeuwen, B., Ni, Y., Zhang, Z. and Ma, Y. (2016). Chinese national income, ca. 1661–1933. Asia-Pacific Economic History Review, 57(3), pp. 368–393.

■著者紹介
ピーター・C・オッペンハイマー（Peter C. Oppenheimer）

ゴールドマン・サックスのチーフ・グローバル・株式ストラテジストであり、グローバル・インベストメント・リサーチ部門の欧州マクロリサーチ部門の責任者。およそ40年にわたってマクロの調査アナリストとして従事し、ゴールドマン・サックスの前はHSBCのチーフ・インベストメント・ストラテジストを務めていた。1985年にキャリアをスタートさせたグリーンウェルズをはじめ、ジェームズ・カペルやハンブローズ・バンクでさまざまな調査に携わってきた。ナショナル・インスティテュート・オブ・エコノミック・アンド・ソーシャル・リサーチとアンナ・フロイト・ナショナル・センター・フォア・チルドレン・アンド・ファミリーズの理事も務めている。趣味はサイクリングと絵画。

■監修者紹介
長岡半太郎（ながおか・はんたろう）

放送大学教養学部卒。放送大学大学院文化科学研究科（情報学）修了・修士（学術）。日米の銀行、CTA、ヘッジファンドなどを経て、現在は中堅運用会社勤務。2級ファイナンシャル・プランニング技能士（FP）。『ルール』『その後のとなりの億万長者』『IPOトレード入門』『株式投資　完全入門』『知られざるマーケットの魔術師』『パーフェクト証券分析』『バリュー投資達人への道』『新版　バリュー投資入門』『鋼のメンタルトレーダー』『投資の公理』『株式市場のチャート分析』『ミネルヴィニの勝者になるための思考法』『アルゴトレード完全攻略への「近道」』『長期的投資の醍醐味「100倍株」の見つけ方』『株式投資のテクニカル分析補完計画』『無敵の「プライスアクション＋価格帯別出来高」FXトレード』『システムトレード　基本と原則【実践編】』『バフェットからの手紙【第8版】』『ロジャー・マレーの証券分析』『漂流アメリカ』『モンスター株の売買戦術』『証券分析 第6版』『隠れた「新ナンバーワン銘柄」を見つける方法』『マルチタイムフレームを使ったテクニカルトレード』『桁外れの投資家たち』『全天候型トレーダー』『Best Loser Wins』『システム検証DIYプロジェクト【第2版】』『投資の4原則』など、多数。

■訳者紹介
藤原玄（ふじわら・げん）

1977年生まれ。慶應義塾大学経済学部卒業。情報提供会社、米国の投資顧問会社在日連絡員を経て、現在、独立系投資会社に勤務。業務のかたわら、投資をはじめとするさまざまな分野の翻訳を手掛けている。訳書に『なぜ利益を上げている企業への投資が失敗するのか』『株デビューする前に知っておくべき「魔法の公式」』『ブラックスワン回避法』『ハーバード流ケースメソッドで学ぶバリュー投資』『堕天使バンカー』『ブラックエッジ』『インデックス投資は勝者のゲーム』『企業に何十億ドルものバリュエーションが付く理由』『ディープバリュー投資入門』『ファクター投資入門』『実践　ディープバリュー投資』『M＆A　買収者の見解、経営者の異論』『素晴らしきデフレの世界』『配当成長株投資のすすめ』『その後のとなりの億万長者』『株式投資　完全入門』『パーフェクト証券分析』『新版　バリュー投資入門』『投資の公理』『長期的投資の醍醐味「100倍株」の見つけ方』『長期的バリュー投資の基本と原則』『ロジャー・マレーの証券分析』『漂流アメリカ』『隠れた「新ナンバーワン銘柄」を見つける方法』『桁外れの投資家たち』『投資の4原則』（パンローリング）などがある。

2025年1月3日　初版第1刷発行

ウィザードブックシリーズ 364

経済サイクル投資法
──気候と地政学と新技術が導く市場の構造変化と長期トレンド

著　者	ピーター・C・オッペンハイマー
監修者	長岡半太郎
訳　者	藤原玄
発行者	後藤康徳
発行所	パンローリング株式会社
	〒160-0023　東京都新宿区西新宿7-9-18 6階
	TEL 03-5386-7391　FAX 03-5386-7393
	http://www.panrolling.com/
	E-mail　info@panrolling.com
編　集	エフ・ジー・アイ（Factory of Gnomic Three Monkeys Investment）
装　丁	パンローリング装丁室
組　版	パンローリング制作室
印刷・製本	株式会社シナノ

ISBN978-4-7759-7333-2